Sascha Mache

Hintergründe, Verlauf und Wirkungen des Peruanischen Bürgerkriegs

Revolution, Konterrevolution und die Organisierung der CDC in der südlichen Sierra

Z-FORUM
ZAMBON VERLAG

Umschlaggestaltung: Marc Behrens (Frankfurt/M)

unter Verwendung eines Bildes von Sascha Mache

Alle Rechte vorbehalten

© Zambon Verlag, 2002

Reihe Z Forum

E-mail: zambon@online.de

Internet: www.zambon.org

ISBN: 3-88975-098-2

1	2	3	4	5	6	7	8	9
2002	2003	2004	2005	2006	2007	2008	2009	2010

„Qué pesados son los días que pasan
para los hombres explotados.
No obstante carajo,
el corazón del campesino está fuerte y alegre
porque la mañana es para nosotros.

Ayer nos levantamos
con palos y bombas en las manos.
El enemigo salvaje
con bombas y balas
nos reprimió, hasta mientras.

Mañana nos levantaremos
otra vez con el corazón más fuerte
y metralletas en las manos.
Cuando seamos más fuertes
y nos unamos todos,
el enemigo, monstruo aparente,
bajo nuestra inmensa sombra
se verá en miniatura
como la pobre hormiga
al pie del cerro.
Y bajo nuestra inmensa fuerza
se hará polvo como
el trigo en el molino."

Inhalt

1 Vorwort 11
2 Einleitung 15
3 Grundsätzliches zu Begriffen, Form und Orten 26

B Die peruanischen Verhältnisse 37

I Integration der peruanischen Landwirtschaft in die nationale Ökonomie und den Weltmarkt 37
1 Tahuantinsuyu oder das Imperium der Inka 37
2 Produktionsverhältnisse in der Zeit der spanischen Kolonialherrschaft 43
3 Die Zeit der Republik 57

II Klassen- und Besitzverhältnisse 1968 - 1979/80 73
1 Reform des industriellen Sektors an der Küste 76
2 Die Entwicklung in der Sierra: Autoritärer Staat, Kooperativen und Verschärfung der strukturellen Krise 86
3 Neue Form der Klassenverhältnisse im Agrarsektor 61

III Resultate der Agrarreform: Kontinuität der Marginalisierung des Agro und Entwicklung von Klassenbewußtsein 89

IV Agrarreform und Revolution 91
1 Die *luchas populares* gegen die Diktatur 94
2 Die Linke(n) 96

C Der Krieg, die CDC und ihr Spiegel in der Literatur 103

I Zur Charakterisierung des Krieges in Peru als Bürgerkrieg 106

II - Die unterschiedlichen Phasen des Krieges 110
1 Die Zeit bis 1980: Der Weg in die Berge 114
2 17.5.1980 - Dezember 1982: Inicio de la Lucha Armada 118
3 21.12.1982 - Dezember 1985: Kriegsmarine in den Anden 120
4 1986 - 1988: Todesschwadrone und Ausweitung des Kriegs 124
5 Von 1989 - 1992: (K)ein Strategisches Gleichgewicht 126
6 Die Zeit ab 1993: Strategische Offensive des Staats 130
7 Diagramme zur Entwicklung der politischen Gewalt 132

III Rondas Campesinas im Norden Perus 137
1 Rondas Campesinas in Cajamarca/Piura 137
2 Die erste Ronda Campesina in Cajamarca 141
3 Entwicklung der Ronda-Bewegung und wichtige Resultate 146

IV Literatur über Rondas und CDC 151
1 Begriffsverwirrung: Rondas und „Rondas" 151
2 Diskussion und Berichterstattung in den 80er Jahren 153
3 Die CDC in der sozialwissenschaftlichen Literatur 162
4 Faktoren der Entstehung der CDC 165
5 Charakteristische Merkmale und Handlungen am Krieg beteiligter Akteure, die die Entstehung stabiler und funktionaler CDC begünstigen 167
6 Charakteristische Merkmale und Handlungen am Krieg beteiligter Akteure, die die Entstehung stabiler und funktionaler CDC behindern 170

V "La Contrarevolución como movimiento social": Theoretische Anmerkungen zur Untersuchung der CDC 173
1 "Why Peasants Rebel" 174
2 Erklärungsansätze "(neuer) sozialer Bewegungen" 182
3 Die Konterrevolution als soziale Bewegung 188

VI Die CDC als Counterinsurgencytaktik 197

VII Fallstudien zu Huanta und dem Tal des Apurímac: Empirische Grundlage der neueren Diskussion 209
1 Die Punas von Huanta 212
2 Das Tal von Huanta 221
3 Das Tal des Río Apurímac 232

VIII Kontinuität und Veränderung der CDC und ihrer Einschätzung 243
1 Veränderungen in der Praxis der CDC 244
2 Veränderungen in der Einschätzung 246

IX "Frutos de la guerra" 255
1 Ayacucho 255
2 Peru 259
3 Vorschlag einer alternativen Interpretation der CDC 262

D	**Schlußbetrachtungen**	**267**
E	**Anhang**	**276**
	I Fremdsprachige Wörter und Begriffe	276
	II Verzeichnis verwendeter Abkürzungen	277
	III Sachregister	278
	IV Schaubilder	283
	Schaubild 1: Entwicklung linker Parteien (und AP und APRA) in Peru (1944-1980)	283
	Anmerkungen und Legende zu Schaubild 1	284
	Abkürzungen politischer Organisationen in Schaubild 1	285
	Schaubild 2: Ursprünge der Partido Comunista del Perú, PCP (SL)	288
V	**Literaturverzeichnis**	**289**

für M. und M., ohne deren Fragen, Erfahrungen, Sehnsucht und Kraft
diese Arbeit nicht zustande gekommen wäre

für alle, von denen ich gelernt habe, daß der Kampf um die Befreiung
Amerikas weitergeht und denen diese Arbeit gehört

1 Vorwort

"Partimos al extranjero en busca no del secreto de los otros sino en busca del secreto de nosotros mismos."

José Carlos Mariátegui[1]

Mit diesem Zitat von Mariátegui lassen sich auf drei Ebenen die Motivationen zusammenfassen, die mich veranlaßten, meine

---

[1] zit. in: Flores Galindo 1989; S. 184; José Carlos Mariátegui (1894 - 1930), "schöpferischer Begründer des Marxismus in Lateinamerika" (Mariátegui 1986; Rückseite) war ein marxistischer Intellektueller, der durch seine Schriften und politische Praxis die europäisch geprägten Inhalte und Erfahrungen des Marxismus und der kommunistischen Bewegung kreativ auf die konkreten Bedingungen Perus bzw. Lateinamerikas anwandte. Ich beziehe mich in dieser Arbeit wiederholt auf seine Analysen der historischen Herausbildung der spezifischen Verhältnisse in der peruanischen Gesellschaft, die zum Verständnis der Entstehung imperialistischer Herrschaft in Peru noch heute beitragen können. Nach einer grundsätzlichen Debatte mit dem Gründer der APRA (Alianza Popular Revolucionaria Americana) Haya de la Torre über die möglichen Methoden und Subjekte einer Bewegung zur Emanzipation der imperialistisch unterdrückten Nationen, kristallisierte sich in den 20er Jahren die Spaltung des antiimperialistischen und radikal-oppositionellen Lagers einerseits in die APRA und andererseits in die sozialistische (später umbenannt in kommunistische) Partei Perus. An der Gründung der letzteren wirkte Mariátegui entscheidend mit und versuchte in diesem Rahmen, eine spezifische Linie für den Klassenkampf in Peru durchzusetzen (dies auch in Auseinandersetzung mit zeitgenössischen Positionen der Kommunistischen Internationale; vgl. Flores Galindo 1989): Die großen Teile der Bevölkerung, die als ehemals Kolonisierte weiter der rassistischen Unterdrückung und der Ausbeutung (vor allem als Bauern und Arbeiter im Agrarsektor) unterworfen waren, stellten für ihn neben dem städtischen Proletariat ein Potential für eine sozialistische Entwicklungsperspektive des Landes dar, ohne das die von ihm geforderte sozialistische Revolution nicht durchführbar sein werde. Als spezifische Charakteristiken der peruanischen Gesellschaft, die durch die Unterwerfung des Landes unter koloniale und imperialistische Herrschaft geschaffen wurden, analysiert Mariátegui die fortdauernde Existenz prä-kapitalistischer bzw. halb-feudaler Ausbeutungsbeziehungen, eine verhältnismäßig geringe Entwicklung industrieller Produktion und damit des Industrieproletariats, sowie eine schwache, weitgehend von ausländischem Kapital abhängige Bourgeoisie, die im Gegensatz zu europäischen Bourgeoisien der Zeit der bürgerlichen Revolutionen nicht als Trägerin einer eigenständigen nationalen Entwicklung in Betracht kommt.

Mariáteguis nachgelassene Werke haben in weiten Teilen essayistischen Charakter oder sind im unmittelbaren Zusammenhang aktueller Debatten um praktische Fragen der Organisierung und Orientierung von Gewerkschaftsbewegung und Partei entstanden. Seit der Wiederbelebung der Diskussion um die Bedeutung des Werks und des Autors in den 70er Jahren beziehen sich daher die verschiedensten Fraktionen der Linken auf Mariátegui, um ihre jeweiligen Praxen (die vom maoistischen Volkskrieg bis zur Übernahme von Ministerposten in Fujimoris erster Regierung reichen) als konsequente Fortsetzung der Arbeit Mariáteguis darzustellen und damit zu legitimieren.

Auf deutsch sind von Mariáteguis Werken (20 Bände in der spanischsprachigen Volksausgabe) nur wenige übersetzt, darunter sein bekanntestes Werk, die „Sieben Versuche, die peruanische Wirklichkeit zu verstehen" (Mariátegui 1986) und einige „ausgewählte politische Schriften" (Von Oertzen (Hrsg.) 1986). Eleonore von Oertzen (ebda.) bietet auch einen guten Überblick über Mariátegius Praxis und die Entstehungs- und Wirkungsgeschichte seines Werks und hat einen weiteren Übersichtsartikel über Mariátegui von Fernando Mires übersetzt (Mires 1979).

Magisterarbeit (1999) über den Bürgerkrieg in Peru - und die Rolle von Bauern in diesem Versuch einer auf ländliche Produzenten gestützten Revolution in einem Trikontland - zu schreiben. Für mich ergaben sich wesentliche Fragestellungen und Einsichten im Hinblick auf den Versuch, "mir und anderen die Bundesrepublik zu erklären"[2], aus den *biographischen Erfahrungen*, die ich in verschiedenen Ländern Amerikas zwischen México und Perú machte. Während Mariátegui von seiner Reise nach Europa „einige (marxistische) Ideen" mitbrachte[3], erwarb ich mir über die Einblicke in die soziale und politische Realität der Menschen, an deren alltäglichem Leben ich teilnahm, vor allem ein Verständnis von politischer und sozialer Praxis. Die bundesrepublikanische Wirklichkeit wurde so in ihrer Unterschiedlichkeit zu anderen Verhältnissen zu einer greifbaren Realität und - um es mit Marx zu formulieren - der Druck der deutschen Zustände noch drückender, indem er noch durch das Bewußtsein des Drucks[4] verstärkt wurde. Seit Marx Zeiten schien sich in Bezug auf die Kluft zwischen der Entwicklung einer theoretischen Kritik der ökonomischen und kulturellen Phänomene kapitalistischer Vergesellschaftung und den erfolglosen Versuchen, diese Verhältnisse in gesellschaftsverändernder Praxis aufzuheben, wenig verändert zu haben. Für mich wurde dadurch die Untersuchung der Ursachen dieser Diskrepanz zu einer zentralen Frage nicht nur im Rahmen meiner theoretischen Beschäftigung. Die Theorie-Praxis-Beziehung und die Suche nach Erklärungen für die Positionierung von Individuen in Prozessen gesellschaftlicher Veränderung zieht sich daher auch durch diese Arbeit. Mit der Auswahl von Peru als einem amerikanischen Land, in dem sich in den 80er Jahren exemplarisch sowohl die Sehnsucht nach Emanzipation wie die Fallstricke bei dem Versuch ihrer Realisierung ausdrückten, trage ich der Bedeutung Rechnung, die solche notwendigen Versuche (nicht nur) für mich hatten und haben.

Methodisch bietet der Weg über die Untersuchung der Verhältnisse einer anderen als der Gesellschaft, in der ich lebe, den Vorteil, mit

---

[2] in Anlehnung an den Titel des 1978 erschienenen „Versuchs" von Peter Brückner (Brückner 1984)
[3] Von Oertzen (Hrsg.) 1986; S. 18, ff.
[4] vgl. Marx 1988; S. 380, f.

einem größeren Abstand auf Prozesse blicken zu können, in die ich sozial und emotional weniger verstrickt bin, so daß sich die komplexen Kämpfe und Auseinandersetzungen auf verschiedenen Ebenen leichter sortieren lassen. Die Nachteile, die der Untersuchungsgegenstand mit sich bringt, wie etwa den problematischeren Quellenzugang, werden durch die Vorteile mehr als wettgemacht, die diese Art „Verfremdungs-Effekt"[5] mit den Mitteln der Gesellschaftstheorie bietet. Er hilft, in den Worten von Mariátegui, bei der Suche nach „unserem eigenen Geheimnis".

Schließlich paßt Mariáteguis Zitat zum *Inhalt* dieser Arbeit, gründet sich doch meine Motivation zur Auswahl gerade dieses Szenarios für die Untersuchung meiner Fragen, auch auf meine Übereinstimmung mit seiner Grundthese der Notwendigkeit einer sozialistischen Revolution. Den 1980 in den Anden begonnen Krieg zu untersuchen, der nach dem Willen seiner (Mit-)Organisatoren diese herbeiführen soll, verfolgt daher auch das Ziel, zu einer Bestimmung der aktuellen Möglichkeiten und Bedingungen einer Kritik der Waffen[6] beizutragen. Neben der Beschäftigung mit der Diskussion um eine Theorie über Handeln und Entscheiden auf der Ebene potentiell revolutionärer Subjekte, fordert mein Thema nicht zuletzt einen kritischen Blick auf die Rolle von Intellektuellen als Theorieproduzenten heraus. Anhand der in „Kriegszeiten" in Peru formulierten Theorie konzentrieren sich abermals Fragen, die auch für eine Ortsbestimmung der Sozialwissenschaft und ihrer Produzenten in den Metropolen gestellt werden müssen.

Ich bin mir bewußt, daß ich mit der Fragestellung dieser Arbeit zu einem guten Teil auch gegen den zeitgeistigen Strom schwimme. Angesichts der bestehenden Verhältnisse ist dies jedoch notwendig; die herrschenden Ideen sind immer noch die Ideen der herrschenden Klasse[7].

---

[5] vgl. z.B.: Brecht 1972; S. 253, f.
[6] vgl. Marx 1988; S. 385
[7] Marx, Engels 1972[1]; S. 480

Karte 1

Peru, ca. 1991[1]

---

[1] Quelle: University of Texas 1999; CIA 1999

2 Einleitung

"Mi testimonio es convicta y confesamente un testimonio de parte. Todo crítico, todo testigo, cumple consciente o inconscientemente, una misión. Contra lo que baratamente puede sospecharse, mi voluntad es afirmativa, mi temperamento es de constructor, y nada me es más antitético que el bohemio puramente iconoclasta y disolvente; pero mi misión ante el pasado, parece ser la de votar en contra. No me eximo de cumplirla, ni me excuso por su parcialidad."

José Carlos Mariátegui[1]

Ende des ausklingenden 20. Jahrhunderts lebt ein Großteil der Weltbevölkerung unter elenden Lebensbedingungen[2]. Während sich der größte Teil des erwirtschafteten Reichtums aller Gesellschaften in wenigen imperialistischen Industriestaaten und Metropolen der Peripherie konzentriert, verurteilt die Durchsetzung eines kapitalistischen Weltmarkts Millionen Menschen zu einem prekären Dasein. Ein großer Teil dieser „Verdammten dieser Erde"[3] stammt entweder aus den agrarischen Sektoren der Staaten Afrikas, Asiens und Lateinamerikas oder lebt weiterhin vom spärlichen Ertrag ihrer landwirtschaftlichen Produktion.

Die weltweite Durchsetzung kapitalistischer Warenproduktion hat nicht zur formellen Subsumtion der Mehrheit der direkten Produzenten unter das Kapitalverhältnis geführt, wie die andauernde Existenz kleiner und kleinster (Subsistenz-)Produktion in den landwirtschaftlichen Sektoren der Ökonomien peripherer Staaten belegt[4]. Die vielfältigen Formen dieser agrarischen Produktion eint dabei als gemeinsames Charakteristikum, daß die Erträge den Produzenten bestenfalls ihre physische Reproduktion leidlich sichern können.

Neben dem harten Kampf ums Überleben gehört zur Geschichte der Agrarsektoren aber genauso eine jahrhundertealte

---

[1] Mariátegui, OC 2 1987; S.229
[2] UNO 1999
[3] Fanon 1981
[4] vgl. auch S. 24, Fußnote 23, Kapitel BI, sowie S. 263

Widerstandsgeschichte, in der die Bauern[5] mehr oder weniger erfolgreich, mehr oder weniger unabhängig vom Geschehen im Rest ihres Landes, versuchten, ihre Unterdrückung zu beenden.

Die Beteiligung von Bauern als entscheidender Faktor in revolutionären Prozessen dieses Jahrhunderts läßt sie schließlich als politische Subjekte sichtbar werden, eine Bedeutung, die sich sowohl auf die Anzahl der bäuerlichen Bevölkerung wie auf ihre soziale Unterdrückung und ihren Ausschluß von der politischen Herrschaft gründet.

Autoren wie der Anthropologe Wolf[6] betonten ab den 60er Jahren die Bedeutung des gesellschaftlichen Umfelds politischer Kämpfe für das Handeln von Bauern und andererseits die zentrale Rolle, die die Mobilisierung breiter bäuerlicher Massen für den Erfolg revolutionärer Bewegungen im 20. Jahrhundert spielte. Auch innerhalb der kommunistischen Weltbewegung wurde die Rolle von Bauern nach dem Sieg der chinesischen Revolution unter Mao neu bewertet, indem sich der Fokus vom Proletariat als *dem* revolutionären Subjekt zu einer Betonung der zentralen Rolle von Bauern als Hauptkraft der Revolution in den peripheren Staaten verschob.

Nachdem 1979 in Nicaragua die vorläufig letzte Revolution mit sozialistischen Tendenzen triumphierte, wurde in der Folgezeit die politische Bedeutung des Handelns von Bauern auch in der umgekehrten Richtung deutlich: So wie ihre Beteiligung an Revolutionen für deren Sieg ausschlaggebend war, kann der Kampf von Bauern zusammen mit konterrevolutionären Kräften[7] eine Revolution nicht nur verhindern, sondern auch zerstören.

Die Mobilisierung (bäuerlicher) Zivilbevölkerung zur Niederschlagung von Rebellionen ist historisch keine neue Erscheinung. In diesem Jahrhundert versuchten z. B. Frankreich in

---

[5] Soweit ich nicht explizite Unterteilungen innerhalb der Bauernschaft anführe, bezieht sich „Bauer" in dieser Arbeit auf die unteren Klassen der Argrarproduzenten im Sinne von „peasant", d.h. Produzenten, die ihre Arbeit zum größten Teil im Rahmen einer Subsistenzproduktion verrichten und nur einen geringen Teil ihrer Produktion auf dem Markt veräußern, im Gegensatz zum „farmer" etwa, der wie der Agrarunternehmer für den Markt produziert und sich damit kapitalistischen Gesetzmäßigkeiten von Konkurrenz und Zwang zur Rentabilität aussetzt, um (Wert bzw. Kapital) zu akkumulieren (vgl. Wolf 1971; S. XVIII, f. und: Bennhold-Thomsen, Boeckh 1977; S. 7).

[6] Wolf 1971

[7] Zur „Tragödie" der Beteiligung von Bauern am konterrevolutionären Krieg der Contra in Nicaragua vgl. Bendaña 1991

seinen Kolonien oder die USA in Vietnam, Teile der einheimischen Bevölkerung gegen revolutionäre Bewegungen zu organisieren. Während diese Versuche eine Niederlage der imperialistischen Mächte nicht verhindern konnten, gelang es den USA in Nicaragua, die Sandinistische Regierung in einem Zermürbungskrieg letztlich zu entmachten[8], wobei den Bauern, von denen sich ein wesentlicher Teil auf Seiten der Contra organisierte, eine Rolle von strategischem Gewicht zufiel. An diesem Verlauf der Entwicklung kristallisierte sich meine Ausgangsfrage: Wie war es möglich, daß diejenigen, denen eine revolutionäre Regierung erstmals in der Geschichte die Realisierung ihrer historischen Forderungen versprach[9], sich mit Waffengewalt gegen diese Regierung erhoben, oder allgemeiner: Welche Faktoren ermöglichen und welche verhindern die Integration von Bauern in peripheren oder neo-kolonialen Staaten in revolutionäre Prozesse zur Überwindung der Marginalisierung, der diese Bevölkerungen ausgesetzt sind.

Parallel zum konterrevolutionären Krieg der Contra gegen den Sandinistischen Staat fanden in den 80er Jahren in anderen Ländern auch Kriege statt, in denen revolutionäre Bewegungen oder Parteien versuchten, durch bewaffneten Kampf die politische Macht bürgerlich-kapitalistischer Regierungen zu zerstören. In Amerika läßt sich dabei z. B. in Guatemala und in Peru[10] zeigen, daß auch hier die Organisierung der Zivilbevölkerung eine wesentliche Rolle spielte, in diesem Fall zur Absicherung der Macht der Herrschenden.

Gegenstand meiner Arbeit ist Peru bzw. der Bürgerkrieg, der sich dort nach 1980 ausbreitete und dessen Verlauf bis heute maßgeblich von bewaffneten Bauernmilizen (CDC[11]) entschieden wurde, die zusammen mit Polizei- und Militärkräften gegen revolutionäre Guerillaeinheiten kämpfen. In Peru existiert eine lange Tradition von Kämpfen um Wiederaneignung des Bodens, der sich vor der spanischen Kolonialherrschaft im Gemeinbesitz von Dorfgemeinschaften (heute: comunidades) befand. Dieser geschichtliche Hintergrund belegt für den konkreten Fall Perus, daß

---

[8] vgl. z.B. Gottwald u.a. 1989
[9] Vor allem: Daß das Land, das sie bearbeiten, ihnen als Produzenten zu gehören habe.
[10] Auch in anderen Ländern, so z.B. in der Türkei.
[11] Comités de Defensa Civil (Zivilverteidigungskomitees)

Bauern auch hier potentiell Gründe haben zu rebellieren, bzw. solche Gründe sehen. Die Partido Comunista del Peru (PCP[12]), die 1980 den bewaffneten Kampf nach einer bei Mao entlehnten Volkskriegs-Konzeption aufnahm, erklärte die Bauern, vor allem die armen Bauern, zu den Hauptträgern ihrer Revolution und zu deren ersten Nutznießern. Die Parteinahme von Bauern bzw. ihre Unterstützung für eine revolutionäre Bewegung stellte somit (in der von mir untersuchten Region; siehe 2) eine praktikable Möglichkeit dar. Schließlich spielten Bauern eine zentrale Rolle in den Plänen zur Aufstandsbekämpfung seitens der Regierung. Diese sahen vor, sie in Milizen, sogenannten Zivilen Verteidigungskomitees (CDC) zu organisieren und gegen die Guerilla in den Krieg zu schicken. In dieser Situation waren die Bauern somit vor die Entscheidung gestellt, sich auf einer der beiden Seiten zu organisieren. Die Tatsache, daß diese Entscheidung zu unterschiedlichen Zeitpunkten, an unterschiedlichen Orten und zwischen verschiedenen sozialen Gruppen je unterschiedlich ausfiel, legt eine Untersuchung der Faktoren nahe, die das Handeln der Bauern bestimmten, sowie der Konsequenzen, die aus ihren Entscheidungen zugunsten einer der beiden Kriegsparteien resultierten. Schließlich stellt sich die Frage, inwieweit handlungsbestimmende Faktoren und Konsequenzen der getroffenen Entscheidungen systematisiert werden können, um zu einer allgemeineren Theorie der Rolle von Bauern in revolutionären Prozessen beizutragen.

Geschichte und Funktion der CDC wurden in Peru seit 1983 in journalistischen und wissenschaftlichen Publikationen kommentiert. Diese Literatur erlaubt es mir, zwei parallel ablaufende Prozesse nachzuvollziehen: Einerseits läßt sich die faktische Entwicklung der CDC, der Prozeß ihrer Ausweitung in immer größeren Gebieten und die Formen und Ergebnisse ihrer Tätigkeit rekonstruieren.
Andererseits weisen die Texte durch Veränderungen der Untersuchungsmethoden bzw. theoretischen Orientierungen von

---

[12] Hierzulande häufig als „Leuchtender Pfad" bezeichnet, nach dem Untertitel, den die Publikationen einer studentischen Organisation (Frente Estudiantil Revolucionario) trugen, die mit der PCP verbunden war: Por el sendero luminoso de Mariátegui (Flores Galindo 1986; S. 354; Degregori 1989; S. 30).

Autoren, sowie daraus resultierender Bewertungen der CDC auf eine Veränderung der dominanten politischen Positionen innerhalb der sozialwissenschaftlichen Forschung in Peru hin.

In Bezug auf die Bedingungen von Produktion und Veröffentlichung der von mir verwandten wissenschaftlichen (Sekundär)Literatur[13] sind die Verhältnisse in Peru zu berücksichtigen, die vor allem die Forschungsarbeit in den zahlreichen Gebieten behindern, in denen der Ausnahmezustand gilt und die der direkten Kontrolle der Streitkräfte[14] unterworfen sind. Darüber hinaus kann allgemein die Veröffentlichung von mißliebiger Kritik an den herrschenden Verhältnissen lebensgefährlich[15] werden.

Als Methode, um eine Entwicklung wie den Bürgerkrieg in Peru unter den oben genannten Gesichtspunkten zu untersuchen, halte ich den historischen Materialismus für besonders geeignet. Ich gehe von der Voraussetzung aus, daß (genauso wie im Fall der Bauern auch) das Handeln von Sozialwissenschaftlern und insbesondere ihre wissenschaftliche Praxis Ausdruck materieller gesellschaftlicher Verhältnisse (und damit Kämpfe) ist[16] und zugleich an der Produktion und Reproduktion dieser Verhältnisse mitwirkt. Für mich stellt sich

---

[13] Neben wissenschaftlichen Veröffentlichungen verwende ich noch: Journalistische Texte, zum Teil von Sozialwissenschaftlern geschrieben; Interviews in journalistischen Publikationen, Dokumente der PCP, Texte aus dem Umfeld der Solidaritätsbewegung mit Lateinamerika in der BRD. (Da allein die Form der Veröffentlichung kein ausreichendes Kriterium zur Einordnung von Veröffentlichung darstellt, bemühe ich mich, im Fall von für diese Arbeit wesentlichen Texten, den gesellschaftlichen Hintergrund und die innere Logik der dargestellten Positionen zu analysieren.)

[14] Fuerzas Armadas, im Weiteren meist FFAA abgekürzt

[15] An einigen Stellen in dieser Arbeit erwähne ich die mir bekannten Todesdrohungen gegen zitierte Autoren. Ein Fall verdient hier gesonderte Erwähnung. Gustavo Gorriti, auf dessen aufwendig recherchierte und häufig zitierte Publikation zu den ersten Kriegsjahren ich mich auch beziehe, plante 1990 die Herausgabe zweier weiterer Bände, die sich mit dem Hintergrund des Krieges und seinem Verlauf nach 1985 befassen sollten. Dieses Vorhaben scheiterte, nachdem er auf Befehl des Geheimdienstes SIN während des Putschs vom April 1992 verschleppt wurde und danach ins Exil fliehen mußte, wo ihn peruanische Killerkommandos weiterhin bedrohten (Gorriti 1999; XIII, ff.). Von diesem bürgerlichen Journalisten, der durch seine Kritik an der Allmacht des Geheimdienstes auf die Abschußliste geriet, stammt auch der wichtige Hinweis, daß eine ernsthafte wissenschaftliche Aufarbeitung des Kriegsgeschehens erst nach der Herstellung demokratischer Verhältnisse in Peru möglich sein wird, weil das zentrale Archiv der PCP, das dem Geheimdienst bei der Verhaftung ihres Vorsitzenden Abimael Guzmán in die Hände fiel, bis heute unzugänglich ist: „Any history of the war written without access to these files would be necessarily incomplete and would have an assured obsolescence." (ebda.; S XVI, f.). Unter diesem Gesichtspunkt ist gegenüber den bis heute veröffentlichten Darstellungen über den Verlauf des Krieges Vorsicht angebracht, da ihre Autoren Gorritis berechtigte Problematisierung der Quellenlage so nicht teilen.

[16] Marx, Engels 1990[1]; S. 17, ff.

daher im Rahmen dieser Arbeit ebenso wie für peruanische Autoren die Frage nach der politischen Positionierung, nach der Bedeutung der Theorie-Arbeit für gesellschaftliche Entwicklungen und damit nach ihrem Beitrag zur Überwindung oder Aufrechterhaltung von gesellschaftlichen Verhältnissen, die heute weltweit auf soziale Ungleichheit gegründet sind.

Als Theorie verfügt der historische Materialismus über einen ausgewiesenen Praxisbezug, seine Methoden erlauben insbesondere, auch die eigene theoretische Arbeit als Ausdruck gesellschaftlicher Kämpfe zu erkennen und in diesem Sinne muß meine Arbeit (so wie jede andere) als parteiliche verstanden werden, die im besten Fall einen Beitrag zur radikalen Kritik der bestehenden Verhältnisse leisten kann. Dabei mache ich mir Marx´ Definition von Radikalität zu eigen, die er in der Einleitung der Kritik der Hegelschen Rechtsphilosophie formuliert:

„Radikal sein ist die Sache an der Wurzel fassen. Die Wurzel für den Menschen ist aber der Mensch selbst. Der evidente Beweis für den Radikalismus der deutschen Theorie, also für ihre praktische Energie, ist ihr Ausgang von der entschiedenen positiven Aufhebung der Religion. Die Kritik der Religion endet mit der Lehre, daß der Mensch das höchste Wesen für den Menschen sei, also mit dem kategorischen Imperativ, alle Verhältnisse umzuwerfen, in denen der Mensch ein erniedrigtes, ein geknechtetes, ein verlassenes, ein verächtliches Wesen ist..."[17].

Die Marxsche Theorie bietet darüber hinaus das Instrumentarium, um diese Verhältnisse, die es aufzuheben gilt, in ihrem historischen Gewordensein zu erfassen und gesellschaftliche Veränderungen auf ihre Bedeutung hin zu untersuchen, die sie für die Befriedigung der Bedürfnisse verschiedener gesellschaftlicher Gruppen und Klassen haben.

In Bezug auf die Bauern in Peru stellt sich daher zunächst die Frage, welche Grundlage Verelendung und Armut haben. In Kapitel B ab Seite 37 zeige ich anhand der historischen Entwicklung

---

[17] Marx 1988; S. 385

verschiedener Formen der Produktion, Teilung der Arbeit und damit Formen des Eigentums, wie über Jahrhunderte hinweg eine spezifische gesellschaftliche Formation entstand, die auf sozialer Ungleichheit gründet und in sich äußerst heterogen ist. Durch die Aneignung des gesellschaftlichen Mehrprodukts durch die herrschenden Klassen zunächst während des Inka-Reichs, später während der spanischen Kolonialherrschaft, entstanden antagonistische Widersprüche, die bis in die Zeit der Republik und des heutigen Staats existieren. Im Zentrum meiner Arbeit steht der Agrarsektor. Hier wurde die Beherrschung und Ausbeutung der Bevölkerung während der einzelnen Epochen[18] in Formen organisiert, die so aufeinander aufbauen, daß die jeweiligen Produktionsverhältnisse äußerlich gewisse Ähnlichkeiten aufweisen. Auch die Methoden zur sozialen Kontrolle und zur Bekämpfung des Widerstands der Bevölkerung greifen immer wieder auf historisch erprobte Techniken zurück. Aus der Perspektive der Entwicklung des Bürgerkriegs nach 1980 untersuche ich daher die Wurzeln der Heterogenität der andinen Gesellschaft und der ihr innewohnenden Widersprüche und die inhaltlichen Veränderungen in den sozialen Beziehungen, die sich hinter äußerlichen Parallelen verbergen. Anstatt ein ahistorisches Bild einer erstarrten, ethnisch determinierten Gesellschaft zu entwerfen, erlaubt der historisch-materialistische Zugang, verschiedene Formen von Produktionsbeziehungen, kulturellen Phänomenen und sozialen Verhältnissen aus ihrer Entstehung in den verschiedenen Epochen und ihrer späteren Umformung im Verlauf von Auseinandersetzungen um die Produkte der direkten Produzenten zu verstehen. Erst ein Überblick über die komplexe Realität der Widersprüche in der andinen Gesellschaft, sowohl zwischen Klassen von direkten Produzenten und ausbeutenden Klassen, als auch jeweils innerhalb dieser Klassen, macht den Verlauf des Krieges nachvollziehbar. Auf dieser Basis war es einerseits den maoistischen Guerilleros möglich, unter der Parole „Rebellion ist gerechtfertigt" wichtige Teile der ruralen Bevölkerung für ihren Volkskrieg zu mobilisieren. Andererseits hilft das Verständnis der Heterogenität von Produktionstechniken, Eigentumsformen, Formen

---

[18] Inka-Imperium, Spanische Kolonie, Republik

der sozialen Organisation sowie religiösen und politischen Bewußtseinsformen auch bei der Erklärung des Erfolgs von Militär- und Polizeieinheiten, die Teile der Bevölkerung gegen die Guerilla mobilisieren konnten. Nicht zuletzt ist diese Untersuchung der gesellschaftlichen Basis der andinen Region unverzichtbar für die Einschätzung der möglichen Reichweite und Wirksamkeit von Strategien, die zur Verbesserung der Lebenssituation ihrer Bewohner vorgeschlagen werden.

Kapitel B beinhaltet notwendig auch die Schilderung einiger grundsätzlicher Resultate des Integrationsprozesses der andinen Agrarökonomie in nationale und internationale (Ausbeutungs)Beziehungen. Schließlich wird dargestellt, in welcher Form sich Ende der 70er Jahre dieses Jahrhunderts das Scheitern aller Reformversuche in Bezug auf die Marginalisierung des Agrarsektors manifestierte und welchen Ausdruck die daraus resultierende ökonomische Krise in sozialen und Klassenkämpfen fand.

In Kapitel C ab Seite 103 stelle ich dann vor diesem Hintergrund den Verlauf des Bürgerkriegs nach 1980 und seine theoretische Behandlung, vor allem in Publikationen, die sich mit den CDC befassen, dar. Mein Fokus ist dabei auf die Region in den Anden gerichtet, in denen die Kriegshandlungen begannen und der Krieg innerhalb der bäuerlichen Bevölkerung die meisten Opfer forderte[19]. Diese Region, die südliche Sierra, ist mit ihrem hohen Prozentsatz von Angehörigen des Quechua-Volks[20] an der Bevölkerung und dem geringen Grad der Entwicklung der Produktivkräfte seit langem sozio-ökonomisch die rückständigste bzw. die ärmste in Peru[21]. Zur

---

[19] Degregori 1996[1]; S. 16

[20] Zur Problematik möglicher Bezeichnungen, insbesondere (aber nicht nur) des vorbelasteten (Sammel-)Begriffs „indígenas" zur Bezeichnung verschiedenster Angehöriger der ausgebeuteten Massen Amerikas, deren Vorfahren keine Spanier waren vgl.: Höfer, Dieterich, Meyer 1990; S. 197, ff.. „Quechua-Nation" bzw. „Quechua-Volk" sind Bezeichnungen, die Mariátegui gebraucht (Von Oertzen (Hrsg.) 1986; S. 26). Das Problem des Fehlens eines passenden Begriffs, der die verschiedenen Seiten der Unterdrückung fassen könnte, der dieser Teil der Bevölkerung ausgesetzt ist, wird mit dem verwendeten Begriff nicht behoben. Ich bezeichne mit ihm hier eine Bevölkerung, die zu großen Teilen nur die präkoloniale Sprache Quechua spricht und sich aus Nachkommen verschiedener präkolonialer Völker und sozialer Gruppen zusammensetzt, im Gegensatz zu offiziellen Nachkommen der spanischen Eroberer.

[21] Degregori 1989: S. 18

Darstellung der Dynamik des Krieges in Bezug auf die Positionierung von Bauern bietet sich die Untersuchung der CDC an. Trotz der oben geschilderten Probleme gibt es zu diesen Gruppen relativ viel Material und die angeregte Diskussion um ihre richtige Einschätzung belegt, daß sich an dieser Frage unterschiedliche wissenschaftliche Methoden, politische Strategien und nicht zuletzt materielle Interessen unterscheiden lassen.

Zunächst ist es dabei nötig, einige Begriffe zu klären, da sich schon auf der Ebene der Bezeichnungen die verschiedenen Vorstellungen über Inhalt und Bedeutung des Bezeichneten bemerkbar machen[22]. Danach wird anhand der Beschreibung in der Sekundärliteratur die Entwicklung der CDC nachvollzogen, die sich von bescheidenen Anfängen 1983 bis Ende der Dekade zu einer generalisierten Organisationsform in den Dörfern der südlichen Sierra ausdehnten, ein Prozeß, der parallel zu dem Verlust strategischer Initiative und Hegemonie auf Seiten der Guerilla, bzw. dem Gewinn derselben durch den Staat, verlief.

Auf einer zweiten Ebene gehe ich auf die Verschiebungen im Bereich der theoretischen Behandlung dieser Entwicklung ein, die ebenfalls in dem Zeitrahmen der Wiedergewinnung der militärisch-politischen Initiative auf Seiten des Staats bis Mitte der 90er Jahre anzusiedeln sind. Dabei zeigt sich, daß in den neueren Untersuchungen zum Thema die Unterschiede zwischen autonom organisierten, staats- und gesellschaftskritischen Bauernorganisationen und solchen unter Befehl staatlicher Institutionen in Gestalt der FFAA systematisch eingeebnet werden. Dieser Perspektivenwechsel legt die Interpretation neuerer Untersuchungen zu den CDC als Beitrag zur ideologischen Verteidigung bürgerlicher Herrschaft und kapitalistischer Ausbeutungs- und Unterdrückungsverhältnisse nahe. Diese

---

[22] Schon hier weise ich daher auf zwei zentrale Bezeichnungen hin, auf deren Differenzen ich dann in Kapitel C noch näher eingehe: Die unter Befehl der FFAA stehenden Milizen, an denen die Beteiligung zwingend ist, bezeichne ich als *CDC*, so wie sie auch in einer gesetzlichen Formulierung genannt werden. Andere Autoren benutzen häufig das Wort „*ronda*" (Streife). „Bauernstreifen" existieren in Peru auch, allerdings in einer ganz anderen Region des Landes, sie sind nicht (wie die CDC) durch Initiative der FFAA entstanden, waren lange unbewaffnet und richteten sich nicht gegen eine Guerilla, sondern gegen Probleme und Störenfriede auf lokaler Ebene, vor allem Räuber, korrupte Polizisten bzw. Beamten, etc.

Interpretation wird durch die verschleierte Parteinahme der Autoren bestärkt, die vordergründig die Unmöglichkeit expliziter Bewertungen erklären und sich objektiv auf die Seite des peruanischen Staats stellen.

Diese Einordnung der Texte wird in Kapitel C ab Seite 243 abschließend unter Bezugnahme auf die Darstellung des historischen Entwicklungsprozesses wiederaufgenommen. Dort werden die langfristigen Veränderungen der äußeren Bedingungen für das Handeln der Bauern eingeschätzt, die durch die Ergebnisse von Entwicklungen auf verschiedenen Ebenen im Verlauf des Kriegs bewirkt wurden. Aufgrund von fehlenden Primärquellen ist es mir unmöglich, eine systematische Darstellung von Veränderungen auf gesellschaftlicher Ebene vorzunehmen. Insbesondere der Mangel an Daten zur Entwicklung der Produktionsverhältnisse macht mir dabei auch die Anwendung der Marxschen Kategorien der (Kritik der) politischen Ökonomie auf die neuere Entwicklung teilweise unmöglich. Eine derartige Analyse wäre insbesondere für die Klärung der Frage nach dem Verhältnis von landwirtschaftlicher Produktion und kapitalistischem Warenmarkt gewinnbringend. Fragen nach dem Grad der Kapitalisierung der Produktion oder der Bedeutung verschiedener Formen der Subsumption von Arbeitskraft unter das Kapitalverhältnis[23] kann ich jedoch aus meiner notwendig beschränkten Perspektive in dieser Arbeit nicht beantworten. Ich muß mich daher darauf beschränken, einige Grundtendenzen herauszuarbeiten, die jedoch ausreichend sind, um eine zentrale These zu belegen:

> Wenn die Untersuchung der Bedingungen und möglichen Ergebnisse des Handelns von Bauern und insbesondere ihrer Beteiligung an Rebellionen und Revolutionen einen Beitrag zur Überwindung der Verelendung weiter Teile der Landbevölkerung (in diesem Fall) in Amerika leisten soll, erfordert sie eine wissenschaftliche Methode, die in der Lage ist, gesellschaftliche Verhältnisse auf lokaler, nationaler und

---

[23] Bezüglich der Charakterisierung verschiedener Formen der Subsumption landwirtschaftlicher Arbeit unter das Kapital in der „Sozioökonomischen Formation des Spätkapitalismus in Staaten mit weltmarktabhängiger Reproduktion" vgl.: Bennholdt-Thomsen, Boeckh 1977

internationaler Ebene logisch in Beziehung zueinander zu setzen, da die Agrarproduktion als Lebensgrundlage der Bevölkerung von den Machtverhältnissen auf diesen Ebenen abhängig ist, die heute weltweit gewaltförmig kapitalistische Formen der Ausbeutung absichern.

Die Kritik an der Methode und den politischen Implikationen der Autoren erfolgt daher über den Nachweis, daß die theoretische Entwicklung dieser Beziehungen zwischen gesellschaftlichen Verhältnissen und lokalen Bauernwirtschaften durch das methodische Vorgehen verhindert wird.

Eric R. Wolf - ebenso Anthropologe, wie viele der peruanischen Autoren - ist dabei ein Beispiel dafür, daß die Aufmerksamkeit für die systematische Beziehung zwischen der „Mikro"-Ebene des Dorfes und der „Makro"-Ebene der Weltwirtschaft bzw. staatlich verfaßter Gesellschaften keine Frage der Zugehörigkeit zu einer bestimmten Einzeldisziplin ist. 1969 schrieb er: „the peasants rise to redress wrong; but the inequities against which they rebel are but, in turn, parochial manifestations of great social dislocations. Thus rebellion issues easily into revolution, massive movements to transform the social structure as a whole. The battlefield becomes society itself, and when the war is over, society will have changed and the peasantry with it."[24]. 1982 faßte Theda Skocpol die Ergebnisse einer längeren Diskussion um Bauern und ihre Gründe zu rebellieren zusammen, eine Debatte, die unter anderem von der Veröffentlichung von Wolfs „peasant wars" angestoßen wurde[25]. Auch sie kommt dabei zu dem gleichen Ergebnis, daß die Wechselwirkungen zwischen lokalem Geschehen und nationalen wie internationalen Zusammenhängen untersucht werden müssen: „Too close a focus on peasants themselves, even on peasants within local agrarian class and comunity structures, cannot allow us to understand peasant-based revolutions. A holistic frame of reference is indispensable, one that includes states, class structures, and transnational economic and military relations."[26] Dem ist nur hinzuzufügen, das dasselbe auch für bäuerlich getragene

---

[24] Wolf 1971; S. 301
[25] vgl. Kapitel CV
[26] Skocpol 1982; S. 373

Revolutionsversuche gilt, die nicht erfolgreich waren, sowohl wenn wir nach einer Erklärung für das Handeln gescheiterter Revolutionäre oder für die Allianz von konterrevolutionären Bauern mit staatlichen Repressionskräften suchen. Wenn sich bestimmte peruanische bzw. us-amerikanische Autoren[27] für ein anderes Vorgehen entscheiden, verabschieden sie sich damit auch von theoriegeschichtlichen Vorläufern, die an einen ähnlichen Untersuchungsgegenstand wesentlich (gesellschafts-)kritischere Fragen richteten. Die augenblickliche Fokussierung in den Sozialwissenschaften auf Theorien und Methoden im Gefolge des europäischen Post-Strukturalismus, auf die sie sich zum Teil explizit beziehen, erleichtert ihnen diese Verabschiedung radikaler Kritik. Es enthebt sie jedoch nicht der Verantwortung für die Folgen ihrer Wissenschaft auf der Ebene gesellschaftlicher Machtkämpfe.

In Kapitel D wende ich ab Seite 267 zum Abschluß nochmals Thesen anderer Autorinnen und Autoren zu „Bauernrevolutionen" (peasant revolutions) auf die dargestellten Entwicklungen an und schlage einen anderen Blickwinkel zur Untersuchung der Kriegsereignisse vor, der staatlichem Handeln eine größere Bedeutung zumißt und zu einer alternativen Interpretation der sozioökonomischen Veränderungen führt, die sich in den Dörfern der südlichen Sierra nach Ende des Krieges zeigen.

3 Grundsätzliches zu Begriffen, Form und Orten

Vor dem Beginn des historisch-analytischen Teils der Arbeit sind hier noch einige grundsätzliche Anmerkungen zu der verwandten Terminologie und einigen zentralen Begriffen, sowie zum geographischen Rahmen der Untersuchung, nötig.

Ausdruck gesellschaftlicher Geschlechterverhältnisse in sprachlichen Formulierungen

Nach verschiedenen Versuchen, in allen Fällen der Bezugnahme auf Ereignisse oder Darstellungen, die Männer und Frauen betreffen,

---

[27] In dieser Arbeit befasse ich mich vor allem mit den Autoren Degregori, Del Pino, Coronel und Starn, die gemeinsam Untersuchungen zu den CDC veröffentlichten (Degregori (Hrsg.) 1996).

die männliche wie die weibliche Form schriftlich darzustellen, unterwerfe ich mich schließlich doch einem traditionell-patriarchalen Sprachgebrauch, der die männliche Form auch zur Bezeichnung (des Handelns) von Frauen verwendet und somit Geschlechterdifferenzen verwischt und die Konstruktion männlich „gegenderter" Individuen als Ausdruck des gesellschaftlich „Normalen" verlängert. In dieser wenig zufriedenstellenden Lösung dominiert letztlich das Interesse an einer durchgängigen und leichter lesbaren Form der Darstellung. Daraus ergibt sich, daß mit der männlichen Form Männer und Frauen bezeichnet werden. An den Stellen, an denen eine Differenzierung in Männer und Frauen vorgenommen wird, schreibe ich für Frauen die weibliche Form bzw. erwähne, daß dort mit der männlichen Form nur Männer bezeichnet werden.

Spanische oder quechua Worte und ihre Schreibweise; Abkürzungen

An vielen Stellen verwende ich Worte, die aus der spanischen oder der quechua[28] Sprache stammen und für die die deutsche Sprache keine entsprechenden Übersetzungen bietet. Diese Wörter und Begriffe sind im Anhang mit kurzen Erklärungen zusammengefaßt.

Im Anhang findet sich ebenso eine Aufzählung aller verwendeten Abkürzungen.

Terminologie bzw. grundlegende Begriffe

In dieser Arbeit verwende ich eine Reihe von Begriffen, deren Inhalt im Text nicht näher erläutert wird. Einige davon sind der Marxschen Theorie entnommen, die ich als Methode benutze. Da allein der Verweis auf Marx angesichts der Vielzahl von Strömungen, die sich als marxistisch verstehen, noch keine hinreichende Klarheit schaffen kann, sind hier verschiedene Anmerkungen zum konkreten Inhalt der verwandten Begriffe im Rahmen dieser Arbeit zu machen:

Kapitalismus bezeichnet eine historisch spezifische Produktionsweise bzw. eine dementsprechende Form von Vergesellschaftung und Herrschaft. Mit Marx lassen sich die

---

[28] Quechua ist eine der beiden präkolonialen Sprachen, die in Peru bis heute vor allem in den ländlichen Regionen viel gesprochen wird. Vor der spanischen Invasion existierte sie nicht als Schriftsprache, d.h. die „Quechua-"Wörter als Geschriebene sind der Versuch, die gesprochene Sprache unter Verwendung der Phonetik des Spanischen schriftlich darzustellen.

gesellschaftlichen Verhältnisse und die Beziehungen, die Individuen darin untereinander eingehen, von einer spezifischen Form der Teilung der Arbeit und damit einhergehend Formen des Eigentums aus erklären, die sich aus der weltweiten Durchsetzung einer auf Kapitalakkumulation ausgerichteten Warenproduktion bestimmen.

In Bezug auf den *Imperialismus*begriff beziehe ich mich auf seine klassische Formulierung bei Lenin, der als wesentliche Merkmale des imperialistischen Stadiums (des Kapitalismus) die Herausbildung von international agierenden (staatlichen wie privaten) Monopolen beschreibt, in denen Bank- und Industriekapital miteinander „verwachsen" als Finanzkapital agieren und vor allem über die Form des Kapitalexports die gesellschaftliche Entwicklung der (ehemaligen)Kolonien maßgeblich bestimmen, die wiederum als Einflußsphären unter den verschiedenen imperialistischen Staaten aufgeteilt sind[29].

Subsistenzproduktion bezeichnet Produktion und Verarbeitung von Gebrauchsgütern bzw. Produkten, die dem direkten Konsum der Produzenten dienen. Unter den Bedingungen der weltweit durchgesetzten Warenproduktion findet Subsistenzproduktion heute trotz formeller Ähnlichkeit mit prä-kapitalistischen Formen der Arbeit nicht außerhalb der kapitalistischen Produktionsweise statt. Über die Möglichkeit und Wirklichkeit der Entstehung von Lohnarbeitsverhältnissen in allen Gesellschaften der Welt und die Generalisierung warenmarktförmiger Tauschbeziehungen unterliegt auch hauptsächlich auf den Eigenkonsum konzentrierte Produktion der Ausbeutung durch das Kapital[30]. Mit Bennholdt-Thomsen läßt sich die in der Subsistenzproduktion verausgabte Arbeit daher als private und konkrete Arbeit fassen, die - entgegen dem Willen der Produzenten - zu gesellschaftlicher und abstrakter wird, indem sie Waren (Arbeitskraft und landwirtschaftliche Produkte) produziert, die auf dem Markt angeboten oder verkauft werden[31]: Durch das gesellschaftlich bestimmende Kapitalverhältnis verwandelt sich

---

[29] Lenin 1960

[30] In Bezug auf minifundistische Produktion sind hier z.B. Aufkaufverträge, kleine Kredite oder allgemein die Terms of Trade für landwirtschaftliche Produkte zu nennen, über deren Verkauf auch kleinste Familienökonomien erst in die Lage versetzt werden, für sie notwendige Produkte zu erlangen, die sie selbst nicht produzieren (können).

[31] Bennholdt-Thomsen 1979[1]; S. 72; Das Verkaufsangebot muß nicht explizit formuliert werden: In einer Gesellschaft, in der (auch) Lohnarbeit verkauft und gekauft wird, beeinflußt bereits

subsistenzmäßig als Gebrauchswerte Produziertes in Tauschwerte. Im Zusammenhang der Erörterung der sozialen, ökonomischen und politischen Bedeutung der Subsistenzproduktion ist es ebenfalls nötig, den Begriff der *Marginalität* bzw. Marginalisierung zu spezifizieren. Der Gebrauch des Begriffs Marginalität bietet sich an, aufgrund seiner häufigen Verwendung zur Beschreibung des Ausschlusses von Teilen der Bevölkerung von wichtigen Ressourcen wie Infrastruktur, Gesundheitsversorgung oder auch geregelter Lohnarbeit. Bennholdt-Thomsen weist auf die Problematik eines Verständnisses von Marginalität hin, das unentlohnte Formen der Arbeit (wobei hausfrauisierte Reproduktionsarbeit und kleinbäuerliche Subsistenzproduktion die wichtigsten sind) als Randerscheinung oder Sonderfall kapitalistischer Vergesellschaftung erscheinen läßt und dadurch die Erkenntnis der Widersprüchlichkeit behindert, die kapitalistischer Entwicklung im Weltmaßstab (ausdrücklich *sowohl* in den imperialistischen Staaten wie den Ländern Afrikas, Asiens und Lateinamerikas) zwangsläufig innewohnt[32]. Marginalität verweist daher zwar auf die Produktion einer relativ immer größeren Masse der Bevölkerung als „industrielle Reservearmee" und schließt sie vom geregelten Verkauf ihrer Arbeitskraft als Ware aus, dieser Vorgang ist jedoch für die kapitalistische Produktion ebenso charakteristisch, wie die Aneignung des Mehrwerts durch Lohnarbeit.

An diese Überlegungen schließt sich die Frage nach der Bezeichnung der *Produktionsweise* in einem Land wie Peru heute an. Die Diskussion um die passendsten Charakterisierung führe ich hier nicht, dennoch ist es sinnvoll, drei unterschiedliche Positionen darzustellen, da sich aus ihnen zum Teil völlig verschiedene politische Konsequenzen in Bezug auf eine Überwindung der Ausdrücke der Marginalisierung („Hunger, Krankheit, eine schlechte Wohnsituation, geringe Schulbildung und Information ... ebenso wie Arbeitslosigkeit und Unterbeschäftigung, kurz: der Zustand der Armut in dem sich die Mehrheit der Lateinamerikanischen Bevölkerung befindet"[33]) ergeben.

---

die physische Existenz potentieller Lohnarbeitskräfte das gesellschaftlich vorhandene Angebot im Sinne einer Reserve an Arbeitskraft.
[32] Bennholdt-Thomsen 1979[1]; S. 45
[33] ebda.

Die erste Position ordnet Formen der unfreien Arbeit und der Subsistenzproduktion als „prä-kapitalistische" ein, d.h. als Formen der Arbeit, die *noch nicht* unter das kapitalistische Produktionsverhältnis (Kapital-Lohnarbeit) subsummiert sind. Auf dieser Grundlage ist es möglich, im Stil von Theorien und Ideologien der Modernisierung von einer weiteren Durchsetzung oder einem tieferen Eindringen des Kapitalismus in den nicht industrialisierten Staaten eine langsame Auflösung und Verdrängung dieser Formen der Arbeit samt damit einhergehender Verelendung zu erwarten.

Mariátegui dient als Beispiel einer zweiten Position. Er benutzt zwar auch die Bezeichnung prä-kapitalistisch zur Beschreibung von Formen der Arbeit, die seit der Kolonialzeit überdauern, allerdings erklärt er ihre andauernde Existenz gerade aus der Durchsetzung kapitalistischer Verhältnisse im Weltmaßstab. Er verneint daher explizit die Möglichkeit, in den (ehemaligen) Kolonien eine Entwicklung nach europäischem Vorbild nachzuvollziehen, bzw. die weitergehende Durchsetzung des kapitalistischen Produktionsverhältnisses (Kapital-Lohnarbeit) als gangbaren Weg zur Entwicklung der Produktivkräfte und zur Verbesserung des Lebensstandards der Bevölkerung in diesen Ländern zu betrachten[34].
In Ländern wie Peru werde daher nicht dem Kapitalismus die Rolle zufallen, die prä-kapitalistischen Verhältnisse aufzuheben, sondern der sozialistischen Revolution[35].

Eine dritte Position läßt sich schließlich im Anschluß an Bennholdt-Thomsen darstellen: Danach werden im Kapitalismus mit seiner ökonomisch bestimmenden Form der Akkumulation (Aneignung von Mehrwert durch die Anwendung freier Lohnarbeit) nicht nur ältere Formen der Arbeit beibehalten und mit einem neuen Inhalt versehen (landwirtschaftliche Subsistenzarbeit, handwerkliche und nicht-

---

[34] Mariátegui kommt zu diesem Ergebnis, indem er eine Analyse des konkreten Verlaufs der Kolonisierung und Etablierung spezifischer Formen der Ausbeutung in Peru untersucht. Vergleichend befaßt er sich auch z.B. mit dem Kolonisierungsprozeß in Nordamerika. So werden die peruanischen Verhältnisse in seiner Sicht als Ergebnis einer spezifischen Entwicklung kolonialer und imperialistischer Unterdrückung verständlich womit die Möglichkeit entfällt, sie als Ausdruck einer nicht weit genug gehenden Durchdringung oder Beeinflussung durch externe Entwicklungen darzustellen.

[35] vgl. Mariáteguis Vorwort zu „Tempestad en los Andes" von Luis E. Valcarcel (Lima 1975), zitiert in: Von Oertzen (Hrsg.) 1986; S. 31, f.

industrielle Formen der Arbeit), sondern es entstehen sogar neue Formen nicht unmittelbar gesellschaftlicher Arbeit (Hausfrauenarbeit, Formen der „informellen" Arbeit). Als „typisch" kapitalistisches Produktionsverhältnis kann daher nicht exklusiv das Verhältnis Lohnarbeit-Kapital bezeichnet werden, da dies eine unzulässige Abstraktion von der wahren Dynamik kapitalistischer Entwicklung (in jeder nationalen Ökonomie ebenso wie im internationalen Rahmen) darstellt.

Ich untersuche hier nicht, inwieweit die Differenzen zwischen der zweiten und der dritten Position auf terminologische und inwieweit sie auf inhaltliche und methodische Unterschiede zurückzuführen sind. Ich möchte nur auf die unterschiedlichen Konsequenzen hinweisen, die sich aus der ersten Position auf der einen Seite bzw. der zweiten und der dritten auf der anderen Seite ergeben. Mit den beiden letztgenannten stimme ich insofern überein, wie beide zu der Schlußfolgerung gelangen, daß die Aufhebung kapitalistischer Produktionsverhältnisse - und nicht ihrer Ausweitung[36] - die notwendige Bedingung für die soziale Emanzipation der „marginalisierten" Bevölkerungen ist. Diese grundlegende Feststellung erlaubt in den Kapiteln C und D zu untersuchen, inwiefern die Entwicklung der CDC die Bedingungen beeinflußt hat, unter denen Bauern für bessere Lebensverhältnisse arbeiten und kämpfen: Welche Veränderungen lassen sich in Bezug auf die Handlungsspielräume aufzeigen, die Bauern heute offenstehen, einerseits zum Gewinn einer abgesicherten Reproduktionsgrundlage innerhalb kapitalistischer Produktionsverhältnisse und andererseits zur Organisierung von Widerstand mit dem Ziel der Überwindung dieser Verhältnisse?

Peru: Geographie und sozio-ökonomische Differenzen der unterschiedlichen Räume

Geographisch läßt sich Peru in drei große Räume einteilen, denen jeweils spezifische soziale und wirtschaftliche Realitäten eigen sind:

---

[36] Wenn sich die These belegen läßt, daß die Marginalisierung gerade aus der *erfolgten* Ausweitung kapitalistischer Produktionsverhältnisse im Weltmaßstab resultiert, ist selbstverständlich die Vorstellung der Möglichkeit einer „Ausweitung" als zukünftiges Projekt imaginär bzw. ideologisch.

Die (Pazifik-)Küste, das Hochland (Sierra) und das Tiefland am Amazonas. Der schmale Küstenstreifen besteht weitgehend aus einer Wüste, die gelegentlich von Flußmündungen unterbrochen wird, um die herum fruchtbare bewässerte Flächen zu finden sind, auf denen sich die Exportlandwirtschaft konzentriert. Außerdem liegen hier neben Lima noch eine Reihe der größten Städte des Landes, so daß sich auf den 11% der Landesfläche, die der Küstenstreifen bedeckt mehr als 50 % der Bevölkerung ballt[37]. Die Sierra besteht aus einer trapezförmigen Hochfläche, die das Land von Norden nach Süden durchzieht und aus der sich die drei Andenkordilleren - mit ihren bis zu 6700m hohen Gipfeln - erheben, die ebenfalls in Nord-Süd-Richtung verlaufen. Die Breite der Hochfläche variiert zwischen 120 km im Norden und über 300 km im Süden des Landes. Im Norden ist das Klima der Sierra vergleichsweise mild, hier erreichen die Andengipfel nur eine Höhe von knapp 4000m, so daß sich die vom Amazonas kommenden Regenwolken nicht wie an den höheren Kordilleren im Süden bereits am Andenostabhang abregnen. Aus der unterschiedlichen Niederschlagsmenge im Norden und Süden der Sierra resultieren gravierende Unterschiede, was die Diversität der angebauten landwirtschaftlichen Produkte angeht, aber auch im Hinblick auf Formen der Arbeitsteilung und des Eigentums. Während im Norden einzelne bäuerliche Familienwirtschaften in relativ geringerer Armut leben (vgl. Seite 137 ff.), sind die Bewohner der südlichen Sierra aufgrund der schwierigen Bedingungen der Produktion auf ausgedehnte Formen der Kooperation bei der Produktion angewiesen, um die unterschiedlichen klimatischen Zonen der Sierra (vgl. S. 212) optimal auszunutzen. Diese Notwendigkeit trug maßgeblich dazu bei, daß trotz Prozessen der sozialen Stratifikation in ihrem Innern die Dorfgemeinschaft oder Comunidad eine wichtige Vergemeinschaftungsinstanz blieb und sich Formen des Gemeineigentums erhielten (vgl. Kapitel B). Vor allem unter den Comunidades, die keinen Zugang zu den fruchtbareren Flußtälern haben, grassiert seit der Kolonialzeit eine endemische Armut, die sich im Verlauf der Entwicklungen während der Zeit der Republik zu einer allgemeinen Verelendung auswuchs.

---

[37] Von Oertzen 1996; S. 13

Am Ostabhang der Anden beginnt schließlich das Tiefland, die Selva. Diese tropisch-feuchte Waldregion umfaßt ca. 60 % der Landesfläche, beherbergt nur einen verschwindenden Bruchteil der Bevölkerung und ist infrastrukturell kaum erschlossen[38]. Nur in den Grenzregionen zwischen Sierra und Selva finden sich ausgedehnte Plantagen und Pflanzungen von tropischen Früchten, Kaffee, Kakao, Tee und Coca.

Ayacucho und die südliche Sierra

In dieser Region, bestehend aus Teilen der drei Departamentos Huancavelica, Ayacucho und Apurímac, begann 1980 die PCP ihre Kriegshandlungen, hier fand Mitte der 80er Jahre ein großer Teil der willkürlichen Massaker von Armee- und Polizeieinheiten statt und in dieser Region spielte sich auch die Entwicklung rund um die Entstehung der CDC ab, die in Kapitel C geschildert wird. Degregori[39] weist darauf hin, daß die Provinzen, in denen der Krieg zuerst eskalierte und über die zuerst der Ausnahmezustand verhängt wurde, räumlich praktisch deckungsgleich sind mit einem alten Kulturraum, den er mit Arguedas als kulturelle „Pokra-Chanka-Region" bezeichnet und dessen Außengrenzen grob von den Flüssen Pampas, Apurímac und Mantaro gebildet werden[40].

Seit den Zeiten der Huarpa-Kultur (ca. 500 n. Chr.) entwickelte sich diese Region als untereinander verbundenes integriertes Gebiet. Die bewegte Geschichte der Region wurde einerseits von wiederholten Vertreibungswellen, die die Bevölkerungszusammensetzung jeweils dramatisch veränderten[41], und von Kriegshandlungen[42] bestimmt. Andererseits entwickelte sich in

---

[38] ebda.; S. 22

[39] Degregori 1989; S. 18, ff. Die hier wiedergegebene Darstellung der Geschichte der Region basiert im Wesentlichen auf dieser Charakterisierung Degregoris.

[40] Im Wesentlichen umfaßt diese Region also die fünf nördlichen Provinzen Ayacuchos sowie angrenzende Gebiete in Huancavelica und Apurímac.

[41] Degregori erwähnt die Entwurzelung durch große Vertreibungen und Umsiedlungen im 11. und 12. Jh. nach dem Sturz des Wari-Imperiums, im 15. Jh. in Kriegen der Inkas, als die fünf nördlichen Provinzen praktisch entvölkert und danach mit (zwangs)umgesiedelten Bevölkerungen aus anderen Teilen des Reichs (Mitmaq) neu bevölkert wurden und schließlich die Umsiedlung innerhalb der einzelnen Regionen durch die Reducciones unter Toledo (vgl. Fußnote 37, S. 50).

[42] Von den Expansionskriegen der Wari (ca. 7. Jh.), über die Conquista (Huamanga als wichtigstes städtisches Zentrum der Region wurde als Grenzposten gegen Inka-Rebellen gegründet), Kriege zwischen Konquistadoren, den Unabhängigkeitskrieg bis zu Kriegen und Aufständen während der

Ayacucho eine bedeutende landwirtschaftliche und handwerkliche bzw. Manufakturproduktion, auf deren Basis intensive und relativ gleichberechtigte Handelsbeziehungen mit anderen Landesteilen und der Küste entstanden. Die lokale Herrschaft lag in der Hand von Großgrundbesitzern, die bis Mitte des 19. Jahrhunderts ihre Macht konsolidieren konnten und die Bedeutung der Region als regionales Zentrum erhielten. Durch das Eindringen des Imperialismus in Gestalt der Entwicklung angrenzender Regionen und der Eröffnung von Straßen und Eisenbahnlinien an den Grenzen des ehemals integrierten Raumes, kam es ab Mitte des 19. Jahrhunderts zu einer verstärkten Orientierung verschiedener Subzentren weg von Huamanga und hin zu benachbarten Entwicklungspolen. Diese Entwicklung wurde von einer neuen kreolischen und europäischen Grundbesitzerklasse getragen, die sich auf die Exportproduktion konzentrierte. Nachdem sich der imperialistische Einfluß zunächst durch den Niedergang des Handwerks bemerkbar machte, dessen Produkte mit den industriell produzierten Importwaren nicht konkurrieren konnte, geriet schließlich auch die Landwirtschaft in eine Krise, die bis heute andauert. Importiertes Mehl das aus Lima geliefert wurde, ersetzte lokal produziertes Getreide, der interne Handel zwischen den Subzentren der Region reduzierte sich dramatisch und die verbliebene mehr oder weniger konkurrenzfähige Produktion orientierte sich auf die Vermarktung vor allem in Lima. Als die Krise Mitte des 20. Jahrhunderts dann auch noch die Exportlandwirtschaft erfaßte, versank die Region endgültig in Stagnation, die Großgrundbesitzer als dominante Klasse wurden zunehmend von ausbeuterischen Zwischenhändlern und Bürokraten ersetzt, die die Interessen der Region gegenüber politischen Entscheidungen der Zentralregierung im Gegensatz zu ihren Vorgängern kaum noch artikulierten. Zu der Isolation der nördlichen fünf Provinzen untereinander (aufgrund der rückläufigen Handelsbeziehungen und allgemeinem Niedergang der Region) und von dem Rest des Landes kam Mitte der 70er Jahre noch die Zerstörung der Straßenverbindung noch Norden in das Mantaro-Tal durch den Bau eines Stausees hinzu, so daß sich das

---

Republik fanden praktisch alle bedeutenden militärischen Auseinandersetzungen auch auf Schauplätzen in Ayacucho statt.

Gebiet endgültig in ein „Niemandsland" mit stark eingeschränkten Beziehungen zu umliegenden Regionen verwandelte. Degregori geht aufgrund der Deckungsgleichheit des ursprünglichen Aktionsraums der PCP mit dem Gebiet der „Pokra-Chanka-Region" davon aus, daß die maoistische Revolution auch als regionale Bewegung thematisiert werden muß, in der sich die Verteidigung einer ehemals wohlhabenden und einflußreichen Region gegen die verheerenden Auswirkungen der Integration in (imperialistische) Weltmarktbeziehungen ausdrücke[43].

---

[43] Degregori zitiert hierbei Wolf, der bei seiner Untersuchung bäuerlicher Revolutionen ähnliche Dynamiken in allen Fällen am Werk sah: „En cierto sentido, nuestros seis casos (México, Rusia, China, Vietnam, Argelia, Cuba), pueden verse como el resultado de tales reacciones defensivas, unidas a la búsqueda de un orden social nuevo y más humano"(Degregori 1989; S. 24).

B
Die peruanischen Verhältnisse

I Integration der peruanischen Landwirtschaft in die nationale Ökonomie und den Weltmarkt

1 Tahuantinsuyu oder das Imperium der Inka

Charakteristika und Produktionsweise
Der wesentliche Zeitraum des Inkareichs als Imperium umfaßt nur ein knappes Jahrhundert, etwa von 1440 bis 1530. In dieser kurzen Zeit konnte das Reichsgebiet von einem kleinen Kern in einem Umkreis von ca. 40 km um das Machtzentrum Cuzco herum gelegen, zu beachtlicher Ausdehnung vergrößert werden: nach heutigen Maßstäben vom Norden Chiles bis an die Grenze zwischen Ecuador und Kolumbien. Aufgrund der kurzen Zeit, in denen die Inkas über die unterworfenen Gebiete herrschten und starken Traditionen, die im Bereich der Kultur wie der Produktionsweise von älteren Imperien übernommen wurden[1], muß davon ausgegangen werden, daß sich viele Einrichtungen des Reiches noch in einer Phase der Erprobung und Entwicklung befanden, als 1532 die spanische Eroberung begann. Dennoch lassen sich einige Aussagen über *das* Inkaimperium treffen. Im Zusammenhang dieser Arbeit besonders interessant sind vor allem die zentrale Rolle, die die Agrarproduktion für die Wirtschaft spielte und die gesellschaftlichen Verhältnisse, die der spezifischen Form der Produktion entsprechen. Es ist unbestritten, daß die Inkawirtschaft nicht nur in der Lage war, die Versorgung der Bevölkerung mit

---

[1] Etwa von dem Wari-Reich in Bezug auf die Infrastruktur des Wegenetzes und die Kultivierung von Boden im Hochland mittels Terrassen und Bewässerungskanälen oder von Pachacamac in Bezug auf religiöse Riten oder Gottheiten (vgl. Von Oertzen 1996; S. 27, ff.). Zur andauernden Bedeutung „ethnischer Einheiten" älteren Ursprungs für das Herrschaftssystem der Inka vgl. Golte 1973; S. 35, ff.. Dieterich ordnet grundlegende Entwicklungstendenzen unter der Herrschaft der Inka als Fortsetzung einer (spezifischen Form der) Transformation von einem (real oder vermeintlich) auf Verwandtschaft basierenden Organisationsprinzip zu einem Prinzip politisch-territorialer Organisation ein. In diesem Prozeß, der ein „universales soziales Entwicklungsgesetz" darstelle, sieht er die Inka als „`Erben´ (bzw. Restauratoren)" älterer Gesellschaften (Dieterich 1977, S. 68, f.).

Nahrungsmitteln dauerhaft zu garantieren, sondern daß überdies ein Mehrprodukt erwirtschaftet wurde, das sowohl den ausgedehnten Sektor der staatlichen Verwaltung alimentieren konnte, als auch die nötigen Reserven für militärische Expansionen abwarf. Diese gesicherte Reproduktionsgrundlage zusammen mit den gesellschaftlichen Formen der Organisation der Arbeit und vor allem gemeinschaftlichen Formen des Bodenbesitzes brachten Autoren wie Mariátegui[2] zu der Einschätzung, bei dem Reich mit seinen zehn bis fünfzehn Millionen Bewohnern[3] habe es sich um eine urkommunistische Gesellschaft gehandelt: „Der inkaische Kommunismus - den man nicht leugnen oder abwerten kann, nur weil er sich unter der Autokratie der Inkas entwickelt hat - wird daher als Agrarkommunismus bezeichnet."[4]. Für Dieterich dagegen ist diese Kategorisierung der Inkazeit durch Mariátegui eine Idealisierung[5].

Anstatt agrarischen Kommunismus zu diagnostizieren läuft seine Analyse auf das Tahuantinsuyu als Ausdruck der asiatischen Produktionsweise hinaus. Vom Entwicklungsstand der Produktivkräfte aus betrachtet, beschreibt er die Produktionsweise zur Zeit der Inkas als „Übergang vom Neolithikum zum Eneolithikum"[6], festgemacht an der fast ausschließlichen Verwendung metallurgischer Produkte zu dekorativen Zwecken und der Unkenntnis des Rades bzw. des Gebrauchs der *Takklla*, des

---

[2] Mariátegui 1986
[3] Mariátegui 1986; S. 42, f.
[4] ebda.; S. 52; Mariáteguis Charakterisierung muß dabei im Rahmen einer breiteren Debatte um den Charakter der inkaischen Gesellschaft und vor allem über Perspektiven und Charakter einer sozialistischen Revolution in Peru verstanden werden. Mit seiner Position grenzte er sich einerseits gegen die „Indigenisten" ab, Intellektuelle, die eine (Wieder)Aneignung der präkolonialen Geschichte in dem Sinn einer Rückkehr zu einer „indianischen" Gesellschaft propagierten. Mariátegui forderte statt dessen, die „politische Tatsache" der Eroberung und ihre Folgen in Gestalt der Integration des Landes in einen internationalen Kontext zu akzeptieren und die übriggeblieben Elemente des „Agrarkommunismus" in einer sozialistischen Revolution aufzuheben, die auf der Grundlage des Respekts vor den zahlreichen Differenzen innerhalb der heterogenen neo-kolonialen Gesellschaft erstmals eine peruanische Nationalität schaffen würde, die alle Bewohner integrieren könnte. Mit dieser Position wandte er sich zugleich gegen evolutionistische Modernisierungsvorstellungen, die erwarteten, eine vollständige Durchdringung des Landes durch den Kapitalismus, werde in Peru dieselben Resultate wie in den europäischen Gesellschaften haben und die im Interesse des Fortschritts daher die endgültige Beseitigung kollektiver Arbeits- und Organisationsformen in den Comunidades guthießen. Zum Hintergrund dieser Debatte und seinem Ausdruck in Form der Diskussion um den Charakter der Inka-Gesellschaft vgl.: Von Oertzen 1986; S. 23, ff.; Dieterich 1977; S. 62, f..
[5] Dieterich 1977; S.63
[6] ebda. S. 67

Grabstocks, an Stelle des von Vieh gezogenen Pfluges. Zusammen mit dem Fehlen günstiger geographischer Voraussetzungen resultiert aus diesen Faktoren eine niedrige technische Arbeitsproduktivität. Diese wurde allerdings aufgewogen durch eine hervorragende produktive Infrastruktur. Sie beinhaltete von der umfassenden Vernetzung durch Verkehrswege über die statistische Erfassung und Ausbeutung aller Arbeitskräfte auch Maßnahmen zur Düngung, Bodenverbesserung, Terassierung, Bewässerung bis zum Anbau diversifizierter Getreidesorten mit dem Schwergewicht auf relativ pflegeleichten Maiskulturen. Oertzen[7] weist darauf hin, daß zur Zeit der Inkas auf dem Gebiet, das heute Peru umfaßt, „mehr Boden landwirtschaftlich genutzt" wurde als heute. So konnte unter der zentralisierten Kontrolle der Institutionen der inkaischen Macht nicht nur die Versorgung der Bevölkerung auf dem Land und in den städtischen Ballungszentren garantiert, sondern auch regelmäßig ein bedeutsamer gesellschaftlicher Surplus erwirtschaftet werden.

Das Tahuantinsuyu als Beispiel einer „asiatischen Produktionsweise"

Die spezifische Form der Aneignung der über die zur subsistenzmäßigen Reproduktion der unmittelbaren Produzenten selbst hinausgehenden unbezahlten Mehrarbeit legt nach Dieterich für das Inkareich die Kategorie der „asiatischen Produktionsweise"[8] nahe. Deren drei charakteristische Merkmale nach Marx sieht er gegeben: Produktion auf Grundlage von Gemeindeeigentum, ein Staat in der Rolle des obersten Grundherrn und Tribut bzw. steuerliche Abgaben, die dieser durchsetzt. So ergibt sich die Charakterisierung

---

[7] Von Oertzen 1996; S.41

[8] Der Begriff „asiatische Produktionsweise" muß als logische, nicht geographische Kategorie verstanden werden, als eine spezifische Form gesellschaftlicher Produktionsweise: „In großen Umrissen können asiatische, antike, feudale und modern bürgerliche Produktionsweisen als progressive Epochen der ökonomischen Gesellschaftsformation bezeichnet werden"(Marx 1990[1]; S.9). Marx beschreibt z.B. im Kapital (Marx 1988[4]) am *Beispiel* Asiens die persönliche Unfreiheit innerhalb eines Herrschaftsverhältnisses, in dem der unmittelbare Produzent sich „der Voraussetzung nach im Besitz seiner eigenen Produktionsmittel"(S. 798) befindet, so daß ihm „die Mehrarbeit für den nominellen Grundeigentümer nur durch außerökonomischen Zwang abgepreßt werden"(S. 799) kann. Diese allgemeine Charakterisierung, die so auch auf andere vorkapitalistische Ausbeutungsverhältnisse anwendbar ist, erfährt für die Form der asiatischen Produktionsweise ihre Spezifizierung dadurch, daß den Produzenten nicht Privatgrundeigentümer gegenüberstehen, sondern direkt der Staat in seiner Funktion als „Grundeigentümer und gleichzeitig Souverän"(ebda.).

des Tahuantinsuyu als Übergangsgesellschaft zwischen primärer und sekundärer Gesellschaftsformation, zwischen Gemeineigentum und Privateigentum. Im Gegensatz etwa zum europäischen Feudalismus mit seinen persönlichen Herrschaftsbeziehungen zwischen Individuen stehen sich im inkaischen Ausbeutungsverhältnis der Staat auf der einen und die gesamte Gemeinde auf der anderen Seite gegenüber. Die Dreiteilung des Bodens (Gemeinde oder Ayllu, Inka und Priester) weist auf den Klassencharakter der Gesellschaft hin. In Bezug auf die Teilung und die Form der Arbeit, die kollektive Bewirtschaftung aller drei Teile (auch innerhalb der Flächen des Ayllus ebenso der Teile, die Abwesenden oder Arbeitsunfähigen als auch der Parzellen, die einzelnen Familien zugeordnet waren) zeigen sich Überreste aus entwicklungsgeschichtlich älteren Abschnitten, als die Gentilgemeinschaft das Organisationsprinzip bildete[9]. Die kollektiv verausgabte Arbeit dient allerdings nicht länger dem Unterhalt der Gemeinschaft, sie wurde zur Arbeitsrente, der einfachsten Form der Grundrente. In Form der Bewirtschaftung des Inka- und Priesterlandes zeigt sich die Aneignung der Arbeitskraft der Produzenten durch die herrschende Aristokratie als Klasse, ergänzend kommen (für die Männer) noch andere Fronarbeiten außerhalb der Ayllus hinzu, die *mita* (öffentliche Baumaßnahmen, Minenarbeit).[10]

Durch die historische Untersuchung der Entstehung von Herrschafts- und Ausbeutungsverhältnissen während der relativ kurzen Dauer der Herausbildung des Inka-Imperiums[11], läßt sich die Koexistenz der sich scheinbar ausschließenden Pole Kollektivität (etwa in Bezug auf die Besitzverhältnisse an Boden innerhalb der

---

[9] Dieterich 1977; S. 68: Als wesentliche Charakteristika der Gentilgemeinschaft nennt der Autor Kollektiveigentum bzw. kollektive Arbeit, Matriarchat und egalitäre Produktenverteilung. Der Form nach fänden sich deren Überreste in der Inka-Gesellschaft als „urkommunistische Hülle", „in deren Innern - und gleichsam unter ihrem `Schutz´ - sich der Ausbeutungsprozeß der breiten Masse der Bevölkerung durch eine herrschende, privilegierte Klasse vollzieht" (ebda.; S. 72).

[10] Ich beziehe mich hier nicht auf Dieterichs Einordnung des Inkaikums, um die Diskussion um den Charakter dieser Zeit in Bezug auf die richtige kategoriale Einordnung was Produktionsweise oder Gesellschaftsformation betrifft aufzunehmen, nicht zuletzt, weil das den Rahmen dieser Arbeit sprengen würde. Ich halte seine Position aber für einen guten Ausgangspunkt, um den prozeßhaften Gang von Entwicklungen auch auf der für Marx entscheidenden Ebene der Beziehung zwischen gesellschaftlichen Produktionsverhältnissen und der Produktivkraftentwicklung (vgl. Marx´ Vorwort zur Kritik der politischen Ökonomie; in: Marx 1990[1]; S.8,f.) zu diskutieren.

[11] „D.h., daß die Inka-Dynastien auf zwei wichtigen Gebieten `Erben´ (bzw. Restauratoren) säkularer Entwicklungen und Strukturen untergegangener (Tiawanaku) oder von ihnen überlagerter

Ayllus oder die gemeinschaftliche Arbeit) und Klassenherrschaft (durch eine sozial vom Rest der Gesellschaft streng abgeschiedene Aristokratie) erhellen. Wie Dieterich betont, handelte es sich hierbei um keinen Dauerzustand. Vielmehr drängte dieses widersprüchliche Nebeneinander bereits am Ende des Imperiums, zur Zeit der Conquista, zu seiner Auflösung „in Richtung auf eines der beiden anderen möglichen `Modelle´"[12] (feudaler oder sklavistischer Modus der Produktion): „Dieser Transformationsprozeß, der sich manifestiert in den Tendenzen zunehmender sozialer Stratifikation und Arbeitsteilung, in den aufkommenden Formen privaten Grundeigentums des Adels und individuellen Familienbesitzes der Bauernbevölkerung, der Zunahme des Hörigen-Standes der `Yanaconas´, der Zwangsumsiedlungen der `mitimaq´[13] usw. und dessen Essenz in der Auflösung bzw. Substitution der Überreste des ursprünglichen Gemeinwesens und der diesen zugrundeliegenden Eigentumsverhältnisse liegt, findet sein jähes Ende durch den Eintritt der spanischen `conquista´. An die Stelle der internen Evolution tritt die gewaltsame Überlagerung durch das Gesellschaftssystem der Eroberer."[14]

Gesellschaften waren: nämlich eines bereits exogam und vaterrechtlich organisierten, in Transformation auf das Privateigentum begriffenen Clansystems sowie einer stark zentralisierten politischen Gewalt und das bedeutet natürlich eines sich differenzierenden Klassensystems. Beide Entwicklungstendenzen erfahren im Verlauf der Inka-Herrschaft wesentliche Modifikationen bzw. Systematisierungen..." (Dieterich 1977, S.69).

[12] Dieterich 1977, S.97

[13] Als „mitmaq" wurden Ayllus oder „ethnische" Gruppen bezeichnet, die unter den Inka in Regionen außerhalb ihres Siedlungsgebiets (zwangs)umgesiedelt wurden. Die Beweggründe für diese Maßnahmen waren einerseits ökonomischer Natur, wie z.b. zur Kolonisierung und produktiven Nutzung wenig besiedelter oder klimatisch extremer Regionen, andererseits stand oft eine politische Überlegung im Hintergrund, wie bei der Umsiedlung von loyalen Gruppen in rebellionsverdächtigen Gebieten oder in grenznahen Regionen zu deren Schutz (Golte 1973; S. 36). Diese demographischen Verschiebungen erfolgten somit häufig explizit vor dem Hintergrund von (angenommenen) Differenzen und Widersprüchen innerhalb der neu zusammengewürfelten Bevölkerungen bestimmter Regionen. Die soziale Trennung bis hin zur Feindschaft untereinander, die den Inka in ihrem strategischen Kalkül nützlich war, erhielt und verselbständigte sich vielfach während der folgenden Jahrhunderte. Im Ergebnis trugen diese Umsiedlungen wesentlich zur strukturellen Heterogenität der andinen Gesellschaft bei, Konflikte und Allianzen zwischen Dörfern bezogen sich unabhängig vom jeweiligen Inhalt der Streitigkeiten immer wieder auf diese Basis. Schließlich läßt sich im Bürgerkrieg nach 1980 in vielen Fällen der Rückgriff auf solche historischen Feindschaften belegen, die sich in Form der Positionierung auf Seiten verschiedener Kriegsparteien auf einem neuen Niveau der Gewaltförmigkeit ausdrücken konnten.

[14] ebda.; vgl. auch Von Oertzen 1996, S. 46 in Bezug auf die yana als Eigentum der Inka: „Mit der Verfügung über Arbeitskraft außerhalb des Prinzips der Gegenseitigkeit begannen sich gegen Ende des Inka-Reiches erste Ansätze von Privateigentum bei den Herrschern und ihren unmittelbaren Verwandten herauszubilden.".

Ich werde im Folgenden darstellen, in welcher Form die spanische Herrschaft bestimmte Aspekte dieser gesellschaftlichen Umbruchssituation gewissermaßen einfror. Es handelt sich dabei sowohl um Formen der unmittelbar ökonomischen Produktion wie Entwicklung der Produktivkräfte (Teilung der Arbeit, Techniken, Organisation der Arbeit) als auch um Überbauphänomene wie lokale Herrschaftsbeziehungen, kulturelle und religiöse Werte und Vorstellungen (besonders interessiert mich hier die soziale Hierarchie innerhalb der Comunidades, etwa in Gestalt „traditioneller" Autoritäten, sowie religiös-kulturelle Bewußtseinsphänomene wie z. B. normative Vorstellungen hinsichtlich legitimer Formen zur Konfliktlösung). Bestimmte Verhältnisse, Einrichtungen und Vorstellungen aus der Zeit vor der Conquista erhielten sich der *Form* nach teilweise bis heute. Ihre *Funktion* mußte dabei allerdings wesentliche Veränderungen erfahren, da sich die gesellschaftlichen Verhältnisse innerhalb Perus in den letzten knapp 500 Jahren entscheidend wandelten. Für das inkaische Imperium mit seinem ausgeprägten Charakter einer Übergangsgesellschaft beschreibt Dieterich den „Anschein der Einheit inkompatibler Elemente, welcher resultiert aus der Nichtentsprechung zwischen den beibehaltenen traditionellen Strukturen der sozialen Beziehungen und ihren neuen Inhalten".[15] Parallel zu dieser Beschreibung werde ich bei der Analyse der Texte von Autoren zu den Rondas heute nach gegenwärtigen Ausdrücken des Überdauerns solcher funktionsmodifizierter traditioneller Formen fragen.

(Die Schwierigkeiten bei der theoretischen Erfassung dieser Form-Inhalt-Problematik dürften in der Ablehnung marxistischer Kategorien der Analyse durch die bürgerlichen Autoren liegen, doch das wird später zu zeigen sein.)

---

[15] Dieterich 1977, S. 88

2 Produktionsverhältnisse in der Zeit der spanischen Kolonialherrschaft

Das Kolonialsystem als Ausdruck von Konkurrenz und Widerstand

Die spanische Krone war nicht in der Lage gewesen, Eroberungs- oder „Entdeckungs"fahrten staatlicherseits zu finanzieren und selbst durchzuführen. So etablierte sich ein System privater Unternehmungen zur Inbesitznahme neuer Territorien für die spanische Monarchie. Neben der persönlichen Bereicherung bot die Krone den Konquistadoren (Eroberern) umfangreiche Privilegien in den von ihnen eroberten Gebieten. Während prinzipiell alle Neuerwerbungen juristisch als Eigentum der Krone definiert wurden, erhielten die Konquistadoren als „Entlohnung" Ländereien zeitlich befristet zur Nutzung übergeben, sowie wichtige öffentliche Ämter als erbliches Eigentum. Als Gegenleistung hatten sie ein Fünftel ihrer Beute an die Krone abzuführen. Schon zu Zeiten Kolumbus wurde die Konkurrenz zwischen zwei wesentlichen Interessengruppen bei der Aneignung von Reichtümern und Ressourcen der Kolonien sichtbar. Auf der einen Seite standen die Konquistadoren und ihre Nachkommen, die den Einfluß der Krone zu minimieren und ihre persönliche Machtstellung zu maximieren suchten. Ihnen gegenüber versuchte die Krone und mit ihr die Kirche die staatliche Kontrolle über die Kolonien nicht zu verlieren und eine Verselbständigung der Macht der Konquistadoren zu verhindern. Diese Konkurrenzsituation beschränkte sich nicht auf den erbitterten Kampf um die *Distribution* bereits erwirtschafteten Reichtums. Vielmehr traten als Ergebnis der unterschiedlichen Möglichkeiten der Machtausübung seitens der beiden Parteien verschiedene Modi der Aneignung von Produktivkräften und Produkten in Konkurrenz zueinander. Der Konflikt endete mit einem „historischen Kompromiß"[16], der in Amerika weder der Entstehung einer feudalen Gesellschaft nach europäischem Vorbild, noch einer durch Sklavenhaltung charakterisierten Produktionsweise noch der persönlichen Freiheit

---

[16] ebda. S. 169

der Untertanen zum Durchbruch verhalf. Dennoch waren auf verschiedenen Ebenen alle drei Elemente im spanischen Kolonialreich in Amerika angelegt. Ihre spezifische Kombination als Ausdruck des historischen Kompromisses erklären unter anderem auch die Entwicklung der Eigentumsformen und der Produktionsweise im Agrarsektor während der Zeit der spanischen Herrschaft. Noch lange über ihr Ende hinaus wurde die gesellschaftliche Realität Perus durch das koloniale Ausbeutungssystem geprägt. Mich interessiert dabei vor allem die Einbindung bzw. der Ausschluß bestimmter Sektoren der Landwirtschaft in den oder vom Welthandel und die Institutionen *Hacienda* und *Comunidad*, die in der Sierra zentrale Bedeutung bekamen. Die Probleme, die der spanische Kolonialismus in Gestalt der Produktionsverhältnisse dort hinterließ, sind bis heute ungelöst. Wenn ich im weiteren die Perspektiven einer (auch ökonomischen) Emanzipation der Region und ihre Hindernisse untersuche, ist die historisch-materialistische Analyse der Entstehung heutiger Verhältnisse als Ausgangspunkt unverzichtbar.

Die Encomienda

Als die spanischen Eroberer nach 1532 begannen, das Gebiet des heutigen Peru für die Reyes Católicos in Besitz zu nehmen, waren einige charakteristische Probleme der kolonialen Ausbeutungsordnung bereits offenkundig geworden. Sowohl die spanische Krone als auch die Konquistadoren hatten in erster Linie ein Interesse an den Edelmetallen der Kolonie, zunächst vor allem an Gold. Konkret zeigte sich auf den zuerst eroberten Westindischen Inseln, welche Folgen die kurzsichtige und mittelfristig irrationale[17] Ausplünderung der Reichtümer in den neuen Territorien hatte: Nachdem sie die bereits produzierten Werte angeeignet oder nach Spanien verschifft hatten, sahen sich die Konquistadoren vor die Aufgabe gestellt, einen Produktionsmodus zu finden, der die weitere

---

[17] Damit ist einerseits die Nicht-Entfaltung von Produktivkräften gemeint, die in den Kolonien eine Transformation in Richtung einer kapitalistischen Produktion hätten bewirken können und andererseits die fatalen Folgen, die der Export der Edelmetalle für die Entwicklung des spanischen Staates selbst hatte. Auch hier wurde eine Überwindung adeliger Privilegien und die Herausbildung einer bürgerlichen Klasse systematisch verhindert. Langfristig führte dies zur Hegemonie des britischen Imperialismus, der sich historisch als eigentlicher Profiteur der spanischen Kolonialökonomie erwies.

Förderung von Edelmetall sicherte. Bereits ab diesem Punkt wurde deutlich, daß der Konflikt um die Aneignung des Reichtums der Kolonie in erster Linie um die Verfügung über die Arbeitskraft der einheimischen Bevölkerung, sowie in zweiter Linie um Bodenbesitz geführt werden würde, denn diese waren unter den vorgefundenen Bedingungen die wesentlichen Produktivkräfte[18]. In der ersten Phase der Conquista konnte die königlich-spanische Autorität in den Kolonien kaum mit dem faktischen Machtmonopol von Konquistadoren wie Kolumbus bzw. Pizarro konkurrieren. Diese realisierten mit der Praxis des „repartimiento" ihren Zugriff zunächst auf bestimmte Ländereien samt Bevölkerung, später auch auf Arbeitskräfte unabhängig von Landbesitz.[19] Die Krone ihrerseits versuchte über ein halbes Jahrhundert lang vergeblich, ihr eigenes Interesse an der Verfügung über die einheimischen Arbeitskräfte durchzusetzen. Um diese der vollständigen Abhängigkeit von den Konquistadoren zu entziehen, erklärte Isabel de Castillas bereits zu Beginn der Conquista die einheimischen Bevölkerung zu freien Untertanen der spanischen Monarchie. Dies diente als Rechtfertigung, von jedem männlichen Einwohner[20] eine Steuer, Tribut genannt, zu verlangen. Unter dem Begriff *encomienda* wurde seitens der Monarchie versucht, einen Ausgleich zwischen ihren Interessen und denen der Konquistadoren zu finden. Die Encomienda in Gestalt eines persönlichen Abhängigkeitsverhältnisses war auf der iberischen Halbinsel schon länger bekannt. In den Kolonien erhielt sie jedoch eine neue Form. Ihr Prinzip beinhaltet als ein feudales Element den Zwang zu Abgaben seitens der Encomendados, die vom Encomendero andererseits Schutz bzw. Unterricht erhalten. Ein wichtiges Merkmal ist darüber hinaus, daß die Encomendados in das Gefolgschaftsverhältnis nicht freiwillig eintreten. In Ermangelung einer gut organisierten staatlichen Verwaltung sollten die

---

[18] ebda. S. 149, ff.
[19] 1499 verteilte Kolumbus erstmals „Indios" unabhängig von der Zuteilung von Boden. Gegenüber der spanischen Krone, die dieses Verfahren ablehnte, argumentierte er mit den umfangreichen administrativen Befugnissen, die ihm seine „capitulaciones" sicherten (ein Vertrag mit der Krone, der ihm als „Entdecker" die Ämter u.a. eines Vizekönigs, Gouverneurs und Richters in den von ihm eroberten Gebieten verlieh).
[20] genauer: jedem männlichen Einwohner zwischen 18 und 50 Jahren; vgl. Matos Mar 1976[1]; S.183

Encomenderos[21] den Tribut ihrer „Indios" eintreiben. Im Gegenzug gab es verschiedene Modelle, die Encomenderos für ihre Funktion dann mit einem Anteil an diesem eingetriebenen Tribut zu belohnen. Dies sollte ihnen eine finanzielle Grundlage sichern, so daß sie königlichen Direktiven bezüglich der persönlichen Freiheit der Encomendados als Untertanen der Krone anerkennen würden und diese von der Verpflichtung zur Zwangsarbeit entbinden. Faktisch verblieben die Encomendados jedoch in einem Zustand der Sklaverei. Genauer gesagt war ihre Lage schlechter als die von Sklaven, denn da die Aneignung ihrer Arbeitskraft dem Encomendero keinerlei Kosten verursachte, legte er nicht einmal auf ihre physische Reproduktion wert. Die Konsequenz aus diesem räuberischen (Über-)Ausbeutungssystem zeigte sich dramatisch in dem Umfang, den diese Form der Vernichtung durch Arbeit auf den Westindischen Inseln annahm. Noch bevor eine dauerhafte Regelung der genauen Ausgestaltung des Encomienda-Systems durchgesetzt werden konnte, war gegen 1520 die einheimische Bevölkerung praktisch ausgerottet.

Allen Beteiligten mußte klar sein, daß diese Praxis langfristig weder im Interesse der Krone noch dem der Konquistadoren liegen konnte. So wurde im Zuge der Systematisierung der spanischen Herrschaft auf dem amerikanischen Festland versucht, eine staatliche Verwaltung aufzubauen, die in der Lage gewesen wäre, ein minimales Niveau der physischen Reproduktion einheimischer Arbeitskräfte durchzusetzen. Auch wenn die Krone im Kampf gegen die Autonomie der Konquistadoren einige Fortschritte machte und z. B. 1548 den Aufstand Gonzalo Pizarros niederschlug, blieben die dekretierten Vorschriften zum Indianerschutz leere Formeln, die an der kolonialen Realität wenig änderten. Bei ihrem Widerstand konnten sich die Encomenderos auf ihre soziale und militärische Bedeutung für den Erhalt der Kolonien als Eigentum der Krone stützen. Außerdem wurde die Umsetzung in Spanien verfaßter Gesetze durch Korruption verhindert, einem wesentlichen Merkmal der staatlichen Verwaltungsbeamten, die jenseits ihres Gehalts alle erdenklichen Möglichkeiten der persönlichen Bereicherung ausschöpften. So setzten Krone und Konquistadoren ihre jeweiligen Interessen

---

[21] Die Encomenderos waren an den Eroberungsfahrten Beteiligte, also in erster Linie Konquistadoren.

scheinbar auf zwei verschiedenen Ebenen durch: Die Krone erließ Gesetze, die von den Konquistadoren „anerkannt" wurden und mit ihnen die königliche Souveränität. Andererseits hielten sie sich in der Praxis nicht an die Gesetze, was wiederum seitens der Krone akzeptiert wurde. In dem berühmten Ausspruch „se acata pero no se cumple" wird dieses für die ganze Kolonialzeit symptomatische Verhältnis zwischen geschriebenem Recht und sozialer Praxis auf den Punkt gebracht. Die Herausbildung dieses Arrangements zwischen (privaten) lokalen Machthabern und zentralen politischen Autoritäten ist ein wichtiger Schlüssel zum Verständnis der Organisationsmodi politischer Herrschaft bzw. sozialer Kontrolle für die Kolonialzeit und fand unter den Bedingungen der Republik im 19. Jahrhundert seine Fortsetzung in der andauernden Abhängigkeit der Regierung in Lima von den lokalen Herren bzw. Machtgruppen in den Provinzen. Die Unfähigkeit der spanischen Krone, unter den kolonialen Bedingungen Institutionen einer zentralen und monopolisierten (Regierungs)Gewalt zu errichten, machte sich vor allem zuungunsten der Kolonisierten bemerkbar, die mit ihrer Arbeit die Aneignungsinteressen mehrerer Herren zu befriedigen hatten:

„Mit dieser Niederlage der Krone mündete die seit der Entdeckung Amerikas geführte Konfrontation über den Besitz der Indios in einen neuen und nunmehr endgültigen status quo zwischen absoluter Monarchie (plus Kirche) und Konquistadoren, wobei das politische Interesse des Staates an der Freiheit des Indios sich durchsetzte in der Definition des juristischen Status des Indios, der als `freier Untertan der Krone von Kastilien´ die politischen Prinzipien der Krone wenigstens auf der Ebene geschriebener Produktionsverhältnisse, in der Welt humanitärer indianischer Gesetzgebung, repräsentierte, während die privaten, sklavistischen Interessen der Konquistadoren sich durchsetzten auf der Ebene der faktisch gültigen Produktionsverhältnisse, d.h. in der ökonomischen Realität, in welcher der Indio - in eine Vielzahl zwangsweiser Ausbeutungsbeziehungen gepreßt - das Mehrprodukt für Konquistadoren, Siedler und Krone, zu erarbeiten hatte."[22] 1545 ließ Karl V. endgültig die Pläne zur völligen Abschaffung der Encomienda fallen. Als sie dann 1720

---

[22] Dieterich 1977; S. 168, f.

offiziell abgeschafft wurde, war dies nur der formelle Ausdruck für die Bedeutungslosigkeit, in die sie mittlerweile gesunken war[23] und stieß daher praktisch auf keinen Widerstand mehr. Funktionieren konnte das System in der Zwischenzeit indes, weil die materiellen Interessen von Staat *und* Konquistadoren durch die Arbeit der unmittelbaren Produzenten befriedigt wurden. Dies war allerdings nur um den Preis der Dezimierung der Bevölkerung in Form von Völkermord möglich. Obwohl seit Anfang des 16.Jhs. die Gefahr der völligen Vernichtung des einheimischen Arbeitskräftereservoirs auf der Hand lag, wiederholte sich in jedem neu eroberten Gebiet die selbe Entwicklung: Galeano spricht für die ersten anderthalb Jahrhunderte nach der Conquista von 66,5 bis 86,5 Millionen Opfern[24], was der Vernichtung von 95 % bis 96% der Bevölkerung von 1492 entspricht!

Die Ausrichtung der gesamten kolonialen Ökonomie auf Förderung und Export von Edelmetall spielte die entscheidende Rolle bei dieser Entwicklung. Um den unersättlichen Hunger vor allem nach Silber zu stillen, wurden die Bodenschätze hemmungs- wie planlos geplündert. 8 Millionen Menschenleben dürfte die Silberproduktion in Potosís Cerro Rico in gut 250 Jahren verschlungen haben, die ohnehinschon dezimierte Bevölkerung des Altiplanos[25] reduzierte sich zwischen 1574 und 1660 um 80%, gemessen an den Tributpflichtigen[26]. Der Einsatz praktisch versklavter Arbeitskräfte sorgte anfangs für eine gewisse Rentabilität. Um für den Silberbergbau in Potosí zusätzliche Arbeitskräfte zu erhalten, führte der Vizekönig von Peru 1574/75 die *mita* ein. Ähnlich wie zu Zeiten der Inkas bedeutete diese Institution einen Frondienst, den der Staat direkt seinen Untertanen abforderte. Unter den kolonialen Bedingungen wurden die Fröner, die Mitayos, jedoch genauso wie die per

---

[23] durch den Formwandel zum Hacienda-Großgrundbesitz; siehe S. 37, ff.
[24] Zahlen für die Bevölkerung aus Azteken, Inkas und Mayas, deren Anzahl von 70 bis 90 Mio. auf 3,5 Mio. dezimiert worden sei. (Galeano 1992; S. 91; der Autor spezifiziert hierbei nicht näher, auf welchen geographischen Raum er sich bezieht) Noam Chomsky geht von einer Zahl von rund 100 Millionen Opfern auf dem ganzen Kontinent in demselben Zeitraum von 150 Jahren nach Beginn der spanischen Invasion aus (Chomsky 1990; S. 150).
[25] Das Hochland im ehemaligen Vizekönigreich Peru (heute in Peru und Bolivien), in dem die größten Bergwerke lagen.
[26] Torrico Prada; Kornberger 1980; S. 12

Encomienda zur Zwangsarbeit Getriebenen einfach „vernutzt". Obwohl auch in Bezug auf die Mita bestimmte Ausführungsbestimmungen bezüglich eines Schutzes der „Indios" erlassen wurden, besiegelte ihre Einführung die Entvölkerung des Hochlandes: „Während bei der ersten Einführung der `mita´ noch 81.000 Indianer gezählt wurden, reduzierte sich diese Zahl im Jahre 1633 auf 40.115, 1662 auf 16.000 und 1683 auf 10.633.".[27]

Das Andenhochland und damit auch die Gegend der heutigen Provinz Ayacucho, dem Szenario des Bürgerkrieges nach 1980, hatte bis zu der nach 1650 einsetzenden Dekadenz der Silberminen vor allem die Funktion, die Lebensmittelversorgung der Minenstädte wie Potosí zu sichern. Diese Bedeutung ermöglichte es denjenigen Spaniern, die Herren über die agrarische Produktion waren, ähnliche Zugriffsmöglichkeiten auf das Arbeitsvermögen der Bevölkerung durchzusetzen, wie denen, die Minen besaßen. Auch in diesem Sektor der Wirtschaft findet sich mit der *yanaconaje* eine ehemals inkaische Institution, die unter spanischer Herrschaft einen veränderten Charakter annimmt. Yanaconas als persönlicher Besitz fanden sich nun statt im Besitz des Inkaadels als Eigentum der spanischen Grundherren, für die sie die Felder bestellen mußten[28]. Dieterich merkt an, daß sich ein Teil der mehr als 50.000 yanaconas auch freiwillig in dieses Zwangsarbeitsverhältnis begeben hat, da es noch bessere Überlebenschancen zu bieten schien, als die Mita in den Minen[29], die wie Galeano schreibt, „einer Maschine zur Zermalmung von Indianern" glich[30].

---

[27] Dieterich 1977 S.183, f. nach Konetzke 1965, S.200
[28] In seiner ausführlichen Darstellung „yanaconaje y reforma agraria en el Perú" differenziert Matos Mar - ausgehend von einer Untersuchung der Entwicklungen im valle de Chancay - historisch, geographisch sowie nach verschiedenen Sektoren der Ökonomie eine Vielzahl von Knechtschafts-, oder Dienstverhältnissen bzw. Formen der Hörigkeit. Diese Differenzierung und die Abgrenzung der yanaconaje von anderen Formen der unfreien Arbeit im Detail darzustellen, ist hier weder möglich noch nötig (vgl. Matos Mar 1976[2]).
[29] ebda., S.193
[30] Galeano 1992, S.94; „Von je zehn, die in die hochgelegene, eiskalte Öde mußten, kehrten sieben niemals zurück.", ebda. S.92

Die Comunidad bzw. die Comunidad Indígena

Um diejenigen, die nicht als Leibeigene auf dem Gut eines Herren lebten für die Mita, andere Dienste und allgemein zur Ausbeutung zur Verfügung zu haben, adaptierte die spanische Verwaltung ebenfalls die Ayllus als traditionelle soziale Einheiten, jetzt gefaßt unter den Begriff der *reducciones* bzw. *comunidades*[31]. Valencia Vega nennt sie eine „koloniale Karikatur der alten präkolonialen ayllus"[32]. Die Comunidades stellen das „indigene" Gegenstück zum spanischen Grundbesitz dar. An neuen Orten in reorganisierten Siedlungen zusammengefaßt[33], wurden die Mitglieder von Ayllus so durch die spanische Gesetzgebung zu kollektiven Grundeigentümern. Obwohl sie auf diese Art im Besitz des zentralen Produktionsmittels Boden waren, bedeutete dies keine gesicherte Existenzgrundlage. Auf Seiten des spanischen Staates waren die Regelungen zum Schutz der Comunidades schließlich erdacht worden, um eine Mindestzahl von Tributpflichtigen zu garantieren, deren Abgabenzahlung in den Comunidades wesentlich leichter organisiert werden konnte als bei den Teilen der Bevölkerung, die sich de facto im Besitz einzelner Spanier befanden. „Die Anerkennung der `comunidades´ und ihrer Gewohnheiten durch die Indiengesetze zeigt nicht nur die realistische Klugheit der Kolonialpolitik, sondern entspricht auch feudalistischer Theorie und Praxis. Die Bestimmungen der Kolonialgesetze über die `comunidad´ erhielten deren wirtschaftliche Funktionsweise zwar aufrecht, reformierten jedoch selbstverständlich diejenigen Bräuche, die der katholischen Lehre widersprachen (Ehe auf Probe usw.). Sie zielten darauf ab, die `comunidad´ in ein Rädchen der Verwaltungs-

---

[31] Matos Mar hält die unter der Herrschaft von Toledo nach 1570 generalisierte Einführung der reducciones für die wichtigste Form der Entstehung der „comunidades indígenas": „Aparece claro que la vía de la reducción fue la más común..." Daneben habe es auch Fälle einer relativ autonom vollzogenen Verwandlung von präkolonialen Ayllus in Comunidades gegeben. Dies sei der Fall in Gebieten, in denen sich der koloniale Einfluß zwar auch bemerkbar gemacht habe, in denen sich aber aufgrund ihrer geographischen Lage weder schnell Haciendas entwickelten, noch der Bergbau wichtig war und die von der Kolonialverwaltung kaum erreicht wurden, was sich in der fehlenden Präsenz spanischer Städtegründungen ausdrückte (Matos Mar 1976[1]; S.182).

[32] Valencia Vega (*El Indio en la Independencia*; La Paz; 1962); S. 8; zitiert in: Dieterich 1977; S. 198.

[33] Dieterich erklärt die Notwendigkeit der „systematische(n) Konzentration dieser Bevölkerungsmassen in kontrollierbaren und leicht zugänglichen Gebieten" aus den demographischen Konsequenzen der Wirren des inkaischen und des innerspanischen Bürgerkriegs bzw. der Konquista (Dieterich 1977, S.230).

und Steuermaschinerie zu verwandeln. Die `comunidad` konnte und sollte zum größeren Ruhm und Nutzen des Königs und der Kirche weiterbestehen."[34] Auch von Seiten der Spanier in der Kolonie wurden die Comunidades entgegen dem Gesetz nicht verschont. Gerade das formelle Eigentum der Bewohner am Boden[35] wurde zur Grundlage, ihre Arbeitskraft in Form von Zwangsarbeit bzw. ihre Produkte durch Raub anzueignen. Auch Matos Mar betont, weder reducciones noch Comunidades dürften von der Entwicklung und Festigung der dualen Sozialstruktur (geteilt in „indios y españoles"), bzw. des administrativen Systems kolonialer Herrschaft getrennt analysiert werden[36] : Die Verknüpfung mit dem kolonialen Verwaltungssystem „se articuló a través de una serie de mecanismos de intermediación económica, social y cultural, que tuvieron una de sus más claras expresiones en el rol del curaca, canalizador de la mita y el tributo."[37]

Die Curacas

Bezugnehmend auf den letzten Punkt will ich noch einen Funktionswandel einer weiteren inkaischen Einrichtung beschreiben, die der Form nach die Konquista überlebte. Schon für die Inkaherrscher stellten *curacas* das Bindeglied zwischen Ayllus, bzw. deren Bewohner und dem Staat dar. Mit der modifizierten Wiedereinführung einer Mita durch die Spanier und deren

---

[34] Mariátegui 1986, S.60; vgl. auch Matos Mar 1976[1]: Er betont, die Form der Comunidades dürfe nicht nur als Ausdruck des aufgezwungenen Willens der Kolonialmacht interpretiert werden, „ya que ella fue más bien resultado de un juego dialéctico entre los intereses de los conquistadores y la resistencia de los conquistados"(S. 183).

[35] Damit entfiel wegen der gesicherten Reproduktionsgrundlage die Notwendigkeit, sich z.B. in Lohnarbeitsverhältnisse oder persönliche Abhängigkeit der spanischen Herren zu begeben. Formen der Zwangsarbeit wie die Mita zeigen vor diesem Hintergrund, daß die Spanier deswegen aber nicht auf die Aneignung der Arbeit der Menschen in den Comunidades verzichteten, sondern sie statt dessen mit außerökonomischem Zwang durchsetzten.

[36] „Entonces se agruparon los ayllus dispersos en pueblos a cuyos componentes se les respetó la posesión de tierras pero en usufructo comunal, debido a que el pensamiento ideológico no sólo ibérico sino europeo favorecía y aceptaba tal situación; por las de otorgó, además, cierta protección para asegurar así el control de la población indígena, para el recaudo del tributo, el uso de su mano de obra y su adoctrinamiento católico. Es así como las reducciones permitieron...la viabilización de variados mecanismos de exacción de trabajo...a favor tanto de la encomienda como del poder central o regional." (ebda.; S.183).

[37] ebda.

kontinuierlichem Interesse an Tributzahlungen fand sich auch in der Kolonialzeit eine gesellschaftliche Funktion für eine privilegierte Minderheit. Der größte Teil der Curacas waren treue Erfüllungsgehilfen des spanischen Völkermords, ihre Kollaboration ließen sie sich mit der Befreiung von Mita und Tributpflicht entgelten[38]. Ihre Funktion erschöpfte sich in dieser Beihilfe. Rebellen aus ihren Reihen wie Túpac Amaru[39] beweisen dennoch, daß wenigstens einzelne erkannten, daß in der ökonomischen und gesellschaftlichen Funktion der Curacas auch das Potential für die Entwicklung einer indigenen national-bürgerlichen Schicht gesteckt hätte. Die spanische Kolonialpolitik und in letzter Konsequenz die kollektive Bestrafung der indigenen Oberschicht nach dem Aufstand 1780/81 verhinderten dies jedoch konsequent[40].

Das Latifundium und die ökonomische Entwicklung
Betrachten wir nun die Produktionsverhältnisse in der agrarisch dominiertem Ökonomie der südlichen Sierra am Ende der Kolonialzeit. Auf der Grundlage der von mir beschriebenen Entwicklung verschiedener kolonialer Institutionen erhielten sich einerseits die Comunidades als Arbeitskräftereservoir, in denen hauptsächlich Subsistenzproduktion getrieben wurde. Der Boden in Kollektiveigentum war nicht aufgeteilt, so daß Tendenzen zu

---

[38] „Von Zwangsarbeit und Abgabepflichten waren die *curacas* und die überlebenden Angehörigen der alten Oberschicht ausgenommen, die von der spanischen Krone formell mit der spanischen Aristokratie auf die gleiche Stufe gestellt wurden." (Von Oertzen1996, S. 54)

[39] Zusammen mit Túpac Catari und Tomás Catari, der ebenfalls Curaca war, leitete Túpac Amaru II. (José Gabriel Condorcanqui) 1780 bis 1781 den aussichtsreichsten von Indigenas getragenen Aufstand gegen die spanische Kolonialmacht, für einen unabhängigen indigen-mestizischen Staat. Neben der Aufhebung der kolonial-rassistischen Herrschaft zielte die Rebellion auch auf wirtschaftliche Reformen, die den direkten Produzenten einen größeren Anteil am eigenen Produkt und allgemein den Abbau von Handelsschranken bewirken sollten, die Entwicklung vor allem einer Handelsbourgeoisie in den Kolonien blockierte. Als bedeutendem Fuhrunternehmer (Túpac Amaru) bzw. Coca- und Deckenhändler (Tomás Catari) waren den Curacas die Probleme bestens bekannt, die allgemein wie die mestizischen wie die kreolischen Handwerker und Händler trafen. Trotz anfänglicher Erfolge der indigenen Aufständischen beim Aufbau einer Klassenallianz mit der mestizischen Mittelschicht, schlug sich diese letztlich auf „die Seite der herrschenden Klasse der Weißen"(Torrico Prada; Kornberger 1980; S.20).

[40] Nachdem der Aufstand niedergeschlagen wurde, bestraften die Spanier kollektiv alle bis dahin privilegierten „Indígenas". Dieser Angriff auf die überlebenden Eliten der Kolonialisierten trug entscheidend zum Charakter der Unabhängigkeitskriege von Bolívar und den neuen Republiken bei: Die entstehenden „Nationen" waren Konstrukte der kreolisch-mestizischen Oberschicht, in denen die Fraktion der Großgrundbesitzer dominierte. (vgl. u.a.: ebda. S. 23; Mariátegui 1986, S. 64, f.)

Privatbesitz und verstärkter sozialer Stratifizierung wenig Bedeutung hatten. Andererseits zeigt sich jedoch in Bezug auf den Bodenbesitz bis ins 19. Jahrhundert hinein die Tendenz, daß spanische bzw. kreolische (Groß-)Grundbesitzer ihre Ländereien durch Raub vergrößerten oder abrundeten. Hatte die Krone noch anfangs versucht, den mittleren zuungunsten des Großgrundbesitz zu fördern[41], kam es ab 1591 mit der Einführung des Instituts der *composiciónes* zu einem „fundamentalen Wechsel in der kolonialen Grundeigentumspolitik der Krone"[42]. Faktisch wurde von nun an Großgrundbesitz toleriert, selbst wenn das entsprechende Land widerrechtlich angeeignet worden war. Diese Hilfe der Krone zur Legalisierung von Landraub geschah gegen Bezahlung durch die Grundbesitzer. Die spanische Monarchie erhoffte sich, mit diesen Einnahmen ihre chronische Finanznot[43] lindern zu können.

In der Konsequenz entwickelte sich so eine Art freier Bodenmarkt, der Spekulation und geschütztes Privateigentum an Boden an die Stelle der ursprünglichen Vielzahl feudaler Nutzungs- und Besitzrechte setze, die die Krone zunächst vergeben hatte[44]. „Im ganzen besiegelte die koloniale Agrarordnung die Ersetzung eines großen Teils der landwirtschaftlichen `comunidades´ durch Latifundien, die einem einzelnen Besitzer gehörten und von in feudalen Diensten stehenden Indios bewirtschaftet wurden. Diese großen Landgüter wurden keineswegs im Laufe der Zeit aufgeteilt, sondern konzentrierten sich in wenigen Händen..."[45]

Siebenmann betont zurecht, *die* Hacienda könne nicht pauschal „als wichtigster Faktor der wirtschaftlichen Unterentwicklung und der sozialen Mißstände" angeführt werden[46]. Hacienda bezeichnet

---

[41] Z.B. über die Begrenzung der als königliche „Gnade" vergebenen *mercedes de tierra* in den Ordonanzen von 1573

[42] Dieterich 1977; S. 220

[43] Diese verfolgte sie insbesondere nach den Kriegen Phillips II. (1556-1598).

[44] Um das Durcheinander der verschiedenartigen Titel anzudeuten, hier nur eine Auswahl an Privilegien und Nutzungsrechten, die die Verfügung über die Ressource Boden beinhalteten: Majorat, Encomienda, Repartimiento, merced real, estancia, chacra. Diese zu verschiedenen Zeitpunkten von der Krone vergebenen Titel existierten zum Teil nebeneinander und verschwammen wie Encomienda und repartimiento zum Teil in Bezug auf die charakteristischen „Rechte", die sie bedeuteten. Die Aufhebung der widersprüchlichen Koexistenz dieser Institute schließlich fand auf Grundlage der freien Verfügung über Boden im Rahmen privaten Eigentums statt.

[45] Mariátegui 1986; S. 60

[46] Siebenmann 1979; S.V

weder ein System noch eine Produktionsweise. Vielmehr lassen sich regional verschiedene Typen von Haciendas mit je spezifischen Beziehungen zu und Bedeutungen für ihre Mikroregion unterscheiden. Diese Beziehungen sind ein Ausdruck der wirtschaftlichen und in ihrem Gefolge politischen Entwicklungen in Peru als spanischer Kolonie innerhalb einer entstehenden imperialistischen Weltordnung.

Wesentlich und typisch für die Haciendas in der von mir untersuchten Region ist ihr feudaler Charakter, die Aneignung der Überschußproduktion als Rente[47], d.h. die Abwesenheit von Lohnarbeit (als Bedingung kapitalistischer Produktion)[48], sowie ihr insgesamt rückwärtsgewandter Charakter, der auch jenseits der Grenzen des Latifundiums noch die ökonomische und soziale Entwicklung blockierte. Im Gegensatz zu den Küstenhaciendas, die auf andere Art mit ihren Monokulturen für den Export zur Blockierung einer integrierten nationalen Wirtschaft beitrugen, war für die Hacienda in der Sierra das Vorherrschen von Subsistenzproduktion charakteristisch. Zu beider Erklärung (Exportorientierung der Küstenhaciendas und selbstgenügsame Erstarrung im Hochland) muß die Entwicklung des Bergbausektors herangezogen werden. Gerade für die Agrarbetriebe in der Sierra machte sich der Rückgang des Bedarfs an Lebensmitteln im Zuge des Niedergangs der Minenstädte drastisch bemerkbar. Der Preisverfall für die Produkte machte den Handel unattraktiv und Alternativen waren aufgrund infrastruktureller Probleme kaum in Sicht[49]. Unter diesen Bedingungen konnte eine Intensivierung, Modernisierung oder Erweiterung der Produktion wenig verheißungsvoll wirken. Dazu kommt die traditionell-feudale

---

[47] Ein Charakteristikum, das auch Carmagni erwähnt.(ebda. S. 35)
[48] Dessen ungeachtet gab es auch eine monetäre Form der Entlohnung von Arbeit bzw. Dienstleistungen. Dieterich weist in diesem Zusammenhang richtigerweise darauf hin, daß die bloße Form der Entlohnung kein Kriterium für eine etwaige Kapitalisierung ist. Ausschlaggebend ist vielmehr, ob Kapital oder Boden die wesentliche Produktionsbedingung sind (Dieterich 1976, S. 245) und ob z.B. peones über ihre Arbeitskraft frei verfügen und sie als Ware verkaufen können, oder ob sie sich trotz Lohnzahlung in einem persönlichen Abhängigkeitsverhältnis befinden (ebda., S. 212).; vgl. auch Marx´ Hinweis, wer „die kapitalistische Produktionsweise begriffen hat", werde nicht „in jeder Geldwirtschaft auch schon kapitalistische Produktion" entdecken wollen, ungeachtet der Möglichkeit „formeller Analogien" (Marx 1988[4], S.795).
[49] Hier ist vor allem das Problem der langen Wege an die Küste, in die Hafenstädte zu nennen, in Kombination mit dem Aufbau küstennaher Produktion von Zucker- und Baumwolle, die sich als Exportprodukte durchsetzten, weil ausländisches Kapital die Kultivierung forcierte.

Mentalität der Großgrundbesitzer in der Sierra, die an Experimenten wie der Kapitalisierung der Produktion kein Interesse zeigten. Da das verfügbare Mehrprodukt weiterhin in Form der Rente angeeignet wurde, etablierte sich der Ankauf von weiteren Flächen als bevorzugte „Anlageform" für das Geldkapital, das die Großgrundbesitzer zur Verfügung hatten. So wurden den relativ unproduktiven Latifundien nicht nur immer neue Flächen hinzugefügt, sondern auch noch in Umlauf befindliches Geldkapital gebunden, in „totes Kapital" verwandelt[50].

Auch an anderen Punkten wurde die theoretische Möglichkeit der Transformation von feudalen in freie Lohnarbeitsverhältnisse verpaßt bzw. sabotiert. So verdienen die *obrajes* an dieser Stelle auch eine kurze Erwähnung. Insbesondere bei der Textilproduktion wurde hier eine manufakturähnliche nichtkapitalistische Warenproduktion aufgebaut. Abgesehen von der Verpflichtung von Mitayos und nicht von freigesetzten Lohnarbeitern als Produzenten wird hier die Integration in den Weltmarkt als Strukturproblem deutlich: Obwohl sich dieser Sektor zweimal ansatzweise entwickelte, gingen die Betriebe letztendlich an der internationalen (vor allem englischen) Konkurrenz einerseits und der handelsfeindlichen spanischen Zoll- und Steuerpolitik andererseits zugrunde. Ich kann den ganzen Komplex der strukturellen Blockierung einer kapitalistischen Entwicklung in den Kolonien hier nur umreißen. Wichtig ist mir jedoch, auch im Hinblick auf die Marktintegration bzw. die Bedeutung von Subsistenzproduktion in der Sierra heute, daß nicht einmal das Handelskapital, dem in anderen Situationen eine wichtige Rolle bei der Zerschlagung regionaler Ökonomien zugekommen war[51], in

---

[50] Dieterich 1976; S. 261, f.
[51] vgl. Marx 1988[4], S.345: „Es unterliegt keinem Zweifel..., daß im 16. und im 17. Jahrhundert die großen Revolutionen, die mit den geographischen Entdeckungen im Handel vorgingen und die Entwicklung des Kaufmannskapitals rasch steigerten, ein Hauptmoment bilden in der Förderung des Übergangs der feudalen Produktionsweise in die kapitalistische. ... wenn ... die plötzliche Ausdehnung des Handels und die Schöpfung eines neuen Weltmarkts einen überwiegenden Einfluß auf den Untergang der alten und den Aufschwung der kapitalistischen Produktionsweise ausübten, so geschah dies umgekehrt auf Basis der einmal geschaffnen kapitalistischen Produktionsweise." Im Gegensatz etwa zu England war diese jedoch weder in der Kolonie noch im spanischen Mutterland etabliert. Auf S. 58, f. gehe ich auf das Problem ein, das sich vor diesem Hintergrund in Bezug auf die Träger, die Subjekte einer Modernisierung hin zum Kapitalismus stellt; ab S. 63 werden gesellschaftliche Folgen davon im Peru des 20. Jhs. beschrieben.

dieser Funktion in die Agrarökonomie der peruanischen Sierra eindringen konnte. Vielmehr ermöglichte das ökonomische wie politische Monopol, das die Hacendados aufgebaut hatten, eine Ökonomie auf Basis feudaler Herrschaftsbeziehungen (bis ins 20. Jahrhundert) zu verstätigen[52].

Am Ende der spanischen Kolonialherrschaft in Amerika zeigte sich, daß die Form der Unterwerfung des Kontinents nicht nur in der Kolonie, sondern auch in Spanien selbst die Auflösung des Feudalismus blockiert hatte. Damit war Spaniens Konkurrenzfähigkeit im Rahmen des internationalen Handels enorm erschwert und die langfristige Niederlage gegen dem britischen Imperialismus besiegelt[53]. Diese Niederlage wird nicht in der Absicht der spanischen Monarchie gelegen haben. Ihre eigenen Vorgaben provozierten jedoch diese Entwicklung, so daß die britische Vorherrschaft als Ergebnis der gelungenen Umsetzung der spanischen Kolonialpolitik bis 1824 betrachtet werden muß und nicht mit einem Scheitern anderweitiger politisch-ökonomischer Pläne erklärt werden kann. Daß die systematische Verhinderung einer integrierten Entwicklung der Wirtschaft in der zum Rohstofflieferanten degradierten Kolonie kein Versehen sondern vielmehr Ausdruck der strategischen Pläne des spanischen Staats war, dies soll abschließend ein Zitat des Vizekönigs Taboada belegen, der 1790 erklärte: „Es ist gewiß, daß die Sicherheit Amerikas nach der Abhängigkeit zu messen ist, in der es vom Mutterland sich befindet, und diese Abhängigkeit ist im Warenbesitz begründet. An dem Tage, wo die Kolonien selbst alles Notwendige haben, wird ihre Abhängigkeit eine freiwillige sein, und weder die Streitkräfte, die wir dort haben, noch die Milde der

---

[52] Interessant sind in diesem Zusammenhang Berechnungen wie die von Vedoya, die die Verteilung des gesellschaftlichen Mehrprodukts zu ermitteln versuchen. Ist die beschriebene Verwendung ihres Anteils durch die Besitzer der kolonialen Produktionsmittel Boden und Minen für die Herausbildung einer dynamischen, d.h. kapitalistischen Ökonomie, schon lähmend, so finden wir hier noch weitere Probleme, resultierend aus der klassenmäßigen Aufteilung des Surplus. So kommt der Autor für das 18.Jh. zu einem Anteil von 70% am verfügbaren gesellschaftlichen Mehrprodukt, das in den Händen der Kolonialbürokratie versickerte(vgl. Dieterich 1976, S. 255).

[53] „Die Metalle Amerikas, Delirium und Verderben Spaniens, stellten die Mittel, um gegen die aufkeimenden Kräfte der modernen Wirtschaft zu kämpfen. ... Die spanischen Kapitalisten wurden durch den Kauf von Schuldverschreibungen der Krone zu Rentiers und investierten ihr Kapital nicht für die Entwicklung der Industrie." (Galeano 1992, S.73, f.)

Regierung, noch die am besten verwaltete Gerechtigkeit werden
genügen, um ihren Besitz zu sichern."[54]

3 Die Zeit der Republik

*Durchsetzung imperialistischer Herrschaft und die
Exportorientierung der Wirtschaft*
Die im vorhergehenden Abschnitt umrissenen Probleme der
kolonialen Gesellschaft, die systematische Blockade einer
antifeudalen Entwicklung, konnten durch die 1824 ausgerufene
politische Unabhängigkeit nicht verschwinden. Das Fehlen einer sich
selbst und ihrer Interessen bewußten bürgerlichen Klasse, die das
Subjekt einer Revolutionierung der feudalen Verhältnisse hätte sein
müssen, machte sich auch in der Zeit der Republik von den
ökonomischen Beziehungen bis hin zu den politischen
Machtverhältnissen bemerkbar. „Die amerikanische Revolution führte
keineswegs zum Konflikt zwischen den adligen Grundbesitzern und
den bürgerlichen Geschäftsleuten, sondern in vielen Fällen zur
Zusammenarbeit, sei es, weil die Aristokratie durch liberale Ideen
beeinflußt worden war, sei es, weil sie in vielen Fällen in der
Revolution nur eine gegen die spanische Krone gerichtete
Emanzipationsbewegung sah. Die Landbevölkerung, die in Peru
indianisch war, nahm an der Revolution nicht direkt und aktiv teil.
Ihre Forderungen waren im Programm der Revolution nicht vertreten.
... Die aristokratischen Grundbesitzer bewahrten zwar nicht ihre
ursprünglichen Privilegien, wohl aber ihre tatsächliche Machtstellung.
Sie blieben in Peru die herrschende Klasse."[55]

Aus dem ausschließenden Charakter der
Unabhängigkeitsbewegung entwickelte sich dann unter der
Vorherrschaft der Grundbesitzer ein Staat, der noch im 20. Jahrhundert
von der Zersplitterung der herrschenden Klassen und ihrer
weitreichenden Abhängigkeit von der Macht ausländischen Kapitals
geprägt war. Dieser Staat wurde wie das koloniale Herrschaftssystem

---
[54] zitiert nach Konetzke 1965, S.296; in: Dieterich 1976, S.205
[55] Mariátegui 1986, S.64

von einer dezentral verteilten Gewalt zusammengehalten, die in den Provinzen auf der Macht von Großgrundbesitzern und lokalen Eliten ruhte. Dieses Kräfteverhältnis, das sich auch in der fehlenden Monopolisierung der Gewalt beim (Zentral)Staat bzw. der Regierung und den respektiven Organen wie Militär- und Polizeieinheiten oder auch der Justiz ausdrückt, bedingte eine „traditionelle Schwäche des peruanischen Staats"[56]. Sie wurde in der Überlegenheit der fortbestehenden bewaffneten Gruppen lokaler Herrscher über die Kräfte der Zentralregierung[57] augenscheinlich. Die Freiräume, die ersteren dadurch zur willkürlichen Machtausübung offenstanden verhinderten dauerhaft die Integration der Bevölkerung in ein gemeinsames nationalstaatliches Projekt und verfestigten Spaltungen zwischen Regionen, „ethnisch" definierten Gruppen[58].

Während des 19. Jahrhunderts blieb die ökonomische wie die politische Macht der Klasse der Grundbesitzer unangetastet. Im Rahmen der Exploitation der Guanovorkommen an der Küste bildete sich aus ihren Reihen eine Art Bourgeoisie heraus. Ehemalige Encomenderos bzw. ihre Nachfahren bildeten hier vor allem für den britischen Imperialismus den Brückenkopf bei der Aneignung der begehrten Bodenschätze. Zum Preis der völligen finanziellen Abhängigkeit von britischen Kapitalen konnten sich so Elemente eines „peruanischen" Handels- und Bankkapitals etablieren. Mariátegui beschreibt den Prozeß als eine „mittelmäßige[n] Umwandlung der alten herrschenden Klasse"[59], da die soziale Herkunft dieser Bourgeoisie die Aristokratie war und nicht wie in anderen Fällen eine Klasse direkter Produzenten[60]. Sowohl die Großgrundbesitzer

---

[56] Huber 1992; S. 62
[57] Flores Galindo 1986; S. 252
[58] Aus dem selben Phänomen der weitgehenden „Abwesenheit" des Staates in vielen Regionen erklärt sich zugleich auch zum Teil der „Zentralismus" der Regierung, der eine weitgehende Diskriminierung der Bewohner des Hinterlands bedeutet. Neben den fehlenden Möglichkeiten, auf zentralstaatliche Entscheidungsprozesse Einfluß zu nehmen, drückt er sich in so absurden Effekten wie dem Zwang aus, für viele Verwaltungsangelegenheiten in die Hauptstadt reisen zu müssen, da vor Ort entweder keine Vertreter staatlicher Behörden präsent sind, oder aber die Vertreter der Staatsmacht keine Befugnis haben, Tätigkeiten auszuüben, die über die reine Verwaltung der Bevölkerung hinausgehen.
[59] Mariátegui 1986, S. 25
[60] „Die Klasse der Großgrundbesitzer hat es nicht geschafft, sich in eine kapitalistische Bourgeoisie, Herrin der nationalen Wirtschaft, zu verwandeln. Der Bergbau, der Handel und das

als auch der Staat nutzten ihre Kreditwürdigkeit durch Einkünfte aus dem Guanogeschäft zur Aufnahme immer neuer Kredite. Wo das Geld nicht dem Import von Luxusgütern diente, der eine lokale Warenproduktion weiter behinderte, wurde in die Infrastruktur und die Produktionsmittel der Exportwirtschaft investiert[61]. Die Fixierung der gesamten Wirtschaft auf die Ausfuhr von Rohstoffen wurde so um den Preis hoher Verschuldung weiter vorangetrieben.

In den 70er Jahren des 19. Jahrhunderts lief der Salpeter dem Guano an Bedeutung den Rang ab. 1881 verlor Peru den Krieg gegen Chile und dadurch seine Salpetervorkommen. Die Folge war ein Staatsbankrott, zu dessen Abwendung unter anderem neue Kredite des britischen Finanzkapitals verwandt wurden. Als Garantie erhielten Perus später in der „Peruvian Corporation" zusammengeschlossene Gläubiger neben drei Millionen Tonnen Guano, dem Schiffahrtsrecht auf dem Titicaca-See und Landtiteln vor allem das Eigentum am peruanischen Eisenbahnnetz für die Dauer von 66 Jahren[62]. In der Folge konnte sich unter diesen Bedingungen weder das mittlere und Kleinbürgertum als politisch einflußreiche Klasse konsolidieren, noch konnte die ökonomische Orientierung auf bzw. Abhängigkeit von der Exportwirtschaft gebrochen werden. Wichtige Veränderungen fanden im Zuge der Reorganisierung der Wirtschaft nach der Krise im Gefolge des „Salpeterkrieges" dennoch statt. Auf der Basis von Beteiligungen an der Kupfer- und Petroleumförderung gelingt es den Kapitalen des US-Imperialismus, die britische Vorherrschaft zu brechen. Diese Entwicklung beschränkt sich nicht auf den Bereich

---

Transportwesen befinden sich in den Händen des ausländischen Kapitals." (ebda. S. 30). Dieterich weist in diesem Zusammenhang auf Marx´ Betonung der fundamentalen Bedeutung der klassenmäßigen Herkunft der Träger einer Veränderung der Produktionsweise hin: „...von fundamentaler Bedeutung für den Charakter des Übergangs aus der feudalen zur kapitalistischen Produktionsweise ist die Frage, ob die industrielle Initiative `von unten´ erfolgt, d.h. ob ländliche und städtische Produzenten (freie Bauern und Handwerker) zu Kaufleuten und Kapitalisten werden oder `von oben´, d.h. ob die Kaufleute sich der Produktion selbst unmittelbar bemächtigen. Denn: so sehr der erstere den `wirklich revolutionierenden Weg´ darstellt, so wenig bringt es der zweite `an und für sich zur Umwälzung der alten Produktionsweise, die er vielmehr konserviert und als seine Voraussetzung beibehält´. K. Marx, `Das Kapital´, Bd. 3, MEW 25, S.25" (Dieterich 1977; S.40).

[61] Einerseits wurden (von privater Seite) die Zucker- und Baumwollplantagen an der Küste modernisiert, andererseits investierte der Staat in Kommunikations- und Verkehrswege für die Exportproduktion wie z.B. bei der Errichtung der Eisenbahnlinie Lima-Huancayo. Für diese Verbindung zu den Bergbauzentren des Hochlandes mußten alle Einzelteile importiert werden (vgl. Von Oertzen 1996; S.64)!

[62] vgl. ebda., S. 66 und Mariátegui 1986, S. 26, f.; Cotler 1992, S.125

der Produktion, sondern findet ihren Niederschlag auch im Finanzsektor, wo sich die USA ebenfalls als größter Gläubiger des peruanischen Staates etablieren können[63]. Neben diesem Wechsel in Bezug auf die imperialistische Hegemonie erwähnt Mariátegui die Errichtung moderner Industriebetriebe und damit Ansätze zur Bildung eines Proletariats. Auch wenn diese Modernisierung auf die Interessen internationaler Kapitale ausgerichtet ist, bedeutet sie auch eine Stärkung der (abhängigen) Bourgeoisie gegenüber der alten Aristokratie.

Während der ersten 100 Jahre der Republik Peru bleibt die Küste das Zentrum der wirtschaftlichen Entwicklung. Wie eine Hypothek, die eine nationale Entwicklung erdrückt, lastet der Dualismus Küste-Hochland, ein „dualismo estructural"[64], spätestens seit der Zeit der Guano-Euphorie auf dem Land. An der Küste forderten und ermöglichten die internationalen Investitionen die Errichtung moderner Betriebe vor allem zur Zucker- und Baumwollproduktion, deren Betriebsführung kapitalistischen Charakteristiken entspricht: Rationale Planung der Produktion, Einsatz großer Maschinerie, Kapitaleinsatz, bzw. -akkumulation, ständige Verbesserung und Ausweitung der Produktion, Konkurrenz. Dennoch fehlt auch hier ein zentrales Element für die integrierte Entwicklung einer unabhängigen nationalen Ökonomie: die vorherrschende und regelmäßige Anwendung freier Lohnarbeit. Aufgrund des kolonialen Charakters der peruanischen Wirtschaft insgesamt und ihrer spezifischen Eigenschaften als Klasse agieren die Großgrundbesitzer auf den Küstenplantagen weiterhin mit einer feudalen Einstellung. Ihre rassistisch-koloniale Haltung gegenüber den Arbeitern läßt sie das Problem des Arbeitskräftemangels durch Aufrechterhaltung feudaler Herrschaftsbeziehungen beheben. 1928 konstatiert Mariátegui zwar einerseits eine Zunahme von Lohnarbeitsverhältnissen im Zusammenhang der Einführung kapitalistischer Technik. Zusammenfassend kommt er jedoch zu dem Schluß: „...an der Küste hat das Latifundium einen relativ fortgeschrittenen Stand kapitalistischer Technisierung erreicht, auch wenn seine Ausbeutung auf feudalen Prinzipien und Praktiken beruht"

---

[63] Mariátegui 1986, S. 27, ff.
[64] Cotler 1994, S.17

etwa durch „Die Einrichtungen des `yanaconazgo´ und des
`enganche´". Diese „sind nicht die einzigen Anzeichen für das
Weiterbestehen mehr oder weniger feudaler Methoden in der
Landwirtschaft an der Küste. Das gesamte Klima der Hazienda bleibt
aristokratisch."[65] Die Konkurrenz der Plantagen untereinander sorgt
allerdings für ein Mindestmaß der Einhaltung der Vertragsfreiheit
und ein Lohnniveau, das die Migration an die Küste für Arbeitskräfte
aus dem Hochland attraktiv macht.

Produktionsverhältnisse in der Sierra
Dort, in der Sierra, blieben Arbeitslöhne bis ins 20. Jahrhundert
bestenfalls die Ergänzung einer in weiten Teilen feudal geprägten
Ökonomie: „Die freie Lohnarbeit hat sich dort noch nicht entwickelt.
Den Grundbesitzer interessiert die Produktivität seines Landes nicht,
sondern nur seine Rentabilität. Die Produktionsfaktoren reduzieren
sich für ihn auf zwei: das Land und den Indio."[66] Die liberalen Ideen
der Gründungszeit der Republik hatten wie erwähnt an der
Vormachtstellung der Großgrundbesitzer nichts geändert. Im Bezug
auf eine spezifische Institution der Kolonialzeit jedoch zeigten sie
Wirkung: Die *Comunidades*, die schon zur Zeit der spanischen
Herrschaft eher auf dem Papier als in der Praxis geschützt waren,
wurden im Verlauf des 19. Jahrhunderts des Großteils des ihnen noch
verbliebenen Landes beraubt. Sie waren die Leidtragenden der
offiziellen Programmatik der republikanischen Regierungen. Deren
Liberalisierungsmaßnahmen hätten einer nationalen Bourgeoisie
zugute kommen können, wenn diese denn existiert hätte und die
politische Macht aufgebracht, die feudale Herrschaft zu zerschlagen.
Insbesondere für den ländlichen Raum der Sierra kann davon indes
keine Rede sein. Hier wurden im Zuge der juristischen Beseitigung
feudaler Privilegien einerseits persönliche Herrschaftsbeziehungen
offiziell abgeschafft, die in der Praxis ohnehin nicht mehr existierten[67].
Andererseits richtete sich die neue Legislation im Rahmen der
Befreiung aller Bürger zu bürgerlichen Rechtssubjekten[68] gegen die
kollektive Eigentumsform der Comunidades am Boden: „Der
Liberalismus der republikanischen Gesetzgebung, dem Feudalbesitz

---
[65] Mariátegui 1986, S. 71; 80
[66] ebda., S. 85
[67] D.h., die *als* Mita, Encomienda, etc. nicht mehr existierten; siehe unten.

gegenüber untätig, wurde nur beim Gemeineigentum aktiv. Wenn er auch nichts gegen das Latifundium vermochte, gegen die `comunidad´ vermochte er viel. ... Die `comunidades´ zu zerstören, dies bedeutete nicht, die Indios zu Kleinbauern oder auch nur zu freien Lohnarbeitern zu machen, sondern bloß, ihre Äcker den gamonalen und deren Anhängerschaft auszuliefern. Dem Großgrundbesitzer fiel es so noch leichter, den Indio an das Latifundium zu fesseln."[69] Erst 1919 erkannte wieder eine peruanische Verfassung das Recht der Comunidades auf kommunalen Landbesitz an[70]. Zu diesem Zeitpunkt existierten jedoch kaum noch Comunidades, die im Besitz landwirtschaftlich ertragreicher Ländereien gewesen wären. Vielmehr waren sie auf „nur bedingt landwirtschaftlich nutzbare" Gebiete abgedrängt worden, vor allem in höher gelegene Regionen, in denen keine intensive Nutzung der ertragarmen und erosionsgefährdeten Böden möglich ist [71]. Nicht zuletzt die geringe Produktivität dieser Böden hat zusammen mit Bevölkerungszuwachs und der Tendenz zur dauerhaften privaten Inbesitznahme von Parzellen durch einzelne comuneros[72] den Landmangel verschärft, bzw. ein enormes Überangebot von Arbeitskraft geschaffen. Die pauperisierten Landlosen und Landarmen haben individuell nur die Wahl, sich als Pächter oder saisonaler Arbeiter auf einer Hacienda zu verdingen oder auf der Suche nach Arbeit in andere Regionen zu emigrieren. Viele Comunidades mit Landmangel schließlich wurden einschließlich ihres Landes und der Bewohner in Haciendas integriert und wurden als *comunidades cautivas* Teil des Arbeitskräftereservoirs unter der persönlichen Herrschaft einzelner Hacendados[73]. Dabei ist für die Diskussion um *die* Hacienda in Amerika festzuhalten, daß

---

[68] Deren elementarstes Recht muß vom Standpunkt der Bourgeoisie in ihrem Kampf gegen die Aristokratie das Recht auf wirtschaftliche Entwicklung sein und das bedeutet konkret immer auf Privateigentum.
[69] ebda., S. 69
[70] Gaitzsch 1976, S.16
[71] ebda.; vgl. auch Cotler 1994, S. 28: „Por lo general [las comunidades S.M.], ocupan las peores tierras de cultivo, las que están ubicadas en las laderas de los cerros y que presentan un elevado grado de erosión."
[72] CIDA 1966: Tenencia de la tierra..., S.122; nach: Gaitzsch 1976, S.16, f.;
„Hasta mediados del siglo pasado estas tierras eran, efectiva y legalmente, propiedad comunal. ... Luego, por diversas razones, a pesar de mantenerse como propiedad comunal, experimentaron un proceso de privatización. El lento paso al usufructo privado fue una de las consecuencias tanto de los cambios económicos regionales como de la evolución política nacional." Matos Mar 1976, S. 190

die „ökonomisch begriffene Hacienda" zeitlich und räumlich stark differenziert war[74] und daher „in Abkehr von jeder Monokausalität" fein nach Regionen und Epochen differenziert werden muß[75]. Für die Haciendas der peruanischen Sierra in der ersten Hälfte des 20. Jahrhunderts erfordert dies vor allem die Unterscheidung zwischen jenen Viehzuchtbetrieben, die Wolle für den Export und Fleisch für den nationalen Binnenkonsum produzierten und einem weiteren Sektor, der sich als Produktion zum Eigenkonsum charakterisieren läßt[76]. Lokal wiederum verschiedene und selbst innerhalb einzelner Haciendas noch heterogene Beziehungen von Pacht und Unterpacht konstituierten jedoch einen Latifundium-Minifundium-Komplex, der bis 1969 nicht grundlegend in Frage gestellt wurde. Angesichts des verbreiteten Landmangels bewährte sich die Überlassung von Parzellen innerhalb der Haciendas an Minifundisten als geeignetes Mittel, die Arbeit der „Indígenas" als wichtigste Produktivkraft dauerhaft an die Hacienda zu binden. Zu den Verpflichtungen der Pächter zählten in unterschiedlicher Kombination: die Ableistung einer bestimmten Quantität von Arbeitstagen für die Haciendawirtschaft (Grundelement des colonato), die Abtretung eines bestimmten Anteils oder einer bestimmten Menge Feldfrüchte oder Vieh aus der Produktion des Pächters (aparcería oder partidario), eine festgelegte oder ungeregelte Quantität an Dienstleistungen im Haushalt des Hacendados, sei es auf der Hacienda oder in der Stadt (ponguaje), Bereitstellung von Lasttieren und Arbeitskraft für Transportleistungen im Dienst des Herren sowie parallel die Entrichtung von Pacht in Geld bzw. die Bezahlung von Weiderechten[77].

Widersprüche in der Ökonomie und ihr Ausdruck in der politischen Krise des oligarchischen Staats

Ab den 50er Jahren des 20. Jahrhunderts spitzen sich ökonomische und in ihrem Gefolge politische Widersprüche der peruanischen

---
[73] Cotler 1994, S. 29
[74] Siebenmann, S.232
[75] ebda., S. 231; Matos Mar und Mejía unterscheiden für die Situation in Peru in der ersten Hälfte des 20. Jh. drei Versionen der Hacienda: kapitalistische, semikapitalistische und traditionelle (Matos Mar, Mejía 1984, S. 19).
[76] Gaitzsch 1976, S.14;
[77] ebda., S.14, f.; Mariátegui 1986, S. 85, f.

Gesellschaft immer mehr zu, in Richtung auf eine strukturelle Krise. In der Sierra wird die Situation immer mehr durch Landmangel und die zunehmende Pauperisierung breiter Massen charakterisiert. Als Reaktion darauf weiten sich so unterschiedliche Strategien wie Migration, gewerkschaftliche Organisierung oder verstärkte Versuche der Integration von Comunidades in den nationalen Markt unter Umgehung von Zwischenhändlern aus. An der Küste entwickeln sich Ansätze zu einer Industrie, die teilweise auf Importsubstituierung, teilweise auf die primäre Verarbeitung von Rohstoffen ausgerichtet ist. Das Kapital dieser Industrialisierung stammt weiterhin aus den imperialistischen Ländern, die so auch die modernisierten Sektoren der peruanischen Ökonomie strategisch kontrollieren können[78]. Für Marktkenntnisse und vor allem den Ankauf von Arbeitskraft zeichnet eine inländische Fraktion der Bourgeoisie verantwortlich[79]. Sie kann auf der kapitalistischen Grundlage der Anwendung freier Lohnarbeit operieren, nachdem im Zuge der massiven Landflucht an der Küste genügend Unterbeschäftigte oder Arbeitslose vorhanden sind[80]. Dieser Fraktion gelingt es auch, eine für sie günstige staatliche Agrarpreispolitik[81] durchzusetzen, die ein Angebot landwirtschaftlicher Produkte aus dem Inland in den Küstenstädten zu niedrigen Preisen garantiert, was zusammen mit dem Arbeitskräfteüberangebot niedrige Löhne ermöglicht.

In diesen Entwicklungen liegen die Grundlagen für die schwerwiegende politische Krise, die sich bis Ende der 60er Jahre immer mehr zuspitzen wird. Die Bedürfnisse der erstarkenden modernen Fraktion der „nationalen"[82] Bourgeoisie und die Forderungen des Volkes und der Mittelschichten widersprechen zunehmend den Interessen der traditionellen Fraktion der imperialistisch-oligarchischen Großgrundbesitzer, vor allem der Latifundisten der Sierra mit ihrer prä-kapitalistischen, halbfeudalen

---

[78] Von Oertzen 1996, S.79, f.; Cotler 1992, S. 277, f.; 386
[79] Von Oertzen 1996, S.79, f.; Cotler 1992, S. 279
[80] Cotler 1992, S.283; Matos Mar, Mejía 1984, S.30
[81] Das war auch Ausdruck der Befürchtungen, hohe Lebenshaltungskosten aufgrund der unzureichenden inländischen Agrarproduktion könnten zu einer ähnlichen Situation wie 1918/19 führen, als große Streiks das Land erschütterten, weil die einseitigen Investitionen in die Exportproduktion die Lebenshaltungskosten dramatisch erhöhten (Von Oertzen 1996; S. 69).
[82] „National" kann wie erwähnt eben nur heißen, daß nationale Juniorpartner dem internationalen

Produktionsweise: Die niedrigen Preise für landwirtschaftliche Produkte gefährden zunehmend die Rentabilität vor allem der produktiveren Latifundien;
die persönlichen Herrschaftsbeziehungen der Haciendas mit der geringen Bedeutung von Lohnarbeit bzw. insgesamt geringem Grad der Kapitalisierung sind ein Hemmnis der Entwicklung des internen Markts, d.h. der bedeutende Teil der peruanischen Bevölkerung, der auf dem Land in diesen prä-kapitalistischen Verhältnissen lebt und wirtschaftet, fällt als Abnehmer der an der Küste produzierten Waren weitgehend weg;
die Unproduktivität der traditionellen Haciendas (für deren Beseitigung gab es andererseits natürlich auch nur wenig Anreiz unter der Bedingung der Möglichkeit des Kapital*transfers* in moderne prosperierende Küstenindustrien[83] einerseits und Preisverfall bei den Agrarprodukten andererseits) erforderte immer weiter steigende Devisenmengen, um die Grundversorgung mit Nahrungsmitteln durch Importe zu decken[84];
die Verelendung und Perspektivlosigkeit der ländlichen Massen ermöglichte eine erstarkende politische Organisierung, die teilweise schon in den 50er Jahren klassenbewußte, zum Teil revolutionäre Forderungen erhob[85]. Das Auftauchen der Guerillas 1965 und die massive Zunahme der Landbesetzungen[86] in den 60ern zusammen mit einem städtischen Proletariat, das an Umfang zunahm und sich ebenfalls zunehmend organisierte, belegten die Gefahr einer

---

Kapital im Rahmen von joint ventures zuarbeiten. Anders als die traditionellen imperialistischen Enklaven, die ohne Beziehung zum peruanischen Markt Exportprodukte herstellten und ins Ausland ausführten, sind diese neuen Betriebe als verarbeitende Industrien auf einen internen Absatzmarkt angewiesen. Dabei sollte nicht übersehen werden, daß auch diese Ansätze einer Industrialisierung nicht sehr „tief" reichten, d.h. daß zum Beispiel die Maschinerie der neuen Betriebe weiterhin weitgehend aus den USA importiert wurde und nicht etwa auch eine nationale Schwerindustrie aufgebaut wurde.

[83] Cotler 1992, S.286

[84] Weizen und Mehl machten bereits 1924 den größten Teil der Importe von Nahrungs- und Genußmitteln aus (Mariátegui 1986, S.87), von 1960 bis 1966 stieg der Anteil der importierten Nahrungsmittel am nationalen Konsum von 13% auf 24% (Cotler 1992, S. 280).

[85] Gaitzsch 1976, S.26

[86] Die Landbesetzungen wurden als *recuperaciones* bezeichnet und begriffen, d.h. zunächst als Wiederaneignung geraubten Landes, bzw. als Aneignung von Ländereien, auf die die Bauern einen legitimen Anspruch gegenüber dem Hacendado haben, für die sie Jahrhunderte lang unentgeltlich Arbeitsleistungen erbrachten, die den Wert des beanspruchten Landes bei weitem überstiegen. vgl. Gaitzsch 1976, S. 30

revolutionären Entwicklung, die nach Einschätzung sowohl der Großbourgeoisie als auch der Mittelklassen kaum auf die ländlichen Regionen halb-feudaler Herrschaft zu begrenzen sein würde; In den 50er und 60er Jahren entwickelt sich somit ein Widerspruch zwischen Produktivkräften und Produktionsverhältnissen herau. Der Staat ist immer noch weitgehend der Staat der Oligarchie[87], begründet und geformt von den traditionellen Fraktionen der Agrarbourgeoisie bzw. -oligarchie zur Durchsetzung ihrer Klasseninteressen. Über hundert Jahre lang konnten durch diese politische Macht die Grundbedingungen der halb-feudalen Agrarwirtschaft Perus garantiert werden. Das war einerseits die Ausrichtung sowohl der „kapitalistischen" wie der nicht-kapitalistischen Sektoren auf die Überausbeutung (sobre-explotación), und die Anwendung außerökonomischen Zwangs zur Vergrößerung von Profit und Rente[88]. Andererseits die Orientierung der gesamten Wirtschaft auf Agrar- und Rohstoffexporte, die - in „Enklaven[89]" produziert - ebenso die Herausbildung davon unabhängiger nationaler Industrien wie eines internen Warenmarkts verhinderten, Entwicklungen, die Cotler dem imperialistischen Charakter[90] des ausländischen Monopolkapitals[91] zurechnet.

Klassenkämpfe und politische Krise

Die politische Macht der Oligarchie wurde nach dem relativen

---

[87] „una forma de dominación política 'oligárquica', tangible en un Estado excluyente" (Matos Mar, Mejía 1984, S. 33)

[88] Matos Mar, Mejía differenzieren hier (Matos Mar, Mejía 1984, S. 33) nicht explizit zwischen den verschiedenen gesellschaftlichen Formen der Mehrarbeit und des Mehrwerts, die unter den verschiedenen parallel existierenden Formen der Ausbeutung angeeignet wurde, weshalb sein Begriff der sobre-explotación ungenau bleibt. Ich halte auf dieser allgemeinen Stufe „außerökonomischen Zwang" als begrenzenden Faktor für die Wirksamkeit der Konkurrenz - zusammen mit Formen der persönlichen Unfreiheit - für die passendste Konkretisierung.

[89] „Es así cómo las empresas extranjeras se convirtieron en *enclaves*.... En efecto, éstas impidieron el desarollo de sucesivos eslabonamientos, limitando la oportunidad de empleo en el sector industrial y, por lo tanto, restringiendo el desarollo del mercado interno, estableciéndose un círculo vicioso que aseguraba la persistencia de una generalizada área pre-capitalista. Esta persistencia, a su vez, aseguraba que dichas firmas obtuvieran tasas de ganacia superiores a las que podrían lograr en sus mercados nacionales, puesto que el sector pre-capitalista proveía fuerza de trabajo, alimentos y artesanías, que permitía regular los salarios, asegurando que los costos de reproducción de la mano de obra se mantuvieran a un nivel inferior al existente en los países capitalistas donde el mercado de trabajo industrial determina los salarios..." (Cotler 1992, S.144).

[90] Cotler 1992, S.145

[91] zum Monopol-Charakter des ausländischen Kapitals vgl. ebda., S. 139

Verlust ihrer ökonomischen Bedeutung von zwei Seiten in Frage gestellt: Einerseits von den moderneren Sektoren der Bourgeoisie, die den Freihandel[92] begrenzen und die importsubstituierende Warenproduktion ausweiten wollten, andererseits von den direkten Produzenten, die sich in Stadt und Land immer besser organisierten, bzw. dem Kleinbürgertum[93], das sich den Weg zu politischer Macht über strukturelle Reformen zur Demokratisierung des Staatsapparats eröffnen wollte[94]: „La movilización política de los sectores populares y medios, a partir de 1930, y su consiguiente diferenciación ideológica de los propietarios y del capital extranjero, significó la exigencia de promover la democratización social y política de la sociedad y el Estado, otorgándole a éste un contenido nacional popular. Esta exigencia puso al descubierto la extrema precariedad de la clase dominante y del Estado oligárquico, y su total incapacidad para liberalizar la vida política. El resultado fue la apertura de una época de permanente enfrentamiento clasista, en que los propietarios, agentes políticos del capital imperialista, contaban exclusivamente con el recurso de la fuerza..."

Angesichts der sozialen Gärung in der Gesellschaft betonten auch US-Militärs[95] und peruanische Streitkräfte[96] vor allem nach dem Triumph der kubanischen Revolution die Bedeutung antioligarchischer Reformen zur Abwehr der Gefahr, die sich nach ihrer Analyse aus Armut und Unterentwicklung als Nährboden kommunistischer Bewegungen ergab[97].

---

[92] Von Von Oertzen 1996, S.77

[93] vgl. Béjar 1970, S. 34, ff.

[94] Cotler betont die Bedeutung der Forderungen dieser Klassen, die in den 60er Jahren eine Dimension erreichen, die die herrschenden Verhältnisse praktisch in Frage stellt (Cotler 1992, S. 389).

[95] Cotler 1992, S. 354

[96] ebda., S. 325, ff.

[97] Dabei bestand der Triumph der Revolution in Cuba nicht nur in der Vertreibung der Diktatur Batistas und der US-Konzerne, sondern in der Beispielfunktion, die der Prozeß für den ganzen Kontinent hatte. Das verstanden die Revolutionäre in Cuba und die ausgebeuteten Massen Amerikas genauso wie die Aufstandsbekämpfungsstrategen von Washington bis Buenos Aires. Nachdem der Beweis der Möglichkeit erbracht worden war, die Karibikinsel dem nordamerikanischen Imperialismus zu entreißen und zu verteidigen, bewies die US-Regierung unter Kennedy 1961 mit der Inszenierung der „Allianz für den Fortschritt", daß auch sie jenseits von aller Demagogie über die Ursachen der revolutionären Gewalt völlig im Klaren war. Natürlich war ihr Interesse an Reformen insofern ein formales, als es nicht um die Aufhebung der imperialistischen Herrschaft sondern ihre Konsolidierung auf modernisierter Grundlage ging.

Damit war die Frage der Durchführung einer *Agrarreform* endgültig auf die Tagesordnung gesetzt[98]. 1956 war bereits ein erster Anlauf zu einer teilweisen Umverteilung des Bodens unter Federführung der Agrargroßbourgeoisie gescheitert, die sich nicht gegen den Widerstand der Großgrundbesitzer durchsetzen konnte[99]. 1962 kam es dann unter Enrique Gallegos und der Militärjunta zu ersten regional begrenzten Zugeständnissen im Sinne einer Beseitigung der Herrschaft der Latifundisten. Die ganze Situation stand schon unter den neuen Zeichen der Zeit[100]: Unter Hugo Blanco entfaltete sich eine breite Bauernbewegung, die sich zunehmend radikalisierte[101]. Die Anerkennung des in Besetzungen erkämpften Landbesitzes durch die Bauern erfolgte deshalb als taktische Maßnahme im Rahmen einer Aufstandsbekämpfungsstrategie, die sich in der Zukunft noch öfter in Peru bewähren sollte: „una combinación de represión contra los líderes y de distribución de tierras entre los campesinos, conjuntamente con apertura de carreteras, postas médicas, escuelas, es decir la acción cívico-militar"[102]. 1964 folgte schließlich der letzte Versuch, innerhalb der konstitutionellen Legalität eine Agrarreform als Teil struktureller Veränderungen durchzuführen. Das von der Regierung Belaúnde vorgelegte Programm versuchte, den politischen Vorstellungen sowohl der Agrarbourgeoisie als auch der Mittelschichten gerecht zu werden, indem einerseits mittlerer und kleiner Grundbesitz gefördert, gleichzeitig aber die agroindustriellen

---

[98] Eine Agrarreform gehörte in Peru zum politischen Repertoire aller Reformkräfte. Auch wenn verschiedene Interessen dahinterstanden ist aus dem bisher Dargestellten jedoch klar ersichtlich, wieso substantielle Veränderungen in der Landwirtschaft ein Bedürfnis für alle gesellschaftlichen Sektoren mit Ausnahme der Großgrundbesitzer (und je nach Reforminhalt auch der Agrarbourgeoisie) waren.

[99] Matos Mar, Mejía 1984, S. 35, f.

[100] Diese beschränkten sich weder auf die rurale Bevölkerung noch auf Fragen des Agrarsektors. Auch in Bezug auf eine Enteignung ausländischer Industrien belegen Umfragen in Lima 1962 erstmals eine Mehrheit zugunsten von Enteignungen: „Las grandes propiedades y las industrias extranjeras deben ser expropiadas" stimmten 47% der Befragten zu, bei 33% Ablehnung (Cotler 1992, S. 346).

[101] Eine gute Zusammenfassung bietet Fioravanti, der von der Analyse der Eigentumsformen und der agrarischen Sozialstruktur ausgeht und die Bedeutung der Bauernbewegung in den Tälern von La Convención und Lares als Ausdruck von Klassenkämpfen betont.

[102] Cotler 1992, S. 330 und 350, f.; vgl. auch Matos Mar, Mejía 1984, S. 36. Die „acción cívico-militar" mußte nicht erst 1963 erfunden werden. Zusammen mit anderen Reformen gehörte sie seit 1962 zum festen Bestandteil eines Maßnahmenbündels zum Schutz von „nuestra ideología occidental, democrática y cristiana" (Cotler 1992, S. 328) gegen den Weltkommunismus und die Eroberung der Macht durch die Volksmassen (ebda., S. 327).

Komplexe wie das traditionelle Latifundium geschützt werden sollten[103]. Anfangs konnte Belaúnde auf breite Unterstützung vertrauen. Er hatte aufgrund der großen Erwartungen, die seine Reformregierung weckte, Sympathien bei Bauern und Arbeitern, das Kleinbürgertum spekulierte darauf, endlich die Vorherrschaft der Oligarchie zu brechen und er konnte auf das Wohlwollen der peruanischen wie der US-Militärs rechnen. Ähnlich wie die Mittelschichten waren diese von der Notwendigkeit von Reformen überzeugt, sahen jedoch auch die Gefahr, die sich aus einer Verselbständigung der Forderungen der Arbeiter und Bauern ergeben konnte[104]. Deren Interesse an sozialen Veränderungen mußte über kurz oder lang neben der Zerschlagung der lokalen Macht der präkapitalistischen Latifundien die Grundlage der ganzen neokolonialen Ausbeutungsordnung erschüttern. Belaúnde war insofern der Wunschkandidat auch der Aufstandsbekämpfungsstrategen, da er seine Reformen durch eine Stärkung der staatlichen Autorität durchsetzen wollte, was als das probate Mittel gegen die Entwicklung autonomer klassenbewußter Bewegungen angesehen wurde[105].

Innerhalb Belaúndes Amtszeit zeigte sich, daß seine Regierung an beiden zentralen Aufgaben scheiterte: Weder gelang es ihr, eine staatliche Autorität aufzubauen, die für die Durchsetzung grundsätzlicher Reformen unabdingbar war, noch konnte sie das Erstarken klassenkämpferischer Organisationen verhindern, die ihr Aktionsniveau parallel zum Scheitern der Reformversuche erhöhten[106]. Mit der Koalition aus APRA und U.N.O.[107] hatte im Parlament die politische Vertretung der reaktionärsten Teile der Bourgeoisie, der Oligarchie und des imperialistischen

---

[103] Matos Mar, Mejía 1984, S.36, ff.
[104] Cotler 1992, S. 352, 354
[105] „el ejército apoyaría al partido que estuviera dispuesto a ejecutar el `cambio de las estructuras´, sin participación masiva y, al contrario, bajo una dirección tecnocrática, a fin de impedir un posible `caos´. ... En estas condiciones sólo Belaúnde podía ser el candidato oficial de las Fuerzas Armadas" ebda.; S. 352.
[106] Dies ist als ein wechselseitiger Prozeß zu verstehen: Die zaghafte Reformgesetzgebung, die noch teilweise Zustimmung bei einigen Grundbesitzern fand, sollte eine bereits aktive Bauernbewegung beruhigen. Nachdem diese sich aber durch den politischen Klimawechsel in ihren legitimen Forderungen bestätigt sah und ihre Aktionen für die Ausweitung und Anwendung der Agrarreform verstärkte, schwand die Akzeptanz auf Seiten der Grundbesitzer völlig, so daß vermehrter Druck in Form von Landbesetzungen als einziges Mittel blieb, um doch noch Veränderungen zu erreichen.

Monopolkapitals die Mehrheit. Somit stand die Regierung von vornherein vor der unlösbaren Aufgabe, ausgerechnet die Stimmen derjenigen Fraktion für Reformen gewinnen zu müssen, gegen deren politische und ökonomische Macht sich eben diese Reformen zu richten hatten. Belaúnde versuchte erfolglos, das Dilemma durch eine Art allseitiges Bestechungsprogramm zu lösen: Der Großbourgeoisie bzw. dem ausländischen Kapital machte er Steuergeschenke[108], ermöglichte einen gesteigerten Transfer ihrer Gewinne ins Ausland und stimmte nach dem Beginn der Guerillaaktionen von MIR und ELN[109] 1965 einer breiten Repressionswelle gegen die Bauernbewegung und die (von APRA) unabhängige Arbeiterbewegung zu. Die so attackierten Sektoren sollten durch erweiterte öffentliche Ausgaben, vor allem für Bildung[110], beruhigt werden. Während auf dem Weltmarkt die Rohstoffpreise fielen und Perus Exporte stagnierten, mußte dieser Spagat aus schrumpfenden Einnahmen und steigenden Ausgaben mit immer neuen Krediten finanziert werden, was die Staatsverschuldung vervielfachte[111]. So endete das halbherzige Reformprogramm einer Regierung ohne Autorität statt in der gewünschten klassenversöhnlerischen nationalen Integration in einer Situation der sozialen und politischen Polarisierung. Ohne direktes Zutun hat dennoch auch dieser gescheiterte Versuch einer Agrarreform die ohnehin geschwächte Klasse der alten Großgrundbesitzer weiter ins Zentrum künftiger Angriffe gerückt. Nachdem die Reste der feudalen Herrschaft in der Sierra der industriellen Bourgeoisie schon länger ökonomisch im Weg waren, büßte das Latifundium in den 60er Jahren auch noch seine letzte Existenzberechtigung ein. Nachdem sich der Staat unfähig erwiesen hatte, die Forderungen der Landlosen und Landarmen zu erfüllen, akkumulierten deren Organisationen trotz Repression immer mehr Kräfte. Indem die Hacendados sich unfähig zeigten, diese

---

[107] Cotler 1992, S. 356 ff.: „La coalición APRA-UNO tuvo el pleno respaldo de la clase propietaria, y en especial de fracción oligárquica y del capital extranjero..."
[108] ebda., S. 367, f.
[109] vgl. hinsichtlich programmatischer Grundlagen und Verlauf des Kampfes u.A. Béjar 1970 und De La Puente 1976
[110] Cotler 1992, S. 366, f.
[111] Von 1963 bis 1967 stieg die Auslandsverschuldung von 237 auf 685 Mio. US$ (ebda., S. 369).

Entwicklung innerhalb ihrer Machtsphäre zu kontrollieren, hatten sie sich nunmehr auch als politischer Ordnungsfaktor[112] disqualifiziert.

---

[112] ebda., S. 336

II Klassen- und Besitzverhältnisse 1968 - 1979/80

Die Militärdiktatur von 1968 bis 1980

1968 war in Peru ein breiter Konsens über die Notwendigkeit einer Agrarreform hergestellt, die Klasse der traditionellen Hacendados der Sierra ökonomisch stark geschwächt und die autonomen Organisationen vor allem der Arbeiter verteidigten trotz Repression Klassenkämpfe auf hohem Niveau[1]. Als Belaúnde gegen Ende seiner Amtszeit endgültig politisch isoliert war, konnten die peruanischen Militärs zu Recht davon ausgehen, daß das institutionellparlamentarische System aus sich heraus nicht in der Lage sein würde, die Blockade jeder weitreichenden Reform und insbesondere jeder, die die Pfründe von Oligarchie und alter Exportbourgeoisie in Frage gestellt hätte, zu überwinden. Da die verfassungsmäßige Ordnung dem Kongreß als wichtigem und auf ihre Bedürfnisse zugeschnittenen Ort der Vertretung der Interessen der Oligarchie[2] eine gegenüber der Exekutive privilegierte Position einräumte, hätte eine (legale) politische Entmachtung der reaktionären Teile der Bourgeoisie bzw. der Oligarchie deren aktiver Unterstützung im Kampf gegen ihre vitalen Interessen bedurft[3]. Ihre Gegner, vor allem (urbane) Mittelschichten und die auf eine Entwicklung einer landesweiten

---

[1] Zahlen der ILO belegen für die Zeit von 1965 bis 1968 durchschnittlich ca. 390 Streiks pro Jahr, an denen sich durchschnittlich ca. 130.000 Arbeiter beteiligten (ebda. S. 360).

[2] Neben der Oligarchie, die wie erwähnt auch in Zeiten der Republik in der Lage war, ihre politische Macht zu verteidigen, ist auch die APRA für die Machtverteilung zwischen Regierung und Parlament mitverantwortlich. Nachdem sie wiederholt durch die FFAA an der Übernahme präsidentieller (Regierungs-)Macht gehindert wurde, bemühte sie sich, die Befugnisse des Kongresses auszudehnen, in die sie durch die Stimmen ihrer Anhänger (bis Mitte der 80er Jahre etwa ein Viertel bis ein Drittel aller Wähler; vgl. Von Oertzen 1996; S. 181) öfter eine bedeutende Rolle spielte (vgl. ebda.; S. 357).

[3] Als Charakteristika der verfassungsmäßigen Ordnung, als Ausdrücke des „carácter clasista del Estado"(Cotler 1992, S. 362) sind zu nennen: Weitreichende Befugnisse des Kongresses und schwache Position des Präsidenten bzw. der Exekutive (Interpellationsrecht und Amtsenthebung von Ministern durch den Kongreß, ohne daß der Präsident umgekehrt die Möglichkeit hätte, Neuwahlen auszurufen; Abhängigkeit von Staatshaushalt und Steuergesetzgebung vom Willen der Kongreßmehrheit; schließlich allgemein die Beschränkung der präsidentiellen Macht auf Verkündung und Ausführung von Gesetzen ohne Recht auf eigenes Votum oder Veto), Verhältniswahlrecht und daraus resultierende Tendenz zu einem „gobierno plural" bzw. Notwendigkeit zur Kooperation der Regierung mit dem politischen Gegner und nicht zuletzt ein beschränktes Wahlrecht, das Analphabeten das Stimmrecht vorenthält (ebda.; S. 355, ff.).

Integration der Ökonomie unter formell-kapitalistische Formen der Produktion orientierte Bourgeoisie und die Streitkräfte, sahen sich daher vor die Frage gestellt, ob und in welcher Form die Reorganisation des alten Klassenstaats an der Verfassung vorbei organisiert werden konnte. Die naheliegende Möglichkeit, auf der vorhandenen sozialen Gärung aufzubauen, schien angesichts der frischen Erfahrung der Guerillas von 1965 und der Dynamik sich schnell radikalisierender Bauern- und Arbeiterbewegungen zu riskant, da eine Kontrolle des Prozesses und seine Begrenzung auf reformistische Maßnahmen im Rahmen bürgerlich-kapitalistischer Vergesellschaftung nicht zu garantieren gewesen wäre. Vor die Alternative einer unkontrollierten Eruption der angestauten Wut der ländlichen und städtischen Volksmassen gestellt, reifte innerhalb des Militärs schließlich die Entscheidung, selbst die politische Macht zu übernehmen: „La conclusión a la que irían llegando los comandantes militares era la misma a la que habían llegado algunos intelectuales y profesionales: el sistema democrático era inservible para lograr la transformación del país. Es decir, no se podía transformar el carácter clasista del Estado a partir del mismo."[4]

Der lange Zeit vorbereitete Putsch vom 3. Oktober 1968 verfolgte daher das vorrangige Ziel, die bislang verhinderten Strukturreformen endlich umzusetzen. Durch die Übernahme der politischen Macht sollte nun vor allem die Durchsetzung einer autoritären Staatsmacht, mit landesweiter Durchsetzungsfähigkeit sichergestellt werden. Dies war zweifellos eine Grundbedingung für die Möglichkeit, ohne die Beteiligung der unteren Klassen Reformen „von oben" durchzusetzen, genauer gesagt *die* Grundbedingung, an deren Nichtverwirklichung sich das Scheitern der zivilen Regimes kristallisierte. Als zentrales Charakteristikum der Diktatur nennt Matos Mar daher den Aufbau eines korporativ-autoritären Staates[5]. Mit ihrem Modernisierungsprogramm vertrat die Junta das ökonomische Programm der radikalisierten Sektoren des Kleinbürgertums und moderner Sektoren vor allem der verarbeitenden Industrie[6]. Kernelement war der Angriff auf die herrschenden Klassen im

---

[4] ebda.; S. 365
[5] Matos Mar, Mejía 1984, S.133
[6] ebda., S. 60, 138

Agrarsektor (Agrarbourgeoisie bzw. Großgrundbesitzer), die zugunsten der Schaffung mittlerer Betriebe und vor allem der Errichtung von Kooperativen entmachtet werden sollten. Dazu wurde ein neuer Anlauf zu einer Agrarreform genommen, die ihre Wirkung auf zwei Ebenen entfalten sollte: Zum einen die Integration des Agrarsektors in die kapitalistische Ökonomie, um so die Fesseln zu sprengen, die dem internen Markt bislang durch die vorkapitalistischen Produktionsverhältnisse der Haciendas enge Grenzen setzten. Zum anderen eine reale Integration der indigenen Bevölkerung in die peruanische Nation und die staatliche Struktur, um ihr revolutionäres Potential zu entschärfen[7].

Strategisch zielte die Planung auf eine „antiimperialistische" Konsolidierung eines nationalen Kapitalismus, d.h. auf Nationalisierungen von Industrien, die sich unter Kontrolle des imperialistischen Monopolkapitals befanden und eine integrierte Entwicklung verschiedener Grundstoff-, verarbeitender und Konsumgüterindustrien samt internem Markt.

In den 70er Jahren zeigte sich, daß auch dieser Modernisierungsversuch scheiterte und statt der erstrebten korporatistischen Integration die soziale Polarisierung weiter verschärft wurde[8]. Die Agrarreform kann - nicht nur wegen ihrer politischen Dimension - ohne die weiteren Entwicklungen im nationalen Rahmen nicht verstanden werden. Ich fasse daher im folgenden die grundlegenden Ursachen für das Scheitern der Reformen unter den beiden Juntas von Velasco und Morales Bermúdez zusammen. Danach folgt eine Übersicht über die Veränderungen im Agrarsektor vor allem in der Sierra. Es wird sich zeigen, daß dort radikale Veränderungen stattfanden, daß insbesondere die alte Großgrundbesitzerklasse als solche verschwand. Gleichzeitig gilt es die Gründe herauszuarbeiten, warum dennoch die Unterentwicklung des Agrarsektors andauerte und sich insbesondere die Verelendung von armen und Kleinbauern noch zuspitzte. Diese bis 1980 geschaffenen Verhältnisse zählen einerseits zu den Bedingungen der späteren Entwicklung des Bürgerkriegs. Andererseits wird es auf dieser Grundlage in Kapitel C und D möglich

---

[7] ebda., S. 46

sein, die Veränderungen während des Krieges einzuschätzen und die peruanische Literatur zu den CDC im Hinblick auf ihre Beurteilung dieser Veränderungen zu untersuchen.

1 Reform des industriellen Sektors an der Küste

In Bezug auf die Unterklassen setzte die Junta zunächst den von Belaúnde eingeschlagenen Weg fort. Unter staatlicher Kontrolle wurden die Mitspracherechte der Arbeiter und die Arbeitsschutzgesetzgebung ausgeweitet, die Löhne erhöht und Subventionen für Lebensmittel eingeführt[9]. Bis Anfang der 70er Jahre erreichte die Bevölkerungsmehrheit auf diese Art ein Lebensniveau wie seitdem niemals wieder, was die anfängliche Akzeptanz oder Unterstützung der Junta von bedeutenden Sektoren des Volkes verständlich macht[10]. Ein weiteres „traditionelles" Element der Reformversuche zeigt sich in der kreditgestützten Finanzierung dieser Maßnahmen, für die der Staat enorme Devisenmengen aufbringen bzw. neue Kredite aufnehmen mußte. Die weiterhin sinkende Pro-Kopf-Produktion von Lebensmitteln[11] machte deren Subventionierung zu einem lohnenden Geschäft für die ausländischen Importeure, deren Gewinne dramatisch stiegen[12]. Neben infrastrukturellen Großprojekten und Waffenkäufen findet sich mit der direkten staatlichen Investitionstätigkeit im Bereich der Wirtschaft ein weiteres Element der steigenden Verschuldung[13]. Diese Herausbildung eines staatskapitalistischen Sektors[14] beruhte nicht nur

---

[8] Matos Mar/Mejía (Matos Mar, Mejía 1984, S. 138) und Cotler (Cotler 1992, S.383) erklären dies aus den charakteristischen Beschränkungen, denen das Projekt der Militärs als Ausdruck des Klasseninteresses von Teilen der Mittelschichten und der Bourgeoisie unterliegen mußte.

[9] Von Oertzen 1996, S.89

[10] Zu denen, die sich sogar aktiv in Organisationen des korporativen Staats beteiligten, zählten die revisionistische PCP und selbst ehemalige Revolutionäre wie Hector Béjar, an dessen Beispiel sich die Integrationskraft des Projekts der Militärs exemplarisch zeigt: Noch während seiner Zeit im Gefängnis (aus dem ihn die Militärs erst befreiten) schrieb er „Im übrigen wiederholen wir, daß der vielgestaltige, an Überraschungen reiche bewaffnete Kampf auf den Dörfern der einzige Weg ist, auf dem Lateinamerika befreit werden kann"(Béjar 1970, S. 126).

[11] Fuhr 1979, S.135

[12] Während die Nahrungsmittelimporte 1970 bereits 71 Mio. US$ verschlangen, waren es 124 in 1972 Mio., 238 Mio. in 1974 und in 1975 schließlich 358 Mio. US$ (ebda.).

[13] Der staatliche Anteil an Direktinvestitionen stieg von 30% 1968 auf 48% 1974 (Von Oertzen 1996, S.89).

[14] Matos Mar, Mejía 1984, S.42

auf dem Wunsch nach allseitiger Kontrolle seitens der Militärs. Die Zugeständnisse an die unteren Klassen und die Ersetzung bestimmter vorkapitalistischer Ausbeutungsverhältnisse durch kapitalistische[15] und die offizielle Befürwortung von Nationalisierungen im Bereich von Industrie und Rohstofförderung reduzierten die Investitionsfreudigkeit der privaten Betriebe. Vor allem die nationale Industriebourgeoisie und traditionelle Auslandskapitale sahen ihre Gewinne bedroht, was keineswegs in den Absichten der Junta lag. Entgegen ihrer ideologischen Slogans wie „weder Kommunismus noch Kapitalismus" stand eine Sozialisierung der Wirtschaft nie zur Debatte. Die Übernahme von maroden Industriebetrieben oder fast erschöpften Minen durch den Staat war sogar in vielen Fällen ein lohnendes Geschäft, da der Staat als Entschädigung Summen zahlte, die auf dem Markt niemals zu realisieren gewesen wären. Matos Mar, der dennoch eine reale Gefahr von Gewinneinbußen für einzelne Betriebe sieht[16], ist insoweit zuzustimmen, wie deren Produktion wesentlich auf vorkapitalistischen Arbeitsverhältnissen beruhte und diese beseitigt wurden. Daneben kann aber der zweite Aspekt nicht vernachlässigt werden: Der Abzug von Kapital aus nunmehr staatlich geführten Betrieben, ermöglichte vor allem dem ausländischen Monopolkapital den Gewinntransfer ins Ausland oder die Reinvestition in rentableren Branchen.

Schließlich erforderten die staatlichen Übernahmen, Modernisierungen und Neugründungen in den vormaligen Domänen des Monopolkapitals bzw. der Oligarchie (vor allem im Bereich der Roh- und Grundstoffe) abermals Kapital. In Ermangelung jeglicher Alternative konnte dieses wiederum nur aus dem Ausland kommen. Im Rahmen des „nationalistischen" Wirtschaftsmanagements kam es so zu neuen Beteiligungen imperialistischer Konzerne - vor allem auch in Gestalt von Direktinvestitionen -, die die Spielregeln akzeptierten und dafür ihre Gewinne vom Staat garantiert bekamen. In anderen Fällen erfolgte die Finanzierung mittelbar über Kredite des internationalen Finanzkapitals. So ergeben sich selbst für die dynamischsten Wachstumsperioden unter der Militärjunta bis Anfang

---

[15] zur Begrenztheit der Umwandlung von vorkapitalistischen Dienst- in kapitalistische Lohnarbeitsverhältnisse vgl. unten
[16] Matos Mar, Mejía 1984, S. 43, f.

der 70er Jahre keine Anzeichen für eine Verminderung der Abhängigkeit vom imperialistischen Kapital. Statt von einer Nationalisierung der Wirtschaft zu sprechen, bietet sich eher die Formulierung „nueva dependencia"[17] an, eine neue Abhängigkeit vom industriell orientierten Monopolkapital. Diese Entwicklung wurde unter Morales Bermúdez unübersehbar, als die Regierung die Bedingungen für Umschuldungskredite vom IWF diktiert bekam, mit den üblichen Folgen[18]. In diesem Zusammenhang ist es unerläßlich darauf hinzuweisen, daß die Grundlagen dieses Prozesses in dem Modernisierungskonzept der Reformer um Velasco liegen, auch wenn die Phänomene des völligen Scheiterns des Integrationsversuchs erst zu Tage traten, als die politische Macht bereits in Händen der traditionell mit der Oligarchie verbundenen Fraktion im Militär lag[19]. Auch das erhöhte Gewaltniveau bei der Repression gegenüber Oppositionellen stellt eine Fortsetzung der Politik Velascos dar, die sich nunmehr angesichts der Dramatik der Krise gegen immer heftigere Klassenkämpfe behaupten mußte.

---

[17] ebda., S. 44

[18] Die „üblichen Folgen" erklären sich aus den „üblichen Maßnahmen", die zur Anwendung kamen: Subventionskürzungen, Währungsabwertungen und Preissteigerungen im Grundstoffbereich führten zum Schrumpfen des internen Markts, Pleiten vor allem kleinerer Betriebe, Arbeitslosigkeit und Reallohnverlusten von 50% zwischen 1975 und 1978 (Von Oertzen 1996, S. 99). Betroffen waren „vor allem die unteren Einkommensbezieher" (Fuhr 1979, S.143).

[19] 1975 wurde Velasco von konservativen Offizieren zum Rücktritt gezwungen.

2 Die Entwicklung in der Sierra: Autoritärer Staat, Kooperativen und Verschärfung der strukturellen Krise

Carnaval de Tancayllo kay Perunacionpi[20]
(Carnaval de la toma de de Runanmarca)

„*En esta nación peruana
el hambre y la miseria
no terminaban.*

*¡Ay! hasta cuándo seremos pobres
y huérfanos en
esta nación peruana.*

*Hombres campesinos
levantémonos
vamos a la lucha.*

*¡Ay! Hasta cuándo seremos pobres
sirviendo a
los gamonales.*

*En Lima, la capital,
el cojo Velasco;
en todos los pueblos, Sinamos.*

*Dulces palabras
negra conciencia
cómo engañan a los pobres.*

*Campesinos y obreros
hagamos una alianza
vamos a la lucha.*

*Vamos a la lucha
definitiva hasta alcanzar
nuestra liberación.*"

---

[20] Quintanilla 1981; S.133, f.

Die Veränderungen, die von der Militärjunta im Agrarsektor durchgesetzt werden sollten, standen perspektivisch von Beginn an im Dienst der nationalen Wirtschaftsentwicklung bzw. der politischen Stabilität des peruanischen Staates. Auch hier zeigte sich das Phänomen, das ich bereits für die Entwicklung des industriellen Sektors beschrieben habe, die Übernahme bestimmter ökonomischer Funktionen durch die technokratische Bürokratie des autoritären Staats. Im Bereich der Landwirtschaft sind die Veränderungen dennoch vielschichtiger, regional differenzierter und vor allem in ihren Auswirkungen auf die verschiedenen sozialen Klassen auf dem Lande widersprüchlich.

Die gravierendsten Veränderungen finden wir in Bezug auf die Eigentumsverhältnisse an den Haciendas, die sich vormals im Besitz der Oligarchie befanden. Die Militärregierung erhob eine möglichst rasche Überwindung der Unterentwicklung des Agrarsektors zum Ziel, die die Produktivitätshemmnisse überwinden und so zu einer schnellen Erweiterung der Produktion führen sollte. Eine Aufteilung der großen Güter wurde aus diesem Blickwinkel als unvorteilhaft eingeschätzt. Das Mittel der Wahl war daher die Kooperativisierung der ehemaligen Haciendas. So wurden die Küstenhaciendas in CAP umgewandelt, die Arbeiter, die bislang dauerhaft beschäftigt waren verwandelten sich in gemeinsame Eigentümer der Kapitalgüter. In der Sierra, vor allem auf den großen Viehzuchthaciendas, wurden dagegen SAIS eingerichtet[21], die sich von den CAP dadurch unterschieden, daß auch juristische Personen Gesellschafter werden konnten. Auf diese Weise sollten auch die Comunidades aus der Umgebung der Haciendas in die Entwicklung einbezogen werden.

Die Reform sollte auch innerhalb des Agrarsektors eine Integration voranbringen und die Grundlagen einer Industrialisierung auf Basis einer Regionalisierung der Wirtschaft ermöglichen[22]. Dieses Ziel wurde verpaßt. Finanzielle Inputs landeten in erster Linie an der Küste, bei den ohnehin schon produktiveren CAP-Gütern. Sie erhielten 1974 67% der Agrarkreditmasse (der Banco Agraria als wichtigster Kreditvergabestelle für die Landwirtschaft), bzw. 80% der

---

[21] In dem Anteil von 72% an den während der Reform übereigneten Flächen, drückt sich die Priorität aus, die die Junta dem Aufbau von CAP und SAIS gab (Fuhr 1979, S.133).

[22] Matos Mar, Mejía 1984, S. 56

öffentlichen Investitionen[23]. So „entwickelten sich die umgewandelten agro-industriellen Komplexe zu Wohlstandsinseln innerhalb einer nach wie vor unproduktiven und kleinbäuerlichen Landwirtschaft"[24], sie behielten das Monopol über die Wasserressourcen der Region und setzten den Prozeß der Marginalisierung und Vertreibung von Kleinbauern in ihrer Umgebung fort. Schließlich können nicht einmal die in diesem Sektor erzielten Produktivitätsfortschritte als Erfolg gewertet werden, da an der Ausrichtung der Komplexe auf Monokulturen für den Export nichts verändert wurde. Selbst im unwahrscheinlichen Idealfall langfristig stabiler hoher Weltmarktpreise mußte so die Überwindung der Unterentwicklung nicht nur der Landwirtschaft im nationalen Rahmen blockiert werden: Die oben erwähnte Erhöhung der Auslandsschuld durch vermehrte Nahrungsmitteleinfuhren hat hierin eine ihrer wesentlichen Ursachen. Die Verwendung der bewässerten Küstenplantagen mit ihrer hohen Produktivität für den Anbau von Exportprodukten durch eine „nationalistische" Regierung ist vor allem vor dem Hintergrund eines Landes skandalös, „in dem `alle acht Minuten ein Kind den Hungertod stirbt...und im Durchschnitt ein Landesbewohner kaum mehr als 1500 Kalorien pro Tag zu sich nimmt´"[25], bzw. einE BewohnerIn der südlichen Sierra versuchen mußte, mit 420 (!) Kalorien pro Tag zu überleben[26].

Auch die SAIS in der Sierra wurden nicht auf eine Nahrungsmittelproduktion für den Binnenmarkt hin umorientiert, auch ihre Stellung und Rolle innerhalb der Produktionsstruktur blieb unverändert[27]. Für das Hochland lassen sich indes noch deutlicher die Faktoren herausarbeiten, die die große Mehrzahl der Bevölkerung tiefer ins Elend stießen, anstatt ihre prekäre Lage zu verbessern.

Zunächst wird sichtbar, daß eine Agrarreform alleine nicht in der Lage sein konnte, die komplexen Probleme zu überwinden, die aus Landarmut, halb-feudalen Produktionsverhältnissen, Degradierung der Sierra zur „internen Peripherie", aus der Kontrolle der

---

[23] Fuhr 1979, S.136, f.
[24] ebda., S. 119
[25] ebda., S. 137
[26] McClintock 1985, S. 61
[27] Fuhr 1979, S.106

peruanischen Ökonomie durch das internationale Monopolkapital, resultierten. Die Beibehaltung der bestehenden Ausbeutungsordnung durch die Militärs und die Konzeption der Reform im Rahmen ihrer Doktrin der nationalen Sicherheit führten zu einer raschen Anwendung von Kollektivierungen vor allem in den Regionen mit starken Bauernbewegungen[28]. Wie im Fall der CAP an der Küste beschränkte sich der Kreis der Nutznießer auf die Festangestellten der SAIS, wohingegen kleinere Kooperativen und vor allem die Comunidades langfristig Verschlechterungen hinzunehmen hatten. Dabei war schon 1969 (als die Umsetzung der Agrarreform mittels des Ley-Decreto 17716 eingeleitet wurde) aus einer einfachen Rechnung ersichtlich, daß selbst bei einer völligen Aufteilung des Haciendalandes in Parzellen, der Landmangel nicht würde beseitigt werden können: Ausgehend von einer Mindestgröße von 3 ha. Boden pro Familie[29] hätten von den geschätzten 1,2 (bzw. 1,4) Mio. landlosen oder landarmen Familien höchstens 320.000 (bzw. 400.000) genügend Land erhalten können. D.h. von vornherein war klar, daß unter den gegebenen Bedingungen 700.000 (1 Mio.) Familien aus dieser Gruppe, also ca.75%, keinen gesicherten Unterhalt in der Landwirtschaft finden konnten[30]. 1977 belegen die Ergebnisse der Reform diese Einschätzung. Die geographische Reichweite der Umstrukturierungen durch die Reform war relativ hoch und erfaßte etwa die Hälfte des Bodens, der sich vorher in Privatbesitz befand, ca. 1000 neue Betriebseinheiten monopolisierten den Bodenbesitz von früher ca. 9.000 Gütern. Die Planziele der Reform wurden damit zu 70 % in Bezug auf die Bodenfläche und zu 85 % in Bezug auf die zu enteignenden Betriebe erfüllt. Dagegen beträgt der Anteil der Nutznießer der Reform an der Gesamtzahl der Arbeiter im Agrarbereich gerade 17% (von denen wiederum 25% nur formal begünstigt wurden, de facto jedoch weder Land noch direkte ökonomische Vorteile erhielten)[31]. Die 1969 geplanten Enteignungen

---

[28] ebda., S. 123
[29] 3 ha. nahmen die Militärs als Größe für eine minimale Betriebseinheit in Privatbesitz, die die Arbeitskraft einer Familie absorbieren und ihr ein ausreichendes Einkommen sichern sollte (Gaitzsch 1976, S.43).
[30] ebda., S. 44; Die Zahlenangaben in Klammern stammen von Fuhr, der trotz der Abweichungen die selbe Tendenz belegt (Fuhr 1979, S. 133).
[31] Matos Mar, Mejía 1984, S. 68, ff.

(10,2 Mio. ha) umfaßten maximal zwei Drittel der Fläche der Besitztümer über 500 ha Größe.[32]. Die 8,7 Mio. ha, die dann tatsächlich (bis 1977) enteignet wurden, umfaßten somit sicher kaum die Hälfte des Großgrundbesitzes!

Ein anderes grundsätzliches Problem stellt der Kapitalabfluß aus dem Agrarsektor der Sierra dar. Er verhinderte eine rationale und effiziente Modernisierung selbst im Fall der neuen SAIS als Prestigeobjekte der Regierung. Die alten Latifundisten hatten kein Interesse an einer Kapitalisierung ihrer Betriebe, an der verstärkten Ausweitung der Anwendung von Lohnarbeit oder der Erweiterung der Produktion. Die neuen Kooperativen versuchten zwar, diese Veränderungen durchzusetzen, mußten das Ziel jedoch mehrheitlich verfehlen, aufgrund der Konzeption der Agrarreform. Hier sind drei wesentliche Elemente zu nennen: Das Enteignungsverfahren (Entschädigungen und ihre Finanzierung), fehlende Koordination und Integration im regionalen Rahmen und die Benachteiligung des Agrarsektors (im Vergleich zur Küstenindustrie: Preispolitik).

Im Fall von Enteignungen erhielten die ehemaligen Eigentümer umfangreiche Entschädigungen gezahlt. Obwohl der Staat ihnen gegenüber als Schuldner auftrat, mußten die Beträge letztlich von den neuen Kooperativen aufgebracht werden. De facto organisierte der Staat so einen Zwangsverkauf der Haciendas von den Eigentümern an ihre Beschäftigten, zu Preisen und Bedingungen, die wiederum staatlich diktiert wurden. Fuhr weist auf zwei wichtige Aspekte hin: Einerseits wird deutlich, daß sich die Agrarreform zwar gegen die politische Macht der Großgrundbesitzer richtet, diese aber gleichzeitig sozial schützt. Sie sollen gezwungenermaßen „Mitglieder der modernen städtischen Industriebourgeoisie" werden[33]. Zu diesem Zweck wurde nur ein Teil der Entschädigungssumme bar ausgezahlt und der Rest in verzinsten Schuldverschreibungen mit bis zu 30 Jahren Laufzeit. Auch diese konnten ausgezahlt werden, wenn die Inhaber erstens die Summe in einen Industriebetrieb investierten und zweitens von sich aus zusätzlich einen Betrag in der selben Höhe investierten[34].

---

[32] Der Großgrundbesitz an Besitztümern über 500 ha umfaßte bereits 1961 insgesamt 14,2 Mio. ha. Von der Tendenz zur weiteren Konzentration des Bodeneigentums ausgehend, dürfte die gesamte Fläche 1969 noch bedeutend größer gewesen sein (Fuhr 1979; S. 133).
[33] Fuhr 1979, S. 112
[34] vgl. ebda., S. 109, ff.

Andererseits bedeutet die Gesamthöhe der Entschädigungssummen eine Schuldenlast, die den reformierten Sektor auf Dauer lähmen mußte. Allein für Sofortzahlungen und ausbezahlte Schuldverschreibungen sollten die ehemaligen Grundbesitzer innerhalb ca. 20 Jahren einen Betrag erhalten, der „`ungefähr dreimal so hoch ist, wie der Gesamtbetrag der Investitionen im ganzen Land´ und etwa den staatlichen (Gesamt)einnahmen von 1970 entspricht)[35]. Vor allem von den kleineren Kooperativen bzw. Zusammenschlüssen von Produzenten, deren Bedeutung sowieso nie groß war, mußten angesichts der Schuldenlast viele aufgeben[36], so daß die Bodenkonzentration in Händen der CAP, SAIS und (verstärkt ab Ende der 70er Jahre) privater Eigentümer forciert wurde. Doch der Effekt der Schulden machte sich auch bei den Großbetrieben bemerkbar. Túpac Amaru, eine der größten SAIS in der Sierra, mußte so mindestens 30 bis 40% des jährlichen Bruttogewinns für den Schuldendienst aufbringen[37].

Als ein Ergebnis der Agrarreform war 1969 die Schaffung von Kooperativenzentralen (Centrales de Cooperativas) anvisiert, die 45 bis 70% der im reformierten Sektor erwirtschafteten Überschüsse erhalten und im Dienst einer koordinierten Entwicklung in den Regionen (um)verteilen sollten, um so lokale Ungleichheiten und strukturelle Asymmetrien zu überwinden. 1977 zeigte sich, daß die formal-bürokratische Unterhaltung der Centrales eher Kosten verursachte, als eine Koordinierung zu ermöglichen. Hier sei nur kurz darauf verwiesen, daß die Mehrheit (63,3%) der neu entstandenen Einheiten gar keiner Central angehörten und die bestehenden Centrales nicht über das notwendige ökonomische Potential verfügten. Als Konsequenz daraus war weder geplantes noch koordiniertes Wirtschaften im Reformsektor möglich, die neuen Betriebe machten sich untereinander Konkurrenz und unterboten sich angesichts der Überproduktion einzelner Produkte gegenseitig auf dem Markt.[38]

---

[35] ebda., S. 111 und Matos Mar, Mejía 1984, S. 99, f.
[36] Das Eigentum am Land wurde den neuen Besitzern erst übertragen, wenn sie ihre Schulden restlos bezahlt hatten (Fuhr 1979, S.112). Viele der neuen Besitzer verloren so wieder ihr Land, noch bevor sie bzw. ihre Kooperative jemals Eigentümer waren.
[37] ebda., S. 113
[38] Matos Mar, Mejía 1984, S. 54, ff. und 72 - 75

Ausgehend von der Feststellung, daß auch die Reform keine Kapitalakkumulation im Agrarsektor bewirkte, analysiert Matos Mar die Gründe für die andauernde Stagnation. Die charakteristischste Neuerung sieht er darin, daß die „explotación del agro ahora no sólo se cumple en la esfera de la producción, como antes de la reforma, sino también en la de la circulación."[39]. Die wirklichen Nutznießer der Agrarreform sind das private (in- und ausländische) Monopolkapital und der staatliche Monopolkapitalismus. Der Transfer von Kapital bzw. Überschuß in diese Sektoren erfolgt zum einen *direkt*, wie im Falle von Zulieferindustrien, Agroindustrieller Vermarktungs- bzw.- Zwischenhandelskonzerne und Finanziers, allesamt Sektoren, in denen das transnationale Monopolkapital dominiert[40]. Neben diesen Konzernen und den staatlichen Unternehmen, die direkt mit dem reformierten Sektor verbunden waren, profitierte letztlich die gesamte nicht-agrarische Bourgeoisie von den Änderungen[41]. Um die Reproduktionskosten der industriellen (Lohn-)Arbeitskraft zu senken und die eigene Produktion günstig mit Rohmaterial zu versorgen, wurden die Austauschbeziehungen zwischen Industrie und Landwirtschaft zum Nachteil letzterer gestaltet. Ob es sich dabei um direkte Geschäftsbeziehungen handelte oder um die mittelbaren Folgen staatlicher Agrar(preis-)politik, das Ergebnis lief auf den *indirekten* Gewinn der nichtagrarischen Wirtschaft auf Kosten des landwirtschaftlichen Sektors hinaus. Dies wurde auf diesem Niveau erst durch die politische Entmachtung und Zerschlagung der Großgrundbesitzerklasse als Klasse möglich. Ohne finanzielle Nachteile aus der Marginalisierung des Agrarsektors befürchten zu müssen und ihres vormalig bedeutenden Einflusses beraubt, widersetzten sich die ehemaligen Großgrundbesitzer nicht dem neuen Kurs[42]. Als politischer Repräsentant der Landwirtschaft blieb so - auch gemäß seiner eigenen autoritär-antiklassistischen Strategie der Staat übrig, jener Staat, der mit seinem Gewaltmonopol eben die Veränderungen durchsetzte, gegen die sich immer größere Teile des Volkes begannen zur Wehr zu setzen.

---

[39] ebda., S.125
[40] Matos Mar und Mejía nennen für Peru u.A.: Massey Ferguson, Bayer, BASF, Union Carbide, Merck, Sharp & Dohme, Carnation General Milk, Nestlé, Unilever, Bunge & Born (ebda., S. 128).
[41] ebda., S. 127
[42] ebda.

3 Neue Form der Klassenverhältnisse im Agrarsektor

Die Auswirkungen der Agrarreform beschränken sich jedoch nicht auf die dargestellte Modernisierung der Unterordnung und Unterentwicklung des landwirtschaftlichen Sektors im nationalen Rahmen. Auch innerhalb des Sektors selbst entstehen neue Widersprüche und Polarisierungen. Von der Fähigkeit, diese richtig einzuschätzen und die eigene Strategie entsprechend auszurichten, hingen dann ab den 80er Jahren Erfolg oder Mißerfolg der Kriegsparteien ab. Die neue Gestalt der Klassenverhältnisse soll daher an dieser Stelle ebenfalls umrissen werden.

Am oberen Ende der sozialen Hierarchie formierte sich durch die Agrarreform ein neuer dominanter Block („nuevo bloque dominante"[43]). Ihn bildeten vor allem die staatlichen Technokraten und mittlere kapitalistische Eigentümer. Neben ihnen hielten sich vereinzelte provinzielle Grundbesitzer alten Stils. Schließlich integrierte die neue rurale Elite auch einzelne Agroindustrielle und -Händler.

Innerhalb der sozialen Basis, der *sectores populares*, entstehen neue Widersprüche durch Begünstigung oder Nichtbegünstigung im Verlauf der Reform. Der größte Teil der Bevölkerung, *Minifundisten* aus den Comunidades und unabhängige *Parzellenbauern*, sowie temporär auf den großen Gütern beschäftigte *Arbeiter*, haben von der Reform keinen Vorteil. Ihre Zahl nimmt im Verlauf der Reform ebenso zu, wie ihre soziale Marginalisierung, d.h. die Tendenz zur Pauperisierung und Halbproletarisierung. In den Comunidades herrscht weiter Landmangel, denn die Agrarreformbehörde verzichtete darauf, die Ansprüche von Comunidades bezüglich der Rückgabe des ihnen durch die Haciendas geraubten Bodens zu prüfen. Im Ergebnis bedeutete dies in vielen Fällen, durch die Übergabe des ungeteilten Haciendagrundbesitzes an die Kooperativen, die legitimen Forderungen der Comunidades endgültig zu unterdrücken und ihre Enteignung zu legalisieren. An die Stelle des alten Gegensatzes Hacienda-Comunidad trat so der neue Kooperative-Comunidad[44]. Auch die halb-feudalen Arbeitsverhältnisse verschwanden nicht

---

[43] ebda., S. 110
[44] Fuhr 1979, S. 124; Gaitzsch 1976, S. 49

einfach[45]. Im Verhältnis vor allem der SAIS in der Sierra zu den externen Arbeitskräften und den Comunidades der Gegend setzte sich die alte Unterdrückung teilweise fort[46]. An der ungleichen Begünstigung ehemaliger fester Arbeiter der Haciendas und temporär Beschäftigter zeigt sich exemplarisch die polarisierende Wirkung der Reform. Erstere wurden als socios Teilhaber der Kooperativen, letztere arbeiteten weiterhin im „gemeinsamen" Betrieb, erhielten als Gelegenheitsarbeiter allerdings nur ein Viertel des Lohns der socios[47]! In geringerem Umfang profitierten die ehemals in Knechtschaftsverhältnissen an die Haciendas Gebundenen. Sie hatten nun eine Chance auf Unabgängigkeit oder Anschluß an eine Kooperative als Pächter.

Um das Bild der sozialen Segmentierung zu vervollständigen sei schließlich noch auf die Konflikte hingewiesen, die sich auf der Grundlage sozialer Ungleichheit sowohl im Innern der Kooperativen wie der Comunidades ergaben. Im Fall der Kooperativen vor dem Hintergrund kapitalistischer Ausbeutung der Arbeiter, die nun dem Kommando der neuen Elite aus Technikern und leitenden Angestellten unterworfen waren. Obwohl beide Gruppen formell socios desselben Betriebes waren unterschieden sich ihre Löhne oft um mehr als 1.000%[48]. Innerhalb der Comunidades sollte über formelle Einrichtung genossenschaftlicher Leitungsorgane (Generalversammlung, Verwaltungs- und Aufsichtsrat) ein Kooperativierungsprozeß unterstützt werden. Ohne die Mitwirkung und Mitbestimmung der Bauern und ohne die Beseitigung der bestehenden ungleichen Verteilung des knappen Landes[49] konnte diese Ökonomisierung des sozialen Zusammenhangs Comunidad nur scheitern: Viele Comunidades hatten gar kein oder zu wenig Land für eine rentable genossenschaftliche Bewirtschaftung zur Verfügung und obendrein sah sich die Mehrzahl der Minifundisten als Privatbesitzer ihres Teils des formellen Kommunaleigentums an Boden[50].

---

[45] Obwohl nach Artikel 182 des Agrarreformdekrets persönliche Dienstleistungen der Arbeitsgesetzgebung unterstellt werden sollten (Fuhr 1979, S. 109).
[46] Matos Mar, Mejía 1984, S. 70, f.
[47] Fuhr 1979, S. 118
[48] ebda.
[49] Matos Mar, Mejía 1984, S. 72
[50] Gaitzsch 1976, S. 48

Auf diese Art konnte die Agrarreform die Probleme nicht lösen, die sich aus der fortdauernden Marginalisierung der Landwirtschaft ergaben: „"..se pretendía disolver las contradicciones sociales y forjar una identidad colectiva nacional, sin contar con las bases económicas e ideológicas indispensables para ello..."[51]. Sie eröffnete allerdings einen neuen Zyklus der Kämpfe, der zu Beginn der 80er vor allem im parlamentaristischen Reformprojekt des linken Wahlbündnisses IU, später in der revolutionär-militärischen Volkskriegsstrategie der PCP seinen Ausdruck fand.

---

[51] Matos Mar, Mejía 1984, S.134

III Resultate der Agrarreform: Kontinuität der Marginalisierung des Agro und Entwicklung von Klassenbewußtsein

Poesía[1]
„Qué pesados son los días que pasan
para los pobres explotados.
No obstante carajo,
el corazón del campesino está fuerte y alegre
porque la mañana es para nosotros.

Ayer nos levantamos
con palos y bombas en las manos.
El enemigo salvaje
con bombas y balas
nos reprimió, hasta mientras.

Mañana nos levantaremos
otra vez con el corazón más fuerte
y metralletas en las manos.
Cuando seamos más fuertes
y nos unamos todos,
el enemigo, monstruo aparente,
bajo nuestra inmensa sombra
se verá en miniatura
como la pobre hormiga
al pie del cerro.
Y bajo nuestra inmensa fuerza
se hará polvo como
el trigo en el molino."

Gregorio Barbarán

Die Zeit der Militärdiktatur von 1969 bis 1980 läßt sich in Bezug auf gesellschaftliche Klassenverhältnisse und Klassenkämpfe in zwei Entwicklungslinien zusammenfassen. Auf der ersten Ebene der

---
[1] Quintanilla 1981; S.134, f.

Produktionsverhältnisse zeigt sich eine Reformulierung der Bedingungen der Unterordnung der nationalen Wirtschaft unter die Interessen des imperialistischen Monopolkapitals. Diese auf Seite 78 als *nueva dependencia* vorgestellte Abhängigkeit läßt sich auch als „transformación sin desarollo" (Gonzales de Olarte 1995) beschreiben. Der Versuch, eine importsubstituierende Industrialisierung unter staatlicher Kontrolle voranzutreiben und gleichzeitig die Klassen der direkten Produzenten durch eine Ausweitung staatlicher Ausgaben im Sozialbereich ruhigzustellen[2], vergrößerte zunächst den Einfluß des internationalen Kapitals[3], um angesichts der offensichtlichen ökonomischen Krise ab Mitte der 70er Jahre einer Austeritätspolitik Platz zu machen. Durch eine erneute Schwerpunktsetzung auf Exportförderung konnte die Zahlungsbilanz kurzfristig verbessert werden, während sich die Lebensverhältnisse der Bevölkerung dramatisch verschlechterten[4] und (kleinere) nationale Betriebe gegenüber multinationalen und von internationalem Kapital abhängigen weiter benachteiligt wurden[5]. Diese *ménage á trois*[6] (von Staat, multinationalem Kapital und lokaler Bourgeoisie) brachte so den Arbeitern und Angestellten drastische Reallohneinbußen und trieb die Zahl der Arbeitslosen und Unterbeschäftigten in die Höhe, während sich weite Teile der Landbevölkerung in ihrer Existenz bedroht sahen.

Dieses Szenario beschreibt die objektiven Bedingungen, auf deren Grundlage sich während der 70er Jahre Klassenkämpfe und die soziale Polarisierung der Gesellschaft verschärften. Auf einer zweiten Ebene trug eine andere Entwicklungslinie unter der Herrschaft der Militärs dazu bei, daß auch die subjektiven Vorraussetzungen für eine Radikalisierung der Arbeiter- bzw. Bauernbewegung verbessert wurden. In ihrem Versuch, die unteren Klassen in den korporatistischen Staat einzubinden, hatten die FFAA solange ihnen

---

[2] Zwei weitere Faktoren von zentraler Bedeutung waren die Vergrößerung des Militärhaushalts und die Aufblähung des staatlich-bürokratischen Apparats.
[3] Sowohl die zur Industrialisierung verwandten Direktinvestitionen wie private und staatliche Kredite für die staatskapitalistische Aktivität und die öffentlichen Ausgaben des Regimes steigerten seine Nettoauslandsschuld bis 1978 auf 8.720,8 Mio. US-$ (Dirmoser, u.a. 1981; S. 338).
[4] 1979 waren 70% aller Familien unter- oder fehlernährt (Von Oertzen, u.a. 1980; S. 325).
[5] ebda.; S. 325, ff.; und: Von Oertzen 1996; S. 98, ff.
[6] Cotler 1994; S. 88

dies finanziell möglich war, eine Ausgabensteigerung vor allem im Bildungssektor vorgenommen, die zusammen mit der populistischen Rhetorik des Regimes einen Prozeß der Politisierung und Entwicklung eines Bewußtseins breiter Massen über die bestehenden Ausbeutungsverhältnisse begünstigte.

In den ländlichen Regionen trugen vor allem Verlauf und Ergebnisse der Agrarreform vor diesem Hintergrund zur Verbreitung revolutionärer Positionen bei, die im bewaffneten Kampf eine gangbare und notwendige Strategie sahen.

IV Agrarreform und Revolution

Als Ausdruck eines heterogenen Kampfes um Reformen, gegen Landmangel, für die bäuerliche Subsistenzgrundlage und gesichertes Überleben, findet sich eine Bodenreform im Forderungskatalog von Bauernbewegungen rund um die Welt. Im Falle Perus geht Mc Clintock für die 60er Jahre von weit verbreiteten Hoffnungen auf und Erwartungen an eine Agrarreform - und damit den Staat - aus. Daraus erklärt sie auch das Scheitern der Versuche, die Bauernbewegung von 1963 in La Convención zu radikalisieren: „In the early 1960s, land reform was an attractive alternative to revolution."[7]. In den Kapiteln I2 bis II habe ich am konkreten Beispiel des Verlaufs der Agrarreform in Peru die Beschränktheit des Prozesses beschrieben. Dabei sollte nicht übersehen werden, daß sich die Rollenverteilung wie die ungleiche Verteilung von Begünstigungen im Verlauf bzw. durch die Ergebnisse der Reform (zwischen imperialistischem Kapital, (Handels-)Bourgeoisie und Staat auf der einen und armen Bauern und Gelegenheitsarbeitern auf der anderen Seite) aus der Logik der Planung der Reformen erklären und nicht etwa zufällig zustande kamen: Die Beibehaltung und Erweiterung der kapitalistischen Sektoren der Wirtschaft in Abhängigkeit von imperialistischen Monopolkapitalen stellte ein beabsichtigtes Ergebnis des staatlich kontrollierten Reformprozesses dar, zugleich aber auch eine Grundlage, auf der eine Emanzipation des Agrarsektors

---

[7] McClintock 1985, S.78

unmöglich ist. Fioravanti betont „El problema no está sólo en la distribución de la tierra, sino también en la supresión de las leyes del mercado capitalista nacional. Un cambio radical de las estructuras del poder y la sutitución del mercado por la planificación nacional son los pasos previos para una socialización de la agricultura. ...Tomado aisladamente el problema agrario es un falso problema, el campesino más pobre no es más que el último eslabón de una cadena que parte del centro monopólico."[8].

An der Entwicklung der Landbesetzungen in den 70er Jahren läßt sich die Herausbildung eines radikalisierten Bewußtseins der Bauern aufzeigen. Zu Beginn der Landreform wurden noch häufig Besetzungen für die Anwendung und zügige Umsetzung der Reformpläne durchgeführt. Durch den „sozialistischen" Diskurs einiger Vertreter der Junta und die von der Regierung nach 1969 selbst ausgegebenen Parolen wie „La tierra para quién la trabaja" bekamen die Bauern die Legitimität ihrer Forderungen nach Land quasi regierungsamtlich bescheinigt. Je deutlicher sich dann aber im Verlauf der Umsetzung der Reform deren wahre Gewinner zeigten, richtete sich dieselbe Kampfform der Besetzungen ab Anfang der 70er Jahre verstärkt gegen den Staat und die Durchführung der Reformpläne. In Andahuaylas beteiligten sich z.B. 1974 ca. 30.000 Bauern an der Besetzung von über 70 Haciendas, die in offener Opposition zum Regime organisiert wurde. Die Mobilisierung der ländlichen Massen, die die Regierung als Mittel zur Durchsetzung ihrer Politik kontrolliert einsetzen wollte, konnte so die offiziellen Slogans der Regierung gegen diese selbst richten, indem sie sich von der Manipulation durch staatliche Organisationen immer weiter befreite[9].

Ein weiteres Element zur Erklärung des gesteigerten Selbstvertrauens ist auch für die bäuerliche Bevölkerung in der Reform des Bildungswesens zu sehen. Der verbesserte Zugang zu Bildung unter der Diktatur ermöglichte auch ihnen ein Bewußtsein

---

[8] Fioravanti 1976, S. 6, f.
[9] Ein typisches Beispiel hierfür ist die von Regierungsseite 1974 (1972, laut Huber 1979; S.151) gegründete Bauernorganisation CNA. Anstatt Unterstützung für die Regierung zu mobilisieren, wendete sie sich im Verlauf der Jahre von der Regierung ab, bis diese sie 1978 verbietet wegen Unterstützung der kommunistisch dominierten Bauerngewerkschaft CCP (ebda.; S. 150, f.).

über die eigenen Rechte und den Charakter der eigenen Ausbeutung und Unterdrückung. Die daraus erwachsenden Hoffnungen und Ansprüche bildeten zusammen mit einer Realität, die ihre Verwirklichung unmöglich machte, ein radikales Gemisch[10]. Nachdem sich spätestens Mitte der 70er Jahre die Effekte der ökonomischen Krise auch im Agrarsektor unübersehbar manifestierten, waren die Bedingungen für eine neue radikalere Orientierung der Kämpfe der Bauern gegeben. Diese Radikalisierung wichtiger Sektoren beschränkte sich nicht auf die Ablehnung der Kooperation mit staatlichen Institutionen, sondern betraf auch die Einordnung bäuerlicher Kämpfe in eine landesweite Strategie revolutionärer Umwälzungen. Auch diese Erweiterung der Perspektive verdankte sich maßgeblich den konkreten Kampferfahrungen dieser Zeit, wobei auch hier der Entwicklung in Andahuaylas eine wichtige Bedeutung zukommt. Viele Beteiligte und Beobachter zogen aus dem Gang der Ereignisse - anfängliche Erfolge und am Ende Zersplitterung und Zerschlagung der regional begrenzten Bewegung - den Schluß, statt weiterer Experimente mit lokalen Mobilisierungen müsse die Vereinigung von Arbeitern und Bauern vorangetrieben werden, die wiederum ihren organisierten Ausdruck im landesweiten Klassenkampf finden müsse[11]. Über Verhandlungen mit dem Staat seien keine perspektivischen Erfolge zu erzielen, da dieser aufgrund seines Klassencharakters Großgrundbesitz und halbfeudale Ausbeutungsverhältnisse weiterhin schützen werde[12]. In der Schlußfolgerung wurde daher die Notwendigkeit des revolutionären Kampfes um die Macht im Staat betont: „En realidad el problema agrario para el campesinado y los problemas que aquejan al pueblo peruano sólo podrán resolverse mediante la guerra revolucionaria, destruyendo el poder del Estado burgués semicolonial y sobre eso construir otro poder, mejor dicho un Estado verdaderamente democrático y popular donde participen todos los

---

[10] Diesem Punkt geben einige Autoren auch in Bezug auf die soziale Basis der PCP zentrale Bedeutung (siehe Fußnote 44, S.115 und Kapitel CVII2, vor allem S. 222, f.).

[11] Mallon 1998; Flores Galindo 1986; S. 351, f.

[12] Mendez etwa sieht den Staat als de facto Eigentümer des Großgrundbesitzes in Kooperativenform deshalb auch explizit als Verteidiger von imperialistischer Herrschaft und „relaciones serviles de explotación"(Mendez 1981, S. 18).

sectores oprimidos por el sistema capitalista y qienes, con la dirigencia del proletariado en alianza con el campesinado, puedan conducir ese nuevo Estado para enfrentar conciente y seriamente los problemas del pueblo."[13].

1 Die *luchas populares* gegen die Diktatur

Diese Position war Ende der 70er Jahre weder auf dem Land noch in den Städten konsensfähig. Dagegen bestand unter den zahlreichen Gewerkschaften, Volks- und Basisbewegungen, die in ganz Peru entstanden, eine weitgehende Einigkeit bezüglich der Legitimität des offenen und kämpferischen Widerstands gegen die Militärdiktatur, der sich in breit getragenen Kämpfen zunächst vor allem gegen Preissteigerungen und Entlassungen richtete[14]. Mehrfach wurden erfolgreiche landesweite Generalstreiks organisiert[15], die schließlich trotz staatlicher Repressionsmaßnahmen, die bis zur Verhängung des Ausnahmezustands reichten, den Rückzug der FFAA in die Kasernen und die Übergabe der Regierungsgeschäfte an zivile Politiker einleiteten[16]. Dieser Rückzug der Militärs war einerseits ein großer Erfolg der Massenbewegung. Gleichzeitig weist er auf die Beschränktheit bzw. den reformistischen Charakter weiter Teile der Bewegung hin, die als Ursache der ökonomischen Misere eher die politische Herrschaft durch Generäle, als deren wirtschaftspolitisches Programm verantwortlich machten: „Si bien el fracaso del proyecto militar ha servido para poner en evidencia las profundas limitaciones

---

[13] Quintanilla 1981, S. 120; Quintanilla und Mendez nahmen beide als Dirigentes der FEPCA an den recuperaciones teil.

[14] Gebhardt, Koschützke 1979; S. 310

[15] Die bedeutendsten 48 stündigen Generalstreiks fanden im Februar und Mai bzw. im Juli 1977 statt. Während des Streiks im Mai, der 50 bis 100 Tote kostete, wurde der Ausnahmezustand verhängt (Gebhardt, Koschützke 1979; S. 311).

[16] Die Massenmobilisierungen waren gewissermaßen der Tropfen, der das Faß zum Überlaufen brachte. Die Junta hatte selbst kein Angebot mehr parat, daß die gravierenden ökonomischen und sozialen Probleme des Landes hätte lösen können. Mit der Perspektive, sich unter Wahrung weitreichender Privilegien von der Regierungsmacht langsam zu trennen und die Suche nach einem Ausweg aus der Krise an Zivilisten zu delegieren, organisierten die Militärs ihren langsamen Rückzug, als während der Generalstreiks deutlich wurde, daß die Aufrechterhaltung einer Militärregierung unverhältnismäßig hohe Opfer durch Repression fordern würde, die langfristig die Machtposition der FFAA eher gefährdeten, als die geordnete Übergabe der Amtsgeschäfte.

de un régimen populista y nacionalista, incluso de naturaleza radical, amplios sectores de la sociedad todavía atribuyen el fracaso del gobierno a su naturaleza castrense. Los partidos reformistas tratan de aprovecharse de este juicio para proponer la constitución de diferentes variantes populistas como una forma de aglutinar políticamente a la población."[17] Dementsprechend drückte sich diese Hoffnung bei den Wahlen zur Verfassunggebenden Versammlung 1978 bzw. den zwei Jahre später abgehaltenen Wahlen von Präsident und Kongreß aus: Bürgerliche Politiker kehrten in Amt und Würden zurück, an ihrer Spitze Belaúnde (der 1980 ins Präsidentenamt zurückkehrte), um abermals zu versuchen, strukturelle Veränderungen[18] über den Weg politischer Reformen im Rahmen der Legalität umzusetzen. Während die Militärjunta die alte Oligarchie weitgehend entmachtet hatte, stand die (insbesondere politische) Integration aller Bürger in eine peruanische Nation weiter auf der Tagesordnung und vor allem die Überwindung der fundamentalen Widersprüche, die aus der sozialen Polarisierung resultierten, die die Militärs hinterließen. Die Veränderungen in Bezug auf die Aneignung des gesellschaftlich produzierten Produkts beschränkten sich auf geringe Veränderungen in der Zusammensetzung der besitzenden Klassen[19], während sich die klassenmäßigen Ungleichheiten in der Distribution des Reichtums eher verschärft hatten[20]. Daher ging z.B. Julio Cotler[21] 1980 davon aus, die zukünftige Entwicklung werde sehr wahrscheinlich aufgrund der fortgesetzten Kämpfe für eine Demokratisierung von Gesellschaft und Politik angesichts der fehlenden ökonomischen Basis für derartige Veränderungen zu einer Fortsetzung der bedeutenden Rolle der FFAA führen, auf die jede reformistische Regierung angewiesen bleiben werde. „¿la militarización del Estado será el único recurso del sistema de

---

[17] Cotler 1994; S. 99
[18] Dazu gehörten weiterhin eine integriertere kapitalistische Entwicklung durch eine Förderung mittleren Besitzes und Verbesserungen der Infrastruktur.
[19] Während einige Familien der alten exportorientierten Oligarchie durch die Verstaatlichungen ihre vormalige Stellung verloren (vgl. Kapitel BI2 für das Beispiel landwirtschaftlicher Betriebe), profitierten andere Familien der Elite, von denen viele ihre Macht auf die Kontrolle des Finanzkapitals gründeten (Figueroa 1995; S. 19).
[20] Figueroa 1995; S. 20
[21] Der Soziologe Cotler leitete 1985-86 als Direktor das IEP in Lima und ist dort und an den Universitäten San Marcos und Católica tätig.

dominación para aplastar las organizaciones y reivindicaciones populares, que con sus esfuerzos por democratizar la sociedad resquebrajan los fundamentos institucionales? ¿En qué medida las clases populares, en su enfrentamiento con los intereses dominantes, lograrán de independizarse políticamente, y actualizar la afirmación mariateguiana de que sólo el socialismo podrá resolver las exigencias democráticas y nacionales del pueblo peruano?"[22]

2 Die Linke(n)

Vor diesem Hintergrund muß die Entwicklung der Linken Perus verstanden werden, die sich im Verlauf der 70er Jahre in zwei (untereinander jeweils wieder in unterschiedlichem Maß aufgespaltene) Strömungen ausdifferenzierte[23]. Historisch bietet sich eine Einteilung der verschiedenen Parteien nach ihrer Herkunft aus einem von vier „Stämmen" (troncos) an: Die Kommunistische Partei, Trotzkisten, MIR und Vanguardia Revolucionaria. Dabei existierten sowohl große Differenzen innerhalb als auch Verbindungen zwischen den verschiedenen troncos, letztere sowohl in Form von Übertritten von Parteimitgliedern als auch von inhaltlicher Nähe. Jenseits der beständigen Linienkämpfe und Fraktionsbildungen, aber vor allem jenseits der Rhetorik der Programme bietet sich für den Zweck dieser Arbeit daher eine Aufteilung nach der politischen Praxis an. Anhand ihrer Positionierung zu den drei Entwicklungen, die die Veränderungen der Zeit von 1968 bis 1980 meiner Meinung nach maßgeblich ausdrücken[24], lassen sich nach ihrer Praxis grob zwei Linien unterscheiden, die ich als rural-bewaffnete bzw. urban-parlamentarische bezeichne. Die geographische Zuordnung zu verschiedenen Räumen kann dabei nicht im Sinne einer Beschränkung

---

[22] Cotler 1994; S. 100, f.
[23] Die Parteiengeschichte der peruanischen Linken ist so komplex, daß es hier nicht möglich ist, auf die Entwicklungen der verschiedenen Tendenzen, ihre ideologischen Entwicklungen und politischen Praxen seit den 20er Jahren einzugehen. Verschiedene Versuche, die unterschiedlichen Konstellationen graphisch auf einer einzigen DinA4-Seite darzustellen sind entweder unvollständig oder völlig unübersichtlich. Einen Eindruck vermittelt das Organigramm, das ich als Schaubild 1 eingebunden habe.
[24] 1968 die Machtübernahme durch Velascos Junta, die Volksbewegung gegen die Diktatur vor allem ab Mitte der 70er Jahre und schließlich die Ausrufung von Wahlen (1978 bzw.) 1980.

der Arbeit auf Stadt oder Land verstanden werden, sondern bezeichnet die Orte, die für die jeweilige Tendenz Priorität bei ihren Strategien für die Veränderung der Gesellschaft hatten und gleichzeitig den sozialen Hintergrund wichtiger Teile ihrer jeweiligen Kader[25].

Zur Zeit von Velascos Junta konnten die Militärs wie erwähnt auf die aktive Mitarbeit vieler Linker rechnen, die ihre Parteiarbeit daher auch fortsetzen konnten (z.b. die moskautreue Kommunistische Partei PCP-U), während einige trotzkistische und maoistische Gruppen mehr oder weniger offen Oppositionsarbeit leisteten und dementsprechend verfolgt wurden[26]. Grundlegende Differenzen in der Einschätzung des unter Velasco organisierten Reformprozesses, der nicht nur nach Meinung der PCP-U den Beginn eines „revolutionären Prozesses" darstellte[27], sind somit für die erste Phase das Unterscheidungskriterium, wobei die urban-parlamentarische das Regime unterstützte, während es von den Vertretern der rural-bewaffneten Linie bekämpft wurde.

Als sich in den 70er Jahren und besonders nach der Ablösung Velascos durch Morales Bermúdez immer größere Teile der Bevölkerung an Mobilisierungen gegen die Junta beteiligten, wandten sich auch die urban-parlamentarischen Kräfte von der Regierung ab und versuchten jeweils sich beim Kampf um Einfluß und Führung in den Volksorganisationen und Gewerkschaften durchzusetzen[28] während die rural-bewaffneten Parteien versuchten, stabile Verbindungen zur Bauernschaft in den abgelegen Regionen zu etablieren. Die - meist maoistisch orientierten - letztgenannten Gruppen traten daher ab Anfang der 70er Jahre zum Teil deutlich weniger öffentlich in Erscheinung, während der radikalere Teil der parlamentarischen Richtung für ihre Sichtbarkeit und den erreichten Masseneinfluß aufgrund des Gewichts demokratisch-reformistischer Hoffnungen in den großen Mobilisierungen (vgl. oben) den Preis einer inhaltlichen Annäherung an diese Positionen bezahlte.

---

[25] Über die Entwicklung der peruanischen Linken und insbesondere den Platz der PCP darin vgl. auch: Hinojosa 1998.

[26] Einer der wichtigsten Fälle war hier die Mitarbeit der Maoisten in der Frente de Defensa del Pueblo de Ayacucho (die erste regionale Frente dieser Art, deren Vorbild in den 70ern landesweit aufgegriffen wurde), die 1969 unter anderem zur Verhaftung von Abimael Guzmán führte (vgl. Degregori 1989; S. 28, f.)

[27] Goldberg 1983; S. 401

Erkennbare Verankerung in der Volks- und Basisbewegung und inhaltliche Homogenität und Radikalität verteilten sich so in einem negativ reziproken Verhältnis auf die beiden Linien. Das entscheidende Datum für die endgültige Spaltung in eine parlamentarische Linke und eine, die dann ab 1980 den bewaffneten Kampf begann war auf der einen Seite die Beteiligung an den Wahlen am Übergang zu einer zivilen Regierung und auf der anderen Seite die praktische Vorbereitung des Kriegs. In dieser Phase fanden nochmals wichtige Spaltungen und Verschiebungen statt. Die Trotzkisten entschieden sich für die parlamentarische Linie und erzielten 1978 mit ihrem Wahlbündnis FOCEP unter Führung Hugo Blancos[29] das beste Ergebnis im Lager der Linken, die sich in verschiedenen Bündnissen organisierte (die jeweils wieder aus bis zu 17 Parteien bestanden). FOCEP erklärte dabei ebenso wie die UDP, die Wahlteilnahme als Mittel zur Propagierung von Massenkämpfen nutzen zu wollen und ein bürgerliches Demokratieverständnis abzulehnen[30]. Schließlich nahmen 1980 die bis dato in der Klandestinität operierenden Maoisten von Bandera Roja an den Wahlen teil. Das maoistische Lager belegt dabei anschaulich, daß statt der offiziellen Rhetorik die Praxis der verschiedenen Parteien die Grundlage für ihre Einordnung sein muß. Insbesondere innerhalb der maoistischen Parteien Bandera Roja bzw. PCP-"Sendero Luminoso" (die sich aus einer Spaltung 1967 entwickelt hatten; vgl. Kapitel CII1) fanden Ende der 70er Jahre heftige Auseinandersetzungen um die weitere politische Linie statt. Schließlich etablierte sich die PCP als Sammelbecken für Fraktionen aus verschiedenen Parteien, die sich von ihren Organisationen trennten, weil sie die Aufnahme des bewaffneten Kampfes forderten (vgl. Schaubild 2). Bandera Roja dagegen teilte das Schicksal der anderen linken Parteien, die nach 1980 mit ihrem Wahlbündnis Izquierda Unida (IU) vor allem auf lokaler Ebene wichtige Erfolge verzeichnen konnten[31]. Der Gewinn von Mandaten und Sitzen von lokalen Parlamenten bis zum Kongreß

---

[28] Gebhardt, Koschützke 1979; S. 311
[29] Blanco war einer der Dirigentes der großen Bauernmobilisierungen in La Convención 1962.
[30] Gebhardt, Koschützke 1979; S. 314
[31] So gewann IU z.B. 1984 die Kommunalwahlen in Lima und stellte mit Alfonso Barantes den „sozialistischen" Bürgermeister.

zwang die Parteien einerseits zu realpolitischem Vorgehen innerhalb der vorgegeben Handlungsspielräume und zur sukzessiven Abkehr selbst von der rhetorischen Radikalität[32]. Gleichzeitig verstärkten die anhaltenden Konkurrenzen vor allem verschiedener Dirigentes innerhalb des Bündnisses den Ansehensverlust in der Öffentlichkeit[33].

Schließlich muß für die Erklärung des Erfolgs, den die PCP mit dem Krieg hatte, den sie 1980 anläßlich der Wahlen begann[34], nochmals auf die Stadt-Land-Differenz verwiesen werden. Insbesondere konnte IU in den abgelegen ländlichen Regionen der Sierra den Erfolg, den sie in den Städten hatte, nicht verbuchen. Die bäuerliche Bevölkerung war hier maßgeblich von der Enttäuschung durch staatliche Politiken im Rahmen der Landreform geprägt und nicht zuletzt die jahrelange Arbeit der Maoisten[35] trug zu einer Politisierung bei, die die Bauern in die Reihen der PCP trieb, als sich ab 1980 ihre Situation im Gefolge einer Subsistenzkrise[36] nochmals verschlechterte:

„In short, by the early 1980s peasants had become more politicized than they had been a decade earlier. They were prepared to examine their lot critically. As we have seen, they tended to identify the government as a major culprit. At the same time, the conventional alternatives to the current administration had been exhausted. Highland peasants had pinned their hopes first on land reform, only to find that the reform barely benefited them materially; then, they had hoped the Marxist parties and the new democratic government would improve their lot, only to see their situation worsen."[37]

Bis 1980 und noch danach wurde die rural-bewaffnete Linie von der parlamentarischen Fraktion belächelt, die von der Stimmung in

---

[32] Hinojosa 1998; S. 72, f.
[33] Nach den anfänglichen Erfolgen zu Beginn der 80er Jahre verlor die IU zunehmend an Bedeutung. Ohne Erfolge auf überlokalem Niveau blieb sie von den staatlichen Politikvorgaben abhängig und die sich zuspitzende Krise der 80er Jahre führte durch die Erhöhung der Arbeitslosigkeit zu einer bedeutenden Schwächung von Gewerkschaftsorganisationen, über die sie bis dahin große Teile ihrer Anhänger mobilisiert hatte. Die Inkompatibilität der verschiedenen Politischen Richtungen in ihrem Inneren führte schließlich 1990 zur Spaltung, als zu den Präsidentschaftswahlen keine Einigung über einen gemeinsamen Kandidat mehr möglich war.
[34] vgl. Kapitel CII2
[35] Gorriti 1991; S. 77, ff.
[36] McClintock 1985; S. 82
[37] ebda.; S.80, f.

den Städten ausging und die bewaffneten Aktionen sektiererischen Splittergruppen zuschrieb, die nach ihrer begrenzten Wahrnehmung über keine soziale Basis verfügen konnten, da sie keine der städtischen Gewerkschaften oder Volksorganisationen kontrollierten. Die anfänglichen Wahlerfolge schienen dabei denjenigen Parteien Recht zu geben, die versuchten, in den bürgerlich-demokratischen Formen eine Entwicklung der Volksbewegung voranzubringen. Die zum Teil gemeinsame Geschichte in ein und derselben Organisation und ansonsten die soziale Nähe vieler wichtiger Personen aus den beiden Lagern, führten dann unter den Bedingungen der Militarisierung der Konkurrenz im Verlauf des Krieges zu erbitterten Feindschaften, die noch über das Niveau der traditionell schon heftigen gegenseitigen Denunziationen hinausgingen. Während die Kader der PCP ihren bewaffneten Kampf auch gegen Vertreter der legalen Linken richteten, die sie als wichtiges Hindernis bei der Ausweitung ihrer Hegemonie wahrnahmen, "rächten" sich die Vertreter der Gegenseite mit der öffentlichen Denunziation der "Subversiven" und häufig mit der offenen Parteinahme auf Seiten des peruanischen Staats, den auch sie vor kurzem noch vorgaben revolutionieren zu wollen. In diesem Kontext müssen auch Autoren wie Tapia oder Degregori[38] angesiedelt werden. Sie wurden zu „Senderologen", zu Terrorismusexperten, die aufgrund ihrer politischen Vergangenheit besonders gut als Kenner der Materie auftreten konnten. Tapia war Militanter einer maoistischen Fraktion des MIR und arbeitete in den 70er Jahren in Ayacucho für die UDP[39]. Die PCP versuchte bereits Anfang der 70er Jahre im Zuge von Kämpfen verschiedener Fraktionen innerhalb der Studierenden der UNSCH seine Haustür mit Dynamit zu sprengen[40]. Tapia ist somit praktisch schon seit den Anfängen der PCP unter Führung Guzmáns (vgl. Seite 114) zu deren erklärten Feinden zu rechnen. Auch Degregori lebte während der 70er Jahre in Ayacucho und mußte sich innerhalb der Universität mit den konkurrierenden politischen Positionen auseinandersetzen. Diese persönlichen Bezüge müssen

---

[38] Von diesen beiden Autoren stammen wichtige Quellen dieser Arbeit.
[39] Hinojosa 1998; S. 65; der Autor erwähnt auch die Herausgabe eines Textes durch die UNSCH 1971, in dem neben Tapia drei Kader der PCP als Autoren auftauchen, die später führende Positionen in der Partei bekleiden sollten (Julio Casanova, Antonio Díaz Martínez und Osmán Morote).
[40] Gorriti 1991; S. 33

berücksichtigt werden, wenn sie auch im Hinblick auf ihr Potential zur Erklärung der politischen Positionierung der Autoren nicht überstrapaziert werden sollten.

Diese Vorgeschichte(n) verbinden Tapia, Degregori und viele andere (Ex-)Linke mit Kadern und Sympatisanten der PCP. Die Auseinandersetzungen zwischen ihnen, die nach 1980 oft genug tödliche Form annahmen, haben daher häufig eine lange Vorgeschichte, die berücksichtigt werden muß, um die zahlreichen erbitterten Feindschaften, die daraus resultierten, zu verstehen. Insbesondere im Bezug auf die Intellektuellen können solche persönlichen Erfahrungen bei dem Thema dieser Arbeit nicht außen vor bleiben.

C
Der Krieg, die CDC und ihr Spiegel in der Literatur

Die gesellschaftliche Situation zum Zeitpunkt der Parlamentswahlen im Mai 1980 war, wie in Kapitel B geschildert, geprägt von der ökonomischen Restauration polarisierter Ausbeutungsbeziehungen, vager Hoffnungen eines großen Teils der Bevölkerung auf eine Verbesserung ihrer Lebenssituation durch die Rückkehr einer zivilen Regierung und auf der politischen Ebene von der Konkurrenz zwischen einem Spektrum reformistischer Parteien, die keine grundlegenden Veränderungen beabsichtigten und einer Linken, die untereinander zerstritten[1] den Kampf um Wählerstimmen und parlamentarische Mandate aufnahm. Diese öffentlich sichtbaren Tendenzen vermittelten dabei vor allem einen Eindruck vom politischen Klima in den großen Städten. Dahinter verborgen blieb eine bereits weitaus zugespitztere Situation in den ländlichen Regionen, vor allem in der südlichen Sierra. Nachdem bereits unter der Militärjunta der größte Teil der Bevölkerung keinerlei Vorteile aus der Reorganisierung des Großgrundbesitzes im Verlauf der Agrarreform ziehen konnte (vgl. Kapitel B II 2), wies die in der neuen Verfassung von 1978 festgeschriebene Wiedereinführung eines freien Bodenmarkts ohne flächenmäßige Höchstgrenzen für den Besitz und allgemein die Rücknahme der letzten Reste der unter Velasco eingeführten (und bereits unter Morales Bermúdez weitgehend beseitigten) Reforminhalte[2] eindeutig in die Richtung einer weiteren Verschlechterung der Lebenssituation der bäuerlichen Massen. Aus einer regionalen Perspektive der Sierra sah die Aufnahme bewaffneter Aktionen als Kampf für eine sozialistische Revolution daher nicht - wie in von vielen Aktivisten in Lima behauptet - nach einem aufgesetzten Guerillaabenteuer verbohrter Provinzintellektueller aus,

---
[1] Zu den Wahlen 1980 gelang, es nicht, eine gemeinsame linke Liste aufzustellen, vielmehr traten Trotzkisten, Maoisten und „Radikale Linke" in drei getrennten Blöcken an. Dies führte nicht nur zur Konkurrenz untereinander, sondern auch zu einem bedeutenden Ansehensverlust innerhalb ihrer Anhängerschaft (Von Oertzen, Trusch, Wachendörfer 1980; S. 335, f.).

[2] ebda.; S. 329, f.

sondern fügte sich in die ökonomischen, gesellschaftlichen und politischen Entwicklungen der Provinzen seit Anfang der 70er Jahre ein.

Nur so wird auch verständlich, daß der aus diesen Ansätzen resultierende Krieg im Verlauf der folgenden Dekade sich nicht nur ausweitete, sondern um 1990 herum das weitere Bestehen der alten staatlichen Herrschaft in Frage stellte. Diese Entwicklung und auch ihr vorläufiges Ende durch weiträumige Gebietsgewinne der militärischen Kräfte auf staatlicher Seite und schließlich die Diskussion über die Ursachen und Folgen dieser Prozesse sind Inhalt dieses Kapitels. Im Mittelpunkt stehen dabei die CDC, denen für die Region der südlichen Sierra eine (nicht nur, aber vor allem kriegs-) entscheidende Bedeutung zufällt.

Zunächst sind dafür einige Begriffsklärungen nötig. Welchen Charakter haben die bewaffneten Auseinandersetzungen, welche Institution verbirgt sich hinter dem Namen CDC und warum taucht an seiner statt in der Literatur immer wieder die Bezeichnung „rondas (campesinas)" auf? Nach diesen Begriffsklärungen und einem groben Überblick über den Verlauf des Krieges folgt dann eine Rekonstruktion der Entwicklung der CDC und verschiedener Einordnungen dieser Gruppen als konterrevolutionäre Milizen, soziale Bewegung oder Vergesellschaftungsinstanzen in Konkurrenz zu staatlichen Institutionen. Dabei soll einerseits herausgearbeitet werden, welche Aspekte der Arbeit der CDC und ihre jeweilige Bedeutung verschiedene Autoren in den Mittelpunkt ihrer Analysen stellen und welche politischen Implikationen dieses Vorgehen hat. Einleitend kann die These formuliert werden, daß die vorrübergehende Stabilisierung von staatlicher Herrschaft und kapitalistischem Akkumulationsregime durch die Parteinahme von Bauern auf Seiten des Staats (in Form ihrer Organisierung in CDC) aus pragmatischen *Entscheidungen* der Bauern resultiert, die von sozialwissenschaftlichen Autoren unzulässigerweise als perspektivenreiche Entwicklung interpretiert wird, die zur Überwindung der grundlegenden Probleme der Bauern und des Agrarsektors beitragen könne. Die Unzulässigkeit dieser Einordnung ergibt sich aus dem Verfahren einer willkürlichen Ausblendung der Ebenen ökonomischer und politischer Entwicklungen sowohl auf dem

Niveau der Region wie des ganzen Staates. Die Veränderungen in diesen Bereichen im Verlauf des Krieges (vgl. auch Kapitel C IX und D) weisen statt dessen auf die andauernde Existenz staatlich organisierter und garantierter Ausbeutungs- und Unterdrückungsbeziehungen hin, die sich wie in Kapitel B dargestellt an den Interessen des nationalen wie des internationalen Kapitals orientieren und weiterhin den organisierten Kampf der Bauern gegen staatliche Herrschaft und die Macht seines Repressionsapparats erfordern.

Diese Verlängerung und Modernisierung überkommerner Ausbeutungsbeziehungen durch die Zeit des Kriegs hindurch faßte Cotler 1994 zusammen: „...a pesar de los cambios experimentados durante los últimos 30 años, las profundas desigualdades sociales y la vigencia de los patrones políticos traditionales se han reforzado mutuamente para bloquear la reorganización del Perú." ... „la vigencia de los patrones de comportamiento político tradicionales, fundados en criterios patrimoniales y en lazos clientelistas", die „relación patrón-cliente", „había adquirido nuevos perfiles"[3]. Eine Einordnung auch der Geschichte der CDC in diese Neuformierung sozialer und politischer Herrschaft ist daher unumgänglich.

---

[3] Cotler 1994; S. 12, f.

I Zur Charakterisierung des Krieges in Peru als Bürgerkrieg

Als die PCP 1980 bewaffnete Aktionen aufnahm, war für die Mehrheit der peruanischen Gesellschaft nicht absehbar, wie sich dieser Kampf in den nächsten zwölf Jahren beständig ausweiten würde. Viele Autoren erwähnen, daß selbst große Teile der Linken 1980 aufgrund ihrer parlamentaristischen Ambitionen in der Hauptstadt zu keiner realistischen Einschätzung des Potentials der PCP fähig waren, die sie als Ultra-Linke und Ausdruck andin-indigener Starrköpfigkeit abkanzelten[4]. Die Möglichkeit eines bürgerkriegsartigen Szenarios schien spätestens seit der Teilnahme von Patria Roja an den Wahlen 1980 gebannt, mit der auch für diese bedeutende Partei die Zeit klandestiner Organisierung und rhetorischer Befürwortung des bewaffneten Kampfes endete[5].

Der Verlauf des Krieges läßt sich nach Auffassung der meisten Autoren zu den CDC in verschiedene Phasen unterteilen, die ich im Folgenden kurz behandle. Vorher scheint mir jedoch noch eine Begriffsklärung nötig zu sein. Je nach politischer Position und theoretischer Präferenz finden sich für die Entwicklung seit 1980 die verschiedensten Bezeichnungen. Ich denke, der Begriff *Bürgerkrieg* wird den Ereignissen am ehesten gerecht. Zunächst ist festzuhalten, daß sich der peruanische Staat gezwungen sah, die Guerilla bzw. die PCP de facto als kriegführende Partei anzuerkennen, indem er 1982 entschied, das Militär intervenieren zu lassen, nachdem sich die Unfähigkeit der Polizeieinheiten erwiesen hatte, die Ausweitung des Machtbereichs der PCP zu verhindern[6]. Dann sprechen die flächenmäßige Verteilung der Kriegshandlungen sowie ihre destruktive Bilanz eine deutliche Sprache: 1991 umfaßten die Gebiete unter Ausnahmezustand mehr als die Hälfte der Fläche des Landes[7], 1990 umfaßte das Operationsgebiet der PCP praktisch die gesamte Landesfläche[8]. 600.000 Menschen wurden im Verlauf des Krieges

---

[4] vgl. z.B. Hinojosa 1998; S.63
[5] ebda. S. 73
[6] Tapia 1997; S. 30
[7] Amnesty International 1991; S.35
[8] Obando Arbulú 1991; S.49

aus ihren zu Hunderten zerstörten Dörfern vertrieben[9] und 25.000 fanden durch Massaker, Gefechte oder Hinrichtungen den Tod[10]. Insbesondere in Ayacucho, dem historischen Zentrum der Entwicklung der Macht der PCP, nahmen die Massentötungen durch die Armee nach ihrem Kriegseintritt 1983 die Form eines Genozids[11] an: 1983/84 kamen auf je Hundert Einwohner ein Toter. Hätte der Krieg im ganzen Land dieselbe Intensität erreicht, wären nach Degregori bis 1993 nicht 25.000 sondern 450.000 Tote zu beklagen gewesen.

Schließlich wurden durch den Einsatz der CDC zur Aufstandsbekämpfung große Teile der (männlichen) Sierra-Bevölkerung zu aktiven Kriegsteilnehmern: 1994 waren in Ayacucho und Huancavelica 66.200 CDCler in ca. 1.655 CDC organisiert[12]. Gerade im Fall der zahlreichen Gefechte zwischen CDC und Guerilla-Einheiten wird der Bürgerkriegscharakter der Auseinandersetzungen sichtbar. Als in Uchuraccay[13] 1983 acht Journalisten von Bauern masakriert wurden, wies Manrique darauf hin, daß die Militarisierung der Region seitens der Streitkräfte kolonialen Unterdrückungsstrategien folgte: „Porque tras la violencia frenética desplegada el 27 de Enero en la altipampa ayacuchana, es perfectamente identificable un mecanismo característico de los usos del poder colonial: canalizar la violencia de los oprimidos - aquella generada como respuesta a la violencia de los opresores - contra ellos mismos."[14]. Angesichts der Dimensionen, die der Krieg von Bauern untereinander gegen Ende der Dekade annehmen sollte, kann nur konstatiert werden, daß dieser Mechanismus an Funktionstüchtigkeit offenbar nichts eingebüßt hat.

Auf der Grundlage dieser Entwicklungen hat sich im Verlauf der 80er Jahre in Peru und international der Sprachgebrauch vom „Krieg"

---

[9] Starn 1994; S. 78
[10] Degregori 1996[1]; S. 16
[11] ebda.
[12] ebda.; S. 24
[13] Dort hatten sich die Bauern schon vor der offiziellen Aufstellung der CDC bewaffnet gegen die Guerilla organisiert und erhielten auch bereits Anweisungen von den sinchis und den FFAA, die ihnen befahlen „jeden Fremden, der über Land (nicht mit dem Hubschrauber) kommt, zu eliminieren" (Starn 1994; S. 83).
[14] Manrique 1983; S. 29

eingebürgert. Dennoch gibt es eine Bandbreite von Adjektiven bzw. Zusätzen, die ich kurz aufführen möchte:
Oertzen[15] benutzt „Bürgerkrieg", Stern[16] „ferocious civil war" González[17] „una especie de guerra civil", während Diez-Canseco[18] von einer „indudable situación de guerra civil" spricht; für die limenische Zeitung La República handelt es sich um „guerra interna". Neben der - oft anthropologisch inspirierten - sozialwissenschaftlichen Literatur („Bürgerkrieg") gibt es Kommentatoren, die die Bedeutung der militärwissenschaftlichen Strategie der Guerilla betonen. Neben der PCP sprechen so auch erklärte Gegner wie der Coronel(r) José Bailetti[19] von einem *Volkskrieg*, gemäß der von Mao entwickelten Strategie, während Stern[20] auch „revolutionary war" verwendet.

Um die gegenseitig bedingten Strategien von Guerilla und Aufstandsbekämpfungskräften und noch die Reaktionen von Dritten auf diese beiden Strategien in einem einzigen Begriff zu fassen, scheint mir für die Zwecke dieser Arbeit „Bürgerkrieg" am geeignetsten. Dieser unspezifische Begriff kann dann in der Anwendung auf Strategie und Taktik der jeweils untersuchten Kriegsparteien spezifiziert oder ersetzt werden.

Schließlich sollte nicht unerwähnt bleiben, daß es auch wichtige Personen gibt, die mittlerweile komplett bestreiten, daß überhaupt jemals ein Definitionsproblem in dieser Hinsicht bestand. In einem Interview mit Präsident Fujimori wurde diesem unterstellt, nach der vollbrachten „Befriedung" eine Etappe der „Versöhnung" eingeleitet zu haben. Daraufhin erklärt Fujimori, hier könne nicht von Versöhnung gesprochen werden, da es weder Bürgerkrieg, noch Guerillas, noch Friedensabkommen gegeben habe, sondern nur die Verteidigung von Staat und Gesellschaft gegen die totalitäre und brutale Aggression zweier terroristischer Gruppen. In den Aktionen des peruanischen Militärs für deren Beschreibung andere Genozid

---

[15] Von Oertzen 1996; S. 7, 117
[16] Stern 1998; S. X
[17] González 1983; S. 15
[18] Calvo, Declerq 1994 ; S. 114
[19] QUEHACER 9,10/1993; S. 17
[20] Stern 1998; S.20

(Degregori) oder einfach Terror (Starn[21]) verwenden, sieht Fujimori dagegen einen für Amerika exemplarisch unblutigen Befriedungsprozeß...[22]

Karte 2

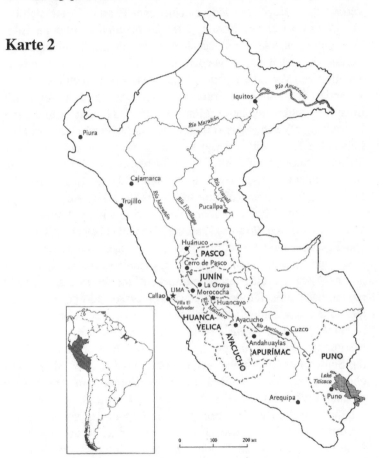

Peru, ca. 1980[23]
(die gestrichelten Linien markieren die Departamentos der zentralen und südlichen Sierra)

---

[21] Starn 1994; S. 79
[22] el Sol, Edicion Fin de año 1998, S. 6
[23] Quelle: Stern 1998; S. 7

II Die unterschiedlichen Phasen des Krieges

Im Folgenden Abschnitt erläutere ich in einem Überblick den Verlauf des Krieges anhand verschiedener Phasen, in die sich die Ereignisse aufteilen lassen. Die Aufteilung in Phasen folgt Unterteilungen, wie sie von verschiedenen Autoren[24] vorgenommen werden, die sich ihrerseits wiederum an bestimmten qualitativen und quantitativen Veränderungen im Kriegsgeschehen orientieren. Diese Veränderungen sind Ausdruck von taktischen und strategischen Entscheidungen der beteiligten Akteure (vgl. unten) und ihrer Umsetzung. Welcher Art (taktisch oder strategisch) und welchen Inhalts die Entscheidungen waren, hängt stark von der jeweiligen Sicht der Akteure auf den Krieg ab. Insbesondere für die erste Zeit sticht hier der Gegensatz zwischen der PCP und ihren Gegnern (FFPP, FFAA, politische Entscheidungsträger des Staats) ins Auge. Die PCP faßte die militärischen Aktionen von Beginn an als Methoden zur Erreichung ihres *politischen* Ziels auf: den alten Staat zu zerschlagen und die Klassendiktatur der Bourgeoisie zu ersetzen durch einen neuen Staat, „una dictadura conjunta de obreros, campesinos, principalmente pobres, y pequeña burguesía que respeta los intereses de la burguesía media, bajo dirección del proletariado representado por el Partido que aplica su hegemonía a través de la alianza obrero-campesina."[25] Scheinbar *militärische* Erfolge wie die Hegemonie in einer bestimmten Region erhielten ihre Bedeutung daher nur zum Teil durch die Schwächung der bewaffneten Kräfte des Gegners. Mindestens ebensowichtig war ihre Bedeutung im Hinblick auf den Aufbau eigener Institutionen politischer Herrschaft. Militärische Erfolge schufen erst die Bedingungen, damit in Gestalt der Volkskomitees (comités populares) die Grundlagen des „Estado de Nueva Democracia en desarollo" gelegt werden konnten. In der Strategie der PCP lassen sich daher militärische und politische Aspekte des Kampfes nicht getrennt voneinander verstehen. Sie folgt der Linie Maos, der das Verhältnis der kommunistischen Partei Chinas zu

---

[24] Z.B. von Coronel (Coronel 1996) oder Tapia (Tapia 1997); auch die meisten anderen Autoren nehmen sinnvollerweise Bezug auf die unterschiedlichen Bedingungen für das Handeln der beteiligten Akteure, auch wenn sie die verschiedenen Phasen methodisch nicht explizit zur Gliederung ihrer Texte benutzen.

[25] PCP 1989[3], S. 376

Politik und Krieg in Grundsätzen faßte, auf die sich die PCP als maoistische Partei bezieht: „Die Partei kommandiert die Gewehre"[26] (Unterordnung des militärischen Kampfs unter das politische Ziel) und „Die Politik ist Krieg ohne Blutvergießen, der Krieg ist Politik mit Blutvergießen.[27] " (Militarisierung der Partei als politischer Organisation). Von verschiedenen Seiten wurde seitdem immer wieder betont, daß der Krieg, den die PCP dem peruanischen Staat 1980 erklärte, nicht einfach als „terroristisch" abgetan werden kann[28]. In der ersten längeren Reportage über den Krieg in Ayacucho fragte z.B. die Zeitschrift Que Hacer 1982: „Esto que vive el Perú no es una escalada terrorista ni puede seguir llamándose así. ... Me pregunto si es tan difícil aceptar -por dura que sea la realidad- que lo que sucede en esta parte de la región andina no son acciones armadas que carezcan de respaldo popular y que puedan explicarse, en forma exclusiva, por la influencia externa de un grupo marxista radical y demencial que ha lavado el cerebro de algunos lugareños. ¿Por qué no aceptar que Sendero Luminoso ha logrado dar forma a una organización política y militar funcional y efectiva -por lo menos para alcanzar sus objetivos inmediatos- porque cuenta con la participación activa de un número importante de campesinos jóvenes..."[29].

Auf der gegnerischen Seite, d.h. seitens der Regierung in Lima und der Befehlshaber von Polizeieinheiten und Streitkräften, wurde der politische Charakter der Kriegshandlungen jedoch vehement bestritten. Anstatt Umfang und Bedeutung der PCP und ihres Kampfes wahrzunehmen, stiftete die offizielle Einstufung der Aktionen als Terrorismus und die notorische Suche nach angeblichen cubanischen oder russischen Hintermännern[30] jahrelang Verwirrung. Die

---

[26] Mao Tse-tung 1967; S. 121
[27] Mao Tse-tung 1969; S. 274
[28] So spricht Alfonso Barrantes Lingan, Präsident von IU und ab Ende 1983 Bürgermeister Limas, von einem „fenómeno tipo guerrillero" (QUEHACER Nr. 20; 12/1982; S. 63), oder betont Ricardo Letts von Vanguardia Revolucionaria: „Ellos desarollan esta actividad dentro de una posición teórica-práctica de guerra popular del campo a la ciudad. Hay un partido político, con una dirección política, marxista-leninista y maoísta, que dirige esta lucha. Hay un objetivo: el de conquistar el poder del Estado. Hay un programa político popular, democrático, naciónal y revolucionario que preside este objetivo."(ebda.; S. 67)
[29] Gonzalez 1982; S. 55, f.
[30] So forderte ein Abgeordneter der PPC noch nach der Befreiung der Insassen des Gefängnisses

Konsequenzen daraus waren nicht nur abstrakt unter einem Kriterium von Wahrheit gravierend, sondern machten sich unmittelbar in der Aufstandsbekämpfungspraxis bemerkbar. Bei der Konzeption der Operationen gegen die Guerilla dominierten dogmatische Vorstellungen, die in der PCP bestenfalls eine Neuauflage der peruanischen Guerilla von 1965 oder der Gruppe von Che Guevara in Bolivien 1957 sehen wollten[31]. Nachdem in den ersten Jahren vergeblich nach Ausbildungscamps, festen Stützpunkten der Guerilla und nach verdächtigen Ausländern gefahndet worden war, mußten auch die Kommandanten von FFPP und FFAA die Verankerung der PCP innerhalb des Volkes zur Kenntnis nehmen. Spätestens an diesem Punkt hätte es auf der Hand gelegen, die sozialen Ursachen der revolutionären Erhebung und den politischen Charakter des Kriegs zur Kenntnis zu nehmen und die eigene Strategie dementsprechend auszurichten. Dies geschah jedoch nicht[32], im Gegenteil verschärfte sich die militaristische Ausrichtung der Aufstandsbekämpfungsmaßnahmen mit dem Eintritt der FFAA in das Kriegsgeschehen 1983. Nachdem erkannt worden war, daß sich die Guerilla der PCP offensichtlich aus der Mitte der Bevölkerung rekrutierte, wurde der Gegenangriff ausgeweitet und nahm in Gestalt des schmutzigen Krieges die Form eines organisierten Massenmordes an. Massaker, extralegale Hinrichtungen und das „Verschwindenlassen" Tausender bestimmten von da an den von Terror geprägten Alltag der Bevölkerung vor allem in den Notstandsgebieten der Sierra. Im Rahmen dieser Strategie, die darauf abzielte, immer weitere Teile der Bevölkerung in den Krieg hineinzuziehen, muß auch die Organisierung der CDC verstanden

---

von Ayacucho in einer Großaktion der Guerilla im März 1982, die Beziehungen zu Cuba abzubrechen (Gorriti 1991; S. 264). Dies wohlgemerkt, obwohl die PCP die Botschaften der USA, der Sowjetunion, Chinas und Cubas angriff, um ihre Unabhängigkeit unter Beweis zu stellen (Hertoghe, Labrousse 1990; S. 74).

[31] Gorriti 1991; S. 89; und: Tapia 1997; S. 30

[32] An dieser Stelle kann nicht diskutiert werden, ob eine andere Strategie, eine die an privilegierter Stelle die Lösung der strukturellen Probleme der Region berücksichtigt hätte, für die Regierung überhaupt ein gangbarer Weg gewesen wäre. An Forderungen nach einem solchen Perspektivenwechsel hat es jedenfalls nie gemangelt. Daher liegt die Vermutung nahe, daß es aufgrund des Charakters des Staates und seiner Repressionsorgane gar nicht möglich war, eine grundlegende Änderung der Politik gegenüber der PCP und den armen andinen Departamentos insgesamt vorzunehmen, wenn gleichzeitig die Grundlage des Staats verteidigt werden sollte.

werden. Kriegsminister General Cisneros[33] brachte die Ziele der
FFAA schon 1982 auf den Punkt: Die Bauern sollten sich entscheiden,
auf welcher Seite sie sterben wollen[34].

Die strategische Lage begann sich erst ab Ende der 80er Jahre
zugunsten der Aufstandsbekämpfungskräfte zu wenden. Mit Hilfe
der CDC konnten die Streitkräfte in den Anden immer größere Gebiete
kontrollieren. Die Schwerpunktsetzung auf Geheimdienstarbeit
zusammen mit der umfassenden Rückendeckung der Repression
durch die Entmachtung des Parlaments in Fujimoris „Selbstputsch"
1992[35] erlaubten dann ab Beginn der 90er Jahre sukzessive Erfolge
der Repression im ganzen Land. Nach der Verhaftung Abimael
Guzmáns „camarada Gonzalo", 1992 und dem erbitterten Zwei-
Linienkampf in der PCP ab 1993 konsolidierte sich unter Führung
von Oscar Ramírez Durand, „camarada Feliciano"[36], die Fraktion,
die den Krieg seitdem auf einem vergleichsweise niedrigeren Niveau
konstant fortsetzt.

Wenn ich im Folgenden viele Daten anführe, die sich zu einem
großen Teil als Entwicklung der militärischen Lage verstehen lassen,
darf gemäß dem oben Ausgeführten die politische Dimension des
Prozesses nicht ignoriert werden[37]. Bis ca. 1992 konnte die PCP vom
Bild her, das sie in der Öffentlichkeit vermittelte, die Initiative im
Krieg behalten, auch wenn bereits seit Ende der 80er Jahre einige

---

[33] Innenminister unter der Diktatur von Morales Bermudez und Kriegsminister unter Belaúnde (Calvo, Declerq 1994; S.203)

[34] „Quiero decirle que yo soy partícipe de la pena de muerte. No porque crea que vamos a tener que fusilar a todos los senderistas, sino por lo mismo que está pensando hoy día el campesino que si se pone del lado de las fuerzas policiales sabe que lo pueden matar...Que sepa que si se pone del lado de Sendero también lo pueden matar. Entonces, ahí tendrá que optar dónde quiere morir" (González 1982[1]; S.56)

[35] vgl. auch Kapitel CVI

[36] Auch dieser letzte „historische Führer" geriet 1999 in Gefangenschaft, angeblich am 14.Juli. Vgl. La República Online (política) vom 14. und 15.7.1999 bezüglich der Vermutungen, bei seiner als „Fernsehshow" inszenierten Verfolgung durch Tausende (!) Angehöriger der FFAA und FFPP und mit anschließender „Verhaftung", die nicht dokumentiert wurde, habe es sich um eine neuerliche PR-Inszenierung des Regimes gehandelt, um von Protesten gegen die vorangegangene Verkündung der Nichtanerkennung der Entscheidungen des Interamerikanischen Menschenrechtsgerichtshofs abzulenken.

[37] In einer persönlichen Korrespondenz gab mir zudem Carlos Reyna, Kommentator, Journalist und DESCO-Mitarbeiter (u.a. in der „am wenigsten schlechten" Datenbank mit Daten zur politischen Gewalt in Peru (Banco de datos von DESCO)), den Rat, die qualitativen Aspekte der Entwicklung zu betonen, da auf Basis der kaum systematisierten und unvollständigen Quellen mit Hilfe von Statistiken sowieso nur generelle Trends beschrieben werden können.

(zunächst wenig beachtete) Faktoren auf gravierende Schwierigkeiten bei der Umsetzung der strategischen Pläne hinwiesen. Bis zu diesem Zeitpunkt allerdings folgte der Kriegsverlauf ziemlich genau den Plänen der PCP[38], die die erfolglosen Repressionskräfte und mit ihnen den peruanischen Staat in eine immer tiefere Krise trieben. Aus diesem Grund ist es nützlich, für die einzelnen Phasen ihre jeweilige Bedeutung im strategischen Konzept der PCP zu erläutern. Die ergänzenden Daten können so als Beleg für den Grad des Gelingens ihrer Umsetzung gelesen werden. Die weniger strategischen (in der Anfangszeit vor allem ignoranten und überheblichen) öffentlich gemachten Pläne der Gegenseite erwähne ich - soweit mir zugänglich - ebenfalls.

1 Die Zeit bis 1980[39] : Der Weg in die Berge

Anfang der 60er Jahre hatte sich im Regionalkomitee Ayacucho der alten PCP[40] eine „Rote Fraktion" gründet, aus der innerhalb von gut zehn Jahren die PCP wurde, die heute als „Sendero Luminoso" bekannt ist. Nach der landesweiten Spaltung der Partei, die während der IV. Nationalen Konferenz 1964 eingeleitet wurde, beteiligte sich die Fraktion am Aufbau der neuen maoistischen Partei, die den Namen Partido Comunista - Bandera Roja annahm. Auf der ein Jahr später abgehaltenen V. Nationalen Konferenz wurde als Hauptaufgabe die Schaffung revolutionärer Streitkräfte für den bewaffneten Kampf festgehalten. Für dieses Ziel forderte die Fraktion, systematisch die „drei Instrumente der Revolution" aufzubauen: Partei, Streitkräfte und Einheitsfront. Auf der VI. Nationalen Konferenz 1969 wurde die zuvor von der Fraktion eingeleitete „Rekonstitution der Partei" beschlossen, aufbauend auf der ideologischen Grundlage des Marxismus-Leninismus-Mao Tse-tung-Ideen und Ideen von Mariátegui. 1970 kam es zum Bruch zwischen der Fraktion unter Führung Guzmáns und der alten Parteispitze unter Führung von

---

[38] Einige dieser detaillierten (Militär-)Pläne für landesweit koordinierte Wellen von Aktionen im Rahmen aufeinanderfolgender Kampagnen werden daher im Folgenden erwähnt.

[39] zur Geschichte der Linken in Peru vgl. auch Kapitel B IV 2 und das Schaubild 1; zur Geschichte der PCP: PCP 1989[2]; S. 234, ff.; Degregori 1992; S. 16, ff. und Schaubild 2

Saturnino Paredes, der Revisionismus in Form „rechten Liquidatorentums" vorgeworfen wurde, eine Reduzierung der Parteitätigkeit auf offene und Massenarbeit auf dem Weg zum Legalismus. Diese Spaltung kann als eigentliche Geburtsstunde der Organisation in der Zusammensetzung angesehen werden, die dann 1980 den bewaffneten Kampf aufnahm. 1975 schließlich wurde eine „linke" Linie als Abweichung niedergeschlagen, der vorgeworfen wurde, sie negiere die Möglichkeit der Massenarbeit unter der Diktatur und die Bedeutung der Arbeit unter den Bauern. So setzte sich die Linie der ehemaligen „Roten Fraktion" schließlich durch und konnte 1977 den Plan zum landesweiten Aufbau der Partei unter dem Motto „Construir en función de la lucha armada"[41] durchsetzen, der den Schwerpunkt der Aufbauarbeit auf die ländlichen Regionen setzte, wo Basen für den bewaffneten Kampf errichtet werden sollten. Im Juni 1979 wurde dann mit „Definir y Decidir" der Beschluß zur Aufnahme des bewaffneten Kampfes gefaßt, im März 1980 die konkreten Aktionen für ILA („Inicio de la Lucha Armada") festgelegt[42].

Aus diesem kurzen Überblick läßt sich leicht erkennen, daß der Aufnahme bewaffneter Aktionen lange Jahre intensiver Vorbereitung vorangingen. Neben den innerparteilichen Linienkämpfen, die über die Jahre hinweg innerhalb der PCP -für die peruanische Linke einzigartige- ideologische Unnachgiebigkeit und organisatorischen Zusammenhang erzeugten[43], gehörte die langwierige und beständige Kleinarbeit beim Aufbau von Strukturen auf dem Land zu den wichtigen Tätigkeiten dieser Partei in den 70er Jahren.

Ende der 60er Jahre hatte die PCP in Ayacucho bereits einen bedeutenden Masseneinfluß erreicht[44], den sie aber bis Mitte der 70er

---

[40] Die von Mariátegui am 7. Oktober 1928 unter dem Namen Partido Socialista del Perú gegründete PCP vertrat bis in die 60er Jahre die Positionen Moskaus. Mit der Spaltung innerhalb der kommunistischen Weltbewegung nach dem Bruch Chinas mit der Sowjetunion entspann sich auch innerhalb der PCP ein Linienkampf zwischen Anhängern der „Mao-Tsetung-Ideen" und „Revisionisten".
[41] PCP 1989[2]; S. 238
[42] ebda.; S. 238, f. ; sowie: Gorriti 1991; S. 49
[43] Degregori 1992; S. 18
[44] Vor allem über die führende Rolle der Maoisten bei der Organisierung der „Verteidigungsfront des Volkes von Ayacucho", die in der Bewegung für kostenlose Bildung Ende der 60er Jahre 10.000 Menschen mobilisieren konnte, ein Viertel der damaligen Bevölkerung (Herthoge, Labrousse, 1990; S. 59)

Jahre wieder verlor. Was nach außen wie eine Schwäche wirkte[45], war eher Zeichen für das fortgeschrittene Stadium der Vorbereitungen für den bewaffneten Kampf. Diese beschränkten sich nicht auf Propagandaarbeit unter den Bauern, sondern beinhalteten bereits den Aufbau fester Strukturen eigener Macht, z.b. in Form von gewaltsamen Vertreibungen der Polizei aus Dörfern in Ayacucho mindestens ab Ende 1978 und dem Aufbau lokaler Regierungs- und Selbstverteidigungsorganisationen[46]. Dies war den FFPP und FFAA bekannt, ebenso wie Berichte aus anderen Landesteilen (z.b. Lima und Cusco), die ebenso auf eine koordinierte Vorbereitung zum bewaffneten Kampf hinwiesen[47]. Angesichts der Berichte und der fortgesetzten Vertreibungen von lokalen Autoritäten und Guardia Civil[48] befaßte sich im Sommer 1979 auch die „Innere Front"[49] der Militärdiktatur mit den Ereignissen in Ayacucho[50], ohne daß zu diesem oder einem späteren Zeitpunkt konkrete Gegenmaßnahmen ergriffen wurden. Angesichts der allgemein angespannten Situation in der Zeit vor der Regierungsübergabe an eine zivile Regierung bestand seitens des Militärs offensichtlich kein Interesse, neben der Kontrolle der Massen aus den Volks- und Basisbewegungen in den Städten noch weitere potentiell konfliktive Aufgaben zu suchen. So konnte die PCP auch die letzten Vorbereitungen ihres „Plan de Inicio" praktisch ungestört umsetzen[51].

---

[45] So die Interpretation vor allem der politischen Rivalen, die sich bemühten, möglichst großen Einfluß auf die bedeutenden Mobilisierungen gegen die Diktatur zu nehmen, die sich in Demonstrationen und Generalstreiks bis 1978 immer weiter ausbreiteten und an denen sich die PCP praktisch nicht beteiligte.

[46] Zu diesem Ergebnis kommt zumindest der Journalist Gorriti auf Basis von Berichten, die in den verschiedenen Geheimdiensten Ende der 70er Jahre erstellt wurden (Gorriti 1991; S. 80, ff.).

[47] In einer Information des SIN von 1977 war bereits von 500 klandestin Arbeitenden „Volksschulen" in Lima die Rede, in denen dieser Weg propagiert wurde, ebenso wie von Schießübungen (ebda.; S. 82 bzw. 84).

[48] Die „Zivilgarde" ist eine paramilitärische Polizeitruppe, die mit schweren Waffen ausgerüstet in den 20er Jahren vom damaligen Präsidenten Leguía als (zur Regierung) loyale Hausmacht gegen das Militär aufgebaut wurde. Heute erfüllt sie als eine der drei voneinander unabhängigen Polizeikräfte (neben der Kriminalpolizei und der „Republikanischen Garde") die meisten Polizeifunktionen (vgl. Von Oertzen 1996; S. 188).

[49] ein Gremium ranghoher Militärs aus der Spitze der Junta

[50] Gorriti 1991; S. 83

[51] ebda.; S.83, ff.

Karte 3

Departamento Ayacucho, ca. 1980[52]

---

[52] Quelle: Stern 1998; S. 129

2   17.5.1980 - Dezember 1982: Inicio de la Lucha Armada

Am 17.5.1982, dem Tag vor den Wahlen für die erste zivile Regierung seit zwölf Jahren, begann die PCP mit der Verbrennung der Wahlurnen in dem Dorf Chuschi in Cangallo[53] offiziell den bewaffneten Kampf. Angelehnt an Maos drei Etappen des Kriegs gegen Japan[54] teilt sie den Volkskrieg in drei Phasen: Strategische Defensive, Strategisches Gleichgewicht und strategische Offensive (der revolutionären Kräfte)[55]. In der ersten Phase ist die Ausbreitung des Guerillakriegs vorgesehen und die sukzessive Entwicklung von kontrollierten Gebieten, in denen zunächst einzelne Volkskomitees (comités populares[56]) funktionieren sollen, die dann jeweils zusammengefaßt ein Stützpunktgebiet (Base de Apoyo) bilden.

Von Mai bis Dezember 1980 wurden im Rahmen des „Plan de Inicio" 261 Aktionen durchgeführt[57], darunter bereits zwei Guerillaangriffe auf Landgüter. Nicht nur die regionalen Komitees in der Sierra[58], sondern im ganzen Land waren angehalten, nach ihren jeweiligen Möglichkeiten im Rahmen von sechs möglichen Formen Aktionen durchzuführen: „Agitación, movilización, sabotaje, asalto, (levantamiento de) cosechas, enfrentamientos"[59]. Erklärtes Ziel dabei war die Militarisierung der Partei durch Aktionen, das Erlernen der Kriegführung durch bewaffnete[60] Aktionen[61].

Ab Januar 1981 sahen die Planungen der PCP vor, Gruppen und Züge von Guerillakämpfern für eine erste Kompanie in den Krieg einzubeziehen. Ab Mai 1981 bis Dezember 1982 sah die minutiöse

---

[53] Gorriti 1991, S. 43
[54] vgl. Mao Tse-tung 1969; S. 252, ff.
[55] vgl. González 1988; S. 57
[56] zu den verschiedenen offen und verdeckt arbeitenden comités populares vgl. Tapia 1997; S. 86, ff.
[57] González 1982; S. 57
[58] In den ersten Kriegsjahren konzentrierten sich die Guerillaaktionen im Gebiet des Comité Regional Principal der PCP, das die Comités Zonales Ayacucho, Apurímac, Cangallo-Fajardo und Huancavelica umfaßt.
[59] Gorriti 1991; S. 112
[60] Die Bewaffnung bestand zunächst nur aus wenigen Feuerwaffen und vor allem Dynamitstangen, die im Verlauf der Jahre in ungeheuren Mengen bei Überfällen erbeutet wurden. Auch fast alle anderen Waffen wurden auf diese Weise beschafft (Tapia 1997; S. 117, ff.).
[61] Gorriti 1991; S, 108, ff.; PCP 1989; S. 170, f.

Planung dann die quantitative und geographische Ausweitung der Guerillaaktionen auf die Sierra-Gebiete des ganzen Landes und in gewissem Rahmen auch in den Großstädten vor. Dabei wurde bis zum Dezember 1981 der Schwerpunkt auf die Beschaffung einer rudimentären Infrastruktur an Waffen gelegt, um in einer zweiten Phase bis Dezember 1982 weite Teile der südlichen Sierra von den Vertretern der Staatsmacht und ihrer Verteidigung in Gestalt der Polizei zu „säubern"[62].

Wie sich zeigte, ließen sich die Pläne ohne größere Abstriche umsetzen. Während ihrer einzigen bedeutenderen Gegenoffensive im Herbst 1981[63] gelang es den FFPP zwar kurzzeitig, im unmittelbaren Operationsgebiet eine Einstellung der Aktionen der PCP zu erzwingen, sie verloren ab Januar 1982 jedoch wieder die Initiative und die Guardia Civil entschied, ihre Posten aus verschiedenen Zonen mit Guerillaaktivität zurückzuziehen. Mit der Beteiligung der Polizeispezialeinheit *sinchis*[64] seit dieser Offensive war auf Seite des Staats indes ein neuer Akteur in den Krieg eingetreten, der die Brutalisierung des Kriegs maßgeblich vorantreiben und zum „Synonym für Brutalität"[65] werden sollte.

Das folgende Zitat (aus der obersten Departementstaatsanwaltschaft) belegt die Niederlage der Polizeikräfte gegen die PCP nach gut zweieinhalb Jahren Krieg in Ayacucho. Es stammt aus dem November 1982: „...habiendo optado estos policías a concentrarse únicamente en sus cuarteles, abandonando muchos Puestos ... dando lugar a que los terroristas se hayan hecho dueños de todas las zonas rurales de las provincias de Huamanga, Huanta, La Mar, Cangallo y Victor Fajardo. ... En dichas provincias, los terroristas han entrado prácticamente a gobernar."[66] Die PCP spricht für die ersten 21 Kriegsmonate von 2.900 Aktionen in

---

[62] Der Zeit von Mai 1981 bis Dezember 1982 entspricht der Plan „Desplegar la Guerra de Guerrillas", unterteilt in eine erste Phase bis Dezember 1981 „Conquistar armas y medios" und eine zweite Phase von Januar bis Dezember 1982 „Batir para avanzar hacia las Bases de Apoyo" (Gorriti 1991; S. 171 bzw. 283).

[63] Zu Beginn der Operationen wurden am 12. Oktober erstmals fünf Distrikte in Ayacucho unter Notstandsrecht gestellt.

[64] Der Aufbau dieser Spezialeinheit der Guardia Civil zur Aufstandsbekämpfung unter Leitung der US-Armee und der CIA wurde von der US-Regierung Mitte der 60er Jahre finanziert (Gorriti 1991; S.226, f.).

[65] Gorriti 1991; S. 225

[66] ebda.; S. 380

20 von 24 Departamentos⁶⁷, laut Innenministerium waren es bis Ende 1982 1.825, davon 665 im Bereich des Comité Regional Principal⁶⁸. Im Verhältnis zu den darauffolgenden Jahren verlief der Krieg bis Ende 1982 relativ unblutig. Flores Galindo nennt für ganz Peru die Zahlen von 165 Toten und 204 Verletzten⁶⁹, nach Zahlen des Innenministeriums waren es 287, davon 237 Zivilisten und angebliche „Subversive"⁷⁰. Eine weitere Aufschlüsselung der Opfer nach Gruppen findet sich auch im Diagramm 2 auf Seite 133.

3   21.12.1982 - Dezember 1985: Kriegsmarine in den Anden

Am 21. Dezember 1982 sah sich die zivile Regierung gezwungen, die Konsequenz aus dem Scheitern ihrer Polizeieinheiten zu ziehen und übergab die Aufstandsbekämpfung und de facto die politische Kontrolle⁷¹ über die Notstandsgebiete⁷² den Streitkräften. FFAA und FFPP gingen weiterhin davon aus, ihren Gegner innerhalb kürzester Zeit ausschalten zu können, so daß die Planungen im Dezember 1982 vorsahen, daß die Streitkräfte nur zwei Monate in Ayacucho bleiben sollten⁷³. Aus zwei Monaten wurden bis dato 16 1/2 Jahre.

---

⁶⁷ PCP 1989[1]; S. 182
⁶⁸ González 1990; S. 12
⁶⁹ Flores Galindo 1986; S. 377
⁷⁰ González 1990; S. 13
   Flores Galindo weist darauf hin, daß die offiziellen Zahlen für mutmaßliche Subversive und Zivilisten zusammen betrachtet werden müßten, da ein nicht zu beziffernder, in jedem Fall aber zu hoher Prozentsatz der angeblichen Subversiven ohne vertrauenswürdige Beweise in diese Kategorie eingeordnet würden (Flores Galindo 1986; S. 377). Insbesondere in den folgenden Jahren zeigt sich anhand der unzähligen Berichte über Massaker durch die Repressionsorgane des Staates, daß diese Formulierung zu vorsichtig ist und eher davon ausgegangen werden muß, daß Opfer staatlicher Morde systematisch in der Kategorie „mutmaßlicher Subversiver" eingeordnet wurden. Dafür spricht auch die im nächsten Abschnitt beschriebene systematische Ermordung der Zeugen von Massakern der FFAA und FFPP.
   ⁷¹ Vgl. Coordinadora Nacional de Derechos Humanos 1990; S. 26, f.: Ab 1983 wurden ohne rechtliche Grundlage politisch-militärische Kommandos als höchste Autorität in den Notstandsgebieten etabliert. Erst 1985 folgte mit dem Gesetz Nr. 24150 die „Legalisierung".
   ⁷² Diese umfaßten bis Dezember 1982 neben den fünf Provinzen in Ayacucho (Huamanga, Huanta, La Mar, Victor Fajardo, Cangallo) für die der Ausnahmezustand bereits 1981 ausgerufen worden war (Gorriti 1991; S. 219), noch Angaraes in Huancavelica (unter Notstandsrecht seit März 1982 [ebda.; S.321]). Ende 1982 wurde auch noch die Provinz Andahuaylas in Apurímac hinzugefügt (Tapia 1997; S. 31; Flores Galindo 1986; S. 378).
   ⁷³ Tapia 1997; S. 32

Noch vor Kriegseintritt der FFAA erklärte Kriegsminister Cisneros, was geschehen würde, wenn die Streitkräfte in Ayacucho zum Einsatz kämen: „Para que las fuerzas policiales puedan tener éxito tendrían que comenzar a matar a senderistas y no senderistas, porque esa es la única forma como podrían asegurarse el éxito. Matan 60 personas y a lo mejor ahí hay 3 senderistas...y seguramente la policía dirá que los 60 eran senderistas..."[74] Abgesehen davon, daß sich in den kommenden Jahren auch die FFAA, insbesondere die Marineinfantrie, beim Töten nicht zurückhielten, entsprach die Ankündigung ziemlich genau der praktischen Umsetzung. Die besonders brutalen und opferreichen Patroullien und Kommandoaktionen in „umstrittenen" Gebieten fielen dabei vor allem in den Zuständigkeitsbereich der sinchis oder der Marineinfanterie[75], während das Heer hauptsächlich die Gebiete besetzte, in denen keine oder wenig Guerillaaktivitäten vermutet wurden[76]. Unterschiedslose Repression und die typischen Formen des schmutzigen Kriegs[77] wie Massaker und „Verschwindenlassen" verwandelten Ayacucho praktisch über Nacht in ein Schlachthaus: Wurden 1982 im ganzen Land 165 Tote gezählt, waren es 1983 bereits 2.282[78], im September 1983 erklärte ein Staatsanwalt öffentlich, in dem Notstandsgebiet in Ayacucho „verschwänden" täglich sechs bis acht Personen[79]. Flores Galindo weist darauf hin, daß sich diese neue Strategie der staatlichen Repressionskräfte nicht nur anhand der absoluten Zahl der Toten einschätzen läßt, sondern auch anhand des geringen Anteils von Zivilisten unter den Verwundeten im Vergleich zu ihrem Anteil an der Gesamtzahl der Toten[80]. Während die Angriffe der PCP weiterhin Verletzte produzierten, tendierten die Aufstandsbekämpfungskräfte dazu, keine Verwundeten als Zeugen am Leben zu lassen[81].

---

[74] González 1982[1]; S. 50
[75] Salcedo 1985; S.73, f.
[76] vgl. González 1983; S. 17, ff.
[77] „represión indiscriminada y la `guerra sucia`" (Tapia 1997; S.37)
[78] Flores Galindo 1986; S. 377
[79] Dieser Staatsanwalt Pequeño wurde daraufhin von seinem Posten entfernt (Coordinadora Nacional de Derechos Humanos 1990; S. 28).
[80] Während der Anteil der Zivilisten an der Gesamtzahl der Toten 96,4% betrug, lag ihr Anteil bei den Verletzten nur bei 61,6% (ebda.).
[81] vgl. z.B. Berichte der Coordinadora Nacional de Derechos Humanos (Coordinadora Nacional de Derechos Humanos 1990; S. 38, f.; 57, f.)bezüglich des Massakers in Cayara 1988 Calvo, Declerq 1994; S. 33, f.;

Menschenrechtsverletzungen wie insbesondere das Verschwindenlassen gehören seit 1993 zu regelmäßigen Begleiterscheinungen der Verhängung des Ausnahmezustands. So weist Amnesty International auf die systematische Anwendung dieser Verbrechen hin, die sich mit jeder Ausweitung der Gebiete unter Kontrolle politisch-militärischer Kommandos zeigten[82]. Nachdem bereits 1983 und 1984 zeitweise ganz Peru unter Notstandsrecht[83] stand, lassen sich die Dimensionen der Gewalt grob erahnen. In einer vorsichtigen Annäherung auf Basis zweifelsfrei dokumentierter Fälle sind für die Zeit von 1983 bis 1985 1.523 Verschwundene zu beklagen[84]. Dazu addieren sich rund 6.500 Tote Zivilisten bzw. „Subversive"[85] (vgl. Diagramm 3), in Ayacucho wurde in diesem „wahrhaften Genozid"(Degregori) 1983 und 84 jeder hundertste Einwohner getötet, insgesamt 4.858 Menschen in zwei Jahren[86].

Die Ergebnisse des Mordens waren indes unter Gesichtspunkten der Effektivität der Aufstandsbekämpfung nicht positiv zu bewerten. Geplant war, Gebiete unter Einfluß der PCP zunächst zu säubern, dann die Bevölkerung (zwangs-) umzusiedeln[87], um sie gegen die PCP zu organisieren und dann die erreichte territoriale Kontrolle abzusichern, eine Strategie, die zwar weitgehend befolgt wurde, aber dennoch ein völliger Fehlschlag war[88]. Neben dem psychologischen Gewinn, den die PCP aus dem Leiden der Massen ziehen konnte, war es ihr möglich, auch in dieser Phase ihre lokale Parteistruktur in der südlichen Sierra zu verteidigen[89]. Ab Januar 1983 führte die PCP den dreijährigen Plan „Conquistar Bases de Apoyo" durch[90]. In diesem Rahmen wurden die comités populares, die ab Ende 1982 entstanden[91], wenn möglich zu einer überlokalen Base de Apoyo organisatorisch zusammengefaßt. 1983 wurde das Volksguerillaheer

---

[82] Amnesty International 1991; S. 29, ff.
[83] ebda.; S. 29
[84] Coordinadora Nacional de Derechos Humanos 1990; S. 30
[85] nach Zahlen des Innenministeriums
[86] Degregori 1996; S. 16
[87] Degregori beschreibt die neuen Siedlungen als Mischung aus Militärcamp und Konzentrationslager (Degregori 1989; S. 49); vgl. auch S. 132 und S. 132
[88] González 1985[1]; S. 37
[89] Tapia 1997; S. 37
[90] ebda.; S. 85
[91] PCP 1989[2]; S. 254

EGP (Ejercito Guerrillero Popular) gegründet[92]. Nach einem teilweisen Rückzug von Guerilla und Kadern begann dann ab Mitte 1984 eine Gegenoffensive. So waren diese Jahre in vielen Teilen der südlichen Sierra von aufeinanderfolgenden Gebietsgewinnen beider Seiten gekennzeichnet, ohne daß eine von beiden in der gesamten Region hätte die Hegemonie erringen können. Waren auch die meisten Toten Zivilisten im strikten Sinne des Wortes[93], hatte dennoch auch die PCP große Verluste zu erleiden: Die Partei nennt für die Zeit bis 1986 insgesamt 1.738 Gefallene aus den Reihen des EGP[94], während die Verluste von FFAA und FFPP im Zeitraum von 1983 bis 1985 von Regierungsseite auf 201 Gefallene beziffert werden[95] (vgl. Diagramm 2). Parallel zu den Auseinandersetzungen in Ayacucho und den angrenzenden Regionen fand eine Ausweitung von Guerillaaktionen in weiten Teilen Perus statt. Während bürgerliche Autoren davon ausgehen, daß diese Ausweitung zu großen Teilen dem Abzug gefährdeter Kader aus der Region um Ayacucho geschuldet sei[96], behauptet die PCP, diese ohnehin schon in den längerfristigen strategischen Planungen vorgesehene Ausweitung des Operationsgebiets der Guerilla müsse als Ausdruck ihrer Stärke interpretiert werden, als erfolgreiche Umsetzung ihres Plans „Beginnt den großen Sprung" ab Juni 1984[97]. Die Gesamtzahl aller offiziell registrierten bewaffneten Aktionen stieg von 1983 bis 1985 beständig, in der südlichen Sierra gab es 1984 einen dramatischen Anstieg der Aktionen, während ihre Zahl 1983 und 1985 leicht über dem Niveau von 1982 lag (vgl. Diagramm 1). Für die Zeit der Generalisierung des Guerillakriegs 1983 bis 1984 werden neben dem Ziel der Verteidigung und Angriffen gegen die Militärintervention zwei

---

[92] Auf Basis von drei Typen der Volksmiliz („principales, locales y de base"), die in ihm zusammengefaßt werden, soll das EGP schwerpunktmäßig drei Aufgaben erfüllen: Kämpfen, Produzieren und Mobilisieren. Die PCP bezieht sich bei diesem Konzept auf Lenin, der den Aufbau von Milizen vorsehe, die die Aufgaben von Polizei, Heer und Verwaltung erfüllen sollten (PCP 1989[2]; S. 253 und PCP 1989[3]; S. 374, f.).
[93] Hier ist damit gemeint, daß sie willkürlich und zufällig Opfer der Repression wurden.
[94] PCP 1989[2]; S. 255
[95] González 1990; S. 13
[96] z.B. González 1985[1]; S. 37 oder Degregori 1989; S. 49, f.
[97] So seien 28,2 % der verschiedenen Arten bewaffneter Aktionen außerhalb von Lima und der Region Ayacucho durchgeführt worden, wobei in letzterer immer noch 63,4 % von allen bzw.75,1 % der Guerilla-Aktionen durchgeführt wurden (PCP 1989[2]; S. 243, f. und S. 246).

charakteristische Entwicklungen genannt: Angriffe der Guerilla auf die neu gegründeten CDC und der Aufbau neuer comités populares[98]. Ab Juni 1984 nennt dieselbe Quelle dann als Haupttendenz die Verstärkung und Ausweitung der Guerilla auf neue Zonen, um die Kräfte des Gegners zu versprengen.

1985 gewann die APRA mit Unterstützung der internationalen Sozialdemokratie die Präsidentschaftswahlen und Alan García Pérez als neuer Präsident kündigte an, gegen die Menschenrechtsverletzungen durch die staatlichen Repressionskräfte vorgehen zu wollen[99]. Im Monat der Amtsübergabe (Juli) wurde die Kriegsmarine aus Huanta nach Apurímac abgezogen[100], die sinchis verließen die ländlichen Gegenden, in denen seitdem die FFAA alleine die Kontrolle ausüben[101]. Entgegen der Stellungnahmen des Präsidenten nahmen die Massaker nach dem Regierungswechsel jedoch nicht ab[102], sondern der Krieg weitete sich auf immer größere Teile des Landes aus. Damit einher ging eine Ausweitung von Praxen wie dem Verschwindenlassen, die im Gefolge der Verhängung des Ausnahmezustands aus immer mehr Provinzen gemeldet wurden.

4   1986 - 1988: Todesschwadrone und Ausweitung des Kriegs

In diesem Zeitraum stabilisierten sich die Aktionen der PCP[103] landesweit auf einem hohen Niveau, während die Zahl der Toten deutlich zurückging (vgl. Diagramme 1 und 2). Letzteres resultiert aus einem relativen Mangel an Initiative auf Seiten der FFAA, die

---

[98] González 1985[1] ; S. 40
[99] blätter des iz3w, Nr.133 1986; S.9
[100] Coronel 1996; S.58 bzw. Tapia 1997; S. 32
[101] Nachdruck aus „A world to win #1" : „Wenn die Anden donnern"; S.14
[102] In die ersten Monate der Amtszeit Garcías fallen unter anderem so bekannte Massaker wie die von Pucayacu (am 7.August), Accomarca (am14. August) und Bellavista bzw. Umaru (am 26./ 27.August und 3. September) (blätter des iz3w, Nr.133 1986; S.9). Auch AI resümiert, daß unter der Regierung Garcías im Hinblick auf die „schweren Menschenrechtsverletzungen in den unter Ausnahmerecht stehenden Gebieten" andauerten (AI 1991; S. 30).
[103] Auf ihrer Seite war die Phase hauptsächlich der Konsolidierung der Stützpunktgebiete im Rahmen des Plans „ Desarollar las Bases de Apoyo" (von November 1986 bis Juli 1989) gewidmet (Tapia 1997; S. 85).

sich angesichts interner Auseinandersetzungen mit Präsident García darauf verlegten, weitgehend in ihren Stellungen abzuwarten[104]. Im Hintergrund sind einerseits die Diskussionen um die angeblich mangelhafte Rückendeckung der Aufstandsbekämpfungskräfte (durch die Regierung) bei Aktionen im Stil des schmutzigen Kriegs zu sehen[105], sowie das Fehlen alternativer strategischer Vorgaben[106], andererseits die Versuche Garcías, sich eine stabile Grundlage zur Absicherung einer möglichst andauernden Macht der APRA zu sichern[107]. An der Straflosigkeit der Angehörigen von FFAA und FFPP änderte sich unter der Regierung Garcías nichts[108], dafür zeigte sich aber in den ersten beiden Jahren der APRA-Regierung ein Rückgang auch der Zahl der „Verschwundenen" (auf 99 in 1986 bzw. 69 in 1987), die erst ab 1988 wieder anstieg (auf 239; vgl. Diagramm 3)[109]. Im Juni 1986 belegte das Massaker an Hunderten politischen Gefangenen durch Armeeeinheiten aller drei Waffengattungen[110], daß die Regierung die Streitkräfte mindestens nicht kontrollieren konnte,

---

[104] Del Pino 1996; S. 148, f.; Tapia 1997; S. 39, ff.

[105] Ohne daß eine Beendigung ihrer generellen Straffreiheit und der Privilegien einer eigenen Militärjustiz ernsthaft zur Debatte gestanden hätte, fühlten sich Angehörige der FFAA von García gedemütigt, als dieser nach den Massakern von Pucayacu und Accomarca drei Generäle absetzte: Den Präsident des gemeinsamen Oberkommandos Praeli, den Chef der Zweiten Militärregion und den Chef des Politisch-Militärischen Kommandos in Ayacucho (Del Pino 1996; S. 148; Tapia 1997; S. 39, f.). Zur Aufregung gab es indes keinen Grund: Der Oberste Gerichtshof entschied, daß der direkte Befehlsinhaber während des Massakers in Accomarca sich nur vor einem Militärgericht verantworten müsse. Nachdem der Betreffende öffentlich seine Morde an zweijährigen Kindern als notwendige Maßnahme gerechtfertigt hatte, wurde er von Garcías Kriegsminister als „Kämpfer für die Demokratie" gelobt und trotz anhängigem Verfahrens befördert (Coordinadora Nacional de Derechos Humanos 1990; S. 49, ff.).

[106] Del Pino 1996; S. 148, f.; Tapia 1997; S. 39, ff.

[107] Hier ist vor allem die „Apristisierung" der Polizei und deren Aufrüstung zu nennen, zwei Entwicklungen, die jede für sich schon den Widerstand der Militärs heraufbeschwören mußten: Zum einen wegen der traditionellen Feindschaft zwischen APRA und der Führung der FFAA, die sich bis in die 20er Jahre zurückverfolgen läßt, zum anderen wegen der nicht weniger traditionellen Rivalität zwischen FFAA und FFPP (vgl. z.B. Gorriti 1991; S. 72 und S. 186).

[108] „la situación de impunidad sigue siendo la misma; en un país donde hay más de dos mil desapariciones sin resolver no hay nadie que haya sido condenado por una de ellas." (Coordinadora Nacional de Derechos Humanos 1990; S. 31).

[109] ebda.; S. 30

[110] Nach einem Aufruhr unter den politischen Gefangenen in drei Gefängnissen in Lima aus Protest gegen Pläne, sie in Gefängnisse in den Notstandsgebieten unter Militärkontrolle zu verlegen, wurden insgesamt zwischen 240 und 304 Gefangene ermordet, viele von ihnen, nachdem sie sich ergeben hatten. Im Laufe dieses Massakers bombardierte die Luftwaffe stundenlang die Gefängnisinsel el Frontón (ebda. S. 51, f. und Arce Borja u. a. 1990; S.89, ff.).

wenn sie nicht gar selbst als Mitverantwortliche anzusehen ist[111]. Spekulationen über eine solche explizite Strategie (staats-) terroristischer Maßnahmen der APRA-Führung erhielten ab 1987 neue Nahrung, als erstmals Todesschwadronen auftauchten, die mit Unterstützung der Polizei Regierungsgegner durch Mordanschläge und -drohungen einzuschüchtern versuchten[112].

Die PCP definierte im September 1988 als strategisches Ziel die Erhöhung des Niveaus des Guerillakriegs, um zu Aktionen in der Form des Bewegungskriegs überzugehen. Dieser Sprung sollte die Grundlage bilden, um in die zweite Phase des Volkskriegs, das „strategische Gleichgewicht" einzutreten[113].

5 Von 1989 - 1992: (K)ein Strategisches Gleichgewicht

Während die PCP wie erwähnt versuchte, Quantität und Qualität ihrer Aktionen zu erhöhen[114], formulierten auch die Aufstandbekämpfungskräfte eine neue Strategie[115], die ab August 1989 umgesetzt wurde. Ab diesem Zeitpunkt zeigen sich zwei Tendenzen, die sich in der Krise am Ende der Amtszeit Garcías[116] und insbesondere unter Fujimori als neuem Präsidenten immer deutlicher herauskristallisierten. Einerseits die wachsende Bedeutung geheimdienstlicher Arbeit im Kampf (nicht nur) gegen die PCP,

---

[111] So macht der Minderheitsbericht der vom Kongreß eingesetzten Untersuchungskommission den Präsident und den Ministerrat politisch für die Morde verantwortlich (Coordinadora Nacional de Derechos Humanos 1990; S. 51).

[112] Die Todesschwadrone entwickelten sich entweder am Rand und mit Unterstützung der staatlichen Kräfte, oder setzten sich direkt aus Mitgliedern der „Ordnungskräfte" zusammen (vgl. die ausführliche Dokumentation von Beweisen in: Coordinadora Nacional de Derechos Humanos 1990; S. 95, ff.)

[113] Der Militärplan, der detailliert die Entwicklungen vorgab, die das Erreichen des strategischen Gleichgewichts ermöglichen sollten „Desarrollar Bases en función de la conquista del poder", wurde ab Juni 1989 umgesetzt (Tapia 1997; S. 44 und S. 86).

[114] In Bezug auf die Fähigkeit zu großen Offensiven (vgl. ebda. S. 119, f.) oder das zeitweilige schnelle Wachstum des EGP in einigen Regionen bis 1991 (ebda.; S. 115) stimmt auch Tapia der Einschätzung der Partei zu.

[115] Tapia meint, hierbei habe es überhaupt um die erste strategische Konzeption gehandelt, die diesen Namen verdient (Tapia 1997; S. 45, ff.)

[116] vgl. Farinelli, Göde 1989

andererseits eine zunehmende Unterordnung ziviler Autoritäten unter militärisches Kommando, bzw. wachsende politische Macht in den Händen der FFAA selbst. Dies drückte sich zum einen in einer wieder steigenden Zahl der Opfer staatlicher Kräfte aus (seien es die Zahlen der Toten oder der „Verschwundenen"), andererseits aber auch darin, daß die Effektivität der staatsterroristischen Methoden gesteigert werden konnte, durch präzisere Vorarbeit der Geheimdienste.

1991 verkündete die PCP, das strategische Gleichgewicht sei erreicht und perspektivisch könne an der Verlagerung des Zentrums der Aktionen nach Lima überlegt werden, als Vorbereitung auf die eigene strategische Offensive bzw. den Aufstand im ganzen Land[117]. Tatsächlich wurde das Aktionsniveau in Lima in den Jahren 1991 und 1992 um 100 % gesteigert, so daß vielen Bewohnern der weitere Vormarsch der PCP unaufhaltsam schien (siehe Diagramm 4)[118]. Hinter dieser Entwicklung blieben andere Vorgänge unbeachtet, die die Offensive in Lima eher als Ausdruck einer sich abzeichnenden strategischen Niederlage, denn als Ergebnis einer qualitativ höheren Stufe erscheinen lassen: Vor allem in den ländlichen Gegenden der südlichen Sierra wurde die Organisation von CDC als wichtiger Bestandteil der neuen Strategie der FFAA massiv vorangetrieben. Durch gezielte Vernichtung von Kadern der PCP auf Basis von Geheimdienstinformationen wurden in vielen Dörfern die Bedingungen geschaffen, eine den FFAA freundlich gesonnene Minderheit zu bewaffnen, die die Mehrheit der Bauern gegen die Kräfte von PCP bzw. EGP organisierte[119]. Durch Schenkungen von Waffen seitens der Regierung an Bauern brachten auch García und später Fujimori als Präsidenten ihre dezidierte Unterstützung dieser Praxis seit 1989 zum Ausdruck. Tapia resümiert aus dieser Entwicklung und dem Vergleich der Verluste auf Seiten des EGP und der FFAA, daß zu keinem Zeitpunkt von einem realen Gleichgewicht der Kräfte beider Seiten gesprochen werden konnte[120].

---

[117] PCP 1991 ; Tapia 1997; S. 133
[118] Tapia 1997; S. 145
[119] Zu der neuen „integralen" Aufstandbekämpfungsstrategie und ihren Bestandteilen vgl. Kapitel CVI bzw. Tapia 1997; S. 43, ff.
[120] Bezugnehmend auf grundsätzliche Überlegungen von Mao Tse-tung zum Charakter des strategischen Gleichgewichts, kommt Tapia zu dem Ergebnis, daß dieses im Hinblick auf keine der wesentlichen Charakteristika gegeben gewesen sei: Weder im Hinblick auf eine Fähigkeit zu

Insbesondere auf dem Land machte sich auf diese Weise bemerkbar, daß der Aufbau politischer Institutionen der „Neuen Macht" nicht mit dem Niveau und den Erfolgen bei den Angriffen auf die politische und militärische Macht des alten Staats Schritt halten konnte[121]. Die Betonung der Städte als wichtiges Zentrum von Aktionen brachte aufgrund der Charakteristika des Kampfes in den Städten noch weitere Probleme mit sich. Hier wurden die Aktionen zu einem großen Teil von Massenorganisationen getragen, die sich rasch entwickelten und deren Mitglieder ein hohes Niveau an Überzeugung und Motivation an den Tag legten[122]. Da dies aber keine organisch gewachsenen Organismen waren (im Gegensatz zur „alten" Parteistruktur, die über lange Jahre vorsichtig aufgebaut wurde), waren sie unter den Anforderungen schnellen Wachstums für eine immer größere Intensität von Aktionen auch für Infiltration extrem anfällig[123].

Nicht zuletzt diese Merkmale des Kampfes in der Stadt ermöglichten den Aufstandsbekämpfungskräften dann ab 1990 inmitten der ansteigenden Welle von Attentaten in Lima[124] (vgl. auch Diagramm 4) immer neue Erfolge durch Aktionen gegen wichtige Gremien der PCP: Ab 1990 konnte die DINCOTE der Partei so starke Schläge versetzen, eine Reihe wichtiger Kader der nationalen Führung verhaften und umfangreiche Dokumente beschlagnahmen, die Aufschluß über die innere Parteistruktur gaben und den Weg zur Verhaftung Guzmáns im September 1992 bereiteten[125].

Seit der Regierungsübernahme durch Fujimori 1990 zeichnete sich ab, daß im Rahmen der „integralen Aufstandsbekämpfungsstrategie"[126] die FFAA auch auf institutioneller Ebene die Absicherung der umfassenden

---

Operationen des Bewegungskriegs in nennenswertem Umfang, noch in Bezug auf die Anzahl der Bevölkerung in den Gebieten unter Kontrolle der PCP, noch in Bezug auf Bewaffnung, zahlenmäßige Stärke oder Verluste des EGP im Vergleich zu den FFAA (Tapia 1997; S. 105, ff.). Tapia bezieht sich allerdings durchgängig auf angebliches Material der PCP, das die Polizei bei Verhaftungsaktionen beschlagnahmt haben will und das danach verschiedenen Medien zugespielt wurde (ebda. S. 88).

[121] González 1990 ; S. 12
[122] ebda.; S. 13, f.
[123] ebda.; S. 15
[124] Montoya, Reyna 1992; S. 39, ff.
[125] Tapia 1997; S. 146, ff.
[126] vgl. Seite 206

Kontrollbefugnisse einforderten, die ihnen seitens des Regimes zugestanden wurden[127]. Im November 1991 wurde ein Paket von Gesetzesdekreten (decretos leyes; DL) vorgelegt, die auf eine Zentralisierung und Konzentration der politischen wie der militärischen Macht einerseits bei Montesinos Geheimdienst SIN (DL 746), andererseits beim gemeinsamen Oberkommando der FFAA (DL 743) hinausliefen und mit dem „Nationalen Verteidigungsrat" ein Gremium jenseits aller demokratischen Kontrolle etablieren sollte, daß „für praktisch alle Bereiche der Politik zuständig sein kann"[128].

Unter dem Vorwand, die Kritiken der Parlamentsopposition an diesen Gesetzesvorhaben blockiere den Kampf gegen den Terrorismus, entledigte sich das Regime im sogenannten Selbstputsch (auto-golpe) vom 5. April 1992 des Kongresses, der seit seiner Wiedereröffnung im Dezember nur noch die Funktion einer Kulisse bei der Inszenierung der Farce spielt, zu der das „demokratische" System Perus endgültig verkommen ist[129]: „el [golpe] del 5 de abril de 1992 condujo a un gobierno cívico militar, en el que el poder de los uniformados aparece oculto tras la fachada de una dictadura civil - entre el 5 de abril y el 31 de diciembre de 1992-, y de una democracia, desde la instalación del Congreso Constituyente y la puesta en vigencia de una nueva Constitución."[130].

---

[127] Diese Forderung wurde darüber hinaus auch von anderen Sektoren erhoben. Zum Beispiel von dem Sozialwissenschaftler Obando Arbulú, der 1990 im Rückblick auf die vorangegangene Dekade feststellt, daß die Verletzung der Menschenrechte das Land international diskreditiert hätten. Die Ursache, der schmutzige Krieg, resultiere jedoch aus zu laxen Gesetzen: „En todo país en donde el sistema legal no permite enfrentar a la subverción, surge la guerra sucia."(Obando Arbulú 1991; S. 50). Die geforderte Lösung im Sinne einer Gesetzesverschärfung brachte dann ab 1992 Resultate: Menschenrechtsverletzungen und Verfassungsbrüche waren von nun an ganz „legal" Grundlage der staatlichen Politik.
[128] Huhle 1992; S.6, ff.; vgl. auch: Tapia 1997; S. 70, ff.
[129] vgl. Von Oertzen 1996; S. 178, f.
[130] Rospigliosi 1995; S. 231 (wie andere Journalisten auch, wurde dieser Autor 1988 z.B. wegen der Veröffentlichung solcher Einschätzungen mit dem Tode bedroht [Coordinadora Nacional de Derechos Humanos 1999]); einen anderen Schwerpunkt bei der Einschätzung setzt Obando (Obando 1998): Weniger die FFAA als vielmehr hohe Militärs wie der Oberkommandierende Hermoza hätten Fujimori benutzt, um ihre Macht *innerhalb* der FFAA abzusichern und dafür Fujimoris politische Herrschaft garantiert. Der Autor schließt daraus daß a) die FFAA direkte politische Macht eher auf der Ebene der (Notstands-) Provinzen denn auf nationalem Niveau ausgeübt hätten und b) die „symbiotische" Beziehung zwischen Präsident und Militärführung zu Konflikten innerhalb der FFAA beitrug und zu ihrer institutionellen Schwächung unter Fujimoris Regierung.

6 Die Zeit ab 1993: Strategische Offensive des Staats

Ab 1993 wurde offensichtlich, daß die FFAA strategisch in der Offensive waren. Wichtige Teile der nationalen Führung der PCP waren verhaftet, aber die Partei war zunächst in der Lage, ihr Aktionsniveau in Lima noch zu halten. Auch wurde ein neues Zentralkomitee gewählt, das ab 1993 das Schwergewicht wieder auf die ländlichen Regionen legte. Nach Guzmáns Verhaftung konzentrierte sich ihre Arbeit dann aber zunächst auf eine Kampagne zur Verteidigung seines Lebens, sowie auf den Wiederaufbau der Parteistrukturen. Im Oktober 1993 startete die Regierung eine Kampagne mit zwei „Friedensbriefen"[131], die Guzmán an Fujimori geschrieben haben soll, die in der Folge mit staatlich organisierter Unterstützung eine interne Auseinandersetzung in der PCP um Fortführung oder Beendigung des Volkskriegs anheizten. Neben der Kampagne mit den Briefen trug auch ein Reuegesetz (ley de arrepentimiento) dazu bei, daß die Kräfte der PCP immer weiter in die Defensive gedrängt wurden[132].

Seit 1994 stabilisierte sich einerseits die unumstrittene Hegemonie der FFAA im größten Teil des Landes, andererseits eine rudimentäre Guerillatätigkeit der PCP entlang der Andenkordillere von Ayacucho bis zur Grenze Ecuadors. Während es in Ayacucho nur zu zeitweiligen Besetzung kleinerer Siedlungen kam, wurden im Norden im Gebiet des Río Huallaga noch größere Gebiete verteidigt[133]. Mit deutlich

---

[131] Während des Wahlkampfes vor dem Referendum über die neue Verfassung 1993 präsentierte der Präsident diese Briefe, in denen Guzmán angeblich für ein Ende des bewaffneten Kampfes plädiert. In der Folge wurden unter Koordination des SIN Treffen der gefangenen Parteiführer organisiert, um möglichst viele von ihnen öffentlich als Unterstützer dieser Initiative präsentieren zu können. Der genaue Ablauf dieser Kampagne läßt sich aus nachvollziehbaren Gründen ebensowenig rekonstruieren, wie die Gegenleistungen der Regierung für die teilweise erzielte Unterstützung seitens einiger wichtiger Kader (Tapia 1997; S.82, f.; Burgos 1993; S. 28, ff.).

[132] Der Repressionswelle im Rahmen des Reuegesetzes ab Mai 1992 fielen neben tatsächlichen Kadern oder Sympathisanten der PCP unzählige Menschen zum Opfer, die seitdem die peruanischen Gefängnisse füllen. Für eine Anklage oder Verurteilung als Terrorist genügte die einfache Denunziation durch andere, wobei es möglich war, sich vor Verfolgung zu schützen, indem man sich selbst ebenfalls „reumütig" zeigte und wiederum irgend jemand anders denunzierte, usw.. Nach Schätzungen von Menschenrechtsorganisationen gab es 1998 mindestens 6000 „Unschuldige", die wegen des Terrorismusvorwurfs in den Gefängnissen einsitzen, oder mit Haftbefehl gesucht werden (Coordinadora Nacional de Derechos Humanos 1999); vgl. auch Huhle 1996; S. 9, f..

[133] Equipo de investigación 1995, S. 72, f; Toche 1996, S. 36, f.

reduzierten Kräften nach den Erfolgen der FFAA und der fortgesetzten Spaltung der PCP in zwei Linien, hat sich deren Aktivität Ende der 90er konsolidiert. 1997 z.b. betrug der Anteil von koordinierten Guerillaaktionen (die ein relativ hohes Niveau der internen Organisation und Logistik erfordern) an allen Aktionen insgesamt immer noch 45%[134]. Dagegen machen sich auf Seiten des Staats Verschleißerscheinungen bemerkbar, die zukünftig auch die weitere Strategie der Aufstandsbekämpfung negativ beeinflussen könnten[135].

Angesichts der im Jahr 2000 anstehenden Präsidentschaftswahlen ist kaum damit zu rechnen, daß der Ausnahmezustand (der Ende 1998 35 Provinzen in 11 Departamentos umfaßte[136]) noch vorher aufgehoben werden könnte. Neben dem Kampf gegen Sabotageversuche der Guerilla während der Wahlen, dürfte eine Hauptaufgabe der Militärs auch 2000 wieder[137] darin liegen, einem Wahlergebnis, mit dem die Herrschenden[138] zufrieden sind, nachzuhelfen.

---

[134] DESCO 1998, S. 9

[135] Am sichtbarsten in Form der tiefen Differenzen, die der Präsident und sein „Assessor" Montesinos (als Repräsentant des Geheimdienstes SIN) auf der einen und Offiziere um den ehemalige Chef des Oberkommandos der FFAA Hermoza seit 1997 öffentlich zur Schau stellten. Dieser interne Machtkampf scheint darauf hinauszulaufen, daß nunmehr nicht Militärs vermittelt über Fujimori die Macht ausüben, sondern daß der Militärapparat seinerseits unter die Kontrolle von Montesinos geraten ist. Neben der Ablösung von Hermoza (20.8.1998) sprechen dafür auch die außerplanmäßigen Besetzungen der Führungspositionen in der wichtigsten Waffengattung, dem Heer, mit Vertrauten von Montesinos. Diese Generäle, von denen viele erst zur Jahrewende in neue Ämter aufstiegen, werden sämtliche der sechs Militärregionen, in die Peru aufgeteilt ist, bis mindestens nach den Wahlen im Jahr 2000 kontrollieren und sichern für Montesinos so eine „superpoder de control militar con ribetes políticos" ab (so Edmundo Cruz in: La República vom 2.1.1999). Auch Cruz wurde wegen seiner Artikel über Militär und Geheimdienst 1988 von „Unbekannten" mit dem Tode bedroht (Coordinadora Nacional de Derechos Humanos 1999)...

[136] 1998 wurde zusätzlich zu den Provinzen, die Ende 1997 unter Notstandsrecht standen, auch in Huanta wieder der Ausnahmezustand verhängt: „Situación preocupante si se toma en cuenta que la violencia política que motivó las declaratorias de estado de emergencia ha continuado disminuyendo, y que se ingresa a un año preelectoral." Damit blieben 16,2% der Fläche Perus bzw. 20,8% der Bevölkerung dem Notstandsrecht unterworfen (Coordinadora Nacional de Derechos Humanos 1999). Dem war ein beständiger Rückgang der Zahl der Provinzen unter Notstandsrecht vorangegangen und damit auch des Anteils der ihm unterworfenen Bevölkerung an der gesamten Einwohnerzahl: Von 48,2 % der Bevölkerung in 1994 auf 44,2 % in 1995 bis 20,5 % in 1997 (ebda.; und: CNDDH 1996[1]).

[137] Wie schon anläßlich der letzten Präsidentschaftswahlen (APRODEH 1995) oder zuletzt bei den Kommunalwahlen 1998, als es in der Mehrzahl der peruanischen Provinzen und Distrikte zu „Unregelmäßigkeiten" kam, die von Regierungsvertretern oder Militärs durchgeführt wurden. In La República vom 1.1.1999 schrieb José Clemente: „las maniobras, irregularidades y actos de fraude comprobado superaron largamente lo ocurrido en los comicios municipales de 1995 y cualquier otro proceso en toda la historia electoral peruana." (La República 1.1.1999). Die Methoden reichen dabei von Stimmenkauf über das Ankreuzen der Liste von Fujimoris „Vamos Vecino" direkt durch

Hintergründe, Verlauf und Wirkungen des peruanischen Bürgerkriegs seit 1980

7 Diagramme zur Entwicklung der politischen Gewalt

Diagramm 1[139]
Gesamtzahl der Attentate 1980 bis 1997

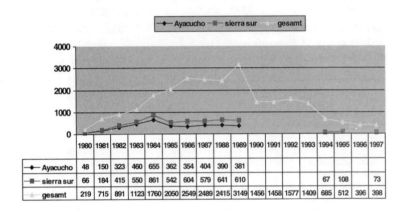

Militärs bis zu Erpressung und Bedrohung (z.B.: La República 17.10.1998; 21.10.1998; 22.10.1998; vgl. auch den Einsatz von CDC zum selben Zweck: Siehe Fußnote 6, S. 246).

[138] Damit sind hier zunächst einmal diejenigen gemeint, die auch das Militär kontrollieren, d.h. Fujimori als formeller „Jefe Supremo" der Streitkräfte und Montesinos, dessen Vertrauensmänner inzwischen wichtige Führungsposten bekleiden (vgl. Fußnote 135).

[139] Quellen: Peruanisches Innenministerium (nach: González 1990; S. 12); DESCO 1998; APRODEH 1999

Diagramm 2[140]
Anzahl der Toten durch politische Gewalt

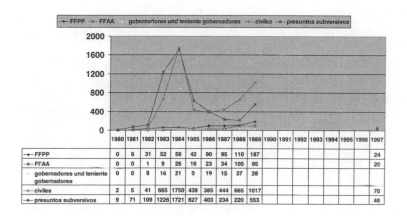

	1980	1981	1982	1983	1984	1985	1986	1987	1988	1989	1990	1991	1992	1993	1994	1995	1996	1997
FFPP	0	6	31	52	56	42	90	95	110	187								24
FFAA	0	0	1	9	26	16	23	34	105	95								20
gobernadores und teniente gobernadores	0	0	9	16	21	9	19	15	37	28								
civiles	2	5	41	665	1750	439	385	444	665	1017								70
presuntos subversivos	9	71	109	1226	1721	627	403	234	220	553								48

---

[140] Quellen: Peruanisches Innenministerium (nach: González 1990; S. 13); DESCO 1998

Diagramm 2.1[141]

Anzahl der Toten aus den Reihen staatlicher Repressionskräfte und lokaler Vertreter staatlicher Gewalt 1980 bis 1989

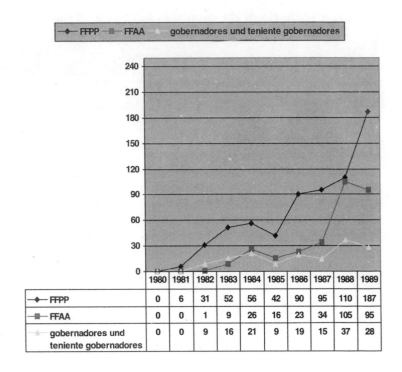

	1980	1981	1982	1983	1984	1985	1986	1987	1988	1989
FFPP	0	6	31	52	56	42	90	95	110	187
FFAA	0	0	1	9	26	16	23	34	105	95
gobernadores und teniente gobernadores	0	0	9	16	21	9	19	15	37	28

---

[141] Quellen: ebda.

Diagramm 3 [142]
„Verschwundene" in ganz Peru von 1983 bis 1989, nur unaufgeklärte Fälle

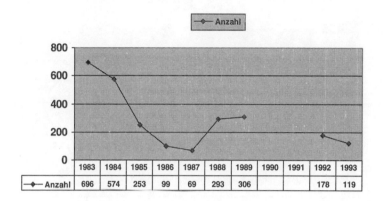

Diagramm 3.1
„Verschwundene" im Departamento Ayacucho 1983 bis 1995, ohne lebendig Wiederaufgetauchte aber inklusiv tot Aufgefundener, nach Anzahl angezeigter Fälle

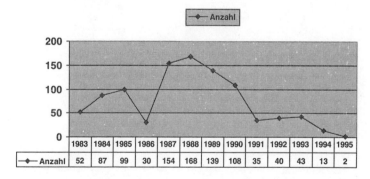

---

[142] Quellen: Coordinadora de Derechos Humanos 1990, S. 30; Huhle 1996, S. 6; Natürlich geben diese Zahlen nur ganz grobe Trends an: Allein dem Ministerio Público lagen für die Zeit von 1983 bis 1990 mehr als 5.000 Anzeigen vor (Amnesty International 1996).

Diagramm 4 [143]
Attentate in Lima[144] von 1980 bis März 1992

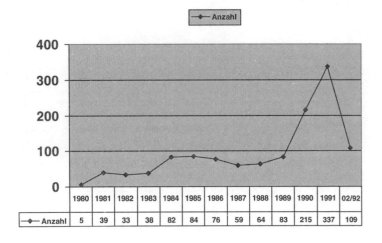

---

[143] Quelle: Montoya, Reyna 1992; S.39, ff; Reyna 1992; S. 22
[144] In den Außenbezirken (conos) norte, sur und este

III Rondas Campesinas im Norden Perus

1 Rondas Campesinas in Cajamarca/Piura

Die Sierra, das Hochland, zieht sich am östlichen Rand des mehr oder weniger schmalen Küstenstreifens entlang durch ganz Peru. Oft wird die Sierra in Verbindung mit den üblichen Vorstellungen von dem „Andinen"[1] erwähnt, oder von „Indianern", die in Dorfgemeinschaften in einer extremen Hochgebirgslandschaft der Natur ihre Nahrungsgrundlage abtrotzen. In Wirklichkeit finden sich die bis zu 6768m hohen Bergriesen wie der Huascarán nur in den Gebirgsketten, den Andenkordilleren. Die Sierra ist dagegen eine trapezförmige Hochebene, die sich in Höhenlagen zwischen etwa 2000 und 3800 m ausbreitet. Im Süden erreicht sie eine Breite von bis zu 300 km und verengt sich nach Norden zu auf eine Breite von etwa 120 km. Da die höchsten Berge im Norden der Kordillere nur bis 4000 m hoch sind, unterscheidet sich das Klima hier deutlich von dem der südlichen Sierra-Regionen. Die Bedingungen für die Landwirtschaft sind verhältnismäßig besser, neben einer höheren Produktivität des Bodens und des milderen Klimas, macht sich vor allem die längere Regenzeit mit höheren Niederschlägen positiv bemerkbar[2].

Auch die sozialgeschichtliche Vergangenheit unterscheidet die Bewohner der nördlichen Sierra von denen im Süden. Huber[3] erwähnt die kurze Dauer der inkaischen Herrschaft und die Probleme ihrer Durchsetzung gegen einen starken Willen zur Unabhängigkeit. Die schon zur Zeit der Inka stark dezimierte Bevölkerung wurde dann schließlich nach der spanischen Eroberung weiter ausgerottet, gerade 10% überlebten die ersten 55 Jahre. Huber bringt damit einen starken Verlust ethnischer Bezüge in Verbindung. Die Comunidades indígenas, die im Süden durch die reducciones unter Toledo entstanden, finden sich nur in geringer Zahl, gerade drei Stück waren es im Departamento Piura.

---

[1] vgl. Starn 1996; S. 231, ff.
[2] Im Norden finden sich nicht die hohen Berge, die im Süden die Regenwolken vom Pazifik an den Westabhängen der Kordillere aufhalten.
[3] Huber 1992; S. 159, ff.

Mit den Comunidades fehlen im Norden auch die kommunalen Institutionen, die im Süden historisch mit der Entwicklung der Comunidades entstanden, vor allem das (dorf-)gemeinschaftliche Eigentum an Land und die sozialen Institutionen, die -stark ritualisiert- die Integration aller in Produktion und soziale Hierarchien bewirkten. Statt dessen findet sich in der Sierra von Cajamarca und Piura eine lange Tradition von Privatbesitz an kleinen Parzellen, die von den Minifundisten in Familienarbeit bestellt wurden. Die klimatischen Umstände erlaubten in der Regel auf dieser Basis eine spärliche aber abgesicherte Subsistenzproduktion[4].

Traditionell ist die Viehzucht im Norden ein wichtiger Produktionszweig. Neben den Hacendados spielte er auch für die Pächter und Kleineigentümer eine große Rolle. Letzteren war es vor allem durch die Viehzucht möglich, in ihrer Familienwirtschaft Überschüsse zu erzielen, bzw. durch den Viehbesitz über eine gewisse ökonomische Reserve für Notzeiten zu verfügen. Auch für monetäre Einkünfte in Ergänzung zur weitgehend subsistenzmäßig betriebenen Landwirtschaft, ist die Viehzucht für die Bauernfamilien des Nordens unverzichtbar. Neben der Viehzucht hat schließlich auch der Viehdiebstahl eine lange Tradition. Das ganze 20. Jahrhundert über waren im Norden Banden von Viehdieben aktiv, die teilweise äußerst brutale Raubzüge starteten, die nicht wenige Bauern das Leben kosteten.

Dies ist in groben Zügen das Szenario, in dem sich die *rondas campesinas* entwickelten. Ihre Anfänge lassen sich bis in die Kolonialzeit zurückverfolgen. Wie in anderen Teilen ihres Kolonialbesitzes war die spanische Krone auch in Peru mit dem grundlegenden Problem konfrontiert, einen effektiven Modus zur Organisierung ihrer Herrschaft über das weitläufige Territorium zu finden. Aus Kostengründen wie aus Mangel an geeignetem Personal in ausreichender Anzahl, kam eine flächendeckende Kontrolle aller Gebiete durch königliche Verwalter oder von der Krone bezahlte Beamte nicht in Frage. Ein Ausweg fand sich durch die Überlassung

---

[4] 88% der Parzellen befanden sich 1972 in Familienbesitz, während 0,6% offizielles Eigentum von Dorfgemeinschaften waren (ebda.; S. 118). Die Parzellen von 80% der Familien in der nördlichen Sierra sind kleiner als 5 ha (Starn 1991; S. 36).

der faktischen Herrschaft auf der lokalen und regionalen Ebene an spanische Privatmänner, die als Eroberer und „Kolononisatoren" nach Amerika kamen. Während diese der Krone ihren offiziellen Besitz der Kolonie durch die Kontrolle über die lokale Bevölkerung absicherten, erhielten sie im Gegenzug freie Hand bei der persönlichen Bereicherung an Naturressourcen und Arbeitskraft der Kolonisierten. Trotz gewisser formaler Ähnlichkeiten handelte es sich dabei um kein feudales Modell der Herrschaft nach europäischem Muster, sondern um eine spezifische Erfindung zur Absicherung des kolonialen Besitzes. Die Unterschiede zeigen sich insbesondere darin, daß in Amerika keine einer Lehenspyramide vergleichbare Struktur für die ganze Gesellschaft errichtet wurde, sondern die lokalen spanischen Herren vor allem die Aufgabe hatten, den Zugriff auf Boden und Arbeitsvermögen der Bevölkerung abzusichern, ohne daß die ihnen unterworfenen Kolonisierten praktisch die Möglichkeit gehabt hätten, irgendwelche Gegenleistungen von ihnen einzufordern[5].

Nach der Verkündung der Unabhängigkeit von Spanien erhielt sich in Peru auch unter den republikanischen Regierungen eine spezifische neo-koloniale Form der Absicherung staatlicher Herrschaft, die ebenfalls auf den lokalen Machtgruppen der Weißen aufbaute. Durch die formelle Erklärung der Unabhängigkeit hatte sich an dem Grad und der Form (vor allem der ökonomischen) der Einbindung einzelner Regionen in nationale und internationale Zusammenhänge nichts verändert. Der Staat wurde wie beschrieben zu einer Institution der herrschenden Klassen, die über lange Zeit von einer Oligarchie dominiert waren, die entweder aus Hacendados bestand, die ihre lokale Herrschaft verteidigten und weder an einer Dynamisierung der Ökonomie noch an politischen Reformen Interesse hatten oder aus Exporteuren landwirtschaftlicher Güter und Rohstoffe, die über staatliche Politiken ihre engen Verbindungen mit dem ausländischem Kapital und profitable Produktionsbedingungen absicherten. Zentrale Charakteristika dieses Staates waren daher der politische Ausschluß der Klassen direkter Produzenten und auch der Mittelschichten. Eine an Veränderungen des status quo interessierte Bourgeoisie fand sich

---

[5] Zur Entwicklung des Verhältnisses zwischen spanischen Konquistadoren und Krone vgl. Kapitel BI2.

in geringer Anzahl in den Städten und mußte schon aufgrund ihrer unbedeutenden gesellschaftlichen Rolle[6] das Bündnis mit der Oligarchie suchen. Auch die formelle bürgerliche Demokratie fand so in den lokalen Eliten der Regionen, die ihre Basis im Großgrundbesitz hatten, eine ihrer wesentlichen Stützen. Die Aufrechterhaltung von Formen unfreier Arbeit konnten die Großgrundbesitzer (Gamonales) durchsetzen, da sie zum einen als Mehrheitenbeschaffer für verschiedene hauptstädtische Parteien fungierten und andererseits, weil ihre regionale Macht eine effektive Kontrolle vor allem über die Bauern garantierte, die die Bevölkerungsmehrheit stellten. Bis in die 60er Jahre dieses Jahrhunderts wurde durch die Existenz des Großgrundbesitzes und der damit einhergehenden Privilegien der Gamonales die Organisierung und Radikalisierung der Bauern effektiv behindert[7]. Zur Durchsetzung ihrer Interessen gegen Comunidades und rivalisierende Grundbesitzer sowie zur Aufrechterhaltung ihrer Ordnung im Falle offener Auflehnung der Arbeitskräfte ihrer Güter unterhielten die Hacendados bewaffnete Gruppen, die sich aus Bauern unter ihrem Kommando rekrutierten. Diese Gruppen, die Ronda genannt wurden (siehe unten) hatten damit im Rahmen der spezifischen Form staatlicher Organisierung die Aufgaben, einerseits die bestehende Ordnung und damit auch die zentralstaatliche Regierung durch die Garantie des Status Quo im Hinterland zu schützen, andererseits untermauerten sie gleichzeitig die Macht lokaler Herren und deren Interesse an der Aufrechterhaltung von Formen der Ausbeutung in Gestalt unfreier Arbeit. Diese Gruppen waren somit parastaatliche Vollzugsorgane im Rahmen einer Staatlichkeit, die kein Gewaltmonopol für eigene Institutionen unter direktem Befehl der Regierung durchsetzen konnte und gleichzeitig Organe der selbständigen „privaten" Macht regionaler Autoritäten.

---

[6] Zum Charakter dieser „nationalen" Bourgeoisie vgl. Kapitel BI3.

[7] Vgl. die Diskussion um die Bedeutung von kollektiver Ausbeutungserfahrung und direkter Kontrolle durch den Grundbesitzer im Rahmen der Hacienda-Wirtschaft für die Entwicklung von Klassenbewußtsein unter Bauern und ländlichen Arbeitern und seinen Ausdruck in bäuerlich getragenen Rebellionen; eine Fokussierung der allgemeinen Diskussion in Bezug auf die Region Ayacucho um 1980 bietet McClintock (McClintock 1985; S. 72, ff.), auf einer allgemeinen Ebene fassen Skocpol (Skocpol 1982) und Huber (Huber 1992; S. 23, ff.) die Differenzen (zwischen Wolf, Scott und Paige) zusammen.

Im Norden Perus unterhielten zu Beginn dieses Jahrhunderts fast alle Großgrundbesitzer eine Art Privatarmee diesen Typs: Pächter auf ihren Gütern mußten vor allem Nachts auf Streife gehen um das Vieh zu bewachen, ansonsten aber auch weitergehende Aufgaben übernehmen. Aufgrund ihrer hauptsächlichen Funktion erhielten sie den Namen *Ronda* (Runde, Streife) de Hacienda. Mit „ihrem *patrón* durch das paternalistische Klientelverhältnis verbunden"[8] wurden die Pächter darüber hinaus von den Großgrundbesitzern gezwungen, deren politische Projekte zu befördern, etwa durch die gewaltsame Durchführung von Wahlbetrug. Die Konkurrenz der lokalen Herren untereinander, die ihre Ambitionen alle mit ähnlich gewaltsamen Mitteln durchzusetzen trachteten und die Verselbständigung vieler dieser Banden, schufen ein allgemeines Klima der Anarchie. Die Isolation der Minifundisten untereinander hinderte sie daran, sich mit anderen -kollektiveren- Formen zur Wehr zu setzen.

Nachdem ab Mitte der 30er Jahre viele Haciendas in Parzellen aufgeteilt wurden, ermöglichte dies vielen ehemaligen Pächtern, sich als Kleinbauern selbständig zu machen. Vor dem Hintergrund der Erfahrungen mit den rondas de hacienda setzten sie die nächtlichen Streifengänge nun zu ihrem eigenen Schutz teilweise fort. Bis in die 50er Jahre gab es diese rondas nocturnas, die allerdings nur sporadisch organisiert wurden, wenn akute Gefahr durch umherziehende Banden von Viehdieben bestand.

2 Die erste Ronda Campesina in Cajamarca

Etwa 20 Jahre später griffen Bauern in Cajamarca diese Erfahrungen wieder auf und schufen unter dem neuen Namen *rondas campesinas* eine Institution kommunaler Selbstorganisierung, die sich fast auf den ganzen Norden Perus ausweitete. Was war geschehen? Offensichtlich spielte sowohl in Cajamarca wie in Piura eine akute *Subsistenzkrise* der kleinen Bauernwirtschaften eine zentrale Rolle. Die ökonomische Krise, die ganz Peru Mitte der 70er Jahre erfaßte (vgl. B II), hatte in Cajamarca fatale Folgen. Traditionelle

---

[8] Huber 1992; S. 122

Erwerbsmöglichkeiten wie die Arbeitsmigration an die Küste oder der Verkauf in Heimarbeit hergestellter Handwerksarbeiten gingen verloren und die wachsende Bevölkerung konnte von dem Land kaum noch ernährt werden, das in immer kleinere Parzellen aufgeteilt worden war. Für die Mehrzahl der Familien bedeutete dies die Abhängigkeit von ihrer "Reserve" in Gestalt ihrer Tiere. Angesichts der grassierenden Armut wurde aber nun gerade dieser Viehbestand verstärkt Opfer von Raubzügen. Nicht mehr nur die schon bekannten Banden, sondern zunehmend auch notleidende Nachbarn begannen, sich gegenseitig zu bestehlen. So wurde der (Vieh)Diebstahl, der schon in der Vergangenheit ein großes Problem dargestellt hatte, zu einer oft lebensbedrohlichen Realität für viele kleinbäuerliche Familien[9].

Die staatlichen Autoritäten indessen taten nichts, um dem etwas entgegenzusetzen. Im Gegenteil machten Polizei, Justiz und lokale Amtsinhaber gute Geschäfte mit den Räubern. Bestechungsgelder ermöglichten nicht nur die Straffreiheit selbst von Dieben, die auf frischer Tat gefaßt wurden, sondern ließen auch große Transporte mit gestohlenem Vieh die zahlreichen Polizeikontrollen auf dem Weg von der Sierra an die Küste ohne Probleme passieren[10].

In Cuyumalca, in der Cajamarcinischen Provinz Chota, gingen dann in der Nacht vom 29.12.1976 erstmals Dorfbewohner organisiert auf Streife. Sie bezeichneten die Ronda zunächst noch als *ronda nocturna*, ein Hinweis darauf, daß die Idee der alten Praxis der rondas nocturnas in den 50er Jahren entlehnt war. Im Unterschied zu früher beließen es die Cuyumalcinos aber nicht bei sporadischen Streifengängen anläßlich einer besonderen Gefahrenlage. Vielmehr hielten sie die Gründung vor der ersten Ronda in einer Urkunde fest und legten auch ansonsten Wert auf einen formell korrekten Ablauf. Vier Beamten der Guardia Civil wohnten der Gründungsversammlung bei und gaben dem Unternehmen ebenso ihren Segen wie der Subpräfekt und später sogar General Morales Bermúdez, der die Bauern durch seinen Sekretär zu ihrem „patriotischen Handeln" beglückwünschte[11]. Im Unterschied zu den alten Rondas nocturnas

---

[9] vgl. ebda.; S. 126, ff.; Starn 1991; S. 35, f.
[10] ebda.; S. 125
[11] ebda.; S. 130

zeichnete die neuen, die bald den Namen *rondas campesinas* annahmen, vor allem aus, „daß es sich dabei um effektiv und langfristig organisierte, mit einer anerkannten Führung und einer Perspektive ausgestattete Organisationen handelt, die von Bauern zu deren eigenem Wohl aufgebaut wurden"[12]. Legitimität und Beständigkeit werden vor allem durch ein klares Reglement erreicht. Wesentlich ist die Wahl eines Ronda-Komitees in offener Abstimmung, das dann in Zusammenarbeit mit ebenfalls gewählten Delegierten der verschiedenen Sektoren eines Dorfes die Ronda organisiert. Alle Männer zwischen 18 und 60 Jahren sind zur Beteiligung verpflichtet, Frauen übernehmen Hilfstätigkeiten bei der Organisierung[13].

Die Erfolge der Ronda ließen nicht auf sich warten. Der Nachweis ihrer Effektivität zunächst gegen die Plage des Viehdiebstahls aber auch ihre Anerkennung seitens offizieller Stellen begünstigten ihre Verbreitung in der Nachbarschaft von Cuyumalca. Die Gründung von Rondas Campesinas in der ganzen Provinz Chota innerhalb weniger Monate ist jedoch auch das Resultat ihrer gezielten Propagierung unter der bäuerlichen Bevölkerung. Vor allem Daniel Idrogo, ein in Patria Roja organisierter Bauernsohn aus Cuyumalca, erwarb sich dabei große Verdienste. Als er von der Gründung der ersten Ronda erfuhr brach er sein Jurastudium in Trujillo ab, um mit seinen Genossen durch die Dörfer zu ziehen und das Beispiel seines Heimatdorfes bekannt zu machen. Allerdings ist sein Engagement auch ein Beleg dafür, wie politische Parteien im Entstehungsprozeß der Rondas von Cajamarca praktisch von Beginn an versuchten, ihren Einfluß geltend zu machen. Idrogo verband z.B. mit den Rondas die Hoffnung auf eine starke unabhängige Organisierung von Bauern, die es bislang in Cajamarca noch nicht gab. Seine Vorstellung, die Organisierung in Rondas auch zu einer Politisierung der Bauernschaft bzw. zur Unterstützung der Herausbildung eines Klassenbewußtseins zu nutzen, unterschied sich bereits deutlich von der Idee des Initiators der ersten Ronda in Cuyumalca, José Régulo Oblitas, der bei der Gründung auf seine persönliche Erfahrung mit Rondas auf der Küstenhacienda Tumán zurückgriff. Er setzte sich für einen

---

[12] ebda.; S. 128
[13] ebda.; S. 132

„unpolitischen" Charakter der Rondas ein[14], die Probleme lösen und nicht Verhältnisse bewußt machen sollten. Dieser Versuch, die Rondas aus politischen Kämpfen herauszuhalten, blieb aber ohne Erfolg. Es dauerte nicht lange, bis auch die APRA, die historisch ihre Machtzentren immer im Norden Perus hatte, begann, eigene Ronda-Komitees zu gründen. Während die Patria Roja nahestehenden Rondas aufgrund ihrer kritischen Haltung zur Zentralregierung als unabhängige, *independientes*, bezeichnet wurden, nahmen die APRA-Rondas den Namen *pacificas*, friedliche, an. Die Machtkämpfe vor allem zwischen Patria Roja/UNIR und APRA um den Einfluß in der Ronda-Bewegung hatten allerdings kaum Einfluß auf die alltägliche Arbeit der Rondas in den einzelnen Dörfern. Die Konkurrenz macht sich eher bei den Organismen der zweiten oder dritten Ebene bemerkbar, überlokalen Föderationen oder Zusammenschlüssen in der Region, der Provinz, usw.. Patria Roja gelang es, mit der Gründung der Federación Departamental de Rondas Campesinas de Cajamarca eine große Zahl lokaler Ronda-Komitees auf der Ebene des Departamentos zu vereinigen. Die Reibereien mit anderen politischen Gruppierungen waren dadurch jedoch nicht ausgeräumt und machten sich immer wieder negativ bemerkbar, indem sie ein gemeinsames starkes Auftreten der Ronda-Bewegung nach außen blockierten[15].

Dennoch war die Nützlichkeit der Rondas (vor allem auf lokaler Ebene) so offensichtlich, daß sie sich in den nächsten Jahren auch in vier umliegenden Provinzen durchsetzten. Ihre Popularität gründete sich zunächst auf ihre Erfolge beim Schutz bäuerlichen Eigentums. Da die Korruption innerhalb der staatlichen Organe nicht nachließ, sahen sich die Rondas jedoch bald gezwungen, ihren Tätigkeitsbereich auszuweiten. Der Willkür und Ineffizienz staatlicher Strafverfolgung setzten sie deshalb eine eigene Justiz entgegen. Diese *justicia campesina* besteht aus öffentlichen Verhandlungen der Ronderos, in denen alle anwesenden ein Mitspracherecht haben und die nach ausführlicher Diskussion des Falls über vorzunehmende Bestrafungen entscheiden. Die Strafen sind oft symbolischer Natur und zielen auf den sozialen Druck, dem sie die öffentlich Gedemütigten aussetzen. Das Spektrum möglicher Sanktionen umfaßt allerdings auch

---
[14] ebda.; S. 136
[15] ebda.; S. 137

verschiedene Foltermethoden, die die Ronderos bei der Polizei abgeschaut haben[16]. Im Lauf der Zeit erweiterte sich so der Zuständigkeitsbereich der Rondas auf nahezu alle Arten alltäglicher Probleme, seien es Beleidigungen oder Streitereien von Dorfbewohner untereinander, Landstreitigkeiten, Schulden oder die Schädigung des Eigentums von Bewohnern.

Durch die justicia campesina bewiesen die Bauern allerdings nicht nur sich selbst, daß sie in der Lage waren, ihre Probleme autonom zu lösen und die jahrhundertealten Traditionen der Individualisierung und Abgrenzung der Familien untereinander zurückzudrängen. Indem sie das staatliche Monopol auf Verbrechensbekämpfung und Strafverfolgung ad absurdum führten, schufen sie sich auch Feinde. Zentralregierung, lokalen Beamten und Rechtsanwälten wurde einerseits ihre Nutzlosigkeit vorgeführt und vor allem für die beiden letztgenannten Gruppen machte sich die neue Entwicklung auch finanziell unangenehm bemerkbar. Vorbei waren die Zeiten, in denen die Bauern gezwungen waren, wegen jeder Kleinigkeit große Beträge Geld und Unmengen Zeit zu investieren, um in einem juristischen Streitfall zu ihren Gunsten Recht gesprochen zu bekommen; Zustände die in dem Ausspruch „Vendemos la chacra para hacer jucio por un choclo"[17] nicht einmal sehr übertrieben zusammengefaßt wurden. Verhaftungen insbesondere der Anführer von Rondas kamen daher immer wieder vor und 1979 wurden die Rondas zunächst offiziell verboten. Ab 1980 folgte dann auch in der Praxis eine Änderung der Regierungshaltung. Nach der Amtsübernahme durch Acción Popular versuchte die Zentralregierung, die staatliche Macht auch in den Regionen durchzusetzen und unterstützte daher die Repression gegen die Rondas, die sie als Konkurrenz betrachtete. Eine Zerschlagung gelang ihr jedoch nicht, aber durch Maßnahmen wie die vergrößerte Präsenz von Guardia Civil und PIP und ihre Aufrüstung mit modernen Waffen, sollte die neue Bewegung wenigstens in Schach gehalten werden.

---

[16] ebda.; S. 134; Starn weist darauf hin, daß der Folter durch die Bauern der sadistische Zug fehlt, der für die Mißhandlungen durch Polizei oder Armee charakteristisch ist. Er führt dies auf souveräne Entscheidungen der Bauern zurück, aber auch auf die Angst vor möglichen Sanktionen im Fall von schweren Mißhandlungen oder Tötungen (Starn 1991; S. 64, f.)

[17] ebda.; S.121; (Wir verkaufen das Feld, um einen Prozeß um einen Maiskolben zu führen)

3 Entwicklung der Ronda-Bewegung und wichtige Resultate

Die Rondas wurde der Staat nicht mehr los. Anstatt durch die anhaltende Praxis der Einschüchterung seitens der staatlichen Repressionsorgane aufzugeben, weiteten sich die Rondas in den 80er Jahren auf den ganzen Norden Perus aus. Huber untersucht den Prozeß für das Departamento Piura. Trotz der geographischen Nähe zu Cajamarca waren hier bis 1983 nur vereinzelt Rondas gegründet worden. Ähnlich wie im Süden gab 1983 dann in der ersten Jahreshälfte eine Subsistenzkrise den Ausschlag für die massenhafte Verbreitung[18]. Katastrophale Überschwemmungen, ausgelöst durch *el niño*, zerstörten die Ernte und machten auch die Bauern in Piura von dem ihnen verbliebenen Viehbesitz abhängig. Ähnlich wie in Cajamarca bewirkte die Not auch hier eine Generalisierung von Diebstählen, denen von Großvieh bis zu Haushaltsgegenständen alles zum Opfer fallen konnte.

Aufgrund der staatlichen Verfolgung wurde in Piura bei den Gründungen der Komitees oft noch vorsichtiger, legalistischer und formalistischer vorgegangen und z.b. der Name Rondas Campesinas gegen unverfänglichere Bezeichnungen ausgetauscht. In der Folgezeit findet sich dann auch in Piura eine in weiten Zügen mit Cajamarca vergleichbare Entwicklung: Die Funktionalität erlaubt eine drastische Reduktion der Diebstähle, die Korruption innerhalb der staatliche Institutionen bringt die Komitees zur Anwendung ihrer justicia campesina und die Rondas erweitern ihren Handlungsrahmen auf eine immer größere Zahl von Problemen und Aufgaben, von der Durchsetzung bestimmter sozialer Normen bis hin zur Organisierung kollektiver Arbeiten in der lokalen Entwicklung oder Produktion.

Auf dieser Grundlage muß schließlich 1986 die Regierung von García die Rondas Campesinas formell anerkennen. Im Verhältnis von Ronderos und Staat haben sich damit aber nicht einfach alle Probleme in Luft aufgelöst. Mit dem 1988 erlassenen Anwendungsreglement, versuchte der Staat nochmals, die Rondas

---

[18] „Massenhaft" ist hier relativ zu verstehen: In dem verhältnismäßig kleinen Gebiet der Sierra von Piura nennt Starn für 1990 die Zahl von 759 Rondas, während es in ganz Cajamarca 2.362 waren (Starn 91; S. 15).

staatlichen Instanzen zu unterstellen. Besonders in den Rondas, die in linken Zusammenschlüssen[19] organisiert sind, stieß dieses Vorhaben auf scharfe Ablehnung. Mittlerweile nehmen die Rondas aber die Existenz des *Reglamento* widerstandslos hin und begnügen sich mit seiner Ignorierung, während die Regierung im Gegenzug nicht auf die Einhaltung der Vorschriften pocht[20].

Dieser grobe Überblick dient dazu, einige zentrale Merkmale herauszuarbeiten, die mehr oder weniger für alle Rondas Campesinas gelten. Was zu kurz kommen muß, sind die mannigfachen Unterschiede von Dorf zu Dorf, Region zu Region[21] und innerhalb der verschiedenen überlokalen Zusammenschlüsse. Dazu zählen die unterschiedlichen sozialen Schichten oder Klassen, die die Rondas initiiert haben und den hauptsächlichen Nutzen aus ihnen ziehen. Auch der Grad der Identifikation mit der legalen Grundlage des heutigen Staats ist stark verschieden. Beschränken sich einige Rondas bzw. Dirigentes darauf, die lokalen Amtsinhaber für ihre schlechte *Verwaltung* zu kritisieren, betonen andere die Funktion, die den Rondas in einem Prozeß der Bewußtmachung von Unrecht zukommt. In dieser Perspektive ist die Politisierung der Rondas keine Ablenkung von ihren eigentlichen Aufgaben, sondern eines ihrer größten Potentiale, vor allem auf der ebene überregionaler Vereinigungen.

Starn betont außerdem, daß durch die Rondas auch eine Anzahl tradierter Probleme - in zum Teil abgewandelter und angepaßter Form - fortbestehen[22]. Dazu zählt er Bürokratismus, vertikale Hierarchien, die sich zum Teil verselbständigen, den allgegenwärtigen Patriarchalismus und Gewalt als Mittel der Konfliktlösung.

Zusammenfassend lassen sich die Rondas mit Huber als ein Ausdruck des Kampfs der unterprivilegierten Klassen für politische Emanzipation interpretieren[23]; Starn bezeichnet sie als „uno de los movimientos rurales más grandes y duraderos de las postrimerías del siglo XX en América Latina"[24]. Für Huber sind sie eine neue

---

[19] D. h. in diesem Fall vor allem UNIR und Patria Roja, bzw. das politische Umfeld der Rondas Independientes.
[20] Huber 1992; S. 212
[21] Die Rondas breiteten sich innerhalb ganz Cajamarcas aus (vereinzelt kam es auch in anderen Departamentos zu Gründungen); vgl. Starn 1991; S. 13).
[22] Starn 1991
[23] Huber 1992; S. 316
[24] Starn 1991; S. 14

soziale Bewegung unter anderen, die in der letzten Zeit in Peru angesichts der „Ineffizienz der staatlichen Administration" und des Versagens der politischen Parteien formierten[25]. Huber weist auch auf eine andere Erkenntnis hin, die aus dem Entstehungsprozeß der Rondas gezogen werden kann: Die Bedrohung der Reproduktionsgrundlage ihrer Wirtschaften, denen Bauern in den Subsistenzkrisen 1976 bzw. 1983 ausgesetzt waren, hatte eine entscheidende Bedeutung für Entstehung und Verbreitung der Rondas. Dies scheint zunächst Scotts These der Bedeutung der Subsistenzfrage für die Entstehung bäuerlicher Sozialbewegungen zu bestätigen[26]. Die peruanischen Rondas Campesinas belegen aber, daß eine unter den Bedingungen einer Subsistenzkrise entstehende Bewegung keineswegs den Charakter einer Rebellion oder eines Aufstands gegen die Grundlagen der bestehenden (staatlichen) Ordnung annehmen muß. Im Norden Perus war eine wichtige Aufgabe, die die Bauern sich stellten und erfüllten, das Ordnungschaffen „in den eigenen Reihen", die Durchsetzung sozialer Normen unter ihresgleichen. Sie konnten damit in einer Region mit sehr schwachen Traditionen der Vergemeinschaftung auf dem Niveau von Comunidades die Grundlagen für einen Prozeß legen, der als Ergebnis einmal die Ablösung der Familie als Referenzpunkt und ihre Ersetzung durch die Comunidad haben könnte[27].

Mit diesem Formationsprozeß geht allerdings auch zwangsläufig eine Korporativisierung einher, wenn die sozialen Widersprüche innerhalb von Staat und Comunidad nicht thematisiert werden[28]. Hierin dürften die Gründe zu suchen sein, warum die politischen Artikulationsmöglichkeiten, die die Rondas eröffnen, nicht oder selten in Kämpfe im Sinne der sozialen Frage umgesetzt werden. Starn kommt denn auch zu dem Schluß, unter Gesichtspunkten von Modernisierungstheorien oder einem „ortodoxen" Marxismus, hätten die Rondas nicht viel vorzuweisen[29]. Ihr Gewinn liegt für ihn wie für Huber in einem neuen Selbstbewußtsein der eigenen Fähigkeiten der Bauern und einem gesteigerten Gefühl würdevoller

---

[25] Huber 1992; S. 316
[26] Scott 1976
[27] Huber 1992; S. 175, f.; S. 307, ff.
[28] ebda.; S. 255
[29] Starn 1991, S. 67

Selbstwertschätzung[30]. Wenn Huber allerdings solche soziokulturellen Veränderungen in einem *Gegensatz* zu politischen Veränderungen als die effektiveren und widerstandsfähigeren interpretiert[31], schießt er mit seiner Begeisterung für die Rondas über das Ziel hinaus. Die in Kapitel B II 2 dargestellte strukturelle Marginalisierung[32] der peruanischen Landwirtschaft durch die Erfordernisse des imperialistischen Monopolkapitals läßt sich allein auf der Ebene des Alltagshandelns nicht überwinden. Für die Eröffnung eines falschen Widerspruchs zwischen politischen und soziokulturellen Veränderungen reduziert Huber die Alternativen zu Letzterem auf eine einzige: „abrupter Wechsel in der Führungsspitze der Machtstruktur"[33]. Marx benennt dagegen bereits 1843[34] eine ganz andere Perspektive: Überwindung der Trennung der Sphären des Politischen und des Sozialen, die im Kapitalismus als die zwei voneinander abgesonderten Sphären Staat und bürgerliche Gesellschaft erscheinen. Aufhebung in der sozialen Revolution, die auf den *politischen Akt* des Umsturzes der bestehenden Gewalt nicht verzichten kann[35]. Huber will jedoch die historisch-spezifische Existenz einer staatlich-politischen Sphäre jenseits des Alltags der Individuen nicht mehr aufheben, sondern verklärt sie zu einer überhistorischen Grundlage der Vergesellschaftung überhaupt. Ganz und gar nicht „orthodox" formulierte Marx dagegen die Bedingungen revolutionärer Praxis: Das „Zusammenfallen des Änderns der Umstände und der menschlichen Tätigkeit oder Selbstveränderung"[36]. Diese „Umstände" umfassen nicht nur die regionalen Verhältnisse, sondern ebenso die Monopolisierung des Politischen im Staat, sowie die Formen und Bedingungen der Integration eines Landes in den internationalen Markt![37]

---

[30] Inwieweit hier Frauen wirklich einzuschließen sind, muß als Frage offen bleiben. Wenn in der Literatur öfter positiv auf „Rondero" als neue Identitätskategorie verwiesen wird, dürften Frauen davon mindestens deutlich weniger profitieren, aufgrund ihres Ausschlusses von zentralen Aufgaben der Rondas.
[31] Huber 1992; S. 316, f.
[32] vgl. auch Seite 29 zum Begriff „Marginalität"
[33] ebda.; S. 317
[34] Marx 1988[2], 345, ff.
[35] vgl. Marx 1988[3]; S.408, f.
[36] Marx 1990, S. 6
[37] zur theoretischen Problematik eines zu akteurszentrierten Ansatzes, der politische Prozesse in der Gesellschaft und die Rolle des Staats unterschätzt vgl. Kapitel CV2 und CV3

IV Literatur über Rondas und CDC

1 Begriffsverwirrung: Rondas und „Rondas"

Nach der vorhergehenden Darstellung von Entstehung und Geschichte der Rondas Campesinas soll es nun um die CDC gehen bzw. auf einer zweiten Ebene um die Literatur zum Thema. CDC steht für Comités de Defensa Civil, zivile Verteidigungskomitees. Der Exkurs zu den Rondas war nötig, um später die Unterschiede zwischen Rondas und CDC bestimmen zu können. So fein säuberlich getrennt wie Rondas und CDC hier in den beiden vorangegangenen Sätzen auftauchen, finden sie sich weder in der Berichterstattung noch in der Literatur, noch in den politischen Diskursen in Peru. Schon für die nördlichen Departamentos hatte ich die Verwendung verschiedener Bezeichnungen erwähnt. Die Hegemonie von Fujimoris korporativ-nationalem Diskurs in den 90er Jahren hat Bedeutung und Umfang der Konkurrenzkämpfe um die Macht in den Rondavereinigungen des Nordens (vor allem zwischen Patria Roja, PUM und APRA) teilweise verringert. Trotzdem sind immer noch die drei Bezeichnungen Rondas Independientes (Linke), Rondas Pacificas (APRA) und Rondas Campesinas (allgemein) in Gebrauch. Nachdem das Militär begann, Bauern gegen die PCP zu organisieren (vgl. S. 201), wurde versucht, das schlechte Bild der neu gegründeten Gruppen in der Öffentlichkeit zu verbessern, indem auch sie von offizieller Seite als Rondas Campesinas bezeichnet wurden. Auch wenn es noch andere Bezeichnungen als CDC gibt (siehe unten), scheint mir dieser Name insofern angebracht, als die 1991 (!) geschaffene legale Grundlage[1] diesen Namen festlegt.

Weit davon entfernt, eine einheitliche Sprachregelung zu finden, benutzen Politiker, Militärs, Journalisten und Wissenschaftler alle möglichen Bezeichnungen. Fujimori spricht unterschiedslos von *der* „institución de los ronderos"[2], egal um was es sich handelt. Unter

---

[1] Es handelt sich um Decreto Legislativo No. 741, verkündet am 8.11.1991 und veröffentlicht in El Peruano vom 12.11.1991, Seite 101687.
[2] Starn 1993; S. 6

den Wissenschaftlern des IEP[3], die Arbeiten zum Thema (zum Teil gemeinsam!) veröffentlichten, ist entweder von CDC (José Coronel, Ponciano del Pino) oder von Rondas (Campesinas) die Rede (Carlos Iván Degregori, Orin Starn). Starn weist dabei zunächst darauf hin, die Verwendung des Begriffs „Rondas" auch für die CDC schaffe Konfusion um Namen und Charakter der jeweils gemeinten Gruppe(n), um dann zu erklären, auch er werde „Por criterios de simplicidad"[4] „rondas campesinas" und „ronderos" zur Bezeichnung der CDC benutzen... In einem von Starn herausgegebenen Ergebnisbericht eines Arbeitstreffens zum Thema ist wiederum von den „Rondas campesinas del norte" und „Rondas campesinas del sur y centro" die Rede[5]. Für Huber, dessen Thema exklusiv die „echten" Rondas Campesinas im Norden sind, ist der Gebrauch der selben Bezeichnung für die CDC im Süden schlichtweg eine „Fälschung": „In der peruanischen Öffentlichkeit herrscht immer noch eine bedauerliche Konfusion, wenn von *Rondas Campesinas* die Rede ist. Die wenigsten sind sich der gravierenden Unterschiede zwischen diesen Erfüllungsgehilfen einer im Grunde hilflosen staatlichen *Counterinsurgency*-Politik und den Bauernorganisationen aus dem nördlichen Hochland bewußt."[6]. Die Frage, ob Hubers Einschätzung des Charakters der CDC vorbehaltlos zugestimmt werden kann, oder ob die viel positivere Bilanz, die die peruanischen Autoren einige Jahre später ziehen, berechtigt ist, dies wird sich erst nach einer Analyse der CDC entscheiden lassen. Mir scheint jedenfalls ähnlich wie Huber eine begriffliche Unterscheidung unbedingt nötig zu sein. Der bloße Fakt, daß Bauern mehr oder weniger bewaffnet irgend etwas (auch) durch nächtliche Streifengänge verteidigen, ist keine hinreichende Begründung für den Begriff Ronda Campesina. Die Ausweitung der Bezeichnung auf die CDC muß sich unter den Bedingen für deren Entstehung vor allem gegen die Errungenschaften der „echten" Rondas Campesinas richten. Daraus läßt sich eine vorläufige These formulieren, die anhand der Untersuchung der Texte über die CDC belegt werden muß:

---

[3] Instituto de Estudios Peruanos
[4] Starn 1996; S. 229
[5] Starn 1993; S.3, f.
[6] Huber 1992; S. 116

Der Gebrauch des Begriffs „Rondas Campesinas" für die CDC in der zentralen und südlichen Sierra hat eine deutliche politische Implikation: Die Gleichsetzung der CDC, die für eine bestimmte, tendenziell korporatistische, Einbindung der ausgebeuteten und verarmten Massen in den peruanischen Staat in Gestalt des heute herrschenden Regimes stehen, werden so mit den Rondas Campesinas in einen Topf geworfen, die historisch auch für die widerständige Organisation von unten, *gegen* staatliche Korruption und Willkür stehen.

Starns „Konfusion" läßt sich mit dieser These als intendiertes Handeln im Rahmen ideologischer Kämpfe interpretieren. Ich begnüge mich an dieser Stelle auf den Hinweis, daß schon die Einführung der verallgemeinerten Rede von *den* Rondas im Rahmen der militärisch-psychologischen Kriegsführung mißtrauisch machen muß[7]. Für die Organismen der Bauern in der südlichen Sierra unter der Kontrolle des Militärs werde ich daher im Folgenden exklusiv den Begriff CDC verwenden.

2 Diskussion und Berichterstattung in den 80er Jahren

Während die sozialwissenschaftliche Literatur sich erst Ende der 80er Jahre mit der Bedeutung der CDC zu beschäftigen beginnt, war schon seit 1983 eine rege Diskussion um das Thema in der Öffentlichkeit im Gange. Vor allem innerhalb linker und

---

[7] Die gemeinsame Diskussion von CDC und Rondas Campesinas, in der die Tendenz überwiegt, in Abgrenzung zu früheren Publikationen statt der Unterschiede die Gemeinsamkeiten beider Organisationsformen zu betonen, läßt sich ab 1989 nachvollziehen. Der Schwerpunkt war nun nicht länger die Frage nach den Zielen und Ergebnissen der Tätigkeit der Organisationen, sondern die Untersuchung verschiedener Formen der Organisierung von Bauern, denen als solchen generelle Legitimität unterstellt wurde. Parallel dazu finden sich auf Seiten der FFAA wichtige strategische Reorientierungen (vgl. Kapitel CII5 und CVI), die unter anderem eine Betonung der psychologischen Elemente einer low-intensity-warfare beinhalteten und auf Seiten der Regierung öffentliche Waffengeschenke an CDC, die deren Legitimität unterstreichen sollten (diese neue Etappe wurde durch Waffenübergaben von Präsident García ab 1989 eingeleitet). Diese Vorgänge liefen zum Teil auf die Inszenierung krimineller CDC-Führer als Verteidiger des Vaterlands hinaus, so im bekannten Fall des „comandante Huayhuaco", einem ehemaligen Guerillero, der Ende der 80er Jahre am Río Apurímac in Koordination mit den Kokainhändlern die CDC aufbaute (Degregori 1989[1]; Del Pino 1996).

demokratischer Organisationen[8] beteiligten sich Intellektuelle an der Debatte, die entscheidend von der Ratlosigkeit der legalen Linken nach dem Massaker von Uchuraccay geprägt war, in dem die Bewohner des Ortes 1983 acht Journalisten ermordeten[9]. Unter den Toten hatten sich Reporter von linken Zeitungen befunden, die sich in ihrem Kampf um gesellschaftliche Veränderungen auf der Seite eben solcher Bauern wie der comuneros von Uchuraccay wähnten. Das Verbrechen schien so vor allem durch völlige Sinnlosigkeit charakterisiert. In seinem schon zitierten Artikel von 1983 faßt Manrique exemplarisch aber auch schon zwei darüberhinausweisende Erkenntnisse zusammen. Einerseits die Bedeutung eines geplanten Handelns seitens der staatlichen Repressionsorgane für das Zustandekommen eines Kriegs, in dem Dörfer gegeneinander gehetzt werden. Andererseits die gesellschaftliche Grundlage in andinen Comunidades, die genug soziale Wiedersprüche und Konflikte beinhaltet, um solch einen Plan durchführen zu können[10].

Die Linke hatte es in den 80er Jahren nicht leicht, eine klare Position zu der Entwicklung in der Sierra zu finden. Prinzipiell mußte ihr die erfolgreiche Politik einer revolutionären kommunistischen Partei wie der PCP sympathisch sein, da der Kampf für den Sozialismus auch bei vielen anderen Parteien[11] im Programm stand. Dennoch trennten die Maoisten in der Sierra und die Linken in Lima tiefe Gräben. Vor allem die Strategie einer beabsichtigten Machtakkumulation über die Beteiligung letzterer mit ihrem Bündnis IU an allen Wahlen markierte die Differenzen zwischen dem größten Teil der hauptstädtischen Linken und der PCP. Diese parlamentarische Ausrichtung bedeutete in der Konsequenz, unversöhnliche Feindschaft und Angriffe der PCP in Kauf nehmen zu müssen, da diese sich stets kompromißlos gegen jede Wahlbeteiligung gewandt hatte. Nach den anfänglichen Erfolgen zu Beginn der 80er Jahre setzte dann schnell die Auflösung und Zersetzung der IU ein. Parlamentarisch-demokratische Erfolge blieben zunehmend aus und angesichts der Ausweitung des revolutionären Krieges der PCP wurde

---

[8] Damit ist hier das breitgefächerte Spektrum der zu dieser Zeit in IU vereinigten Parteien gemeint.
[9] vgl. auch Kapitel CVII1 und Fußnote 16, S. 215
[10] Manrique 1983
[11] vgl. Kapitel B IV 2

immer deutlicher, daß deren militärisch-politische Konzeption dem Staat größere Probleme verursachte als die linken Parlamentarier, die sich im Dschungel von Plenardebatten und realpolitischen Zwängen zunehmend verhedderten. Dennoch war für viele das langfristige Ziel einer sozialistischen Gesellschaft nicht gestrichen. Im Bezug auf das Verhältnis zum peruanischen Staat hatte sich ebenfalls wenig geändert. In der Analyse erschien er weiterhin als Verteidiger einer Ausbeutungsordnung, die es zu überwinden galt und den Terror seiner Repressionsorgane kannten die Organisationen wie ihre Mitglieder aus eigener Erfahrung. Die legale Linke befand sich somit in einer Zwickmühle: Widerstand gegen die Versuche der PCP, ihren Einflußbereich auszudehnen lag im eigenen Interesse der Linken, gleichzeitig galt es zu verhindern, daß Staat und FFAA im Rahmen der Aufstandsbekämpfung ihre Macht vergrößerten und von dieser anderen Seite aus die Spielräume der Linken verringerten.

Aus diesem kurzen Überblick wird verständlich, daß in Bezug auf die Einschätzung der *politischen Bedeutung* der CDC verschiedene Schwerpunktsetzungen möglich waren. Sie hingen ab von der jeweiligen Analyse des Charakters des Staats und seiner Repressionsorgane, vom jeweiligen Verhältnis zu der prinzipiellen Berechtigung bewaffneter Kämpfe und von der Einschätzung von Programm und Praxis der PCP.

Eine grundsätzliche Ablehnung der CDC aus politischen Gründen findet sich zunächst bei radikaleren Teilen der Linken. Oft hielten diese Selbstverteidigung (auch bewaffnete) für die richtige Strategie für Arbeiter und Bauern, allerdings innerhalb von Milizen, die sich explizit gegen die Guerilla *und* den Staat verteidigen sollen und für die der Kampf um ihre eigenen Forderungen eine wichtige Aufgabe ist. Nach diesem Konzept versuchte z.B. Patria Roja im Norden die schon erwähnten „rondas independientes" aufzubauen. Weniger radikal argumentiert eine Position, die sich positiv auf das zu wahrende staatliche Gewaltmonopol bezieht. Aufstandsbekämpfung sollte Angelegenheit der Organe der staatlichen Gewalt bleiben, die wiederum demokratischer Kontrolle zu unterwerfen seien. Diese Position verschwimmt tendenziell mit einer moralischen Kritik an der „Benutzung" von Zivilisten durch die FFAA.

An diesen Aspekt schließen sich andere Kritiken an, die die

Grundlage der gegebenen Staatlichkeit nicht in Frage stellen, aber von dieser bürgerlich-demokratischen Grundlage aus den Einsatz von CDC und deren Aktionen kritisieren. Hier sind vor allem Menschenrechtsgruppen zu nennen, die den Krieg möglichst auf Kampfhandlungen zweier klar abgegrenzter Akteure begrenzen wollen, wobei auf Seite des Staates exklusiv die FFAA und die FFPP militärisch intervenieren sollten. Programme und Ziele der Kriegsparteien werden gemäß dem eigenen Anspruch auf Neutralität nicht bewertet und die Analyse der Praxen besteht aus einer Auflistung der Maßnahmen aller am Krieg Beteiligten, die gegen internationale oder nationale Rechtsnormen verstoßen[12]. Dieses Verfahren stößt allerdings auf gewisse Grenzen, da alleine die FFAA als Teil des peruanischen Staats explizit ihren Willen zur Einhaltung internationaler Rechtsstandards bekundet haben und die PCP im Gegenteil sogar ihre Nichtanerkennung z.B. der Menschenrechtsabkommen aufgrund ihrer ganzen Konzeption im Rahmen bürgerlicher Staatlichkeit ablehnt und kritisiert.

Des weiteren sind hier Reportagen zu nennen, in denen das Leiden der Zivilbevölkerung im Vordergrund steht, das durch die Ausweitung von gewaltsamen Handlungen durch die Befehle der FFAA zur Aufstellung von CDC generalisiert wurde. Ohne einen expliziten Menschenrechtsbezug wird die Gewalt der CDC dargestellt, die Aggressionen gegen Comunidades, die versuchen „neutral" zu bleiben, oder die sich nicht in Aufstandsbekämpfungsbasen zwangsumsiedeln lassen wollen und deren hilflose Versuche, sich der Befehlsgewalt von FFAA und CDC zu verweigern[13]. In diesen Artikeln wird besonders deutlich, wie in immer verschiedenen Einzelfällen eine immer gleiche Grundtendenz zu erkennen ist. Zunächst die Errichtung von BAS (Bases Antisubversivas) durch die FFAA und die Zwangsumsiedlung einiger Comunidades in diese strategischen Lager, sowie die Aufstellung von CDC, in die die

---

[12] Americas Watch 1985; S.64, Amnesty International (Amnesty International 91) oder das Permanente Tribunal der Völker im Rahmen der Sitzungen „Contra la impunidad en América Latina" (Coordinadora Nacional de Derechos Humanos 1990) formulierten ihre Kritiken an den CDC seit 1983 auf dieser Grundlage.

[13] Beispiele hierfür sind die Artikel von Raúl González (González 1985); Carlos Iván Degregori (Degregori 1985) oder José María Salcedo (Salcedo 1987), die alle in der Zeitschrift Quehacer erschienen.

Bewohner gezwungen werden. In der Folge dann beständige Versuche, immer mehr Comunidades aus der Umgegend von ihrem Land zu vertreiben und in die BAS zu integrieren. Durch die gewaltsamen Überfälle durch CDC, die diesem Ziel dienen sollen, erwächst häufig Widerstand, die Comunidades werden gespalten und in unterschiedlichen Anteilen je nach Einzelfall akzeptieren die Bewohner, in die BAS zu ziehen, oder fliehen in Regionen, die von den FFAA weniger kontrolliert werden können. Schließlich folgen die Konflikte zwischen verschiedenen Comunidades innerhalb der BAS sowie die Auseinandersetzungen zwischen den bereits innerhalb der BAS umgesiedelten Dorfgemeinschaften und denen, die sich einer Umsiedlung verweigern, alten Rivalitäten und Konkurrenzen. Ökonomische, politische, „ethnische" oder kulturelle Differenzen werden so geplant und systematisch ausgenutzt mit der Folge, daß inmitten der Kriegssituation das Abschlachten von comuneros untereinander zur alltäglichen Realität wurde.

Seit 1982 gibt es auch die Verteidigung der CDC, die als angebliche Verteidigungsanstrengung der Gesellschaft legitim, bzw. Ausdruck ihrer Verantwortung für den Erhalt des bestehenden Systems seien. Durchgängig bestreiten Militärs und Senderologen entweder einen politischen Inhalt des Krieges seitens der PCP im Sinne eines bewaffneten Klassenkampfs, oder sie negieren dessen Berechtigung, da sich die Bevölkerungsmehrheit demokratisch für das System entschieden habe, das die PCP zerstören will. So unterschiedlich auch einzelne Positionen in Bezug auf ihre Analyse der herrschenden Verhältnisse sind, ein sie einendes Element findet sich stets in der Behauptung eines Angriffs der PCP auf den Staat bzw. *das* System, als realer und nicht nur als behaupteter Verkörperung eines allgemeinen Interesses *der* Gesellschaft (basierend auf der freiwilligen Teilnahme aller Bürger). Logisch wird aus dieser korporatistischen Konzeption der peruanischen Gesellschaft dann gefolgert, ihre Verteidigung sei eine Aufgabe aller Bürger im Rahmen ihrer jeweiligen Möglichkeiten. Wenig verwunderlich ist diese Position bei Militärs, die erkennen, daß sie bei ihrer Aufgabe der Verteidigung der staatlichen Herrschaft an Grenzen stoßen und dementsprechend nach Alliierten suchen. Ich will nun kurz zeigen, wie diese Argumentation aussieht, die gewissermaßen den ideologischen

Hintergrund einer Rechtfertigung für den Einsatz von CDC abgibt. Neben den Militärs vertreten allerdings wie erwähnt auch wissenschaftliche „Experten in Sachen Subversion" diese These. Auch für diese Gruppe soll daher mit Carlos Tapia ein typisches Beispiel vorgestellt werden[14].

Die *Verantwortung der Gesellschaft* im Kampf gegen die PCP zu betonen, ist seit den 80er Jahren zur häufig wiederholten Floskel geworden, die nicht nur aber an zentraler Stelle die Mobilisierung von Zivilisten zu militärischen Operationen auf Seiten des Staats begründet und rechtfertigt. Das meint Fujimori, wenn er die CDC bei Paraden als Patrioten herausstellt und ihre führende Rolle bei der Aufstandsbekämpfung betont[15]. General Luis Cisneros Vizquerra formulierte in seiner Eigenschaft als Kriegsminister schon 1982 die Grundidee dieser Vorstellung: „Saliéndole al frente a Sendero no se está apoyando al gobierno sino al sistema que es una categoría mayor y que comprende a la oposición."[16]. Cisneros[17] darf dabei als Repräsentant des harten oder „faschistischen" Flügels der FFAA gelten, der für eine Lösung im argentinischen Stil plädierte. Ein anderer Sektor innerhalb der Streitkräfte stand[18] eher in der Tradition des populistischen Projekts von Velasco. General Jarama[19] z.B. betont,

---

[14] Der Agraringenieur und „Senderologe" Tapia bietet sich besonders an, weil er einerseits ein typischer Fall von einem ehemals Oppositionellen ist, der sich auf die Seite staatlicher Herrschaft geschlagen hat (vgl. Kapitel C VI und C VIII 2). Andererseits nehme ich an vielen Stellen Bezug auf seine Publikationen, was ein zusätzliches Erkenntnisinteresse über den politischen Hintergrund seiner Arbeiten nahelegt.

[15] z.B. im Juli 1991 gegenüber AI (Amnesty International 91; S. 46)

[16] González 1982[1]; S. 55

[17] Luis Cisneros Vizquerra hat z.b. wegen seiner Sympathie für „argentinische" Methoden des schmutzigen Krieges den Spitznamen „el gaucho" (Calvo, Declerq 1994; S. 204; González 1982[1]; S. 46).

[18] Während der 80er Jahre verlief die Spaltung innerhalb des Militärs noch weitgehend entlang der Aufteilung in Velasquisten (Verfechter eines populistischen Reformprojekts, die die FFAA nicht erneut in Handlanger der Oligarchie oder einer anderen Fraktion der herrschenden Klasse verwandeln lassen wollten) und Konservative (, die Sympathien für die ökonomische Liberalisierung hatten und die Beseitigung der Reste der staatsinterventionistischen Reformen von Velasco unterstützten). In den 90er Jahren hatte die velasquistische oder „linke" Linie praktisch keine Bedeutung mehr, in den gesamten FFAA dominierte eine konservative Ideologie. Die neuen Konflikte verliefen entlang der unterschiedlichen Positionen bezüglich der Frage, welche Rolle die FFAA im Hinblick auf politische Entscheidungen des Landes spielen sollten, bzw. nach der Bedeutung und Tragweite der Zusammenarbeit mit der jeweiligen Regierung (und damit auch nach dem Grad der Unterstützung einzelner Politiker wie Fujimori). Ein guter Überblick über diese Entwicklung findet sich in: Obando 1998.

[19] Sinesio Jarama war Kommandant der zweiten Militärregion - zu der Ayacucho gehört - bis er

im Kampf gegen die Subversion müsse zur Kenntnis genommen werden, daß sie kein „kriminelles Phänomen" sei. Daher sei es notwendig, daß das bestehende System seine „soziale und humane Moral" unter Beweis stellt, „cuya evidencia debe traducirse en justicia social, en la existencia de condiciones de realización y mayores oportunidades a ámbitos sociales más amplios"[20]. Nachdem so die Möglichkeit der politischen und ökonomischen Partizipation der Bevölkerungsmehrheit unter den Bedingungen des bestehenden Regimes behauptet wird, fordert Jarama, alle Institutionen des Staats, alle politischen Kräfte und alle Organisationen der Gesellschaft in einem „acuerdo nacional" unter eine gemeinsame und einheitliche Führung im Kampf zur Verteidigung des Systems zu stellen. „El organismo...debe ser capaz de sintetizar las responsabilidades políticas, económicas, sociales, sicológicas y militares tanto del gobierno como de las organizaciones de la sociedad peruana..."[21].

Hier zeigt sich beispielhaft der Fall, wie es möglich ist, einerseits durchaus eine Kritik am Inhalt der auf Ungleichheit und Ausschluß basierenden Realität der gesellschaftlichen Organisation zu formulieren und zugleich unter Bezugnahme auf das in der Form angeblich enthaltene Möglichkeitspotential[22] die Bevölkerung zur Verteidigung eben dieses sie marginalisierenden Systems organisieren zu wollen.

In die selbe Richtung argumentiert schließlich Tapia, der eine „demokratische" Form der Aufstandsbekämpfung fordert. Dazu sei es nötig, daß „die Politik" das Kommando innehat, im Sinne einer umfassend konzipierten Mobilisierung der Gesellschaft, die sich nicht in militärischen Strategien erschöpft: „lo que se requiere es identificar la pacificación como uno de los objetivos nacionales, al que debe vincularse la política económica."[23]. „Neue ökonomische Beziehungen" und ein „neues soziales Geflecht" seien für die Niederschlagung der Guerilla notwendig. Der Fokus bleibt dabei stets

---

nach Massakern (Accomarca und Pucayacu) von García im September 1985 abgesetzt wurde. Trotz der schweren Anschuldigungen gegen ihn im Hinblick auf Menschenrechtsverletzungen, gilt er als „progressiver Ideologe" der FFAA (Calvo, Declerq 1994; S.190).

[20] Interview mit Jarama in: QUEHACER 7,8/1988; S. 72
[21] ebda.; S. 74
[22] Realisierung von Demokratie, sozialer Gerechtigkeit, etc.
[23] Burgos 1991; S. 48

auf dieses Ziel beschränkt: Politische Institutionen vom lokalen bis nationalen Niveau sollen in die Aufstandsbekämpfung einbezogen werden, um so eine „demokratische Befriedungsstrategie" zu ermöglichen. Dabei ist vom Autor explizit nicht an „cambios democráticos" im Staat gedacht, da dies nicht Aufgabe des Kampfs gegen die Subversion sein könne. Der Gehalt des Begriffs „demokratische" Aufstandsbekämpfung reduziert sich somit auf die Forderung nach Einbeziehung aller gesellschaftlichen Sektoren[24]. Auch in Tapias Fall wird nach den konkreten Charakteristika des namentlich demokratischen System nicht mehr gefragt. Es genügt der Hinweis darauf, daß es in seiner Gesamtheit von der PCP angegriffen wird, weswegen auch alle seine Teile an der Verteidigung mitwirken sollen. Während Cisneros als Militär 1982 noch damit argumentierte, die Bevölkerung habe nun was sie wolle, nämlich Demokratie, also solle sie auch bei deren Verteidigung helfen[25], genügt es Tapia 1991, auf die „Linke" zu verweisen, die sich in „das System" integriert hätte und es nicht zerschlagen wolle: „Con todo el respeto que tengo por todos mis amigos de izquierda, ellos no buscan destruir el sistema. Javier Diez Canseco no busca destruir el sistema, sino ser candidato en el 95; Henry Pease no busca destruir el sistema; Enrique Bernales es vicepresidente del Senado; y así."[26] Nachdem so alle antagonistische Opposition definitorisch herausgesäubert wurde, da sie auf keine Interessenvertretung im Parlament verweisen kann, bleiben nur noch technische Fragen der Organisierung einer Kräftekonzentration der Aufstandsbekämpfung zu lösen. Dazu schlägt Tapia vor, kommunale Organismen als Basis für einen demokratischen Neuaufbau in den von der Guerilla gesäuberten Zonen zu nehmen. Verkörpert in der Organisationsform der CDC bleiben aber auch die Subjekte in diesem „Demokratisierungsprozeß" wie ihre Institutionen dem militärischen Kommando unterworfen: „En las zonas `calientes´, donde hay enfrentamientos, deben haber `rondas´ pero éstas serían parte del

---

[24] Noch durchsichtiger wird dieses Verwirrspiel mit der „demokratischen" Aufstandsbekämpfung, wenn Tapia als gelungene Beispiele die Fillipinen, Tailand und Malaysia anführt, um zu zeigen, daß die demokratische Counterinsurgencypolitik keine „demokratischen Staaten" benötigt (ebda. S. 49).
[25] González 1982[1]; S. 54
[26] Burgos 1991; S. 48

nuevo Estado a construir en las zonas en conflicto. El organismo básico comunal se constituiría en protagonista de guerra, en corresponsabilidad con el mando militar del poder central."[27] Jenseits des politisch-ideologischen Hintergrundes dieser Konzeptionen der peruanischen Gesellschaft, ihrer (Nicht) Widersprüche und ihres Staats fällt vor allem auf, daß die dargestellten Positionen alle von einer klaren Unterordnung der CDC unter das Ziel der Aufstandsbekämpfung ausgehen. Der geforderten Ausweitung des Kriegs auf gesellschaftliche Gruppen jenseits der FFAA sollte eher die notwendige Ergänzung deren mangelhafter Kräfte ermöglichen, als die Notwendigkeit des (politischmilitärischen) Kommandos durch Militärs in den Notstandsprovinzen in Frage stellen. Indem das Kriegsgeschehen auf einen Dualismus PCP-System (letzteres inklusive Staat, Gesellschaft, Institutionen, Bürger) reduziert wird, stellte sich im eigentlichen Sinne die Frage nach dem hierarchischen Verhältnis zwischen Staatsmacht und Bauern in den CDC gar nicht. Auf der Grundlage des behaupteten gemeinsamen Interesses blieb nur die Frage nach der Koordination der verschiedenen Kräfte.

Bei Jarama und bei Tapia findet sich allerdings auch die Forderung, die zentralstaatliche Macht müsse - nicht zuletzt um größerer Durchsetzungsfähigkeit willen - regionalisiert werden. Ab Mitte der 90er Jahre taucht die Diskussion um Regionalisierung in Gestalt breiter Debatten um konkrete Gesetzesvorhaben wieder auf. Auch die im folgenden Kapitel vorgestellten Autoren interpretieren die CDC als mögliche Akteure bei der politischen und ökonomischen Integration des Hinterlandes. Die Entwicklung dieser neuen Interpretationen werde ich anhand des (in Verbindung mit den CDC) „neuen" Begriffs *Autonomie* ab Seite 247 erörtern.

---

[27] ebda.; S.49

3 Die CDC in der sozialwissenschaftlichen Literatur

Am 28.7.1991 - dem peruanischen Nationalfeiertag - sorgte ein buntes Spektakel in Lima für mediale Aufmerksamkeit weit über die Grenzen des Landes hinaus. Anläßlich der alljährlich stattfindenden zivil-militärischen Parade verfrachteten die Streitkräfte Laster voll mit CDC-Angehörigen aus den Provinzen in die Hauptstadt. Sie marschierten neben Angehörigen der verschiedensten Berufsgruppen und den einzelnen Truppenteilen samt Kriegsgerät an der Tribüne mit den Herren aus Regierung und Militär vorbei. Damit wurde eine Entwicklung öffentlichkeitswirksam inszeniert, die in den militarisierten Provinzen unter Notstandsrecht seit Ende der 80er Jahre unübersehbar war. Dort war es der Regierung gelungen, in vielen Dörfern unter dem Kommando der Armee CDC zu gründen und mit ihnen bedeutende Gebiete der Kontrolle der PCP zu entreißen.

Diese Entwicklung war es auch, die gegen Ende dieser Dekade verstärkt die Aufmerksamkeit verschiedener Sozialwissenschaftler auf die Rondas lenkte. Bis dato beschränkten sich die Diskussionsbeiträge dieser Intellektuellen auf Stellungnahmen im Rahmen einer politisch ausgerichteten Diskussion in der interessierten (vor allem linken) Öffentlichkeit. Dort war seit 1983 immer wieder die Frage diskutiert worden, welche Positionen zu vertreten seien, angesichts der systematischen Militarisierung der Notstandsprovinzen, der Zwangsumsiedlungen und der Einbeziehung weiter Teile der Bevölkerung in die Aufstandsbekämpfung durch die Aufstellung von CDC.

Ab 1989 erschienen dann vereinzelt Arbeiten wissenschaftlichen Charakters zu den CDC. Es war dies die Zeit, als - beginnend mit Alan Garcías öffentlichen Waffengeschenken an CDC 1989 - auch seitens der Regierungspropaganda immer öfter die Rolle der CDC als Verteidiger des Vaterlands und Patrioten betont wurde. Hinter den regierungsamtlichen Stellungnahmen zeichnete sich zugleich immer deutlicher die wachsende militärisch-operative Bedeutung der CDC ab. Die verschiedenen Ebenen, auf denen die Bedeutung der CDC sichtbar wurde, erlaubten es Wissenschaftlern unterschiedlicher Disziplinen, sich dem Thema von ihrem jeweiligen fachlichen

Ausgangspunkt her anzunähern.
Innerhalb der Gruppe der Autoren zu den CDC lassen sich drei verschiedene Zugänge unterscheiden.

1. Der Anthropologe *José Coronel* oder der Historiker *Ponciano del Pino* stehen für die Fortsetzung einer langen Tradition an der Universidad Nacional de San Cristóbal de Huamanga (UNSCH) in Ayacucho. Die Universität lebte stets von dem Austausch mit ihrer „área de influencia", von der Untersuchung der regionalen Probleme und dem Bemühen, sich an deren Überwindung zu beteiligen[28]. Coronel und del Pino blieben während des Krieges als Professoren an der UNSCH tätig und setzten ihre *Feldforschungen* inmitten des Bürgerkriegs fort. Ihre Beschäftigung mit den CDC resultiert auf diese Art quasi naturwüchsig aus der Relevanz, die der Aufbau der CDC in den von ihnen untersuchten Gebieten hatte. Sie verfügen durch ihre Studien über umfassende Materialsammlungen zu einzelnen Comunidades, vor allem in Form von Interviews und Fallstudien. Auf diese Daten beziehen sich auch die im Folgenden genannten Wissenschaftler immer wieder, wenn es um die Illustration ihrer Thesen geht.

2. Der US-amerikanische Anthropologieprofessor *Orin Starn* betrieb in den 80er Jahren ebenfalls Feldforschung in Peru. Er verbrachte 1986/87 eineinhalb Jahre mit der Untersuchung der *Rondas Campesinas* in Cajamarca[29]. Zu diesem Thema veröffentlichte er auch 1989 seine Dissertation und in der Folge zahlreiche Artikel. Ab 1991 verlagerte sich der Schwerpunkt seiner Forschungen und Veröffentlichungen zunehmend auf die CDC. Starn subsummiert die CDC unter den Begriff Rondas Campesinas und thematisiert Parallelitäten in der Entwicklung beider Organisationen.

3. Schließlich interessierten sich ab Ende der 80er Jahre auch verstärkt die sogenannten *Senderologen* für die CDC. Der Anthropologe *Carlos Iván Degregori* soll hier als ein Vertreter dieser „Experten für Subversion" genannt sein. Sie näherten sich dem Phänomen eher aus einer globalen Perspektive der Untersuchung von Hintergrund und Verlauf des Bürgerkriegs. In seinen Beiträgen

---

[28] vgl. Degregori 1996; Vorwort
[29] Zu den Rondas Campesinas erschienen bereits seit 1985 einzelne Arbeiten, Erwähnung

dominieren gegenüber lokalen Fallstudien Überlegungen auf allgemeinerem Niveau, sei es zum Verhältnis PCP-Bevölkerung oder zur Bedeutung der CDC für den Verlauf des Krieges.
1996 gab Degregori in Zusammenarbeit mit dem IEP und der UNSCH das Buch „Las rondas campesinas y la derrota de Sendero Luminoso" heraus. Die Beiträge in dem Band, der eine wesentliche Grundlage für meine Arbeit bildet, stammen von den vier Autoren, die ich unter 1. bis 3. erwähne. In verschiedener Hinsicht kann die Herausgabe dieses Buches als Kulminationspunkt jahrelanger Diskussionen und gemeinsamer Forschungsprojekte betrachtet werden. Ab Kapitel 4 sind einige inhaltlichen Eckpunkte der Arbeiten zusammengefaßt. Zunächst soll jedoch noch der Entstehungsprozeß in seiner Entwicklung beschrieben werden.

Wenige Tage nach dem oben erwähnten *desfile* der CDC-Angehörigen in Lima fand im August 1991 in Iquitos die vierte Versammlung des Seminario Permanente de Investigaciones Agrarias (SEPIA IV) statt. Coronel und del Pino stellten hier erste Forschungsergebnisse unter dem Titel „Violencia política: Formas de respuesta comunera en Ayacucho"[30] und es entstand die Idee zu der Veröffentlichung von 1996[31]. Im Dezember desselben Jahres veranstaltete das IEP eine Konferenz, „Para contribuir a un mejor entendimiento del fenómeno de la autodefensa en los Andes" unter dem Titel „Rondas Campesinas: ¿El nuevo rostro de los Andes?"[32]. Teilnehmer waren neben Ronderos und CDC-Angehörigen u.a. auch Coronel, Degregori und del Pino. Starn gab 1993 beim IEP einen Reader mit Ergebnissen der Konferenz heraus[33].

Die Arbeiten, die Degregori dann 1996 herausgab, entstanden schließlich im Rahmen eines Forschungsprojekts des IEP 1992/93. Es stand unter dem Thema „Conflicto, violencia y solución de conflictos en el Perú" und wurde von Degregori zusammen mit Jaime Urrutia geleitet. Neben anderen Teilnehmern an SEPIA IV waren hier vor allem auch wieder Coronel und del Pino maßgeblich beteiligt.

Neuere Beiträge zur Erforschung der weiteren Entwicklung der

---

verdient vor allem „Las rondas campesinas en Cajamarca" von John Gitlitz und Telmo Rojas.
[30] Starn 1993; S.69
[31] Degregori 1996; S. 13
[32] Starn 1993; S.6, f.

CDC sind mir nicht bekannt. In dem von Stern 1998 herausgegebenen Sammelband „Shining and other Paths; War and Society in Peru, 1980-1995"[34] finden sich keine wesentlichen neuen Erkenntnisse. Manrique erwähnt die CDC in seinem Artikel zum Mantaro-Tal[35] und del Pino verlegt den Schwerpunkt seiner Untersuchung auf die interne Dynamik des Lebens in einer Base de Apoyo der PCP. Der Beitrag von Degregori[36] ist eine Übersetzung seiner Arbeit aus dem Buch von 1996 ebenso wie der von Starn[37], der an seinem Artikel aus dem selben Buch nur leichte Veränderungen vornimmt.

4 Faktoren der Entstehung der CDC

Welche Faktoren haben ab Ende der 80er Jahre die Organisierung von Tausenden von CDC in der peruanischen Sierra ermöglicht? Die von mir oben erwähnten Autoren erklären die Entstehung methodisch und inhaltlich weitgehend unter Bezugnahme auf die Entwicklung des Bürgerkriegs während der ab Seite 110 beschrieben en Phasen. *Methodisch* gehen die Autoren unterschiedlich vor. Die Arbeiten von Coronel und del Pino basieren auf der Grundlage umfangreicher Feldforschung und einer Vielzahl von Interviews, aus denen sie Fallstudien zu einzelnen Dörfern in verschiedenen Regionen zusammenstellen, in denen jeweils chronologisch der Ablauf der Ereignisse wiedergegeben wird. Darüber hinaus fassen sie die Fallstudien jeweils für den Bereich eines größeren von ihnen untersuchten Raumes vergleichend zusammen und versuchen, charakteristische Unterschiede zwischen der Entwicklung in einzelnen Dörfern aus spezifischen lokalen Bedingungen heraus zu erklären. Starn dagegen verbindet in seinen essayistischen Beiträgen subjektive Schilderungen seiner Assoziationen während Feldaufenthalten, theoretische Reflexionen über Theorien sozialer bzw. Bauernbewegungen und durch Feldforschung gewonnene Daten.

---

[33] Starn 1993
[34] Stern 1998
[35] Manrique 1998
[36] Degregori 1998
[37] Starn 1998; Der Essay ist in einer ersten Fassung sogar bereits 1995 in „Cultural

Degregori schließlich versucht eine Synthetisierung und Systematisierung vor Ort gewonnener Daten mit Hintergrundmaterial zu der sozialen und politischen Geschichte beteiligter Akteure und der Region. In den Arbeiten aller Autoren findet sich eine Unterteilung in drei (Gruppen von) Akteure(n): Staatliche Repressionskräfte, Mitglieder und Sympathisanten der PCP und die bäuerliche Bevölkerung der Region. Innerhalb dieser Gruppen werden Unterteilungen vorgenommen, entsprechend unterschiedlichem Verhalten zu verschiedenen Zeitpunkten und an verschiedenen Orten.

Inhaltlich orientieren sich die Texte am Verlauf des Krieges, insofern sie seinen Verlauf und Bedingungen wie Folgen der Organisierung von CDC in einen wechselseitigen Zusammenhang setzen. Die Schlußfolgerungen der Autoren lassen sich in einer These zusammenfassen, die in der Folge auch in anderen Arbeiten aufgegriffen wurde, die das Thema der Entstehung von CDC berücksichtigen[38].

Die mit Terror und Repression durchgesetzte Gründung funktionierender CDC (in der zentralen und südlichen Sierra) durch die FFAA gelang erst Ende der 80er Jahre flächendeckend und mit entscheidender Bedeutung für den strategischen Verlauf des Krieges, weil (aufgrund von Veränderungen in der Taktik von PCP und FFAA) ab 1988 eine genügend große Akzeptanz dieser Maßnahme innerhalb der Bauernschaft entstand.

Aus dem Vergleich der Texte lassen sich bestimmte Faktoren herausarbeiten, die nach Ansicht der Autoren den Aufbau stabiler und effektiver CDC gefördert und andere, die ihn behindert haben. Diese Faktoren bestehen in (mehr oder weniger veränderlichen) *Merkmalen* und *Verhaltensweisen* der drei genannten Gruppen bzw. ihrer Untergruppen. Um einen systematischen Zugang zu den Texten zu ermöglichen, die im Folgenden teilweise noch näher untersucht werden, liste ich diese Faktoren zunächst auf, wobei ich erstens zwischen förderlichen und hinderlichen Faktoren unterscheide und diese jeweils für die drei beteiligten Gruppen separat anführe. In den Kapiteln VIII und IX wird es dann genauer darum gehen, wie die

---

Anthropology" erschienen.

Stabilität der CDC organisiert wird, worin ihre Funktionalität besteht und welche Auswirkungen ihre Existenz hat, sowohl auf der Ebene der regionalen Entwicklungen im Verlauf des Krieges, als auch in einzelnen Comunidades. Die Autoren messen den rational im Rahmen bestimmter Bedingungen getroffenen *Entscheidungen* von Bauern ein großes Gewicht bei. Die hier genannten Faktoren ergeben zusammengenommen in ihrer Kombination in dieser Sichtweise nicht mehr, als die an einem bestimmten Ort zu einer bestimmten Zeit gegebenen Bedingungen, unter denen die Menschen dann ihre subjektiven Entscheidungen treffen. Dieser Entscheidungsfindungsprozeß ist nach einhelliger Auffassung der vier Autoren zu einem guten Teil autonom und sein Ergebnis nicht vorherzusagen. Dies betonen sie insbesondere in Abgrenzung zur PCP, der sie eine ökonomistische und geschichtsteleologische Ideologie unterstellen, die gerade die PCP daran gehindert habe, das Phänomen der CDC richtig einzuschätzen.

5 Charakteristische Merkmale und Handlungen am Krieg beteiligter Akteure, die die Entstehung stabiler und funktionaler CDC begünstigen

1. Staatliche Aufstandsbekämpfungskräfte: FFAA und FFPP

Seit dem Beginn der Intervention der Streitkräfte in Ayacucho haben diese durch Folter, Morde, allgemein durch die Einschüchterung der Bevölkerung durch terroristische Maßnahmen, die Gründung von CDC zu erzwingen versucht. Einzelne Offiziere taten sich dabei besonders hervor und konnten unter bestimmten Bedingungen Erfolge verbuchen.

In gewisser Weise gehören zu diesen Maßnahmen auch militärische Aktionen, die bereits gegründete CDC alleine oder mit Unterstützung der FFAA gegen Comunidades ausführten, die sich weigerten, CDC zu organisieren.

Auch der Überlegenheit des militärischen Potentials der FFAA im Vergleich zum EGP, die sich mit zunehmender Dauer des Bürgerkriegs in Ayacucho immer deutlicher gezeigt habe, wird große Bedeutung zugemessen.

Schließlich wird der komplementäre Einsatz von accion civica[39] genannt, der im Rahmen einer neuen Strategie verstärkt angewandt worden sei. Dieser Strategiewechsel selbst sei insgesamt einer der wichtigsten Faktoren. Er wird beschrieben als ein Wechsel von undiskriminierter Repression zu einer selektiveren, von willkürlichen Massakern zu gezielten Morden.

2. Kader und Sympathisanten der Partido Comunista del Peru

Die PCP sei nicht in der Lage gewesen, Comunidades über ihre Bewaffnung eine Verteidigung von Dörfern gegen die FFAA zu ermöglichen und ihre eigenen militärischen Kräfte hätten dies ebensowenig geleistet.

Die Errungenschaften (insbesondere materielle) für die Bauern in den Gebieten unter Kontrolle der PCP seien im Verhältnis zu den Kosten des Krieges zu gering gewesen.

Das Parteiprogramm sei nicht mit den kulturellen Bezügen vor allem „traditionaler" Comunidades vermittelt worden.

Diesen Punkten, die eher Versäumnisse oder Defizite betreffen, stehen andere Faktoren gegenüber, die Form und Inhalt aktiven Handelns betreffen: Die Bekämpfung legitimierter Autoritäten und ihre Ersetzung durch nicht-legitimierte; die Be- oder Verhinderung von Handelsaktivitäten durch Schließung und Verbot von Märkten; Die Bekämpfung religiöser Sekten (am Río Apurímac) und von Religion überhaupt; eine Form der Propaganda, die die Länge des Krieges, die Stärke des Gegners und die zu erwartenden Kosten völlig unterschätzte.

Weiter wird dem Verstoß gegen sozio-kulturelle Normen eine große Bedeutung gegeben, insbesondere im Bezug auf ein unvermittelbares Niveau der Anwendung von Gewalt und dem Stellenwert, den ihr die PCP beimißt.

Gegen Ende der 80er habe der Versuch, das Equilibrio Estratégico zu erreichen, eine Ausweitung der Forderungen der PCP an Comunidades erfordert, die deren Toleranzgrenze überstieg. Ausgedehnte Forderungen nach Lebensmitteln und Unterstützung, zusammen mit verstärkten Rekrutierungen, hätten die Ablehnung seitens der Comunidades gefördert.

Schließlich hätten sich Aktionen der PCP gegen die Bevölkerung

---

[38] z.B. Tapia 1997

in Stil und Umfang immer mehr dem unterschiedslos brutalen Vorgehen der FFAA in den ersten Jahren ihrer Intervention angenähert: Der Versuch, inmitten wachsender Ablehnung des Krieges und seiner Kosten aus der strategischen Defensive in das strategische Gleichgewicht zu gelangen, habe in der Aufgabe der Selektivität bei Erschießungen und vermehrten Massakern resultiert.

3. Bewohner von Comunidades Campesinas

Alle Autoren gehen von einem gewissen Maß an Freiwilligkeit als notwendiger Bedingung für den Aufbau stabiler CDC aus. Diese könne aus dem Interesse an der Verteidigung eines bestehenden Status Quo herrühren, z.B. bei der Verteidigung kultureller Normen, traditioneller Autoritäten oder von Wirtschaftsbeziehungen.

Auch die Bedeutung stabiler sozialer Institutionen der internen Organisation der Comunidad wird erwähnt. Besondere Bedeutung könne ihnen bei abgeschieden gelegenen Dörfern zukommen, die nur in geringem Umfang in Marktbeziehungen eingebunden sind. Neben der fehlenden Markteinbindung wird auch geringe oder fehlende Migration zur Aufnahme saisonaler Gelegenheitsarbeiten außerhalb der Comunidad erwähnt.

Rationale Entscheidungen als Grundlage für die Zustimmung, sich in CDC zu organisieren, sehen die Autoren in Form einer Art „Rechnung des kleineren Übels" gegeben. Vor dem Hintergrund bestimmter sozialer und kultureller Bedingungen könne die Entscheidung von Comunidades so zugunsten einer „taktischen Kooperation" mit den FFAA ausfallen. Die Bauern verbänden mit dieser Entscheidung die Hoffnung, unter Herrschaft der FFAA - im Vergleich mit der PCP - die größeren Handlungsspielräume zu haben, vor allem auf der Ebene des alltäglichen kommunalen Lebens.

Wiederum im Vergleich mit den Angeboten der PCP erschienen die staatlichen Aufstandsbekämpfungskräfte ab einem gewissen Zeitpunkt mächtiger und damit eher in der Lage, die eigene Sicherheit bzw. das Überleben zu garantieren.

Es werden noch weitere Faktoren erwähnt, die die pragmatische Entscheidung der comuneros beeinflußten: Die Länge und die Kosten des Krieges und ihr Widerspruch zu den an persönlichen/familiären (Zeit-)Dimensionen orientierten Planungen und Erwartungen nach einem besseren Leben in absehbarer Zukunft und in diesem

Zusammenhang auch das Unverständnis für die Ziele und das Programm der PCP. Die Bauern seien nicht in der Lage gewesen, Ziele und Strategie des Volkskrieges zu verstehen und einzuschätzen.

4. Naturbedingungen

Auch objektive wie z.b. Naturbedingungen werden als Faktoren bei den Entscheidungen zur CDC-Gründung genannt. Vor allem der Dürreperiode von 1989 bis 1991 komme hier Bedeutung zu. Seien schon die Gefahren des Krieges zusammen mit dem erhöhten Bedarf an Lebensmitteln für die Guerilla für viele Comunidades unter Gesichtspunkten einer subsistenzbasierten Absicherung der eigenen Reproduktion eine starke Bedrohung gewesen, habe sich dieser Zustand in lebensbedrohlichem Ausmaß verschärft, als die Ernteerträge bedingt durch die Dürre sanken.

6 Charakteristische Merkmale und Handlungen am Krieg beteiligter Akteure, die die Entstehung stabiler und funktionaler CDC behindern

1. Staatliche Aufstandsbekämpfungskräfte: FFAA und FFPP
Terror und die gewaltsame Durchsetzung von Befehlen durch die FFAA hätten die Ablehnung einer Kooperation von Comunidades in Form von CDC bewirkt. In diesem Zusammenhang seien auch rassistische Diskriminierung, paternalistische Bevormundung und die Instrumentalisierung von Bauern als Kanonenfutter zu nennen.

2. Kader und Sympathisanten der Partido Comunista del Perú
In der Unterstützung der PCP habe sich die Hoffnung der ökonomisch Marginalisierten und rassistisch Unterdrückten auf politische Emanzipation und sozialen Aufstieg ausgedrückt. Über die Lösung alltäglicher realer Probleme der Bauern und die Durchsetzung moralischer Normen habe die PCP ihre Nützlichkeit unter Beweis gestellt[40]. Vor allem in Zonen, in denen die Agrarreform neue Ungerechtigkeiten zuungunsten der Comunidades geschaffen hatte, habe die PCP vor allem den Landarmen und Landlosen auch materielle Errungenschaften anbieten können. In Zonen mit schwach

---

[39] „Zivile Aktion": Verteilung von Nahrungsmitteln, etc. durch die FFAA

ausgeprägter Tradition kommunaler Organisierung habe die Macht der PCP nicht nur Streitigkeiten geschlichtet, sondern auch das politische Machtvakuum gefüllt, das bis dato gemeinsames Handeln der vereinzelt Lebenden und Wirtschaftenden behinderte.

PCP-Kader hätten jahrelange organisatorische Arbeit unter den Massen geleistet, was es ihnen erlaubt habe, sich wie der „Fisch im Wasser" zu bewegen. Auch über ihre sozialen Verbindungen, etwa zu ihren Familien oder Dörfern, hätten die Kader Akzeptanz und Unterstützung mobilisieren können.

Für die PCP sei die Organisierung von CDC eine Provokation gewesen, die sie oft mit Angriffen durch die Guerilla oder der Erschießung von CDC-Führern beantwortete, was eine abschreckende Wirkung gehabt habe.

Insbesondere als *comando* die Initiative bei der Gründung zu übernehmen sei dadurch zu einer oft lebensgefährlichen Entscheidung geworden.

3. Bewohner von Comunidades Campesinas

Unterstützung oder Akzeptanz für die PCP und das EGP hätten Widerstand gegen die staatlichen Befehle bewirkt, CDC zu gründen.

Die Versprechungen der PCP, mit der rassistischen Unterdrückung und der Verelendung ein für allemal zu brechen, hätten bei Teilen der Bevölkerung großen Anklang gefunden[41].

Die Versuche, allein durch Terror den Aufbau von CDC zu erzwingen, seien als Fortsetzung der historischen Unterdrückung wahrgenommen und deshalb zurückgewiesen worden.

Die Angst, nach dem Aufbau von CDC zur Zielscheibe für Guerillaangriffe zu werden und die Erfahrung in diesem Fall nicht auf die Hilfe der FFAA rechnen zu können, hätten Comunidades ebenfalls bei der Umsetzung der staatlichen Befehle zögern lassen.

Je größer die Macht der PCP in einem Gebiet oder einem sozialen Sektor war oder erschien, desto weniger Bereitschaft, habe sich zur Kollaboration mit den FFAA gefunden. Neben der militärischen Stärke sei hier vor allem der Grad ihrer sozialen Verwurzelung von Bedeutung.

---

[40] Coronel 1996, S. 45; Degregori 1996[2], S. 193, S. 197
[41] Coronel 1996, S. 47, S. 70, S. 91

V "La Contrarevolución como movimiento social": Theoretische Anmerkungen zur Untersuchung der CDC

Nachdem ich so in groben Zügen dargestellt habe, welchen Rahmenbedingungen und Faktoren für die Entstehung der CDC nach Meinung der Autoren besondere Aufmerksamkeit bei Versuchen der Erklärung der Entwicklung in der Sierra geschenkt werden muß, geht es nun um eine theoretische Annäherung an die Bedingungen revolutionärer Bewegungen mit bäuerlicher Basis. Dazu vergleiche ich Forschungsfragen und Thesen eines Theoriestrangs zu „peasant revolutions" - einer breit geführten Diskussion über die Umstände von Bauernrevolutionen -, der vor allem auf den Kontroversen verschiedener Nordamerikanischer Autoren aufbaut (vgl. Kapitel 1) mit den theoretischen Bezugnahmen, die in den Texten der Autoren des von Degregori herausgegebenen Buches[1] auffallen. Im Hinblick auf die Frage, inwieweit die Untersuchungen zu den CDC zu einer Systematisierung von Erklärungsansätzen für die Entwicklungen im Verlauf des Krieges in Peru beitragen können, bietet sich der Rückgriff auf diese Kontroversen an. Diese stellen ebenfalls die Frage nach den Möglichkeiten einer Bestimmung verallgemeinerbarer Tendenzen, unter welchen Bedingungen eine revolutionäre Bewegung auf die Unterstützung (bestimmter Gruppen) von Bauern rechnen kann, wann das „Angebot" der Teilnahme an einer Revolution geeignet ist, Unterstützung zu mobilisieren und wann im gegenteiligen Fall die Entscheidung der Bauern zuungunsten der Revolutionäre ausfällt und sie im Extremfall bereit sind, militärisch gegen die Aufständischen vorzugehen.

Eine „Theoretisierung" der Ereignisse in der peruanischen Sierra wird unter der Überschrift „La Contrarevolución como movimiento social" auch von Starn vorgenommen[2]. Wie die Überschrift vermuten läßt, kommt Starn (wie auch Degregori[3]) zu der Charakterisierung

---

[1] Degregori 1996
[2] Starn 1996; S. 241
[3] Degregori 1996[1]; S. 27

der CDC als *sozialer Bewegung*. Daher folgen einige Anmerkungen zur möglichen Problematik der Anwendung von „Theorien über (neue) soziale Bewegungen" insbesondere auf den Kontext der Entwicklungen im Verlauf des Krieges in Peru (vgl. Kapitel 2). Dadurch lassen sich immanent in den Texten über die CDC enthaltene Theoriebausteine erfassen. Gleichzeitig verweist die Darstellung grundsätzlicher Differenzen in den unterschiedlichen Fragestellungen und dem Umgang mit Theorien auf die politisch-ideologischen Implikationen des von den Autoren gewählten Ansatzes.

1 „Why Peasants Rebel"

Cynthia McClintock veröffentlichte 1984 unter dem Titel "Why Peasants Rebel: The Case of Peru´s Sendero Luminoso" einen Aufsatz[4], in dem sie die Hintergründe der „bedeutenden" (considerable) Unterstützung der PCP durch Bauern in der südlichen Sierra untersucht: „Never before has a Peruvian guerrilla group ranged over such a wide part of the country, and never before has such a group threatened the order of daily life in the capital. Why has rural protest risen to such levels in Peru?"[5] Mc Clintock setzt sich mit zwei zentralen Kontroversen über die Hintergründe von Bauernrevolutionen am Beispiel aktueller Entwicklungen in Peru auseinander. Es geht dabei erstens um die Bedeutung einer Subsistenzkrise für Bauernrevolten und zweitens um die Frage, welche Agrarstruktur revolutionäre Aktivitäten (von Bauern) besonders fördert. Diese Kontroversen entstammen beide einem theoretischen Genre, das sich als Forschungsgegenstand mit Bauern in Revolutionen befaßt und dessen zentrale Kontroversen durch die Veröffentlichungen von sechs Autoren[6] vor allem in den 70er Jahren ausgelöst wurden. Bis in die 60er Jahre des 20. Jahrhunderts war die Frage nach der politischen Rolle und Bedeutung von Bauern für die erfolgreiche Durchführung von (modernen) Revolutionen weitgehend

---

[4] McClintock 1985
[5] ebda.; S.48
[6] Eric Wolf, James Scott, Samuel Popkin, Joel Migdal, Jeffrey Paige und Theda Skocpol (vgl. McClintock 1985; S. 48 bzw. Skocpol 1982; S. 352)

eine Domäne „klassischer" kommunistischer Autoren zu diesem Thema[7].

Ab den 60er Jahren fand das Thema dann in einem weiteren Rahmen Aufmerksamkeit, als sich Wissenschaftler und Wissenschaftlerinnen verschiedener Theorierichtungen begannen, mit revolutionären Bauern zu beschäftigen. 1966 erschien Barrington Moores „Soziale Ursprünge von Diktatur und Herrschaft"[8], in dem der Autor die aktive Rolle bäuerlicher Bevölkerungen bei der Herausbildung moderner Gesellschaften betont, indem er hervorhebt „daß der Bauer in der Moderne ein ebenso mächtiges Agens der Revolution war wie die Maschine"[9]. Skocpol sieht in solchen Thesen aus Moores Buch den theoretischen Anstoß (in erster Linie für US-amerikanische Wissenschaftler), der weitere Wissenschaftler motivierte, die genaueren Umstände des revolutionären Handelns von Bauern in der Moderne zu erforschen[10]. Zu diesem gesteigerten Interesse am Thema trug nach ihrer Auffassung nicht zuletzt die Intervention der US-Streitkräfte in Vietnam und damit die Eskalation des Krieg gegen eine „Bauernrevolution" zu diesem Zeitpunkt bei[11].

Nach Skocpol lassen sich die Kontroversen bis Anfang der 80er Jahre auf drei zentrale Fragen zuspitzen[12]:

Welche Bauern neigen am ehesten zu revolutionärem Handeln und warum? Welche Rolle spielen politische und militärische Organisationen in Revolutionen mit einer bäuerlichen Basis? und Werden durch den kapitalistischen Imperialismus die Bedingungen für auf Bauern gestützte Revolutionen bereitet und wenn ja, wie?

Skocpol faßte 1982 die Argumente kritisch zusammen, die sich jeweils aus den Arbeiten von Migdal, Moore, Paige, Scott und Wolf

---

[7] Die Positionen von Karl Marx (über Friedrich Engels, Wladimir Iljitsch Lenin und Josef Stalin) bis Mao Tse-tung faßt Harald Fuhr zusammen (Fuhr 1987; S. 34, ff.).
[8] auf deutsch wurde das Buch 1969 veröffentlicht: Moore 1969
[9] Moore 1969; S. 520
[10] Skocpol 1982; S. 352
[11] Wolfs 1969 erschienenes „Peasant Wars of the Twentieth Century" bildete dann nur den Anfang einer ganzen Reihe von einflußreichen Veröffentlichungen, die in den 70er Jahren zum Thema der peasant revolutions folgten: 1974 erschien Migdals „Peasants, Politics and Revolution", 1975 Paiges „Agrarian Revolution", 1976 folgte Scotts „The Moral Economy of the Peasant" bzw. vom selben Autor 1977 „Hegemony and the Peasantry" und 1979 Popkins „The Rational Peasant" und Skocpols „States and Social Revolutions".
[12] Skocpol 1982, S. 353

in Bezug auf diese drei Fragen herausarbeiten lassen. Im Vergleich der Texte[13] wird deutlich, daß aus den Versuchen der Typisierung besonders revolutionärer (Gruppen von) Bauern im Sinne einer schematischen Zusammenstellung von unmittelbaren Lebensumständen der Bauern in ihrem lokalen Umfeld zwei Ergebnisse resultieren:

1.) Es finden sich widersprüchliche Schlußfolgerungen bei der Einschätzung, welche Gruppe von Bauern *die* revolutionärste sei. In Dorfbewohnern mit eigenem Landbesitz sehen Wolf (der ihre relative materielle Sicherheit und erschwerte Kontrolle durch staatliche Autoritäten betont) und Scott (der dagegen mit der kulturellen und sozial-organisatorischen Autonomie argumentiert) das größte revolutionäre Potential, da sie größere Spielräume bei der Organisierung von Widerstand hätten. Im Gegensatz zu dieser Argumentation, die auf dem Kriterium kultureller und geographischer Differenzen aufbaut, kommt Paige über eine Interpretation der politischen Auswirkungen von Klassenbeziehungen im Agrarsektor zum gegenteiligen Schluß: Er sieht die landbesitzenden Kleinbauern aufgrund ihrer Isolation voneinander und der Konkurrenz in der sie untereinander stehen generell als wenig risikobereit und in einer starken Abhängigkeit von reichen Bauern bzw. den oberen ländlichen Klassen befangen. Statt dessen läge das revolutionäre Potential in erster Linie bei den besitzlosen Landarbeitern oder Pächtern, wobei dieses Potential sich nur dann in einer wirklichen revolutionären Bewegung ausdrücken werde, wenn die Einkünfte der landbesitzenden Oberklassen ihre Einkünfte aus der Verfügung über die Ressource Boden und nicht aus der Anwendung von Kapital beziehen.

Skocpol kommt zu dem Schluß, daß Paiges Argumentation von dem Datenmaterial aus seiner eigenen Forschung widerlegt werde, aus dem vielmehr hervorgehe, daß „*either* peasant smallholders or landless laborers can end up playing important parts in revolutions."[14]

2.) Der Versuch herauszuarbeiten, wer *die* revolutionärsten Bauern seien, scheitert an der Unmöglichkeit, diese Frage pauschal zu beantworten. Insbesondere die Art der Einkommensquelle von Bauern

---

[13] Skocpol 1982; auf diesen stützt sich auch die folgende Übersicht
[14] Skocpol 1982; S. 359

als alleiniges Kriterium für deren politisches Potential heranzuziehen, sei unmöglich, eine Schlußfolgerung, die sich für Skocpol schon aus der Analyse der Argumentation für die oben genannten Einteilungen ergibt. Statt dessen schlägt sie im Rückgriff auf Moores Unterscheidung verschiedener Formen kommunaler Solidarität („konservative", unter der Kontrolle reicher Bauern sowie „radikale", innerhalb derer Bauern die Möglichkeit haben, aus den kommunalen Strukturen heraus Widerstand zu organisieren[15]) eine „sozialstrukturelle" Annäherung vor, „that looks closely at institutionalized economic and political relations between landed upper classes and agrarian lower classes, on the one hand, and institutionalized relations among the peasants themselves, on the other."[16].

Skocpol wendet sich somit gegen eine starre Schematisierung festgelegter Gruppen von Bauern. Sie wendet sich dann der zweiter Frage nach der Rolle militärischer und politischer Organisationen in Revolutionen mit bäuerlicher Basis zu. Hier bezieht sie sich zunächst zustimmend auf Migdal und pflichtet ihm bei, was die immense Bedeutung von politischen Organisationen auf nationalem Niveau anbelangt, durch die das revolutionäre Potential von Bauern erst erfolgreich kanalisiert werden kann: „Such `revolutionary movements,´ Migdal points out, `are created by the impetus of those from outside the peasant class...[T]he participation of peasants in revolutionary organizations is preceded by the development of an organizational superstructure by students, intellectuals, and disaffected members of the middle class´"[17]. Sie unterscheidet dann zwei verschiedene Fälle der Teilnahme von Bauern an revolutionären Prozessen. Im ersten Fall müssen die Bauern nicht direkt in die revolutionären Organisationen integriert sein, sondern können mittels ihren eigenen Formen der Organisierung eine auf nationalem Niveau geschaffene Krise der alten Ordnung ausnutzen und in weiträumigen Rebellionen ihre Gegner auf lokalem Niveau entmachten[18]. Die Konsolidierung eines neuen Staates erfolgt dann nicht über die direkte

---

[15] vgl. Moore 1969; S. 545, ff.
[16] Skocpol 1982; S. 360
[17] ebda.; S. 362
[18] Als Beispiele werden Frankreich, Mexico und Rußland genannt (ebda.; S. 363).

politische Mobilisierung der Bauern durch die Revolutionäre, sondern durch die militärische Kontrolle der Gebiete der Rebellionen. Einen anderen Weg stellt nach Skocpol die Variante dar, in der die Ressourcen und Arbeitskraft der Bauern direkt in den Aufbau der sozialen Institutionen und staatlichen Organisationen des neuen Regimes einfließen[19]. Über diese direkte organisatorische Einbeziehung in den Prozeß der Revolution könnten Bauern ihre Interessen oft durch ihren Einfluß auf politische und militärische Organisationen der Revolution viel besser durchsetzen, auch wenn sie im Vergleich zum ersten Fall weniger „autonom" seien. Skocpol geht davon aus, daß mit dieser notwendigen Unterscheidung viele Kontroversen zwischen den Autoren zum Thema aufgelöst werden können, da sich ihre widersprüchlichen Einschätzungen, z.B. in Bezug auf die Notwendigkeit weitgehender Autonomie der Bauern oder den Einfluß von politischen Organisationen durch die Untersuchung verschiedener Typen bäuerlicher Revolutionen (gemäß dieser zwei Fälle unterschiedlicher Formen der Zusammenarbeit zwischen Bauern und Revolutionären) erklären lassen. Das jeweilige Gewicht der einzelnen Faktoren müsse daher im Zusammenhang mit einer Untersuchung der allgemeinen Charakteristika der Revolution bestimmt werden.

Außerdem hingen die Bedeutung und die Möglichkeiten revolutionärer Organisationen, die Unterstützung bei Bauern suchen, zu einem großen Teil von der Macht des Staates ab, bzw. dem Grad, in dem sich revolutionäre Bewegungen von ihren operativen Fähigkeiten her in der Lage zeigen, diese zurückzudrängen. Nach Skocpols Auffassung ist für den Erfolg einer Revolution zwar letztlich entscheidend, ob es gelingt, die Bauern zu mobilisieren oder nicht. Die Möglichkeit dieser Mobilisierung würde jedoch von notwendigen Voraussetzungen abhängen, die im Folgenden dargestellt werden. Insbesondere in dem zweiten Fall einer Revolution mit organisierter Einbindung von Bauern in den revolutionären Kampf sei die Fähigkeit der Revolutionäre ausschlaggebend, unter den Bauern die Forderung nach kollektivem oder (Klassen-) Nutzen zu fördern und solche kollektiven Gewinne auch zur Verfügung zu stellen. Erst *danach*

---

[19] Hier sind die genannten beispiele China und Vietnam (ebda.).

könnten sie damit rechnen, daß die begünstigten Massen auch bereit sein werden, das relativ hohe Risiko einer offenen Parteinahme auf Seite der Revolutionäre zu tragen. Da die Möglichkeiten zur Organisierung solcher „collective benefits" innerhalb der Reichweite staatlicher Repressionskräfte sehr gering seien, hingen erfolgreiche revolutionäre Prozesse davon ab, Orte oder Zeiten zu finden, wo die Macht des Staates jeweils stark geschwächt ist. Die wahrscheinlichsten (äußeren) Anlässe für eine Schwächung staatlicher Macht sieht Skocpol in Kriegsniederlagen oder internationalen Militärinterventionen.

In Bezug auf die zweite der drei Ausgangsfragen hat Skocpol somit die Bedeutung von Faktoren auf überlokaler und nationaler Ebene aufgewiesen, um sich dann der dritten Frage nach der Bedeutung internationaler Zusammenhänge zuzuwenden. Auch hier werden die unterschiedlichen Positionen verschiedener Autoren diskutiert. Generell gehen sowohl Moore, wie auch Migdal, Paige und Wolf davon aus, daß die weltweite Durchsetzung des Imperialismus als ein Revolutionen fördernder Faktor betont werden muß. Wichtige Unterschiede bestehen indes in der Beschreibung der Art, wie dies geschieht. Wolf nennt den Verlust eines etablierten präkapitalistischen Gleichgewichts sowohl in Bezug auf die Aneignung des bäuerlichen Mehrprodukts wie auf lokale und nationale Machtverhältnisse als wichtige Veränderungen im Zuge des Eindringens des Kapitalismus in vorkapitalistische Gesellschaften. Migdal legt eher Wert auf die Ausdehnung staatlicher Kontrolle über vormals weitgehend selbständige Gebiete im Zuge von kolonialer und imperialistischer Herrschaft. Durch diese Ausdehnung staatlicher Bürokratien zusammen mit der Durchsetzung markt- und warenförmiger Wirtschaftsbeziehungen würden Bauern gezwungen sich statt an lokalen subsistenzzentrierten Beziehungen nunmehr an überlokalen ökonomischen Bedingungen zu orientieren, in denen sie unsicher(er) sind und ausgebeutet werden. Paige schließlich betont als Folge internationaler Einflüsse die Entstehung weltmarktorientierter Enklavenwirtschaften in den Ländern unter imperialistischer Herrschaft. Nach dem Ende kolonialer Herrschaft entwickelten sich die Exportsektoren über die Entfaltung von

Klassenkämpfen zu „centers of revolutionary social movements"[20]. Skocpol schlägt nun vor, auch diese Einschätzungen der Wirkung imperialistischer Herrschaft eher als ein Set verschiedener, zum Teil parallel denkbarer Möglichkeiten aufzufassen, da alle drei Positionen eine gemeinsame Grundlage in der Annahme hätten, daß sich der imperialistische Einfluß auf Entstehung und Entwicklung von Bauernrevolutionen besonders in einer „Kommerzialisierung" (commercializing influence) von Agrargesellschaften und bäuerlichem Leben ausdrücke. Sie selbst fügt der Beschreibung dieser Veränderungen auf ökonomischer Ebene dann aber noch die Ebene von Staat und organisierter Politik hinzu, die ebenfalls in die Untersuchung miteinbezogen werden müsse. Ihr in „States and Social Revolutions" vorgeschlagener staatszentrierter Ansatz erlaube, die Entstehung von Bauernrevolutionen auch in Staaten wie China zu erklären, wo die revolutionäre Situation eher aus zwischenstaatlichen Veränderungen und damit einhergehenden politischen Veränderungen inländischer (Klassen-)Beziehungen resultiere, denn aus einer ökonomischen „Modernisierung" des Agrarsektors. „Such [peasant-based] revolutions have emerged more invariably out of occasionally favourable political situations, shaped in large part by the interstate dynamics of the modern world-capitalist era. ... Only in favorable political circumstances such as these has the insurrectionary potential of peasants - whether traditionalist or commercialising, landed or landless - actually been able to propel revolutionary transformations."[21]

Skocpols Folgerungen aus ihrem Überblick lassen sich in dem Vorschlag zusammenfassen, die umfangreichen Forschungsarbeiten zum Thema Bauern und Revolution unter einer neuen Fragestellung zu reinterpretieren und dadurch die scheinbaren Widersprüche in Bezug auf das revolutionäre Potential verschiedener sozialer Gruppen als Ausdruck von revolutionärer (bäuerlicher) Aktivität in je spezifischen Kontexten sichtbar zu machen. Die alte Frage des "warum rebellieren Bauern?" könnte durch eine neue ersetzt werden, die ungefähr lautet "warum und unter welchen Bedingungen können Bewegungen das revolutionäre Potential von Bauern für eine

---

[20] ebda.; S. 369
[21] ebda.; S. 373

Revolution mobilisieren?" oder auch "welche Art von Koalitionen gehen Bauern in erfolgreichen Revolutionen ein und wer sind die Bündnispartner?". Die Beantwortung dieser Fragen erfordert eine Untersuchung des gesellschaftlichen Rahmens in dem sich die Revolution abspielt inklusive internationaler Zusammenhänge. Harald Fuhr weist darauf hin, daß die Debatte Anfang der 80er Jahre damit praktisch an ihren Ausgangspunkt, d.h. zu Wolfs Pesant Wars zurückgekehrt war, nachdem der Versuch, eine systematische Revolutionstheorie aus der exklusiven Erforschung von Bauern und ihrem direkten Lebensumfeld zu entwerfen, zu keinem befriedigenden Ergebnis kam. Dieses Scheitern eines zu engen Fokus verweist letztlich sogar wieder auf Moores „Soziale Ursprünge" zurück, in denen der Autor ebenfalls zu dem Ergebnis kommt: „Bevor wir die Bauernschaft betrachten, müssen wir die ganze Gesellschaft betrachten."[22] Denn nur die Analyse der verschiedenen gesellschaftlichen Klassen, ihrer jeweiligen Interessen und der *Klassenbeziehungen* innerhalb der Gesellschaft erlauben eine Erklärung des Erfolgs oder Mißerfolgs bäuerlicher Revolutionen. Moore ging auch bereits 1966 von der entscheidenden Bedeutung des Zustandekommens tragfähiger Klassenkoalitionen aus: „Ob dieses [revolutionäre; d.V.] Potential [in der Bauernschaft; d.V.] politisch wirksam wird oder nicht, hängt von der Möglichkeit einer Verschmelzung der Beschwerden der Bauern mit denen anderer Schichten ab. Auf sich selbst gestellt, haben die Bauern noch nie eine Revolution zustande gebracht. ... Die Bauern brauchen Führer aus anderen Klassen."[23] Diese stammten z.B. als Führer revolutionärer Parteien häufig aus den Reihen unzufriedener Intellektueller. Die Notwendigkeit einer solchen ideologischen und organisatorischen Führung zu vermerken, steht nach Moore aber auf keinen Fall im Widerspruch zur Anerkennung der ebenso notwendigen Gärung innerhalb der Bauernschaft, die durch deren Lebenssituation ausgelöst wird. Die Tendenz, aus der führenden Beteiligung von Intellektuellen an bäuerlich getragenen Revolutionen einen zwangsläufigen

---

[22] Moore 1969; S. 524
[23] ebda.; S. 549

Interessengegensatz innerhalb der Bewegung zu unterstellen[24], führt er daher auf einen verengten Horizont der Betrachter zurück, die die Bedeutung von Intellektuellen überbetonen, „weil die Geschichtsschreiber selber Intellektuelle sind. Es ist ein ganz besonders irreführender Trick, zu leugnen, daß eine Revolution von Beschwerden der Bauern ausging, bloß weil ihre Führer Akademiker oder Intellektuelle waren."[25]

In einem neuen Anlauf, das revolutionäre bäuerliche Potential aus einem erweiterten Blickwinkel - dem der klassenübergreifenden Dynamiken im Verlauf revolutionärer Prozesse - zu erklären, entstanden dann in den 80er Jahren Forschungsarbeiten wie die von Fuhr, in der sich der Autor der Untersuchung der „politischen Dynamik des peruanischen Agrarsektors" widmet und dazu „revolutionäre Koalitionen" in der jüngeren Geschichte des peruanischen Agrarsektors betrachtet[26]. Im Vorwort zu seiner Arbeit nimmt er auch auf die Konstellation des Bürgerkrieges im Sinne Moores Bezug: „Erst an diesem Schnittpunkt zweier Interessen - den bäuerlichen nach Veränderungen und Verbesserungen ihrer sozialen und wirtschaftlichen Situation und einer Teilhabe am gesellschaftlichen Wandel des Landes, und den Interessen einer Gruppe an revolutionärer Umgestaltung vom Lande aus - entstanden die Möglichkeiten für die Operationen des Sendero und das immer wieder notwendige `Untertauchen der Senderistas´"[27].

2   Erklärungsansätze „(neuer) sozialer Bewegungen"

Parallel zu diesem Diskussionsstrang entwickelte sich noch eine weitere Linie in der wissenschaftlichen Forschung, die ganz andere Konsequenzen aus dem gescheiterten Versuch zog, die Frage nach

---

[24] Im Zusammenhang meiner Arbeit dürfte Degregori ein herausragendes Beispiel für diese Tendenz sein, der aus der maßgeblichen Beteiligung von Intellektuellen beim Aufbau der PCP einen kleinbürgerlichen Klassencharakter der Partei ableitet und daraus grundsätzliche Interessenkonflikte zwischen Kadern und Bauern erklärt.
[25] Moore 1969; S. 550
[26] Fuhr 1987; S. 2
[27] ebda.

dem „warum" der Bauernrevolutionen zu beantworten. Anstatt weiter zu versuchen, bäuerliche Revolutionen zu erklären und dazu die Rolle anderer Subjekte als Bauern ins Visier zu nehmen, behielten sie den Fokus auf *den* Bauern bei. Nun sollten nicht mehr die Gründe und Formen der Beteiligung von Bauern an Revolutionen erklärt werden, sondern die Zeit „between revolts"[28] rückte ins Zentrum des Interesses, der bäuerliche Alltag. *Alltägliche* Formen des Widerstands wie Verweigerung, sich Verstellen, Stehlen oder Sabotieren seien *die* „Waffen der Schwachen"[29] (weapons of the weak), mit denen sich Bauern in der überwältigenden Mehrheit der Fälle zur Wehr setzten - und nicht in Gestalt revolutionärer Erhebungen - argumentiert Scott 1985 in „ Weapons of the Weak: Everyday Forms of Peasant Resistance"[30]. So wird der Fokus der Betrachtung weg von den gesellschaftlichen Strukturen und der sogenannten „großen Politik" und hin zu individuellen Verhaltensweisen gerichtet. Huber fragt sich angesichts der Tatsache, daß Scott 1985 ausschließlich die informellen Formen des Protests betont, „inwieweit Diebstahl, Brandstiftung, Verleumdung, Desertieren oder Arbeitsverweigerung dazu angetan sind, den niedrigen ökonomischen und sozialen Status der bäuerlichen Bevölkerung zu überwinden; mir scheinen sie ihn statt dessen eher zu perpetuieren."[31] Das hält ihn allerdings nicht davon ab, „die von Scott angeregten Überlegungen zu den `alltäglichen Formen des Widerstandes'" als „das Interessanteste" einzustufen, was in der Dekade der 80er Jahre zur Diskussion „um das revolutionäre Potential der Bauern" beigetragen wurde[32].

Der theoretische Schwenk von Scott und anderen Autoren zog die Möglichkeit nach sich, „Bauern und Widerständigkeit" als Untersuchungsgegenstand in einen ganz anderen theoretischen Kontext einzubetten. Die Rede ist hier von (vor allem in Europa

---

[28] Scott 1986; S. 6
[29] Schon für seine Darstellung bäuerlichen Lebens in der „Moral Economy" mußte sich Scott von Skocpol vorhalten lassen: „To read Scott is to get the impression that all `peasant villages´ are basically the same: communal, subsistance-orientated, nonexploitative, culturally in tension with `outside´ dominant classes, and economically on the defense against encroaching capitalism or imperialism." (Skocpol 1982; S. 360).
[30] Scott 1985
[31] Huber 1992; S. 56
[32] ebda.; S. 55

entwickelten) Theorien über (neue) soziale Bewegungen. Im Folgenden soll die theoretische Diskussion in Europa kurz in ihrer Beziehung zu aktuellen gesellschaftlichen Entwicklungen dargestellt werden, da sich aus diesem spezifischen Hintergrund der Entstehung grundsätzliche Probleme bei der Übertragung auf Lateinamerika ergeben. Dies ist hier von Bedeutung, weil die von mir im weiteren behandelten Texte der Autoren zu den CDC wesentliche theoretische Anleihen bei einer Theorietradition zwischen Scott und Touraine machen[33]. Ich beziehe mich dabei auf Joe Fowerakers „Theorizing Social Movements"[34], in dem der Autor für die Entwicklungen der Diskussion um soziale Bewegungen den einen (vor allem nordamerikanischen) Strang einer *resource mobilization theory* von der (vor allem in Europa entwickelten) *new social movement theory* unterscheidet[35]. Foweraker kommt in seinem Überblick über die theoretische Landschaft Mitte der 90er Jahre zu folgenden Ergebnissen: Zum einen weist er auf die Notwendigkeit hin, bei einem Vergleich der beiden Theorielinien den jeweiligen gesellschaftlichen Hintergrund ihrer Entstehung, d.h. die verschiedenen ökonomischen und politisch-sozialen Dynamiken in Europa bzw. Nordamerika zu berücksichtigen. Zum anderen stellt er in Bezug auf die Anwendung der Theorien zur Erklärung von sozialen Bewegungen in Lateinamerika fest, daß sich die überwiegende Mehrheit von Autoren der Kategorien und Methoden der europäischen Linie der new social movement theory bediene und demgegenüber die resource mobilization theory kaum zur Erklärung und Beschreibung lateinamerikanischer Bewegungen und ihrer Dynamiken eingesetzt werde. Aus dem Vergleich der gesellschaftlichen Verhältnisse in Europa, unter denen die Theorien zu neuen sozialen Bewegungen formuliert wurden - und auf die sie sich zentral beziehen, indem die Untersuchungen das Handeln in diesen Verhältnissen agierender Akteure zum Gegenstand haben - mit den lateinamerikanischen Gesellschaften schließt Foweraker dann, daß die new social movement theory nur bedingt zur Erklärung lateinamerikanischer Sozialbewegungen taugt. Da diese im Unterschied zu europäischen „neuen" sozialen Bewegungen häufig viel stärker die Bewältigung

---

[33] vgl. Degregori 1996[1], S. 27; Degregori 1996[2], S. 224
[34] Foweraker 1995

konkreter materieller Probleme zum Ziel hätten, schlägt der Autor daher vor, zukünftig verstärkt mit den theoretischen Ergebnissen der resource mobilization theory zu arbeiten, die geeignet sei, auch zu erfassen, *wie* soziale Bewegungen in Beziehung mit dem Staat und anderen Akteuren Ressourcen organisieren.

In Bezug auf die Diskussion um die CDC sind zwei Überlegungen Fowerakers besonders interessant: Auf der einen Seite die Fragestellung, inwieweit die Theorien der europäischen Tradition überhaupt geeignet sind, soziale Prozesse in Lateinamerika zu beschreiben, bzw. ob der „post-industriell"-europäisch gefärbte (neue) Begriff der sozialen Bewegung sich auf Entwicklungen in Lateinamerika sinnvoll anwenden läßt. Auf der anderen Seite scheint mir Fowerakers Methode besonders geeignet, d.h. die von ihm vorgenommene vergleichende Untersuchung der gesellschaftlichen Verhältnisse zur Beantwortung dieser Frage und dabei Ermittelung der Übertragbarkeit von Begriffen bzw. die Schwierigkeiten bei der Anwendung auf so unterschiedliche Kontexte.

Die gesellschaftliche Grundlage in europäischen Staaten, die die Entwicklung der new social movement theory beeinflußten, läßt sich nach Foweraker wie folgt zusammenfassen: Der die Nachkriegsära prägende sozial-demokratische Konsens, der auf wohlfahrtsstaatlicher Ressourcenverteilung und der zentralen Rolle einer „korporatistischen" Arbeiterbewegung mit großem Einfluß auf die Gestaltung von Wirtschafts- und Sozialpolitiken fußte, geriet spätestens in den 70er Jahren in eine unübersehbare Krise[36]. Den relativen Bedeutungsverlust (industrieller) Lohnarbeit mit ihrer Funktion einer zentralen Instanz zur Vergesellschaftung und damit auch Identitätsbildung interpretierten Theoretiker im Gefolge von Alain Touraine als Übergang von der Industrie in die sogenannte „Post-Industrielle" Gesellschaft. Jenseits der „alten" Arbeiterbewegung, d.h. vor allem der korporatistischen Gewerkschaften, entwickelten sich ab den 60er Jahren Bewegungen, die als „neue" Sozialbewegungen in die Theorie eingingen: Meist zur Lösung partikularer Fragen[37] organisiert, eher auf Einflußnahme

---

[35] vgl. ebda.; S. 2, f.
[36] ebda.; S. 14
[37] Die Frauenbewegung(en) könnten hier insofern als Sonderfall behandelt werden, da sie am ehesten „allgemeine" Forderungen aufstellten.

denn auf Integration in das etablierte politische System ausgerichtet. Die Entstehungsbedingungen dieser sozialen Bewegungen, wie sie die new social theory nach Foweraker im allgemeinen annimmt und auf deren Grundlage sie die Bewegungen analysiert sind: „material plenty, a developed and unrestricted civil society, and liberal democratic regimes."[38] Der Autor betont vor allem die über die entwickelte civil society gegebenen Möglichkeiten der Einflußnahme sowohl auf politische Entscheidungen wie auch auf die Gestalt normativer Orientierungen, dem Wertesystem der Gesellschaft. Dieses angenommene Potential ermöglicht, die Konstruktion von „postmateriellen" Werten[39] und vor allem *Identitäten* in den Mittelpunkt der Theorie zu rücken[40]. Touraine kann auch an dieser Stelle exemplarisch genannt werden. Mit seinem akteurszentrierten Ansatz, der die Produktion historischer Situationen durch die Akteure erklären will, betont er auch die Bedeutung der normativen Orientierung der Handelnden, da die Aktivitäten sozialer Bewegungen keine objektive Bedeutung hätten, die sich vom Bewußtsein der Handelnden getrennt analysieren ließe: „the meaning of social movements can only be understood `through action which is normatively orientated´"[41]. Auch bei Laclau und Mouffe verschwinden historische Bedingungen und objektive Interessen: Sowohl die Interessen von Individuen als auch identitätsstiftende Momente werden diskursiv in der Praxis sozialer Bewegungen erst erzeugt[42]. Mit diesem so verstandenen Begriff der Identität haben wir eine zentrale Kategorie vor uns, die auch in den Texten über die CDC in dieser Bedeutung gebraucht wird. Bevor ich auf die spezifische Anwendung der Versatzstücke der new social movement theory bei Starn eingehe, bietet es sich an dieser Stelle an, die Problematiken zu umreißen, die sich nach Foweraker aus einer unkritischen Übertragung der Theorie auf lateinamerikanische Gesellschaften ergeben. Diese sind zunächst einmal in Bezug auf die Ausgangsbedingungen, unter denen soziale Bewegungen in Europa entstanden grundverschieden: Eine der europäischen „civil society" vergleichbare vor-staatliche Sphäre der Interessenartikulation existiert

---

[38] Foweraker 1995, S. 34
[39] ebda.; S. 10
[40] vgl. ebda.; S. 11, ff.
[41] ebda.; S. 11
[42] ebda.; S. 13

nicht, vielmehr bestimmen weitgehend autoritäre oder populistische Regime das Bild, die gesellschaftlichen Akteuren bestenfalls eine Interaktion im Rahmen klientelistischer Beziehungen ermöglichen. Foweraker sieht soziale Bewegungen in Lateinamerika weniger als Akteure innerhalb einer imaginären civil society, denn als Teil einer Entwicklung, die gegebenenfalls eine solche erst hervorbringen kann[43]. Den Bewegungen Lateinamerikas steht im Gegensatz zu den europäischen angesichts eines fehlenden Rahmens (bürger)rechtlicher Garantien somit eine zentrale Grundvoraussetzung für die staatsunabhängige Interessenartikulation nicht zur Verfügung: „There is a radical difference between contexts where citizenship is enshrined and others where its elements are still inchoate."[44] Schließlich hält Foweraker noch die fundamentalen Unterschiede in Bezug auf die klassenmäßige Zusammensetzung der Bewegungen und die von ihnen artikulierten Interessen fest. Während sich in Europa in den sozialen Bewegungen hauptsächlich kleinbürgerliche Mittelschichtsangehörige in einer „Lebenswelt" zurechtzufinden versuchten, deren normative Basis im Rahmen sozio-ökonomischer Umwälzungen abhanden gekommen war[45], setzen sich die Bewegungen in Lateinamerika zu großen Teilen aus den unteren Klassen, den *clases populares* zusammen. Diese Bewegungen müssen ihre Interessen nicht erst diskursiv oder auf andere Art herstellen:"the basic issue for most communities and associations in Latin America remains how to consume enough to survive, and material demands remain paramount for the great majority of social movements."[46] Foweraker plädiert daher für eine kritische Anwendung der Theorien über neue soziale Bewegungen auf die lateinamerikanische Realität. Unter Berücksichtigung kultureller und politischer Unterschiede könnten diese gerade auch durch die Möglichkeiten vergleichender Betrachtung zum Verständnis dortiger Identitätsbildungsprozesse beitragen. Daneben dürfe allerdings die materielle Dimension der sozialen Forderungen der Bewegungen auf keinen Fall weiterhin außen vor gelassen werden und ebensowenig die Bedeutung „of the

---

[43] ebda.; S. 90, ff.
[44] ebda.; S. 6
[45] vgl. auch Brückner 1983
[46] Foweraker 1995; S. 31

relationship of social movements to their political environment"..[which; d.v.] makes the questions of organization, strategy and resources essential to their analysis"[47]. Sein Argument, die Anwendung von new social movement theory auf Bewegungen in Lateinamerika sei trotz der von ihm dargelegten Schwierigkeiten des europäischen Entstehungskontextes der Theorien geboten, weil die einen wie die anderen Bewegungen „forms of collective action" seien, vermag mich wenig zu überzeugen. Seinem Hinweis auf die Notwendigkeit der Untersuchung von Formen der Ressourcenorganisierung und den spezifischen Beziehungen zu Staat und politischer Sphäre, wie sie in lateinamerikanischen Bewegungen vorkommen, ist dagegen sicherlich zuzustimmen.

3 Die Konterrevolution als soziale Bewegung

Dieser Umweg in die (theoriegeschichtliche) Vergangenheit ermöglicht es nun, den theoretischen Hintergrund zu erhellen, vor dem die Autoren zu den CDC[48] ihre Einordnung der Milizen als „soziale Bewegung" vornehmen. Insbesondere Starn bemüht sich laut dem Vorwort des von Degregori herausgegebenen Bandes, „las rondas en el contexto del debate académico contemporáneo sobre movimientos sociales"[49] einzuordnen. Ich werde mich hier deshalb vor allem mit Starns Artikel[50] befassen, da er der theoretischste ist und sich hier die Anleihen bei verschiedenen Theorien deutlicher als bei den anderen Autoren aufzeigen lassen, die allerdings auch nach ähnlichen Methoden vorgehen.

Starn bezieht sich nicht ausdrücklich auf *eine* bestimmte Theorie oder Theorierichtung. Aus seiner „Einordnung" der CDC in theoretische Diskussionen wird jedoch deutlich, daß er das bäuerliche Handeln im Krieg ausschließlich unter Fragestellungen von Theorien zu sozialen Bewegungen betrachtet und die Fragen der „älteren" Diskussion (vgl. Kapitel 1) nach den Bedingungen, die Bauern zu

---

[47] ebda.; S. 34
[48] vgl. Kapitel CIV3
[49] Degregori 1996; S. 12
[50] Starn 1996

revolutionärem Handeln bringen keine Relevanz haben. Darin drückt sich zunächst einmal scheinbar eine methodische Präferenz aus, die aber gleichzeitig eine politische Entscheidung ist. Wie andere Akteurs- und Identitätsorientierte Zugänge fokussiert Starn seine Überlegungen auf Individuen bzw. deren unmittelbare soziale (Lebens) Zusammenhänge, in diesem Fall „Bauern" und deren Comunidades. Er nimmt auf Konzepte von Hybridität und „kulturellem Gemisch"[51] Bezug und betont die Heterogenität von Gemeinschaft und sozialen Prozessen. Während er im Fall ihrer kulturellen Nicht-Traditionalität die Bauern vor alten Stereotypen in Schutz nimmt, die sie unfähig zu eigener Initiative und selbstbestimmtem Handeln sahen, fällt er andererseits im Fall der Bauern, die sich für eine Organisierung auf Seiten der PCP entschieden, selbst in diese Vorurteile zurück. So untersucht er das Verhältnis zwischen „Bauern" und „PCP", womit er gleichzeitig festschreibt, daß es sich hierbei nicht um identische Akteure handeln kann. Letztlich nimmt auch Starn wieder eine kulturalistische Zuschreibung vor, die „Bauern" entgegen von ihm selbst aufgestellten Imperativen nur als Träger bzw. Konstrukteure von spezifischen kulturellen oder politischen *Identitäten* wahrnimmt[52], aber nicht als handelnde Subjekte in einer sehr materiellen politischen Auseinandersetzung.

Auf diese Weise tritt die Auswahl des new social movement-Ansatzes in ihrer politischen Dimension langsam hervor: Bäuerliches Handeln kann innerhalb der Theorie über soziale Bewegungen schon aus Mangel an einem geeigneten begrifflichen Instrumentarium nicht als Kampf um die Integration in bestehende (staatsförmige)

---

[51] Starn nennt als Beispiele, daß sich im 18. Jh. Topa Inca „geschmückt mit einer spanischen Weste und der königlichen Troddel der Incas, der llautu, um die Stirn gebunden" portraitieren ließ (Starn 1996, S. 258) oder daß er (Starn) zwischen dem traditionellen Hutschmuck lediger Frauen der Punas - bestehend aus Rosen und Nelken - bei seinen Reisen auch blinkendes Silberpapier entdeckte, das aus den Zigarettenpäckchen der Marke „Nacional" stammte (ebda.; S. 260). Starn hat natürlich Recht wenn er diese „signos de creación y recombinación" (ebda.) nicht per se als Ausdruck „des `Subversiven´ oder politisch Fortschrittlichen"(ebda.; S. 258) interpretiert haben will. Ob sie allerdings zum Nachweis einer seit jeher auf „Übersetzung und Transkulturation"(ebda.) gegründeten Kultur taugen, wage ich zu bezweifeln.

[52] Was ihn hierbei von anderen Autoren unterscheidet, ist lediglich, daß er den Bauern zugesteht, sie könnten andere als traditionelle oder archaische „Bauernidentitäten" entwerfen.

[53] Nach Skocpols Aufteilung in autonome oder organisch-integrierte Revolutionsbeteiligung von Bauern, war in den Dörfern der peruanischen Sierra der zweite Fall gegeben, d.h. die direkte Mobilisierung von Bauern in den Organisationen, die nach Willen der PCP die „Keimzellen" des neuen Staats darstellen sollten.

Machtstrukturen begriffen werden[53]. Die Theorie bietet daher den geeigneten Hintergrund, um sowohl die PCP als auch FFAA und FFPP als „den Bauern" und ihrer Lebenswelt äußerliche Akteure zu definieren. Da aufgrund mangelnder Aussagebereitschaft von den Bauern kaum Informationen über ihre Widerstandsversuche gegenüber den heutigen Kriegsgewinnern[54], den staatlichen Aufstandbekämpfungskräften, zu erhalten waren[55], beschränkt sich die Untersuchung zwangsweise auf die Entwicklung der Organisierung gegen die Guerilla.

Während Degregori sich noch die Mühe macht, die Kategorisierung der CDC als soziale Bewegung unter Verweis auf Touraine wenigstens dadurch zu begründen, daß sie „Formen kollektiven Handelns" darstellten[56], fehlt eine solche Begründung bei Starn, der bei der Einordnung „CDC als soziale Bewegung" von einer ganz anderen Seite aus landet. Er kritisierte schon 1991 in seinem Ensayo über die Rondas Campesinas, daß das Hauptaugenmerk in der sozialwissenschaftlichen Debatte über neue soziale Bewegungen auf *urbane Entwicklungen* gerichtet sei. Prozesse sozialer Mobilisierung und Organisation auf dem Land fänden dagegen nur selten Beachtung[57]. Für dieses von ihm kritisierte beschränkte Blickfeld macht er vor allem zwei Gründe verantwortlich:

Erstens handelt es sich bei den Subjekten der Mobilisierungen auf dem Land hauptsächlich um Bauern, was den Begriff Bauernbewegung nahelegt. „Bauer" oder „campesino" scheine im Gegensatz zu neuen, pluralen oder nicht-essentialistischen Identitäten aber für viele zeitgenössische Autoren eine unangenehm anachronistische Kategorie zu sein: „La palabra `campesino´ no suena moderna, sino medieval."[58]. Campesino bezeichnet zudem immer

---

[54] Zur Weigerung der Interviewpartner, Angaben in Bezug auf Überfälle der FFAA zu machen vgl. Coronel 1996; S. 53.
[55] Da diese häufig in Koordination mit der Guerilla stattgefunden haben werden, würde sich zudem das Problem stellen, ob sie dann noch als echtes „bäuerliches" Handeln begriffen werden könnten.
[56] Degregori 1996[1]; S. 27
[57] Nach dem Vergleich von Starns Artikel von 1996 mit früheren Veröffentlichungen (vor allem Starn 1991, sowie Starn 1993) ergibt sich für mich die Vermutung, daß er die CDC so wie vormals die Rondas Campesinas im Norden als soziale Bewegung analysiert, um die von ihm geforderte Anwendung der Theorien über neue soziale Bewegungen nicht länger nur auf städtische Bewegungen in Lateinamerika praktisch voranzubringen.
[58] Starn 1991; S. 18

auch eine Klassenlage, was Starn zu der Annahme bringt, es falle anderen leicht, jede „organización campesina" allein schon aufgrund ihrer Bezeichnung als aus der Mode gekommene Form klassistischer Politik (*política clasista*) zu ignorieren oder abzuwerten[59].

Zweitens mache sich auch auf der Ebene sozialwissenschaftlicher Theorien die Marginalisierung der ländlichen Gebiete in den ehemaligen Kolonien, der *Peripherie der Peripherie*[60], bemerkbar. Urbane Bewegungen seien zum einen sichtbarer, eine Tatsache, die wohl ebensosehr mit der relativen sozialen Nähe der Akteure bzw. ihrer Sprecher zu den sozialwissenschaftlichen Beobachtern zu tun haben wird[61], wie mit der für diese Bewegungen gegebenen Notwendigkeit, sich durch Gebrauch von klassischen Formen bürgerlicher Öffentlichkeit (Medien und Institutionen der sog. Zivilgesellschaft) bemerkbar, eben „sichtbar" zu machen. Zum anderen betont Starn die Kontinuität eines metropolenzentrierten Blicks auf rurale Bewegungen, der auch in den Sozialwissenschaften zu finden sei. Das *Othering* der Bewohner ländlicher Gebiete greife dabei auf eine lange Tradition zurück, in der Reduktionen auf Bilder wie die des edlen Wilden und des mörderischen Wilden fortwirkten. Zuschreibungen und Homogenisierungen dieser Art verhinderten bis heute, daß die ländlichen Bewegungen den ihnen zustehenden Platz in der Literatur über soziale Bewegungen fänden[62].

Ein zentrales Anliegen von Starn ist also, den Ausschluß von Bauern getragener Bewegungen aus der Literatur über Neue Soziale Bewegungen zu überwinden. Der Erkenntnisgewinn, den er sich davon verspricht, ist dabei derselbe, den er durch Schriften von Autoren wie Touraine, Laclau und Mouffe oder Gilroy (für ihn Anfang der 90er Jahre herausragende Vertreter der Debatte über zeitgenössische soziale Bewegungen) allgemein annimmt: Nicht die

---

[59] ebda.
[60] ebda.; S. 16
[61] Als Beleg mag an dieser Stelle der Hinweis auf die Entwicklung vieler peruanischer Nichtregierungsorganisationen dienen. Oft erfüllen sie die Funktion einer Joberzeugungsmaschine insbesondere für Akademiker, die auf dem Arbeitsmarkt ansonsten keine Chance hätten, eine ihrer Qualifikation entsprechende Anstellung zu finden. Hier ist die soziale Nähe zwischen Journalisten, Wissenschaftler und ONG-Mitarbeiter nur zu offensichtlich. (Annette Backhaus vermittelt in ihrer Forschungsarbeit über Frauenprojekte in Lima einen plastischen Eindruck der Widersprüchlichkeit der Arbeit von ONGs, die auch aus der ökonomischen Situation Perus resultiert. vgl. Backhaus 1995)
[62] Starn 1996; S. 230 und 238, ff.

Entdeckung einer wirklich „neuen" Art von Bewegung, sondern vielmehr der veränderte Blick auf jede soziale Bewegung, auch die „alten". Auch die Arbeiterbewegung, Prototyp der sozialen Bewegung „alten" Typs, werde im Licht der neuen Theorie als keineswegs homogene und eindimensionale Bewegung sichtbar. Auch das *Klassenbewußtsein* von deren Mitgliedern sei kein Bewußtsein über eine objektive Lage gewesen, sondern könne im Rückblick als Erfindung einer *politischen Identität* interpretiert werden, als Auswahl aus verschiedenen Optionen, die durch die konkreten Umstände in einer spezifischen Situation gegeben sind. Den Individuen *äußere* Einflüsse machen sich somit in Gestalt der Bedingungen bemerkbar, die den Rahmen von Identitätsbildung und möglichen Handlungsstrategien bestimmen. Starns Formulierungen abstrahieren aber gerade von den Spezifika dieser äußeren Vorgaben. Im Gegensatz z.B. zu Foweraker geht Starn pauschal davon aus, diese diffusen „Bedingungen" hätten in ländlichen Regionen auf die *selbe Art* wie in den Städten ihre Bedeutung: „...los campesinos latinoamericanos también construyen sus vidas en la tenue intersección entre los mundos local, regional y global. Los valores y tradiciones del mundo rural sólo pueden ser comprendidos al interior de las mismas redes temporal y espacial que nos unen a todos en la sorprendente realidad de la interdependencia a escala global, sin importar que uno elija llamarlo `post-modernidad´, `post-colonialismo´, `post-Fordismo´, `capitalismo tardío´ o incluso, como un crítico sugiere, ninguno de los calificativos anteriores que pueden convertirse en `términos tan vacíos y cambiantes..[que puedan] llegar a significar cualquier cosa´."[63].

Dies wäre der Punkt gewesen, an dem Starn eine nähere Bestimmung dieser „räumlichen und zeitlichen Netze" hätte vornehmen können. Dann hätte auch die Möglichkeit bestanden, im Sinne Fowerakers zu einer vergleichenden Analyse verschiedener Bewegungen zu gelangen. Dies würde jedoch erfordern, die konkreten Beziehungen einer „Bewegung" wie den CDC vor allem auch zu Akteuren wie dem Staat zu untersuchen, wie Skocpol das vorschlägt. Es hätte auch geheißen, die ökonomischen, sozialen und kulturellen

---

[63] ebda.; S.258, f.

Folgen des konkreten Verlaufs des Krieges und seiner Ergebnisse auf einer höheren Ebene als der des unmittelbaren Lebensumfelds einzelner Individuen oder Dörfer zu betrachten. Da Starn das nicht tut, kann er folgern, aus der Analyse der Grenzen der CDC resultiere „la reiteración de la heterogeneidad en la composición de todo tipo de movilización social."[64] Der Versuch, allgemein die *Ergebnisse* der Mobilisierung von Bauern in CDC von der exklusiven Analyse der Mikro-Ebene aus zu bestimmen, muß angesichts der praktisch in jedem Dorf unterschiedlich verlaufenen Entwicklung und der unterschiedlichen Auswirkungen auf verschiedene soziale Untergruppen innerhalb jedes Dorfs zwangsläufig dazu führen, daß außer der angeblichen Herstellung eines subjektiven Sicherheitsgefühls bei vielen Bauern nur der „Frieden" im Sinne der Abwesenheit bewaffneter Aktionen der Guerilla genannt werden kann[65]. Mehr ist nach Starn auch kaum möglich, denn: „Un movimiento social puede reforzar mecanismos de opresión en un nivel y, sin embargo, oponerse a la corriente de dominación y miseria en otro plano."[66]

Den Gewinnen, die die CDC gebracht haben sollen, wie einer durch gestärkte Identitäten verbesserten Möglichkeit Interessenvertretung von Dörfern, steht denn auch die Verfestigung von sozialer Ungleichheit innerhalb der Dörfer gegenüber. Als Beispiel nennt Starn die Entwicklungen in Bezug auf das *Geschlechterverhältnis* als das vielleicht größte Problem: Durch die CDC werde ein Status zweiter Klasse für Frauen festgeschrieben, es gäbe keine weiblichen Comandos und Frauen erhielten keinen Zugang zu Schußwaffen. Auch *Korruption* und *Caudillismus* hätten sich mit den CDC verfestigt, die auch an diesem Punkt an Traditionen von sozialer Ungleichheit und Konkurrenz innerhalb der Comunidades angeknüpft hätten. Schließlich biete sich mit den CDC Politikern die Möglichkeit, eigene Wahlsiege durchzusetzen.

Starns emphatischer Bezug auf die Erkenntnisse über die jeder sozialen Bewegung innewohnende Heterogenität schafft nach meiner Meinung mehr Verwirrung als Klarheit. So berechtigt sein Anliegen

---

[64] Starn 1996, S. 250
[65] ebda.; S. 251, f.
[66] ebda.; S. 256

ist, Bauern in sozialwissenschaftlichen Diskussionen sichtbar zu machen, so ungeeignet ist seine Art der Übertragung der theoretischen Konzepte der europäischen Theorie über „neue" soziale Bewegungen. Obwohl Starn selbst 1991 vor einer Idealisierung des „hochfliegenden europäischen Poststrukturalismus" warnte und einklagte, die Forschung über Identitäten müsse mit der Forschung über Strategien Hand in Hand gehen[67], muß seine Anwendung der „post-modernen" sozialwissenschaftlichen Theorie - mit Fowerakers Worten - als „unkritisch" eingestuft werden. Wie die (in Kapitel IX zusammengefaßte) Entwicklung der südlichen Sierra im nationalen Rahmen bis heute zeigt, hat sich die Gesellschaft nicht einfach in einen „autokreativen Prozeß" verwandelt[68]. Die Abwesenheit einer „Zivilgesellschaft", in der Starns selbstbewußte Bauern nach europäischem Vorbild ihre Interessen artikulieren könnten oder minimaler Rechtsgarantien, die als Grundlage effektiver Gegenwehr gegen die Willkür des Militärs, dessen Befehl die CDC weiterhin unterstehen, notwendig wären, wurde zuletzt untermauert, als die Peruanische Regierung die Nichtanerkennung der Urteilssprüche des Interamerikanischen Menschenrechtsgerichtshofs verkündete.[69]

Mir schiene daher der Rückgriff auf die Überlegungen von Autorinnen und Autoren wie Skocpol sinnvoller, da sich auch heute angesichts der Verhältnisse in Peru die Frage aufdrängt, was Bauern revolutionär macht, bzw. was sie davon abhält. Insbesondere scheint mir eine systematische Untersuchung der Rolle des Staats bei der Verschiebung des Kräfteverhältnisses zwischen revolutionären und konterrevolutionären Bauern dringend erforderlich. Beiträge wie die von Starn helfen dabei nicht viel weiter, sondern tragen auf der Ebene der Theorie ihr Teil dazu bei, daß aus „Bauern" höchstens Staatsbürger, aber keine „Revolutionäre" werden. Des weiteren müßte ein geeigneterer Untersuchungsansatz in der Lage sein, die Widersprüchlichkeit bzw. Heterogenität, die Starn immer wieder in den Vordergrund rückt, nicht nur zu konstatieren, sondern auch in ihren Ursachen zu erfassen. Damit könnte ein zentrales Problem der Analyse Starns überwunden werden, nämlich die scheinbar nicht

---

[67] Starn 1991; S. 27
[68] So wie Starn 1991 bezugnehmend auf Touraine vermutete.
[69] La República 15.7.1999 (politica)

erklärbare parallele Existenz zweier entgegengesetzter Tendenzen. Vor allem die offensichtliche Unmöglichkeit, daß eine Entwicklung die willkürliche Befehlsgewalt des Militärs über Comunidades absichert und gleichzeitig Autonomie und politische Partizipation der Beherrschten gesteigert werden, müßte so aufgelöst werden, indem die unterschiedlichen Ebenen benannt werden, auf denen sich die jeweiligen Entwicklungen abspielen.

VI Die CDC als Counterinsurgencytaktik

Die CDC sind im peruanischen Bürgerkrieg keine neue Erscheinung. Das öffentliche und wissenschaftliche Interesse an ihnen ab Ende der 80er Jahre ist mit ihrer zunehmenden Verbreitung, militärischen Bedeutung und Verwendung im Rahmen der Regierungspropaganda, als Kulminationspunkt einer längeren Entwicklung zu verstehen. Bereits kurz nach ihrer Intervention in Ayacucho ab 1983 versuchten die FFAA CDC aufzubauen, wo dies möglich war.

Die Idee, die mehr oder weniger unbewaffnete Zivilbevölkerung militärisch zu organisieren und kontrolliert zu benutzen, ist keine Erfindung der peruanischen FFAA in den 80er Jahren. Der Einsatz indigener Truppen gegen das Inka-Imperium durch Pizarro und die Zwangsumsiedlungen in die Reducciones[1] verweisen auf die koloniale Vorgeschichte der Maßnahmen, die nach 1982 zum Einsatz kamen. Die Tradition, Bauern für die Verteidigung der Regierung gegen aufständische Bauernheere zu mobilisieren, läßt sich bis 1780 zurückverfolgen. Damals rekrutierten die Spanier im Kampf gegen die Truppen Túpac Amaru II. erstmals paramilitärische Gruppen in den Höhenlagen der Sierra von Huanta[2]. Auch in den Kämpfen für Perus Unabhängigkeit von Spanien, vor allem zwischen 1820 und dem Sieg des republikanischen Heeres in Ayacucho 1824, kämpften solche Einheiten auf beiden Seiten. Diese Verbände, die dann als *montoneras* bekannt wurden, rekrutierten sich aus den Bauern der Sierra, aber auch Tagelöhnern und Vagabunden. Als „Zivilverteidigung" kämpften ähnliche Gruppen später auch z.B. gegen die chilenischen Invasoren. Diese Gruppen wurden entweder von Hacendados aufgestellt unter der Führung von Marschall Andrés Avelino Cáceres, oder sie wurden in Comunidades selbständig organisiert. Letztere kombinierten bereits teilweise den Widerstand gegen das chilenische Heer mit Angriffen auf die lokalen Vertreter

---

[1] vgl. Kapitel BI2
[2] Flores Galindo 1986; S. 237

der oligarchischen Ordnung[3]. Nach dem Abzug der chilenischen Truppen waren beide Gruppen verschmolzen und ihr Kampf zentrierte sich um die Wiedergewinnung von Haciendaland. Avelino Cáceres hatte inzwischen die aus „seinem" Engagement bei der Verteidigung Perus erwachsene Macht zum Aufstieg zum Präsidenten der Republik nutzen können. Die sozialen Forderungen seiner ehemaligen Gefolgsleute unterdrückte er in dieser Funktion genauso wie seine Vorgänger und Nachfolger.[4]. Hier und ebenso 1895, als Montoneras unter Führung des späteren Präsidenten Piérola in zwei Jahren das peruanische Heer schlugen, zeigen sich zwei Tendenzen bei der Entwicklung dieser paramilitärischen Gruppen, zu denen sich Parallelen bis zu den CDC heute ziehen lassen: Einerseits ihre Einbindung in das gesellschaftliche Machtgefüge in Form ihrer Instrumentalisierbarkeit für die Herrschaftsaspirationen einzelner Fraktionen der herrschenden Klassen, andererseits eine Bezugnahme auf Traditionen von Widerstand und Rebellion seitens der indigenen Kämpfer. Die Mobilisierungen der Bauern endeten immer wieder in der Verteidigung eigener Interessen, von Kämpfen für lokale Autonomie und gegen die Willkür der Zentralgewalt bis hin zu einem generellen Angriff auf die Macht der „Weißen" in ihren Bedeutungen von rassistischer Unterdrückung bis hin zu ökonomischer Ausbeutung. So abhängig die verschiedenen Fraktionen von Oligarchie und Bourgeoisie auch von der Verfügung über die Kampfkraft von Bauerntruppen waren, ihr Augenmerk richtete sich stets auf diese ihnen feindlichen Tendenzen der Verselbständigung, die oftmals blutig unterdrückt wurden, wenn der unmittelbare Zweck der Mobilisierungen erfüllt schien und die Bauern begannen, ihre bewaffnete Macht zur Umsetzung eigener Forderungen zu gebrauchen.

Einige der Ende des 19. Jahrhunderts als Guerillas entstandenen Truppen existierten weiter und neue Gruppen kamen hinzu, bis sich das Phänomen kleiner Privatarmeen und Banden in den 20er Jahren

---

[3] Cotler 1992; S. 116, f.: Der Grund hierfür war nicht allein die verbreitete Kollaboration von Großgrundbesitzern mit den chilenischen Truppen, bzw. ihre Opposition gegen die Bemühungen zur Landesverteidigung. Ein chilenischer Offizier konstatierte, in dem „Aufstand" drücke sich vielmehr ein genereller Widerstand gegen die Herrschaft *aller* Weißen aus.

[4] In Huancayo z.b. ließ der ehemalige Befehlshaber vier Führer der Montoneras henken.

des 20ten Jahrhunderts ausgeweitet hatte. Wie bereits für das Departamento von Cajamarca beschrieben, schwankte die Position dieser Gruppen auch in der südlichen Sierra zwischen Sicherung der Macht verschiedener Gamonales und gewöhnlichem Banditentum. In dieser Situation konnten die herrschenden Verhältnisse, d.h. vor allem die Verfügung über das Arbeitsvermögen der ländlichen Massen, nur von den Gamonales abgesichert werden, deren lokaler Macht und Willkür so kaum Grenzen zu setzen waren. Diese Unfähigkeit, eine auch nur ansatzweise Integration der gesamten Bevölkerung in ein nationalstaatliches Projekt zu organisieren, wird auf der Ebene staatlicher Institutionen genauso deutlich wie im Bereich der Ökonomie. Im Fall Perus zeigt sich exemplarisch der koloniale bzw. neo-koloniale Ursprung dieser defizitären Integration. Die militärische Notwendigkeit, auf die Rekrutierung von Bauerntruppen zurückzugreifen, ist somit der militärstrategische Ausdruck der imperialistischen Unterdrückung des Landes und der Permanenz vorkapitalistischer Ausbeutungsverhältnisse[5]. Eine Unterdrückung, die gewaltförmig eingerichtet wurde und mit Gewalt aufrechterhalten wird bis heute.

Flores Galindo[6] erklärt dies ebenso wie Cotler[7] oder Huber[8] aus der prekären Präsenz zentralstaatlicher Autorität in der ruralen Peripherie Perus, resultierend aus der Zersplitterung der herrschenden Klassen, deren einzelne Fraktionen sich unfähig erwiesen, über längere Zeiträume hinweg eine Hegemonie durchzusetzen. Dadurch bedingt erwies sich der peruanische Staat als unfähig, eine der charakteristischsten Veränderungen zu vollziehen, die mit der Enstehung der Form Staat in anderen Ländern einhergingen: die Monopolisierung der Gewaltausübung bei sich und seinen Organen. In Peru wie in anderen Trikontstaaten ließ sich diese Monopolisierung historisch nie flächendeckend durchsetzen[9]. Je weniger unter diesen Bedingungen die widerstandslose Hinnahme der Verhältnisse allein

---

[5] Diese existieren natürlich nicht ohne Zusammenhang mit eben dieser Unterdrückung. Wie sich die Marginalisierung und Dekapitalisierung des Agrarsektors aus den Bedürfnissen des imperialistischen Monopolkapitals erklärt, habe ich in Kapitel B dargestellt.
[6] Flores Galindo 1986; S. 252
[7] Cotler 1992; S. 84, 92
[8] Huber 1992; S. 62, ff.
[9] vgl. Kapitel Kapitel BI zur historischen Herausbildung der spezifischen Form des peruanischen Staats im Kontext von kolonialer und imperialistischer Herrschaft

durch die *Drohung* mit Gewaltanwendung durch den Staat bewirkt werden kann, desto offener werden der status quo durch nichtmonopolisierte lokale Gewalten geschützt. Diese Verhältnisse bedeuten zudem für die ihnen Unterworfenen schon durch ihr Bestehen, Gewalt in Permanenz ertragen zu müssen: Psychische Gewalt durch jahrhundertelange Angriffe auf Kultur und Würde der nach 1492 Besiegten, physische Gewalt, wie sie sich im täglichen Kampf gegen das Verhungern ausdrückt. Doch es bleibt nicht beim Ertragen der Gewalt. Manrique[10] weist auf die Tradition von Autoritarismus und Gewaltanwendung hin, die genauso zu den kulturellen Grundlagen andiner Comunidades gehörten wie direktdemokratische Institutionen. Er sieht in den Klassenantagonismen zu Zeiten des Inka-Imperiums die Grundlage für Widersprüche innerhalb der später kolonial bzw. neo-kolonial unterdrückten bäuerlich-indigenen Bevölkerung. Widersprüche, die zu Zeiten der spanischen Herrschaft wie in der Republik immer wieder kanalisiert werden konnten, um die Macht der herrschenden Klassen zu festigen, indem die Unterdrückten in ihren gewaltförmigen Versuchen der Gegenwehr nur ihresgleichen trafen. Diese durch die Unterdrückung hervorgerufene „rabia acumulada, espasmódicamente desatada al interior del mismo pueblo"[11] als Ausdruck kolonialen Machtgebrauchs findet sich nicht nur in der andinen Gesellschaft, sondern dürfte ein Charakteristikum aller kolonialen und neo-kolonialen Gesellschaften sein. „Denn die letzte Zuflucht des Kolonisierten besteht darin, seine Würde gegenüber seinesgleichen zu verteidigen. ... Brüder vergießen ihr Blut, als verhülfe ihnen ein solches Handeln dazu, das wahre Hindernis zu übersehen, die wahre Entscheidung zu vertagen, die auf nichts anderes hinauslaufen kann als auf den bewaffneten Kampf gegen den Kolonialismus."[12] Fanon, der diese Analyse in Bezug auf das kolonisierte Algerien vornimmt, bezeichnet diese Gewaltanwendung *im* Volk als eine eindeutige „kollektive Form von Ersatzhandlungen"[13]. Er hat vor allem Racheakte oder „Stammesfehden" im Blick, also kriegerische

---

[10] Manrique 1983
[11] ebda.; S. 29
[12] Fanon 1981; S.45
[13] ebda.

Auseinandersetzungen, die sich auf traditionelle Ressentiments gründen und nicht explizit als politische Handlungen erscheinen, erwähnt aber auch die intensive Arbeit der französischen Armee, um „das Volk gegen das Volk" zu benutzen[14]. Hier begeben wir uns auf die Ebene militärischer Aufstandsbekämpfungsstrategien. Algerien, Vietnam und Guatemala stehen für den systematischen Einsatz von Teilen der Bevölkerung gegen revolutionäre Bewegungen, wie er im Rahmen der Absicherung imperialistischer Herrschaft in Afrika, Asien und Lateinamerika zu finden ist. Für die ehemaligen Kolonialherren wie für neo-koloniale Regime erwächst angesichts von revolutionären Erhebungen in den ländlichen Gebieten immer dort ein massives Problem, wo es Guerillas gelingt, sich wie der oft zitierte Fisch im Wasser zu bewegen. Aus der zahlenmäßigen Unterlegenheit jeder Armee gegenüber den ländlichen Massen und anderen Faktoren - wie einer großen kulturellen und sozialen Distanz zwischen Streitkräften und Bevölkerung - resultiert so der Bedarf nach lokalen Kollaborateuren. Wo es nicht ausreicht, sich auf die Widersprüche im Volk zu verlassen, bietet sich eine Strategie an, die die USA in Vietnam entwickelten: Die direkte Kontrolle über die Bevölkerung durch deren Zwangsumsiedlung in „strategische Dörfer", unter militärischer Bewachung von der Außenwelt isoliert. Über die Kriegsschulen und Beraterprogramme gaben die US-Militärs ihr Wissen an alliierte Streitkräfte weiter, so daß ihre „Erkenntnisse" auch durch amerikanische Regime zum Einsatz kamen. Für Amerika muß wohl Guatemala als trauriger Referenzpunkt gelten, wo die Counterinsurgencyfeldzüge und Zwangsumsiedlungen einen großen Teil der Landbevölkerung in die Flucht trieben, häufig ganze Dorfgemeinschaften. Auf diesen Erfahrungen bauten die peruanischen FFAA bei ihrem Krieg gegen die PCP ab den 80er Jahren auf. Die Entwicklung der angewandten Aufstandsbekämpfungsstrategien im Kontext der Dekolonialisierungskriege bringt Galindo zu der Einschätzung, der Krieg innerhalb eines Landes wie Peru sei als *kolonialer Krieg* zu definieren: „La guerra interna es una guerra colonial, pero en el Perú, para bien o para mal, colonos y colonizados

---

[14] ebda.; S. 68

integran el mismo país."¹⁵ Dieser formellen Zugehörigkeit zu ein und demselben Staat stand in den peruanischen Anden jedoch der jahrhundertelang geschürte Rassismus von Weißen und Küstenbewohner gegen die bäuerlich-andine Bevölkerung gegenüber. In den militärischen Maßnahmen ab 1983 fand diese Verachtung dann in zehntausenden Fällen einen tödlichen Ausdruck.

Bereits direkt nach dem Kriegseintritt der FFAA wurde mit der Zwangsumsiedlung von Comunidades und der gewaltsamen Rekrutierung von Bauernmilizen gegen die Guerilla begonnen. Als eines der ersten und größten „strategischen Dörfer" erreichte die sogenannte *base civil* von Ccarhuapampa bei Tambo in der Provinz La Mar einige Bekanntheit. Zu Beginn wurden die Bewohner von zunächst acht Dörfern in unmittelbarer Nähe einer Militärbasis in ein Lager gesperrt. Männliche Familienmitglieder wurden gezwungen, die Streitkräfte bei ihren Patroullien als Führer und Träger zu begleiten. Die Weigerung, sich an den willkürlichen Attacken auf Dörfer zu beteiligen, wurde mit Folterungen und Hinrichtungen beantwortet[16]. Andere Comunidades wurden lediglich im Umfeld ehemaliger Siedlungen neu strukturiert, um die großflächige Verteilung der einzelnen Häuser und Hütten zu beenden. In kompakten Siedlungen auf engem Raum zusammengefaßt entstanden so Wehrdörfer, die ihre Bewohner ohne Unterstützung durch die FFAA verteidigen sollten. Innerhalb der Gebiete in ihrem Einflußbereich begannen die FFAA systematisch, die Bevölkerung in CDC zu organisieren. Meist unter der Führung ehemaliger Militärangehöriger in den Dörfern, mußten die CDC an Exkursionen der FFAA und FFPP teilnehmen und ansonsten die Bewegungen in dem Gebiet um ihre Dörfer kontrollieren. Insbesondere während der oft mehrtägigen Märsche zusammen mit Einheiten der Aufstandsbekämpfungskräfte waren Zivilisten so gezwungen, sich an Terrormaßnahmen gegen die Bewohner anderer Dörfer zu beteiligen. Amnesty International kritisierte diese Praxis bereits 1983 in einem Brief an den Präsidenten Fernando Belaúnde: „...en zonas de la provincia de Cangallo, así como en partes de la provincia de Huanta, entre las medidas adoptadas para eliminar la influencia guerrillera en la zona se han incluído la

---

[15] Flores Galindo 1986; S. 382
[16] Calvo, Declerq 1994; S. 37, f.

formación de patrullas comunitarias bajo la dirección de la Guardia Civil, y la participación de dichas patrullas en operativos conjuntos con unidades de la Guardia Civil durante los cuales se llevaron a cabo detenciones y ejecuciones extrajudiciales."[17]. Besonders wirksam waren die CDC jedoch von Anfang an dort, wo seitens der FFAA kaum oder wenig direkte Kontrolle und Zwang eingesetzt werden mußten, um die Bewohner gegen die Aufständischen zu mobilisieren. Herausragendes Beispiel für die erste Zeit nach Beginn der Militärintervention sind die Punas von Iquicha in Huanta, mit denen ich mich in VII1 bei der Analyse der Fallstudie zu dieser Gegend noch näher befassen werde. Gleich im Januar 1983 wurden bei Huaychao und in Uchuraccay erst sieben vermeintliche Guerilleros und kurz darauf acht Journalisten von Paramilitärs aus den beiden Orten umgebracht, ohne daß zu dieser Zeit Angehörige der Aufstandsbekämpfungskräfte vor Ort gewesen wären.

Schon die ersten Erfolge, die die FFAA zu Beginn des Krieges bei der Zurückdrängung der Guerilla vorweisen konnten, waren dem beginnenden Aufbau von CDC geschuldet. 1982 gingen die FFAA von einer starken Präsenz der PCP in 19 Distrikten in Ayacucho aus. Im November 1983 mußten sie die Undurchführbarkeit der Gemeindewahlen in 52 Distrikten zugeben, hauptsächlich aufgrund der starken Präsenz der PCP[18]. Während so nach dieser Rechnung auf Grundlage von offiziellen Daten 33 Distrikte unter relativer Kontrolle der PCP hinzukamen, konnten die FFAA während elfmonatiger Kriegsführung nur in einem einzigen Distrikt Ayacuchos die staatliche Macht wiederetablieren. Dieser Distrikt war Vinchos und auch dort scheint der Erfolg weniger am Vorgehen der Streitkräfte selbst gelegen zu haben, als daran, daß Vinchos der Ort ist, „dónde se inició la organización de la autodefensa campesina"[19].

Im Verlauf des Krieges kristallisierte sich die strategische Bedeutung des Verhaltens der Zivilbevölkerung immer klarer auch für die FFAA heraus. In einer Kombination aus der Verteilung von Hilfsgütern, Verhaftungen und Ermordungen wurde in verschiedenen

---

[17] Coordinadora Nacional de Derechos Humanos 1990; S. 119
[18] Tapia 1997; S. 34, f.
[19] ebda.; S.35

Kampagnen immer wieder von einzelnen Kommandanten versucht, die Organisation von möglichst vielen CDC voranzubringen. Es dauerte jedoch bis Ende der 80er Jahre bis sich das Verhältnis der FFAA insgesamt zu der Institution der CDC klärte und insbesondere auch deren Bewaffnung konsensfähig wurde. Die strategischen Schlußfolgerungen im Bezug auf das Verhältnis der Armee zu der Zivilbevölkerung wurde 1989 in einem Handbuch für das Heer „Guerra no convencional. Contrasubversión" zusammengefaßt[20]. Zu Beginn des Krieges wurde noch versucht, die Guerilla von den Massen zu isolieren, damit die FFAA die Einheiten dann militärisch vernichten könnten. Schon damals wurde abstrakt das Ziel formuliert, daß die FFAA sich das Vertauen und die Unterstützung der Bevölkerung sichern sollten[21]. In den US-amerikanischen Kriegsschulen bekamen die peruanischen Militärs allerdings vor allem eine Doktrin vermittelt, die die Isolation der Guerilla in den Vordergrund stellte. Dies sollte erreicht werden, „by demonstrating that the army could exert even greater terror than the guerrillas"[22]. Obwohl dieses Ziel zweifellos erreicht wurde, ging der Plan der Spaltung nicht auf. Die Verankerung der PCP in der Bevölkerung und die Praxis des schmutzigen Kriegs reduzierten die Unterstützung seitens der Comunidades auf ein Minimum, wie Tapia schreibt, erhielten die FFAA zwar mitunter Unterstützung, allerdings *trotz* und nicht wegen ihres Vorgehens[23]. Die neue Linie bestand nun darin, den Umfang der rein militärischen Repression deutlich zu reduzieren, statt dessen 80% der Arbeit Geheimdiensttätigkeiten zu widmen und bei den verbleibenden Operationen auf gesicherter Informationsgrundlage gezielt *alle* Kader und Sympathisanten der PCP zu eliminieren[24]. Dadurch sollte es möglich werden, auch verdeckte Strukturen der Partei in Comunidades auszuschalten und einer „aktiven Minderheit" in den Dörfern Gelegenheit zu geben, erfolgreich CDC aufzubauen. Der

---

[20] ebda.; S. 45, ff.
[21] ebda.; S. 28
[22] Manrique 1998; S. 193
[23] Tapia 1997; S.38
[24] Nach dem *manual* ist die Zerschlagung der lokalen Parteistrukturen eine polizeiliche Operation: „'La que se llevará a cabo en base de las dos condiciones sigiuentes: a) que se haya recibido informaciones suficientes para garantizar el éxito de la eliminación. b) Que la eliminación planeada pueda llevarse a cabo totalmente.'"(Tapia 1997, S.50).

Plan zur Re-etablierung staatlicher Macht umfaßte also als zwei wesentliche Elemente die Vernichtung der Strukturen der Partei und die aktive Mobilisierung der Bevölkerung gegen die Guerilla, gestützt auf einen Kern von Vertrauenspersonen, die in den einzelnen Dörfern eine Hegemonie errichten sollten.

Die Verschiebung, die den Kampf um die Bevölkerung ins Zentrum setzt, hat verschiedene Implikationen: Die militärische Bekämpfung der Guerilla wird zunehmend zur Sache der Bevölkerung selbst. Die Organisation von CDC stellt offensichtlich eine Provokation der PCP dar und es kann davon ausgegangen werden, daß die zahlreichen Angriffe und Gegenangriffe zwischen Guerillaeinheiten und CDC im militärischen Kalkül zur Kräfteeinsparung erwünscht und vorgesehen, daß der Krieg Dörfer gegen Dörfer beabsichtigt, geplant, vorbereitet war[25]. Neutralität im Sinne der Nichtbeteiligung an der militärischen Aufstandsbekämpfung wurde für immer mehr Comunidades unmöglich, wollten sie nicht von den FFAA ausgelöscht werden, unter dem Vorwand, sie schützten die „terrucos". 1985 formulierte Galindo bereits die Grundideen, die dem Aufeinanderhetzen der Bauern gegeneinander zugrundeliegen. Mit der flächendeckenden Ausweitung der CDC wurde dies praktisch für alle Comunidades der südlichen Sierra zu einer Realität, der höchstens durch Flucht zu entkommen war: „...una estrategia que implicaba ahorrar bajas militares y hacer reposar los costos de la guerra en la propia población civil. ... Desde luego no era suficiente la protección o las dádivas para empujar a unos hombres a luchar contra otros. Intervinieron otros dos factores. Primero, el ejército estudió previamente la situación, descubriendo que ese mundo comunero era poco homogéneo y que, por el contrario estaba atravesado por múltiples conflictos, que separaban a comunidades...: había que insertarse en esta historia anterior, descubrir en qué comunidades estaba Sendero y encontrar a sus inevitables rivales... Segundo...se trataba de contraponer todo: los terrucos contra los montoneros, la subversión frente a la defensa civil, los rojos y los que enarbolaban banderas blancas. .. La norma fundamental es no tolerar la neutralidad. Si una comunidad no quiere ser arrasada tiene que demostrar su lealtad y eso significa armarse y atrapar senderistas.

---

[25] Flores Galindo 1986; S. 381

No basta autoproclamarse: hay que ofrecer pruebas."[26] Die Mobilisierung der andinen Comunidades gegen die PCP ist somit eines der wichtigsten Mittel bei dem, was Tapia eine „integrale Strategie"[27] der Aufstandsbekämpfung nennt, wie sie ab 1989 entwickelt und immer weiter ausgefeilt wurde. Die andere Seite ist die Schwerpunktverlagerung hin zu Geheimdienstoperationen anstelle offener militärischer Präsenz. Im Rahmen einer Planung, die die Gebiete politischen, ökonomischen, psychosozialen und militärischen Kampfes als wichtige Schauplätze der Auseinandersetzung mit der PCP definierte[28], kristallisierten sich so die Grundlagen der zivilmilitärischen Diktatur heraus, die spätestens ab dem Selbstputsch (autogolpe) von Fujimori im April 1992 öffentlich sichtbar war. Den Militärs gelang es, sich mit ihrer Forderung durchzusetzen, im Rahmen einer langfristigen nationalen Strategie auch die politischen Vorgaben für ihren eigenen Einsatz zu kontrollieren. Die angebliche Notwendigkeit dazu wird von den FFAA genauso wie von Autoren wie Tapia[29] in der Länge und Bedeutung des Krieges gegen die „Subversion" gesehen, die die Amtsperioden gewählter Regierungen überstieg. Die widersprüchlichen politischen Vorgaben der jeweiligen Exekutive und der lähmende Einfluß parlamentarischer Prozederes habe die Ineffektivität der FFAA zu verantworten, die daran gehindert worden seien, notwendige Maßnahmen zu ergreifen, bzw. die allgemein zu wenig politische Rückendeckung durch die jeweiligen Regierungen erhalten hätten. Waren erst einmal die Entscheidungen ziviler Regierungen für Ineffektivität und Ansehensverlust der Armee verantwortlich gemacht, lag es nahe mit der Forderung ernst zu machen, in allen für sie wesentlichen Bereichen, müsse die Armee selbst die Möglichkeit haben, diese Entscheidungen in ihrem Sinne zu lenken. Ab 1990 fand sich mit Fujimori dann ein geeigneter Präsident, demgegenüber diese Forderung durchsetzbar war. Ohne eigene Hausmacht war er zur Absicherung seiner Macht von Beginn an vom Wohlwollen von FFAA und Geheimdienst abhängig. Ihnen überließ er die Führung bei Planung und Durchführung der „integralen" Aufstandsbekämpfung und versah sie mit der formell-

---

[26] ebda.; S. 380, f.
[27] Tapia 1997; S.51
[28] ebda.; S. 52
[29] ebda.; S. 55

legalen Legitimation, um sich im Gegenzug mit dem „Sieg über den Terrorismus" unter seiner Amtsführung schmücken zu können. Es bleibt noch zu erwähnen, daß neben den FFAA auch die Strategen des SIN Pläne entwickelten, die genauso auf die Notwendigkeit von „cambios legales e institucionales"[30] hinausliefen. Schon unter der Mitarbeit von Vladimiro Montesinos[31] wurde überlegt, wie die durch die „pasividad e inoperancia de los gobiernos civiles y los partidos politicos"[32] verursachten Probleme durch institutionelle Veränderungen behoben werden könnten. Wie sich zeigte, hat der SIN seit 1990 gangbare Wege gefunden, praktisch jede Veränderung herbeizuführen, die ihm passend erscheint[33].

Die von den Autoren zu den CDC konstatierten Veränderungen im Auftreten der FFAA in der Sierra müssen vor diesem Hintergrund gesehen werden. Sowohl ihre relative Zurücknahme völlig willkürlicher Angriffe auf die Bevölkerung, als auch ihre Zusammenarbeit mit den CDC und Hilfsleistungen im Rahmen der „acción cívica" sind Ausdruck der Anwendung der neuen strategischen Vorgaben. Im Sinne der Steigerung der Effektivität der contra-Kriegsführung haben sie sich bewährt. Erst durch das Schwergewicht auf geheimdienstliche Aufklärung, gezielte Vernichtung ausgewählter Aufständischer, kontrollierte Mobilisierung der gegen die Guerilla bewaffneten Bevölkerung und Aufbesserung des eigenen Ansehens durch Hilfsmaßnahmen, errangen die FFAA die bis heute bestehende Hegemonie in weiten Teilen der Sierra.

---

[30] ebda.; S.54

[31] Montesinos kontrolliert heute den Nationalen Geheimdienstes SIN (ohne offiziell eine Führungsposition zu bekleiden). Nachdem der ehemalige Hauptmann des Heeres unehrenhaft aus der Armee entlassen wurde, weil ihm Spionage für die USA vorgeworfen wurde, verteidigte er als Anwalt Drogenhändler und gewann im Präsidentschaftswahlkampf 1990 Einfluß auf Fujimori, dem er ein Ermittlungsverfahren vom Hals schaffte, daß dessen Kandidatur gefährdete (indem er einen „passenden" Richter organisierte). Im Schatten von Fujimori regiert als fester aber inoffizieller Bestandteil der Staatsführung seit 1990 mit. Seit Mitte der 90er Jahre tritt er verstärkt öffentlich auf, um sein Image als unsichtbarer Intrigant loszuwerden. Einen Eindruck von seiner Macht und seiner Verstrickung in Intrigen und Massaker bietet: Obando 1998.

[32] so lautet auch Tapias eigene Einschätzung; Tapia 1997; S. 55

[33] Davon zeugt die schier endlose Reihe von sogenannten Skandalen, die zeigen, daß die Farce eines pseudodemokratischen Vorgehens jederzeit umgangen wird, wenn dies politisch opportun erscheint. Die offizielle Rückendeckung für alle bekanntgewordenen Verbrechen des Geheimdienstes und andererseits seine Verwicklung in alle wesentlichen Intrigen gegen unliebsame Opposition zeugen von der fruchtbaren Zusammenarbeit, die den bisherigen Präsidenten und seinen „Assessor" verbindet (vgl. Obando 1998; La República, diverse Ausgaben).

VII Fallstudien zu Huanta und dem Tal des Apurímac: Empirische Grundlage der neueren Diskussion

Huanta ist die nördlichste Provinz im Departamento Ayacucho (vgl. Karte 5). Die Provinzhauptstadt gleichen Namens liegt in einem interandinen Tal auf einer Höhe von 2620m. Fast in Nord-Süd-Richtung erhebt sich am Ostrand des Tals eine Bergkette, deren Gipfel bis auf knapp 5000m ansteigen. Dieser Kordillere folgt auch die Provinzgrenze, die Huanta mit der Provinz La Mar verbindet. Hier fallen die Anden in dicht bewaldeten Schluchten zum Río Apurímac hin ab, der die Grenze des Departamento markiert und bereits in der tropisch-feuchten Klimazone der Selva (Regenwald) liegt. Seit dem 19. Jahrhundert besteht insbesondere zwischen den Höhenlagen oberhalb Huantas und dem Gebiet am Río Apurímac eine wichtige sozi-ökonomische Verbindung durch die dauerhafte oder temporäre Migration von Bewohnern der Sierra zur Besiedelung und/oder Arbeit auf Haciendas und Parzellen am Río Apurímac[1]. Unterhalb der höchsten Gipfel erstrecken sich zwischen 3.500 und 4.900m ausgedehnte Hochebenen mit karger Vegetation, die Punas. Die Punas die sich noch weiter in den Süden Ayacuchos entlang der Kordillere fortsetzen hatten schon in der Vergangenheit eine wichtige strategische Bedeutung, insbesondere da die Verbindungswege zwischen den fruchtbaren Tälern hier verliefen[2]. Die Punas bilden einerseits in West-Ost-Richtung die Verbindung zwischen der Sierra und der Selva, andererseits verbinden sie in Süd-Nord-Richtung die historischen Zentren wie Cusco mit der zentralen Region und vor allem dem Mantaro-Tal[3]. Insbesondere für den Krieg der PCP war diese Süd-Nord-Achse entlang der Anden von herausragender Bedeutung, markiert sie doch die direkte Verbindung zwischen der „Wiege" der

---

[1] del Pino 1996; S. 123, ff.
[2] Flores Galindo 1986; S. 239, f.
[3] Vgl. zu dessen historischer ebenso wie aktueller Bedeutung als strategisches Gebiet für die Absicherung landesweiter Kontrolle und insbesondere Beherrschung der Verbindungswege zwischen Lima und anderen Landesteilen: Manrique 1998; S. 199.

Partei in Ayacucho und dem Gebiet der zentralen Sierra, dessen Eroberung vor allem ab Ende der 80er Jahre strategische Priorität genoß[4].

Das Gebiet der Puna in der Sierra oberhalb Huantas gelangte bereits kurz nach Beginn der Intervention der FFAA im Januar 1983 durch das Massaker von Uchuraccay in die Schlagzeilen. José Coronel befaßt sich in seiner Fallstudie über die CDC in Huanta auch mit diesem Gebiet, in dem wohl die ersten CDC überhaupt organisiert wurden[5]. Ich schildere im Folgenden seine Darstellung, da sie für die Frage der Bewertung oder Einordnung der CDC von zentraler Bedeutung ist. Einerseits waren es diese CDC, die in den 80er Jahren erstmals eine breite Öffentlichkeit darauf aufmerksam machten, daß die FFAA systematisch Comunidades gegen die Guerilla in den Krieg trieben, was wie in IV2 geschildert zum Anlaß für grundlegende Kritik von verschiedenen Seiten genommen wurde. Andererseits ist Coronels Studie Ausdruck einer veränderten Sicht auf die CDC (auf die ich in VIII2 eingehe), die die Freiwilligkeit von Comunidades zur Schließung eines „Bündnisses" mit den FFAA betont und folgerichtig nach Indizien sucht, die eine Konfrontation zwischen PCP und Comunidades unabhängig vom Eingreifen des Militärs belegen können.

Methodisch stellt sich hier ein Problem. Für dieses Kapitel, das eine empirische Annäherung an konkrete Entwicklungsverläufe bei der Entstehung und Ausweitung der Institution CDC ermöglichen soll, muß ich notwendigerweise[6] auf Material bzw. eine Darstellung zurückgreifen, die ab Seite 150 (auch) Gegenstand einer weitreichenden Kritik sein wird. Diesem grundsätzlichen Mangel, der im Rahmen dieser Arbeit nicht überwindbar ist, werde ich durch die Ergänzung einiger weniger anderer Quellen abzuhelfen versuchen. Letztlich muß dieses Dilemma aber als das stehenbleiben, was es für

---

[4] zum Verlauf des Krieges um die zentrale Sierra siehe: Manrique 1998
[5] Flores Galindo erwähnt den 17. März 1983 als das Datum, an dem dort erstmalig Gediente als offizielle Hilfstruppe auf Seiten der FFAA gegen die Guerilla organisiert wurden (Flores Galindo 1986; S. 386).
[6] Weil zum einen wohl gar kein anderes Material vorhanden ist, daß vom Umfang her annähernd mit Coronels Arbeit vergleichbar wäre und weil zum anderen nicht abzusehen ist, wann die Bedingungen gegeben sein werden, die weitergehende Forschungen erlauben würden. Es sei hier nur an die erneute Verhängung des Ausnahmezustand für die Provinz 1998 erinnert.

mich bezeichnet: Eine Leerstelle, deren Füllung im Sinne einer vollständigeren Analyse so notwendig und wünschenswert, wie unter den herrschenden Verhältnissen unrealistisch ist.

Karte 4
Rückkehr und Pläne zur Rückkehr geflohener bzw. vertriebener Dorfbevölkerungen in der Provinz Huanta, ca. 1995[7]

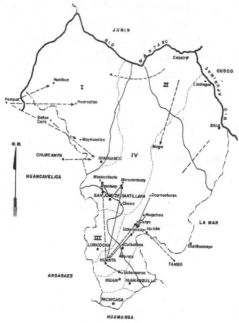

Legende
I   Interandines Gebiet des Mantaro
II   Gebiet der Selva
III   Andines Gebiet von Ayacucho, Quanta, San Miguel
IV   Puna
──────▶ Comunidades, die zurückgekehrt sind
------▶   Comunidades mit der Absicht, zurückzukehren
(·······) Distrikt-Grenze

---

[7] Quelle: A. Linares; in: Degregori 1996, S. 57

1 Die Punas von Huanta[8]

Coronel leitet seinen Beitrag zu den CDC in Huanta mit der Feststellung ein, die Bewohner der Provinz dürften nicht als homogene Gruppe vorgestellt werden, sondern die Spezifika einzelner Mikroregionen bzw. entsprechender sozialer Gruppen von Bewohnern müßten differenziert werden. Er hat dabei vor allem die Unterscheidung in Puna und Tal im Blick, die noch ergänzt wird um einen dritten Streifen (im geographischen Sinn der Höhenlage), die steilen Hanggebiete (laderas), die sich zwischen Tal und Puna erstrecken. Die Differenzierung der einzelnen Subregionen läßt sich nach Coronel anhand verschiedener Kriterien oder Variablen begründen, in denen für die drei Bereiche jeweils innerhalb des Bereichs ähnliche, im Vergleich zu den anderen Bereichen verschiedene Bedingungen gegeben sind. Die Kriterien, die ich aus seinem Text entnehmen konnte sind folgende: Die geographische Lage (Höhe, Klima, Bodenbeschaffenheit, Zugang zur Ressource Wasser); Siedlungsform; Eigentums- und Besitzverhältnisse; Formen der Arbeit bzw. Arbeitsteilung; Diversität der Produkte; Handelsbeziehungen; Bildungsniveau (Alphabetisierungsgrad, Schulbildung und gesprochene Sprachen); Migrationserfahrungen; soziale und politische Institutionen als Formen der Vergemeinschaftung (kommunale Organisationen, Autoritäten und Formen kollektiver Arbeit) und schließlich ideologische und Bewußtseinsformen (ritualisierte Hierarchien, Religiosität, Wertesystem). Für die mich hier interessierende Region der Puna nennt Coronel die folgenden Spezifika (für die Zeit vor 1980):

Die Comunidades liegen in einer Höhe über 3500m, die trockenen Böden auf den Bergen erlauben hauptsächlich den Anbau von Knollengewächsen, sowie in geringen Mengen Getreide oder Hülsenfrüchte. Die wenig ertragreiche Landwirtschaft dient in erster Linie der Subsistenz (autoconsumo) und ist nur in den tiefer gelegenen Teilen der Comunidades möglich. Ab ca. 4000m Höhe beginnt dann die Puna, in der nur wenige Gräser und Kräuter gedeihen. Diese weiten

---

[8] So nicht anders angegeben folgt die Darstellung der Ereignisse der Schilderung von José Coronel in seiner Forschungsarbeit „Violencia política y respuesta campesina en Huanta" (Coronel 1996).

Flächen lassen lediglich eine Nutzung als Weideflächen zu. Schaf-, Rinder- und Schweinezucht sind daher ebenfalls von ökonomischer Bedeutung. Über den Subsistenzbedarf hinaus ist die Viehzucht der Bereich, in dem traditionell ein Mehrprodukt erwirtschaftet wird, das auf den Märkten der Gegend getauscht oder verkauft werden kann. Aufgrund der harten klimatischen Bedingungen existiert eine lange Tradition der kollektiven Organisation der Arbeit, die es erlaubt, die unterschiedlichen Naturräume optimal auszunutzen und die Lebensgrundlage der Comunidades zu sichern, indem an weit voneinander entfernt liegenden Orten koordiniert gearbeitet wird (z.b. Arbeit auf verschiedenen Feldern, Verarbeitung der Erzeugnisse und gleichzeitiges Beweiden der Puna). So war die grundlegende Organisationsform traditionell die Arbeitsteilung innerhalb von Familieneinheiten, die ergänzt wurde durch kollektive Arbeiten, an denen die ganze Comunidad teilnahm[9].

Das Bildungsniveau der Bewohner ist sehr niedrig, da sie höchstens die ersten Jahre der Grundschule besuchen. Quechua ist die vorherrschende Sprache, nur jeweils ca. 5 % der Bewohner der Höhen sprechen bzw. lesen und schreiben mit Schwierigkeiten Spanisch[10].

Bis in die 60er Jahre lebte die Bevölkerung unter der Herrschaft großer Haciendas. Ihnen unterlagen die Comunidades als ganze in einem direkten Herrschaftsverhältnis (als *comunidades cautivas*), das sie zur Zahlung einer Rente in Form von Arbeit und Produkten sowie zu anderen Diensten verpflichtete. Ab Anfang der 60er Jahre befreiten sich die Comunidades zunehmend von den Herren der wenig produktiven Haciendas, entweder durch Landbesetzungen, oder später im Rahmen der Agrarreform. Dabei kam den Bewohnern zugute, daß sie durch die Zeit der Haciendaherrschaft hindurch ein eigenes Systems von Dorfautoritäten, die Varayoccs[11], bewahrt hatten, das es ihnen erlaubte, auch Widerstandsaktionen kollektiv zu organisieren. Dieses System bildete die Spitze der kommunalen Hierarchie und gewann vor allem nach dem Ende der Herrschaft durch die Hacendados große Bedeutung, als deren Abzug in den Punas ein

---

[9] faenas, minka und ayni
[10] Die Zahl gilt für 1979, nach einer Dissertation an der UNSCH (Coronel 1996; S.39).
[11] Bei der Darstellung des Systems der Varayoccs beziehe ich mich ebenfalls exklusiv auf Coronel, der es anhand der Comunidad Culluchaca erläutert (Coronel 1996; S. 69).

„Machtvakuum" hinterließ[12]. So ersetzten die Varayoccs sowohl staatlich-politische Autoritäten wie kirchliche Vertreter, die in der Puna ebensowenig anzutreffen waren. Hierarchisch gegliedert besteht das System aus vier Gruppen von Ämtern, wobei der llacta vara als Person die oberste Autorität des Dorfes verkörpert, der die anderen Autoritäten - campos, regidores und alfacires - unterstehen. Gemeinsam sind sie als Gruppe der Varayoccs für die Organisation nahezu aller Lebensbereiche der sozial wenig differenzierten Comunidades zuständig: Von der Organisation der Produktion (Zuteilung von Böden, Arbeitsteilung, kollektive Arbeiten), über die Organisation von Festen und religiösen Ritualen bis zur Schlichtung von Konflikten in der Comunidad und der Erfüllung der Aufgaben staatlicher Autoritäten. Die Besetzung der Ämter wird jedes Jahr neu bestimmt, wobei die Übernahme mindestens des untersten Amtes eines alfacir Vorraussetzung für die Anerkennung (eines Mannes) als comunero ist. Als Kriterien bei der Wahl für ein Amt nennt Coronel: gutes Benehmen, Respekt vor den gemeinsamen kulturellen Werten und Erfahrung in der Organisierung der anfallenden Arbeiten im Bereich der Aufgaben bei der Produktion, sowie relativen Wohlstand, der die Bestreitung der Kosten für die Ausrichtung verschiedener religiöser Feste erlaubte.

Das Varayocc-System war hier ausführlich darzustellen, da seine Verteidigung durch die Comunidades bzw. die Angriffe auf diese Autoritäten seitens der PCP von Coronel als zentrales Motiv für die Feindschaft der Bewohner bzw. ihre Angriffe auf die Guerilla ausgemacht wird.

Bis 1982 entwickelte sich das Verhältnis zwischen PCP und Puna-Comunidades unspektakulär. Erst ab 1979 kamen die ersten Kader in die Region, ortsfremde Oberschüler und Studenten aus Ayacucho oder den städtischen Zentren Huantas. Sie erhielten während ihrer häufigen Besuche Essen und Unterkunft als Unterstützung und konnten bei ihrer Propaganda insoweit auf Sympathie rechnen, wie sie sich mit ihrem Kampf auch gegen die rassistische Unterdrückung wandten, der die Campesinos der Puna seitens der ehemaligen Herren aber auch seitens der Bewohner des Tals stets ausgesetzt waren.

---

[12] Im Gegensatz zu anderen Teilen der Sierra wurden die Haciendas auch nicht durch andere Großbetriebe wie Kooperativen oder SAIS ersetzt.

Coronel interpretiert dies so: „el campesinado de Huanta dio su apoyo en diversos grados a SL, a partir de una asimilación propia del discurso senderista, del cual tomó la reivindicación de clase léida como reivindicación étnica y confiando en una victoria próxima"[13]. Darüber hinaus verwandten die Kader die Macht der Partei, um Fehlverhalten wie Ehebruch oder Diebstähle zu sanktionieren. Im Bereich ökonomischer Forderungen waren wenig konkrete Maßnahmen oder Forderungen möglich, da alter Großgrundbesitz kaum noch vorhanden war und auch keine staatlichen Betriebe an seine Stelle traten, so daß eine Polarisierung der Bauern gegen den Staat im großen Stil nicht wie im Fall von Regionen mit SAIS über Landbesetzungen möglich war.

In der zweiten Hälfte des Jahres 1982 veränderte sich die Situation, nachdem die Kader die Absetzung der Varayoccs und ihre Ersetzung durch comités populares forderten[14] und den Verkauf von Produkten auf den Märkten der Umgebung untersagten. Die Versuche der Absetzung von Autoritäten war dabei nach Angaben der Interviewpartner Coronels der entscheidende Wendepunkt, denn die „autoridades tradicionales o varayoccs constituían la personificación de la comunidad."[15]. Zwischen November 1982 und Januar 1983 trafen dann verschiedene Comunidades der Puna für sich und in Koordination untereinander die Entscheidung, die PCP in gemeinsamen Aktionen zu vertreiben (expulsar). Zur selben Zeit sind die sinchis und am 21. Januar die Kriegsmarine in das Gebiet gekommen[16]. Die PCP reagierte auf den Widerstand gegen ihre Pläne mit Angriffen auf Comunidades und Autoritäten, die sich der geforderten Absetzung widersetzten. Die erste Tötung eines presidente und eines teniente gobernador datiert nach Coronel auf „Ende

---

[13] Coronel 1996; S. 104
[14] Damals sollten im Rahmen der „Tercera Campaña de batir para avanzar a las Bases de Apoyo" die Zonen mit Guerillaaktivität von staatlicher Präsenz befreit werden; vgl. CII2.
[15] Coronel 1996; S. 47
[16] Coronel gibt keine Quellen an, die das Verhältnis zwischen Entscheidung der Comunidades zum Widerstand gegen die PCP und dem Auftreten der staatlichen Repressionskräfte näher erhellen würden. Er benennt nur die zeitliche Koinzidenz und vertritt unter Verweis auf Interviews mit Bewohnern der Zone die Position, daß schon vor Eintreffen der sinchis der Wille zur Vertreibung der Guerilla gefaßt gewesen sei. Recherchen nach den Massakern um Uchuraccay im Januar 1983 belegen zumindest, daß diesen ersten bewaffneten Aktionen von comuneros die explizite Anweisung der sinchis vorausging.

1982". Beide standen einer von sechs Comunidades vor, die den Beschluß zur Gegenwehr gemeinsam faßten. Im Januar 1983 rächten sich dann Bewohner dieser Comunidad an einer Einheit der Guerilla, indem sie sieben Jugendliche töteten. Ebenfalls im Januar, fünf Tage nach Beginn der Invasion der Marine in Huanta, wurden dann bei Uchuraccay[17] die acht Journalisten von comuneros umgebracht, die die vorangegangenen Ereignisse untersuchen wollten. Nachdem die Auseinandersetzung um die Absetzung der Autoritäten auf diese Weise eskaliert war, zog sich die Konfrontation zwischen Comunidades und Guerilla über mehr als eine Dekade hin. Die FFAA versuchten die Ansätze von Widerstand zu bündeln, indem sie die „zivile Verteidigung" in Form von CDC organisierten, was die Guerilla regelmäßig mit Attacken auf die Comunidades beantwortete[18].

Parallel zu der Aufstellung von CDC wurden „Zivilverteidigungsbasen" (base de defensa civil) gegründet, in die jeweils mehrere Comunidades umgesiedelt wurden, um sich gemeinsam besser verteidigen zu können. Coronel beschreibt die Verhältnisse in diesen Lagern sehr positiv und betont auch hier die große Bedeutung freiwilliger Entscheidungen der Bauern zur Verteidigung ihres Wertesystems: „El factor principal fue la decisión campesina de defender sus tierras, su organización social, sus referentes étnico-culturales."[19]. Dennoch erwähnt auch er Angriffe auf Comunidades der Puna seitens der FFAA. Dies bleibt der einzige Beleg dafür, daß auch in dieser Mikroregion keine homogene Reaktion der Bevölkerung im Sinne einer Kollaboration mit den FFAA und/ oder Ablehnung der PCP gegeben war. Diese andere Seite der Medaille wird bis auf weiteres im Dunkeln bleiben, denn: „Los campesinos [diejenigen, die Coronel interviewt hat; S.M.] son renuentes a dar información sobre el número de víctimas a manos de las FFAA."[20]. Als Indiz für die geringe Attraktivität eines Lebens in

---

[17] Uchuraccay ist mit der Comunidad Huaychao, in der die anderen Tötungen stattfanden, durch starke verwandtschaftliche Beziehungen verbunden und gehörte auch zu Comunidades des erwähnten „Anti-PCP-Bündnisses".
[18] Coronel listet 33 Comunidades der Puna auf, die in der Zeit zwischen 1982 und 1992 von der Guerilla angegriffen wurden (Coronel 1996; S. 52,f.).
[19] ebda.; S. 55
[20] ebda.; S. 53

den Bases mag indes das Verhältnis zwischen den Comunidades, die in solche Lager umsiedelten und denen, die aus der Region flohen, dienen. Coronel nennt keine Zahlen, erwähnt aber als „hauptsächliche Tendenz" die Migration in die Stadt oder das Tal von Huanta. Im Verlauf der 80er Jahre entleerten sich so die Punas zunehmend, die meisten Comunidades waren geflohen, die verbliebenen auf engem Raum in den multikommunalen Basen zusammengefaßt. Die CDC, die von diesen Basen aus organisiert werden, haben dort die Varayoccs als Autoritäten durch junge Comandos ersetzt[21].

Erst ab Ende der 80er Jahre erstarkten wieder zivile Formen kommunaler Institutionen, die seitdem in Zusammenarbeit mit den CDC ihre Arbeit verrichten. Eine völlige Militarisierung bzw. ausschließliche Spezialisierung von Teilen der Bevölkerung auf die Kriegsführung war allerdings in den Punas allein schon aus ökonomischen Gründen unmöglich, da die Naturbedingungen die Mitarbeit aller verfügbaren Arbeitskräfte in der Produktion erfordern.

60 % der Bevölkerung der Comunidades verließen die Punas während der Jahre des Krieges. Die teilweise Rückkehr von Dörfern ab 1993 ist nur temporär, d.h. neben dem Leben auf den Höhen verbringen die Menschen weiterhin viel Zeit in den größeren Siedlungen oder Städten, in die sie geflohen waren. Die Arbeitssuche dort bleibt angesichts der prekären ökonomischen Lage der Comunidades meist für das Überleben notwendig. Für Coronel erklärt dies (besonders im Fall der Rückkehrer, weniger im Fall der Comunidades, die in den Bases verblieben) eine Dynamisierung der Beziehung zwischen Stadt und Land. Diese vergrößerte Migrationserfahrung habe zusammen mit der in den CDC organisierten Macht von Campesinos schließlich zu einer vergrößerten Präsenz von Bauern auf dem Niveau lokaler Politik geführt.

---

[21] Coronel erwähnt diese Ironie der Geschichte nur nebenbei. In der Tat scheint mir seine Position absurd, wenn er die Entstehung von Umsiedlungen und CDC zentral mit dem Willen der Bauern zur Verteidigung ihres Wertesystems inklusive „ethnisch-sozialer Bezüge" begründet und die Effekte der Umsiedlung positiv bewertet. Während er den Widerspruch zwischen Forderungen der PCP und Verteidigung der „Tradition" betont, entgeht ihm der Widerspruch zwischen Tradition und Erfordernissen der militärischen Aufstandsbekämpfung. Wenn das Ergebnis in dem einen (Hegemonie der PCP) wie dem anderen (Hegemonie der FFAA) Fall das Verschwinden überlieferter Autoritäten und Hierarchien ist, stellt sich vielmehr die Frage nach den politischen und sozialen Perspektiven der einen oder anderen Entscheidung der Comunidades. Diese Diskussion führt Coronel jedoch nicht.

Allerdings litten die politischen Instanzen immer noch unter der Herrschaft der politisch-militärischen Kommandos. Für Coronel bleibt die Errichtung ziviler politischer Gremien daher mit einem Fragezeichen versehen. Er beschreibt den Rückzug der FFAA und eine neue staatliche Politik gegenüber dem Agrarsektor als Notwendigkeit, um zukünftig nicht neue Konfrontationen heraufzubeschwören. Von den Bauern an der Basis in den Comunidades erwartet er dabei keine expliziten politischen Forderungen. Sie beschränkten sich auf Bitten um Unterstützung an den Staat und NRO, um ihr bloßes Überleben zu sichern. Jede darüberhinausgehende Forderung werde vermieden, da sie von staatlicher Seite als Ausdruck subversiver Bestrebungen interpretiert werden könne, die jederzeit eine Antwort im Sinne der bekannten Formen der Repression provozieren kann: „Los campesinos intuyen que cualquier protesta organizada contra las medidas del gobierno puede ser calificada de subversiva, senderista, de tal manera que la tendencia central, en especial en las comunidades altoandinas, es a concentrarse en la reconstrucción y gestionar ante el Estado y ONG apoyo para la construcción de infraestructura vial, productiva y de servicios."[22].

Bevor ich mich mit einer zweiten Fallstudie befasse, sind hier noch zwei wichtige Anmerkungen zu Coronels Arbeit angebracht. Zunächst der Hinweis auf die Widersprüchlichkeit seiner Schlußfolgerungen. Seine Arbeit wird geleitet von der Annahme, daß „El accionar de SL en cada lugar y período, es el factor dinámico que condiciona las respuestas campesinas."[23]. Insofern interpretiert er die Entscheidung von Comunidades für CDC hauptsächlich als Ausdruck ihres Willens zur Verteidigung sozio-kultureller Normen und Werte, die er unhinterfragt als „ethnisch"-determinierte Traditionen darstellt. Dabei fällt auf, daß die historische Entstehung sowohl der Form Comunidad wie auch der „traditionellen Autoritäten" im Zusammenhang der Erfordernisse der kolonialen Ausbeutungsordnung[24] ignoriert wird. Vielmehr suggeriert Coronel, allein durch ihre Qualifizierung als

---

[22] Coronel 1996; S. 110
[23] ebda.; S. 101
[24] vgl. Kapitel BI2

„Traditionen" sei der schützenswerte Charakter dieser Institutionen hinreichend belegt. Dieser unkritische Zugang kann kritisiert werden, ohne daß damit eine Rechtfertigung der wenig überzeugenden *Methoden* der PCP verbunden sein muß. An anderer Stelle wird Coronel abermals mit demselben Problem konfrontiert: Im Verlauf der Organisierung der Comunidades unter Herrschaft des Militärs verschwindet das Varayocc-System ebenfalls und das, obwohl die Entwicklung innerhalb eines Widerstandsprozesses gegen die Guerilla stattfindet, den Coronel wie erwähnt begrüßt. Spätestens hier hätte es nahegelegen, nach dem sozialen *Inhalt* der drei Möglichen Entwicklungen zu fragen: Beibehaltung des traditionellen Systems, Ersetzung durch comités populares oder Ersetzung durch CDC-Comandos. Diese Diskussion kann sich aber nicht auf die Formfrage beschränken, sondern hat nach der materiellen Basis der „Kultur" zu fragen, hat die jeweils möglichen Veränderungen in Bezug auf Formen der Arbeit und Arbeitsteilung und vor allem nach Besitzverhältnissen und Formen der Aneignung der Produkte zu untersuchen. In Bezug auf Veränderungen in diesem Bereich erfährt der Leser in der Fallstudie wenig mehr, außer daß die Bauern vor 1980 arm waren und ihre Lebensbedingungen Mitte der 90er Jahre prekär sind, mit geringen Perspektiven der Verbesserung unter den gegebenen Bedingungen der „tendencias autoritarias que exhibe el actual régimen"[25].

Damit verbunden ist der zweite Aspekt, Coronels Behandlung der ökonomischen Grundlage des Lebens der Comunidades. Hier resultieren die Schwierigkeiten einerseits aus der Art, wie er ökonomische Fragen thematisiert und andererseits aus der isolierten Betrachtung der Mikroregion. In Bezug auf die Art der Darstellung sei das Beispiel des Verbots der Märkte genannt. Coronel erwähnt nur, dieses (auch sonst in der Literatur häufig betonte) Verbot habe sofortige Ablehnung provoziert. Dabei wird auf der These aufgebaut, daß die PCP in einem Versuch, die Comunidades zur Autarkie zu zwingen (um die Städte zu isolieren), die Märkte geschlossen habe und damit den Bauern die einzige Möglichkeit genommen, sich mit wenigen aber lebensnotwendigen Produkten zu versorgen. Henry

---

[25] Coronel 1996; S. 107

Favre wies allerdings schon in seinem 1984 publizierten Aufsatz über Peru darauf hin, daß die Entwicklung wesentlich komplexer war. Er beschreibt, daß die Comunidades der Punas nach Schließung der Märkte nicht prinzipiell von dem Zugang zu den benötigten Produkten ausgeschlossen waren, sondern diese nunmehr in den Comunidades weiter unten im Tal kaufen mußten. Diese konnten aufgrund ihrer faktischen Monopolstellung überhöhte Preise verlangen. Diese Tatsache dürfte für die Bewohner der Puna um so schmerzhafter gewesen sein, als diese Abhängigkeit alte Machtbeziehungen zwischen Tal und Puna wiederbelebte, Abhängigkeitsbeziehungen, die die Bewohner der Höhen seit langem zu brechen versuchten. Favre folgert daher, daß für viele Comunidades im Tal die Unterstützung der Guerilla auch dem praktischen Nutzen zu verdanken war, den sie aus den erneuerten Möglichkeiten der Bereicherung auf Kosten der Puna zogen.

Dieses kleine aber wichtige Beispiel belegt einerseits Coronels verkürzte Darstellung von ökonomischen Verhältnissen selbst da, wo er sie thematisiert und andererseits die Notwendigkeit, „lokale" Ereignisse in einen größeren Zusammenhang zu setzen, sowohl was geographische Räume wie auch historische Entwicklungen[26] angeht.

Ein anderes Beispiel ist Coronels Fazit, die PCP habe den Bauern in Bezug auf ökonomische Forderungen nichts zu bieten gehabt. Auch diese Behauptung macht nur Sinn, wenn die lokale Entwicklung in den Punas zeitlich und räumlich isoliert betrachtet wird und selbst unter dieser Voraussetzung bleiben auch hier wichtige Widersprüche in der Beschreibung. So schildert auch Coronel, daß in diesem Gebiet unter Führung der PCP niemals eine Erntesaison organisiert wurde, weil zuvor die FFAA eingriffen und unter anderem die kollektive Bestellung von Feldern bzw. die Ernte verhinderten[27]. Der „dynamische Faktor" sind hier also klar die Militärs, die selbst

---

[26] Auch in Bezug auf die Thematisierung geschichtlicher Hintergründe heben sich andere Autoren positiv von Coronels Vorgehen ab. Flores Galindo z.B. erwähnt Mitte der 80er Jahre (ohne auf das umfangreiche Datenmaterial zurückgreifen zu können, das Coronel Mitte der 90er zur Verfügung steht) die lange Vorgeschichte der Konflikte zwischen Tal und Puna und ihre Bedeutung für die Konfrontation von Comunidades untereinander im Krieg nach 1982 (Flores Galindo 1986; S. 237, ff.).

[27] Die Vernichtung von Feldern, von deren Ertrag auch die Guerilla profitieren könnte, gehört zu den klassischen Elementen der Aufstandsbekämpfung.

kurzfristige Versuche der Reorganisierung der Produktion systematisch verhinderten. Gleichzeitig schnitten sie die Bauern durch ihre Umsiedlung von einem großen Teil der nutzbaren Flächen ab und brachten sie so in eine Abhängigkeit von den sporadischen Hilfslieferungen des Staats. Schon hier wird ersichtlich, daß die Organisierung der CDC in Bezug auf die materielle Reproduktionsbasis der Comunidades in jedem Fall kontraproduktiv war. Dazu kommt noch das Problem der Beziehungen zwischen Puna und nationaler Ökonomie bzw. die generellen ökonomischen Beziehungen zwischen Landwirtschaft und anderen Sektoren. Coronel erwähnt am Ende seiner Arbeit die Bedeutung eines grundsätzlichen Wandels in der staatlichen Politik gegenüber dem Agrarsektor, wobei er sich selbst skeptisch über einen solchen Wandel in naher Zukunft äußert. Derlei Überlegungen finden sich jedoch nicht im Bezug auf die von der PCP vorgeschlagene Entwicklungsperspektive. Hier beläßt es der Autor bei der Feststellung, den Guerilleros sei nicht viel eingefallen, wie die Ökonomien der Comunidades kurzfristig auf eine solidere Grundlage gestellt werden könnten. Solche Argumente sind angesichts seiner eigenen Erkenntnis über die Austauschbeziehungen zwischen Comunidad und nationaler Wirtschaft bestenfalls unseriös zu nennen.

2   Das Tal von Huanta[28]

Die Entwicklung im Tal von Huanta bzw. ihre Thematisierung durch Coronel kann als Kernstück neuerer Positionen und Analysen bezüglich der CDC bezeichnet werden. Wie kein anderer Autor sonst, zeichnet Coronel hier unter Heranziehung einer großen Zahl von Interviews die chronologische Entwicklung in einer strategischen Region nach, deren Besonderheiten sie als paradigmatischen Fall besonders geeignet erscheinen lassen: Zum einen war hier sowohl eine bedeutende Unterstützung der Guerilla gegeben als auch durch die Verbrechen der Kriegsmarine eine typische Entwicklung für die

---

[28] So nicht anders angegeben folgt die Darstellung der Ereignisse der Schilderung von José Coronel in seiner Forschungsarbeit „Violencia política y respuesta campesina en Huanta" (Coronel 1996).

Jahre 1983 bis 1985 (für den Raum der südlichen Sierra). Zum anderen finden sich hier zu einem späteren Zeitpunkt in denselben Dörfern CDC, die gut funktionieren und wiederholte Angriffe der Guerilla zurückschlagen können. Insofern müßte sich auch das prinzipielle Scheitern der Strategie der PCP in der südlichen Sierra an diesem Beispiel illustrieren lassen, die auch anderenorts vergeblich versuchte, die Entwicklung der CDC militärisch zu verhindern. Eine wichtige Frage für Coronel ist denn auch, welche Ursachen der Loyalitätswechsel der Bevölkerungsmehrheit zugrunde lagen. Diese Entwicklung berührt schließlich auch ein zentrales Erkenntnisinteresse von mir im Rahmen dieser Arbeit, die Frage nach den Faktoren, die die bäuerliche Bevölkerung zur Einnahme bestimmter Positionen im Verlauf dieses Krieges veranlaßte und welche Erwartungen und realen Folgen mit diesen Entscheidungen verknüpft waren.

Im Tal von Huanta begann die PCP ihre politische Arbeit bereits ab Mitte der 70er Jahre. Hier existiert eine lange Tradition von Kleineigentum an Boden und die Bedingungen für die Produktion sind insbesondere aufgrund großer Flächen unter Bewässerung gut. Das Klima erlaubt den Anbau von Obst und Getreide, wobei jährlich zwei Ernten möglich sind. Aufgrund dieser Bedingungen wird vorwiegend im Familienverband produziert, Arbeitsmigration ist zum einen nicht nötig, andererseits aufgrund der arbeitsintensiven Produktion auch nicht möglich[29]. Die Bauern benötigen zudem eine recht hohe Qualifizierung, weshalb keine ungelernten Arbeiter aus anderen Regionen beschäftigt werden. Unter diesen Rahmenbedingungen ist bis 1980 eine verstreute Siedlungsform vorherrschend, die einzelnen Familien oder Dörfer unterhalten untereinander nur wenig intensive Beziehungen. Dieser geringe Grad und das Fehlen legitimierter lokaler oder regionaler Autoritäten kommt den Kadern der PCP insofern zugute, als sie mit ihren Vorstellungen zur Etablierung einer neuen sozialen Ordnung konkurrenzlos dastehen und eine Lücke füllen können. Dazu kommt ein relativ leichter Zugang zu vielen Familien, da die mittleren und reichen Bauern ihre Kinder auf weiterführende Schulen schicken.

---

[29] Diese Beschreibungen beziehen sich auch wieder auf die Zeit vor 1980.

Deren Bildungsniveau ist entsprechend hoch (im Gegensatz zu der Elterngeneration, von denen viele unter den Herrschaftsverhältnissen der Haciendas aufwuchsen) und einige besuchten sogar die Universität in Ayacucho. Diese soziale Nähe zwischen Kadern und Bevölkerung erwähnt Coronel als eine der Vorraussetzungen, auf denen die PCP im Tal von Huanta bis 1982 ein hohes Niveau der Unterstützung erreichte. Dazu kam eine lange Tradition der Präsenz linker Parteien im Tal, die sich bis in die 30er Jahre zurückverfolgen läßt und nicht zuletzt - ähnlich wie im Fall der Punas - eine Sympathie für das Programm, die Zentralisierung der politischen Macht in den Städten zu brechen. Auch die Bewohner des Tals litten unter rassistischen Anfeindungen seitens der Städter wie der staatlichen Autoritäten und waren politisch marginalisiert[30].

Aus der Agrarreform waren im Tal zwei CAP hervorgegangen, die von der PCP in Parzellen unter die Bewohner der benachbarten Siedlungen aufgeteilt wurden (die jedoch wegen des Eingreifens von sinchis und Marine nicht genutzt werden konnten). Bis zum Eingreifen der FFAA hatte sich die PCP so im Tal von Huanta als wichtigste politische Kraft etabliert und konnte in verschiedenen Sektoren der Bevölkerung auf Unterstützung und Zustimmung in unterschiedlichen Graden rechnen. Dabei war die Identifikation mit ihren Zielen unter den Jugendlichen, vor allem denen mit höherer Schulbildung am höchsten („aktive Unterstützung"), während unter den Parzellenbauern eine „passive" Unterstützung vorherrschend gewesen sei.

Die Kriegsmarine begann nach ihrem Einmarsch in Huanta im Tal mit einer Welle zielloser Massaker gegen die Bevölkerung, die sie rassistisch verachtete und unterschiedslos als „Terroristen" verdächtigte. Vor allem die jugendliche Bevölkerung flüchtete zum größten Teil in die Städte oder die Selva, weil für sie die bloße Anwesenheit im Tal ein lebensbedrohliches Risiko darstellte. Die verbliebene Bevölkerung versuchte die Marine zur Aufstellung von CDC zu zwingen, was diese jedoch verweigerte. Obwohl sie zu

---

[30] Coronel interpretiert die Zustimmung der Campesinos auch in diesem Fall als eine spezifische Lesart des Programms der PCP, im Sinne konkreter Vorstellungen im Horizont des Bewußtseins der Bewohner des Tals: „En ese contexto, desde la perspectiva campesina la promesa de tomar el poder era percibida como acceso al poder local y regional, como revancha de esa marginación." (Coronel 1996; S. 91).

diesem Zweck ihr ganzes Repertoire an terroristischen Maßnahmen anwandte, stieß sie mit ihren Bemühungen im Tal nur auf Ablehnung. Coronel erwähnt in diesem Zusammenhang, dieses Verhalten der Bewohner der Dörfer lasse sich nicht als Ausdruck des militärischen Kräfteverhältnisses interpretieren, da zu diesem Zeitpunkt die Überlegenheit der FFAA offensichtlich gewesen sei und sich ein großer Teil der Kräfte der Guerilla aus dem Tal zurückgezogen hätten und die Bewohner aufriefen, ebenfalls in die höhergelegenen Teile zu fliehen. Neben den direkten Angriffen durch die Einheiten der FFAA wurden die Bewohner des Tals zu dieser Zeit außerdem häufig Opfer von gemischten Patroullien, an denen sich auch Bewohner der laderas beteiligten, wo es der Marine gelungen war, die Aufstellung von CDC zu erzwingen. Bei diesen Überfällen beteiligten sich die CDC an Erschießungen, Verhaftungen und der Ausplünderung der Bauern des Tals[31].

Ab Mitte 1985 bis 1989 verringerte sich der Umfang der Repression im Tal. Einerseits wurde die Marineinfanterie von Einheiten des Heeres ersetzt, einer weniger elitären Waffengattung, die im Gegensatz zur Marine nicht ausschließlich als Kolonial- oder Besatzermacht auftrat[32]. Neben einer daraus resultierenden verringerten Bedeutung von rassistischer Verachtung gegenüber der Bevölkerung in ihrer Gesamtheit, kamen den Bewohnern auch die Differenzen zwischen der neuen APRA-Regierung und den FFAA zu Gute[33], die auf Seiten der Streitkräfte zu einer verhältnismäßig passiveren und weniger offensiven Haltung beitrugen. Schließlich reduzierte auch die PCP ihr Aktionsniveau in Huanta, nachdem ihr Unterstützernetz in den Jahren der Massentötungen gelitten hatte und ihre strategische Priorität generell der Etablierung und Ausweitung von Guerillazonen in möglichst weiträumigen Gebieten der Sierra

---

[31] Die aus diesen Jahren resultierenden tiefen Ressentiments sind bis nach 1995 Ursache von Konflikten, die ein koordiniertes Zusammenleben der Dörfer im Tal und an den Hängen unmöglich machen.

[32] Während die Marine historisch die bevorzugte Waffengattung der Eliten war und dementsprechend großen Wert auf die Betonung rassistischer Differenzen zur Mehrheit der Bevölkerung legte, war das Heer auch eine wichtige Schiene sozialen Aufstiegs für Angehörige marginalisierter Gruppen gewesen. Dies drückt sich ebenso in den politischen Positionen der „Reformer" in der Junta General Velascos aus, wie in der Existenz von Offizieren wie z.B. General Huamán (politisch-militärischer Kommandant in Ayacucho in 1984), die selbst aus bäuerlichen Verhältnissen stammten und zum Teil auch Quechua sprachen.

[33] vgl. Kapitel CII4

galt. Unter diesen Bedingungen erholten sich die Ökonomien der Bauern im Tal ansatzweise und es kehrte eine „relative Ruhe" ein, die es 1987 sogar gestattete, Kommunalwahlen durchzuführen.

Ab der zweiten Hälfte des Jahres 1988 verstärkte die PCP wieder ihre Aktionen in Ayacucho und auch in Huanta unter der Führung neuer Befehlshaber aus der Gegend. Im Vergleich zu den alten Kadern hatten diese ein weitaus geringeres Niveau an politischer Schulung gehabt und provozierten durch eine Kombination aus hohen Forderungen und konfrontativen Umgangsformen Ablehnung seitens der Bauern. Neben Angriffen auf regionale Politiker war ein wichtiges Ziel, in den Dörfern, die bisher den Forderungen der Guerilla relativ gleichgültig gegenübergestanden hatten, eine umfangreichere Unterstützung durchzusetzen, sowohl was die Versorgung mit Lebensmitteln angeht, als auch die Rekrutierung von Kämpfern. Gleichzeitig nahmen die FFAA wieder verstärkt Patroullien vor und kehrten zu einer ausgedehnten Anwendung der Praxen des schmutzigen Kriegs zurück.

Im neunten Jahr des Krieges wurde so die prekäre Normalität der Bauern im Tal wieder zerstört und sie sahen sich in die Jahre des schlimmsten Terrors von 1983 bis 1985 zurückgeworfen. Diese Entwicklung schien für sie jenseits der Bedrohungen keine kurzfristige Perspektive auf Verbesserung ihrer Lage zu bringen. Im Gegenteil ließ die Ankündigung der PCP, innerhalb des „strategischen Gleichgewichts" eine Intensivierung des Kriegs voranzutreiben für die nächste Zeit nur eine weitere Erhöhung der Anforderungen an ihre Sympathisanten und eine allgemeine Steigerung der Quantität wie der Qualität der Kriegshandlungen erwarten: „la conducta de los senderistas que ampliaron sus blancos entre campesinos del valle y no mostraron logro alguno luego de nueve años de guerra, anunciando más bien una intensificación de la violencia."[34]. Hinzu kam die Erfahrung von Comunidades am Río Apurímac (vgl. Seite 232), wo CDC seit 1988 eine erfolgreiche Offensive gegen die Guerilla führten und das persönliche Engagement eines Unteroffiziers, der sich „Centurión" nannte: Er zog Anfang 1990 mit einem Kommando von Dorf zu Dorf und erzwang unter Anwendung von „allen" Mitteln, einschließlich der Erschießung Unwilliger, die Aufstellung von CDC.

---

[34] Coronel 1996; S.62

In der Folge wurde im Tal ein System der totalen Kontrolle aller Bewegungen zwischen den Dörfern eingerichtet, Reisende die keinen speziell vom lokalen Militärkommandanten autorisierten Paß dabei hatten, wurden verhaftet. Coronel benennt die Initiative von „Centurión" als wichtige Bedingung für die Ausweitung der CDC auf das ganze Tal. Da allerdings insgesamt der in früheren Jahren von der Marine verbreitete Terror um ein Vielfaches schlimmer gewesen sei, geht er davon aus, daß die erfolgreiche Durchsetzung der Strategie der FFAA nur unter der Bedingung einer nunmehr vergrößerten Freiwilligkeit oder Akzeptanz dieser Maßnahmen seitens der Bewohner erklärbar ist. Gemäß der oben erwähnten These von dem Verhalten der Guerilla als „dynamischem Faktor" steht diese auch in Bezug auf die Bedingung der Möglichkeit des Zustandekommens einer generalisierten CDC-Struktur im Mittelpunkt: „La propuesta senderista de intensificar la guerra iba a contracorriente de las tendencias generadas en la relativa Paz de los años previos. ... Había transcurrido casi una década de violencia sin que los campesinos percibieran ningún logro, ni tampoco perspectivas de triunfo, cuando al principio de los años ochenta se les había anunciado reiterativamente una victoria cercana."[35]

In der Folgezeit verstärkte sich über die zwangsweise Zugehörigkeit aller Bewohner zu den CDC das Zusammengehörigkeitsgefühl, das zudem noch durch die neue Erfahrung des engen räumlichen Zusammenlebens in den zum Zweck der Verteidigung errichteten Bases begünstigt wurde. Angriffe der Guerilla auf diese neuen Siedlungen trugen zu einer Verbesserung des Verhältnisses zwischen den Bauern an der Basis und den Führern oder Comandos der CDC bei, die sich auch im Tal von Huanta aus ehemaligen Angehörigen der FFAA zusammensetzten.

Als Resultate dieser Entwicklung nach dem Abflauen der Kriegshandlungen in den 90er Jahren nennt Coronel: Die neuen kompakten Siedlungsformen, die die alten losen und verstreuten Siedlungsmuster ablösten und beibehalten wurden; verstärkten kommunalen Zusammenhalt unter legitimierter bzw. anerkannter Führung; neue Formen der Solidarität und Arbeitsteilung auf Dorfniveau; eine Verstärkung der Bedeutung von Elementen andiner

---
[35] ebda.; S. 95

Kultur und schließlich auf der Grundlage ihrer militärischen Erfolge mehr Respekt für die Bewohner des Tals seitens der städtischen Bevölkerung.

Die Agrarproduktion erholte sich allmählich, allerdings wurden weiterhin keine Überschüsse in so großen Mengen produziert, daß es möglich gewesen wäre, auf dieser Grundlage spezialisierte CDC-Mitglieder von den produktiven Tätigkeiten freizustellen. Eine Verselbständigung der militärischen Strukturen habe daher nicht stattgefunden und die gewählten Comandos würden im Gegenteil darum bitten, nicht wiedergewählt zu werden, da die intensive Arbeit für die CDC ihre ökonomische Lebensgrundlage bedroht. Hier ist insbesondere der Zwang zum ständigen Aufenthalt im Dorf zu nennen, der die Aufnahme saisonaler Arbeitsverhältnisse in der Selva oder in den Städten verhindert. Die Löhne, die in diesen Formen der Arbeitsmigration erzielt werden, machen mittlerweile einen notwendigen Bestandteil der wirtschaftlichen Grundlage der Familien im Tal aus.

Was die politische Orientierung der Campesinos angeht, spricht Coronel von einer mehrheitlichen Zustimmung für die Regierung Fujimoris aufgrund deren Erfolge bei der Aufstandsbekämpfung. Die Forderungen und Bitten, die von der Führung der CDC und den kommunalen Autoritäten gestellt werden, beziehen sich daher auf infrastrukturelle Verbesserungen wie Anbindung an das Straßennetz, Wasser- und Stromversorgung oder die Wiedererrichtung von Schulen und Gesundheitsposten.

Das Verhältnis zwischen den CDC und den FFAA hat sich nach 1992 entspannt. Die CDC sind weiterhin vom Heer abhängig und zu den samstäglichen Appellen müssen weiterhin alle Comandos und arrepentidos nach Huanta in die Kaserne kommen. Allerdings leisten Rekruten aus den Dörfern mittlerweile dort in Huanta ihren Militärdienst ab und die Patrouillen der FFAA im Tal stehlen kein Vieh mehr und mißbrauchen auch sonst nicht mehr ihre Macht. Diese Bedingungen faßt Coronel in der Prognose zusammen, die „Räume der Autonomie" der CDC neigten zu einer Vergrößerung: „En estas nuevas condiciones, los espacios de autonomía de los CDC, en este caso el de Cangari-Viru Viru, tienden a incrementarse."[36].

---

[36] ebda.; S. 100

An dieser Stelle will ich nicht auf die Probleme und Folgen der Verwendung dieses ungeklärten Autonomiebegriffs eingehen, da ich mich wegen seiner generellen Bedeutung für mehrere Autoren des Buchs über die CDC damit noch in VIII2 beschäftige. Auf einige konkrete Schwierigkeiten, die speziell mit Coronels Fallstudie zusammenhängen, soll hier dennoch hingewiesen werden. Dabei handelt es sich zum einen um die These, Veränderungen im Vorgehen der PCP könnten als „dynamischer Faktor" ausgemacht werden, zum anderen um Coronels Einschätzung ökonomischer Entwicklungen und ihrer Bedeutung.

Die These vom Handeln der PCP als „dynamischem Faktor" greift auch in Bezug auf die Ausweitung der CDC zu kurz. Coronel beschreibt, daß die von ihm konstatierte größere Freiwilligkeit der Bauern zur Zusammenarbeit mit den FFAA ihr wesentliches Fundament in der Angst hatte, die Terrorwelle, die die Marine 1983 bis 1985 im Tal entfesselte, könnte sich wiederholen. So realistisch die Einschätzung gewesen sein mag, daß es in dem neuen Stadium des Kriegs, im strategischen Gleichgewicht, zu einer Neuauflage dieses Szenarios kommen würde, so wenig ließe sich in diesem Fall die PCP allein dafür verantwortlich machen. Hier zeigt sich das Problem, daß Coronel nicht nach dem politischen Programm der beiden Kriegsparteien fragt. Denn die These vom „dynamischen Faktor" läßt sich nur halten, wenn als (statische) Basis oder Normalzustand die gegebenen Herrschaftsverhältnisse angenommen werden. Werden sie in Frage gestellt, sei es durch die PCP und/oder die Bauern, und reagiert der Staat darauf in der beschriebenen Weise, erscheint so der Versuch der Umwälzung der bestehenden Ordnung als „dynamischer" oder auslösender Faktor, wohingegen die Repression des Staats nur als *R*eaktion erscheint. Unabhängig von der etwaigen Kritik an bestimmten *Methoden* staatlicher Aufstandsbekämpfung erhält die Verteidigung der bestehenden Legalität somit jenseits des sozialen und politischen Inhalts der beteiligten Kriegsparteien den Anschein einer generellen Legitimität.

Nun ist Coronel nicht der Vorwurf zu machen, er sehe darüber hinweg, daß der Kampf der PCP für viele Bauern mindestens bis Ende der 80er Jahre so eine große Attraktivität hatte, daß sich die Guerilla in vielen Gebieten einer freiwilligen Unterstützung aus den

Reihen der Bevölkerung sicher sein konnte. Um davon ausgehend den Loyalitätswechsel der Comunidades zu erklären, könnten schon auf Basis von Coronels Daten verschiedene Schlüsse gezogen werden. Er entscheidet sich für eine Variante, die die hauptsächliche Verantwortung für die Entwicklung des Verhältnisses zwischen Comunidades und Guerilla bei der PCP sieht: Im Kern sind es konkrete materielle Errungenschaften, die ausbleiben zusammen mit dem aufdringlichen Auftreten der Kader, die ehemalige Sympathisanten von der PCP entfernen. Vor allem der erste Punkt der versperrten ökonomischen Aufstiegs- bzw. Entwicklungsperspektive wird von Coronel immer wieder erwähnt. Mir scheint dieses Argument jedoch in zweierlei Hinsicht unbegründet: Zum einen müssen die enttäuschten Hoffnungen der Bauern (in Bezug auf kurzfristige Veränderungen) vor allem mit dem Eingreifen der FFAA erklärt werden, die z.B. im Tal von Huanta die kollektive Bewirtschaftung der parzellierten CAPs verhinderten, wahrscheinlich genau mit der Überlegung, daß es ihre Aufgabe sei, derartige Präzedenzfälle zu verhindern. Zum anderen wäre bei einem Vergleich der strategischen Angebote von Staat und Guerilla an die Bauern die Beweislast gewissermaßen umgekehrt: Der Staat, dessen Repressionsorgane erfolgreich verhinderten, daß die PCP in die Situation kam, ihre eigene Agrarpolitik durchzuführen, hätte nach seinem Sieg nun zu belegen, daß das System, das die Massen durch die CDC verteidigen, auch ihr System ist. Diese Frage taucht bei Coronel am Ende kurz auf, ohne daß er näher darauf eingehen würde. Wie erwähnt (siehe Seite 220), drückt er lediglich seine Skepsis aus, daß das aktuelle Regime den Bauern tatsächlich eine Politik anzubieten hätte, die die permanente Verelendung beenden würde. Diese Skepsis war in der Tat berechtigt, wie ich in Kapitel IX darstelle. Da diese Entwicklung jedoch bruchlos an die traditionelle Agrarpolitik anschließt, muß Coronel der Vorwurf gemacht werden, daß er in die Entwicklungen in Huanta willkürlich eine Perspektive hineininterpretiert, die lediglich einer nachträglichen Rechtfertigung des heutigen Kriegsgewinners dient: Dem peruanischen Regime und seinen Polizei- und Militäreinheiten, die im Verlauf des Krieges den Spielraum legaler Opposition immer weiter einengten. Den Bauern bleibt indes jenseits einer Neuauflage des Guerillakriegs nur ein

Verhalten, wie es Coronel selbst beobachtet: Hilfsgesuche an Staat und Nichtregierungsorganisationen zu stellen, in der Hoffnung, sich einen individuellen Ausweg zu eröffnen. Wenn man seine Fallstudien unter dem Gesichtspunkt der ökonomischen Veränderungen für die Bauern untersucht, finden sich sowohl für die Punas wie für das Tal Anhaltspunkte, die für eine andauernde Verschlechterung der wirtschaftlichen Situation der Bevölkerung sprechen. Dies belegen Daten, die Coronel allerdings nicht unter dem Gesichtspunkt der wirtschaftlichen Entwicklung interpretiert. Ein Beispiel sind die Probleme, die sich nach Coronel für die Comandos der CDC im Tal aus der Unmöglichkeit der Aufnahme von Saisonarbeit ergeben. Der Autor will mit dieser Information belegen, daß es keine ökonomische Basis für verselbständigte Militärstrukturen gibt. Im Vergleich mit seiner Schilderung der Produktionsverhältnisse vor dem Krieg wird jedoch die Prekarisierung der Familienökonomien im Tal deutlich. Nach Coronel konnte nämlich die PCP davon profitieren, daß die Bauern aufgrund einer soliden wirtschaftlichen Basis im Tal praktisch keine Migrationserfahrung besaßen. Allein die Zusammenschau dieser beiden Daten läßt erahnen, zu welchem Ergebnis eine systematische Untersuchung der Entwicklung der wirtschaftlichen Perspektiven unter der Herrschaft des augenblicklichen Regimes kommen würde.

Damit ist keineswegs das Argument ausgeräumt, die PCP habe den Bauern keine kurzfristige wirtschaftliche Perspektive anzubieten gehabt, allerdings vermag es nichts zu erklären: Wenn mit Coronel die Bedeutung solcher Errungenschaften für den Entscheidungsfindungsprozeß der Bauern bezüglich ihrer Positionierung auf Seiten einer der beiden Kriegsparteien so großes Gewicht gegeben wird, muß die Perspektivenfrage auch für die Hegemonie der FFAA gestellt werden. Zeigt sich, daß wie erwähnt alle Indizien für eine *Verschlechterung* der ökonomischen Situation der Bauern *trotz* der militärischen Erfolge der FFAA ab den 90er Jahren sprechen, dann kann nicht länger davon ausgegangen werden, daß sich durch ausbleibende Prosperität und sozialen Aufstieg die „Freiwilligkeit" zur CDC-Formierung begründen läßt. Die Parallele zur Entwicklung auf der Puna ist offensichtlich: Statt der Hoffnung auf wirtschaftliche Entwicklung soll dort die Verteidigung des

Systems der Varayoccs zur Ablehnung der Guerilla motiviert haben und verschwand ebenfalls im Rahmen seiner „Verteidigung" unter dem Kommando der FFAA, als die Varayoccs von den Comandos der CDC abgelöst wurden.

Karte 5[37]

---

[37] Quelle: Stern 1998; S. 165

3 Das Tal des Río Apurímac[38]

Wie beschrieben liegt die tropische Region des Río Apurímac im Osten der Provinz Huanta (bzw. La Mar). Die Geschichte der CDC am Apurímac wird in einer Studie von Ponciano del Pino untersucht[39]. Auch für diese Region sollen im Folgenden einige zentrale Etappen und Charakteristika der Entwicklung benannt werden. CDC am Apurímac, wie die weiter unten beschriebenen von Pichiwillca, bezeichnet del Pino als „prototipo de estas organizaciones"[40]. Der allgemeine Entwicklungsprozeß des Tals weist jedoch einige Besonderheiten auf, die diese Region deutlich von den angrenzenden Provinzen der Sierra unterscheiden. Zwar wird auch für den Apurímac die Entwicklung Mitte der 90er Jahre grundsätzlich positiv bewertet, aber die allgemein für die CDC konstatierte Tendenz zu mehr „Autonomie" wird hier auf das gesamte soziale Gefüge ausgeweitet, in dem die CDC nur die Rolle des lokalen Militärs spielen. Es handelt sich um „Una región en busca de autonomía, con su propia administración política, sus propias normas, su propio ejército; por último, sus propias confesiones religiosas."[41] Diese Entwicklung erklärt sich maßgeblich aus der Rolle die der Coca-Anbau und das Geld der Narcos (Drogenhändler) seit 1983 spielt.

Die Coca war bis zu den 20er Jahren dieses Jahrhunderts schon einmal das wichtigste Produkt des Tals gewesen, allerdings dienten die Blätter damals traditionellem Konsum in den Comunidades der Sierra und nicht wie heute der Kokainproduktion. Das Land war zu dieser Zeit aufgeteilt unter comuneros aus der Sierra, die periodisch Parzellen am Apurímac bestellten, die sie kolonisiert hatten. Daneben existierte auf den besten Böden enormer Großgrundbesitz, häufig im Eigentum von Hacendados, die in Ergänzung zu ihren Haciendas im Hochland Plantagen am Fluß aufbauten. Dort beuteten sie die Arbeitskraft „ihrer" Knechte aus, die sie aus der Sierra an den Apurímac kommandierten. Ab den 20er Jahren lösten sich

---

[38] So nicht anders angegeben folgt die Darstellung in diesem Kapitel der Arbeit von Ponciano del Pino: „Tiempos de guerra y de dioses: Ronderos, evangélicos y senderistas en el valle del río Apurímac" (Del Pino 1996).
[39] Del Pino 1996
[40] ebda.; S. 118
[41] ebda.; S. 176

nacheinander verschiedene booms von Exportprodukten ab: In den 20er Jahren war es das Zuckerrohr[42], ab den 40er Jahren der cube[43], ab Mitte der 60er Jahre der Café. Im Laufe der Zeit kristallisierte sich eine klare Monopolstellung der Großgrundbesitzer und Zwischenhändler insbesondere bei der Vermarktung dieser Produkte heraus. Die zahlreichen kleinen Händler und Produzenten versuchten, sich dagegen durch die Gründung einer eigenen Vermarktungsorganisation zur Wehr zu setzen. Diese war mit ihren hochgesteckten Zielen, die auch den Aufbau sozialer Infrastruktureinrichtungen (Schulen, Gesundheitsposten, Gemeindehäuser) einschlossen, bis 1982 relativ erfolgreich.

Ab 1982 kamen die ersten Kader der PCP ins Tal, die hier vor allem ein sicheres Rückzugsgebiet für die Guerillas aus der Sierra suchten. Dennoch kam es bereits im selben Jahr auch zu bewaffneten Aktionen, Überfällen auf monopolistische Großhändler und Brückensprengungen. Auch die Vermarktungsaktivitäten der Bauernorganisation wurden kritisiert und eins ihrer Autos angezündet. Wie in anderen Teilen des Landes markiert auch für den Río Apurímac das Jahr 1983 einen gravierenden Einschnitt. In diesem Jahr installierte die Marineinfanterie eine Basis im Tal[44] und entfachte vor allem im Norden des Tals eine willkürliche Repression, die viele Opfer forderte und die offene Verfolgung aller Funktionäre der Bauernorganisation und generell jeden Ansatzes zur sozialen Organisation der Bevölkerung in den Mittelpunkt stellte. Auch hier begann die Konzentration der ehemals verstreut lebenden Bevölkerung in „bases civiles", mit dem Ergebnis, daß auch hier der größte Teil der landwirtschaftlichen Nutzfläche nicht länger bearbeitet werden konnte, weil die Bewegung zwischen Base und weiter entfernt liegenden Feldern lebensgefährlich war. Aufgrund der klimatischen Bedingungen fand sich am Apurímac allerdings im Anbau von Coca für die Kokain-Produktion für viele Bauern eine einträgliche Alternative. Unter den Kriegsbedingungen war die Coca-Ökonomie

---

[42] Das Zuckerrohr diente allerdings eher als zum Export zur Schnapsherstellung, da dieser ein bevorzugtes Produkt war, mit dem die Sierra-Hacendados Arbeiter „entlohnten".

[43] Aus der Cube-Wurzel wird eine giftige Substanz extrahiert, die auf dem internationalen Markt als Rohstoff bei der Insektizidproduktion gehandelt wird.

[44] auf dem Gelände einer der größten Haciendas des Tals (Luisiana), die einem ehemaligen Abgeordneten der damaligen Regierungspartei Acción Popular, gehört

gewissermaßen ideal, garantierte sie doch hohe finanzielle Erträge fast ohne Investitionen, bei einem minimalen Bedarf an Aufmerksamkeit und Pflege. Sie war somit das einzige Produkt, für dessen Anbau selbst die Bauern des Apurímac genug Zeit hatten, obwohl sie nach Ausweitung des Krieges fast permanent mit Wachen beschäftigt waren oder an Militärexpeditionen gegen die Guerilla teilnehmen mußten.

Im Süden des Tals, am Oberlauf des Flusses begann nach del Pino Ende 1983 die Entwicklung der CDC am Apurímac. Zwei wesentliche Grundlagen für den offenen Widerstand werden genannt, der sich auch hier an den Plänen der PCP zur Einführung von comités populares entzündete: Einerseits eine lange Tradition kommunaler Organisation in den Dörfern, die auch schon während des Kriegs gegen Chile 1883 und 1923 gegen einen lokalen Großgrundbesitzer „montoneras" organisiert hatten. Zum anderen die hohe Verbreitung eines evangelischen Fundamentalismus, vor allem getragen von Anhängern der Pentecostal-Kirche. Die Auseinandersetzungen zwischen Dörfern und Guerilla begannen hier Ende 1983, als die PCP in den Süden des Tals zurückkehren wollte, aus dem sie sich nach der Verhängung des Ausnahmezustands kurze Zeit zurückgezogen hatte. In der Zwischenzeit hatten sich hier einige Dörfer zum Widerstand organisiert, weil ihnen die Forderungen der PCP unangebracht schienen, die - kaum daß die ersten Kader in der Gegend ankamen - völlig unvermittelt begann, die alten Autoritäten zu vertreiben bzw. in einigen Fällen zu töten.

Anfang 1984 kam eine Patroullie des Heeres bis in den Süden des Tals. Auf Basis der Bereitschaft einiger Dörfer, sich formell als CDC[45] unter Kommando der FFAA zu organisieren, wurde die Expansion der CDC angeordnet, die in allen Dörfern installiert werden sollten. Del Pino erwähnt nur in einer Fußnote, daß auch diese Patroullie unter Befehl eines „Mayor Rick" ähnlich vorging wie „Centurion" in Huanta, d.h. eventuelle Ablehnung seiner Vorschläge bedeutete Tod oder Verschwindenlassen für die Betroffenen. Ab 1984 bestand so auch in Pichiwillca ein CDC. Pichiwillca erreichte eine gewisse Berühmtheit aufgrund der führenden Rolle innerhalb des Netzes von CDC. An der Grenze zwischen Gebieten gelegen, die von der PCP kontrolliert wurde und dem Gebiet der CDC im Süden des Tals, entwickelten seine Kämpfer einige Initiative nicht nur beim Kampf gegen Verbände der Guerilla, sondern insbesondere auch bei Überfällen auf andere Dörfer, die sich weigerten, CDC aufzustellen. Ab 1984 wurde überall im Tal die Konzentration ehemaliger Siedlungen in Bases Civiles im Stil der nordamerikanischen „Strategischen Dörfer" in Vietnam generalisiert. Auf dieser Grundlage wurden auch nördlich von Pichiwillca, das Tal flußabwärts, durch Zwang und Überfälle von CDC und FFAA CDC aufgebaut. Diese nördlichere Region blieb jedoch umstritten. Vor allem entlang der westlich gelegenen Abhänge der Sierra kristallisierte sich eine räumliche Aufteilung zwischen FFAA/CDC und PCP heraus. Während letztere die Höhen hielt und die Bewohner der dort gelegenen Dörfer in ihre Bases de Apoyo zu integrieren versuchte, befahlen die FFAA, ins Tal hinabzukommen, das von ihnen kontrolliert wurde und wo die ehemaligen kleinen Dörfer in den Bases Civiles zusammengefaßt wurden. Von beiden Kriegsparteien aus erfolgten dabei entlang dieser Grenze beständige Angriffe auf Siedlungen im Gebiet unter Kontrolle der Gegenseite.

Während der Jahre 1983 und 1984 litt vor allem der Norden des Tals unter Massakern durch die FFAA. Dennoch konnte in dieser Zeit auch Richtung Norden eine Ausweitung der Gebiete unter Kontrolle von CDC durchgesetzt werden, eine Offensive, die erst 1985 unter Garcias Regierung zum Stillstand kam. Von 1985 bis 1988 überließen die FFAA auch am Apurímac die Kriegsführung praktisch den CDC, die unter starken Angriffen der Guerilla immer weiter nach Süden zurückgedrängt wurden. Aus diesen Jahren resultieren daher starke Spannungen zwischen CDC und FFAA, die sich zum Teil auch in bewaffneten Konfrontationen ausdrückten. Dieser Hintergrund liefert neben der Bedeutung der Coca-Ökonomie einen wichtigen Beitrag zur Erklärung der Allianz, die die CDC im Tal seit 1988 mit den Drogenhändlern schlossen. Über die Finanzierung aus den Gewinnen des Handels mit Pasta Básica[46] konnten sich die CDC mit modernen Waffen ausrüsten und in den verschiedenen Sektoren, in die das Tal aufgeteilt wurde, jeweils Spezialkommandos („comandos

---

[45] Der Name CDC wurde im Tal offiziell am 21. 6.1984 eingeführt (ebda.; S. 139).
[46] Pasta Básica ist ein Vorprodukt bei der Kokainherstellung, das im Wesentlichen aus Cocablättern gewonnen wird.

especiales") oder „Escuadrones Civiles Antisubversivos" aufstellen, Gruppen von bis zu 50 bezahlten Vollzeitmilizionären. Durch diese Struktur erhalten einerseits die übrigen Bewohner mehr Spielraum zur landwirtschaftlichen Produktion, andererseits stellen die CDC mit diesen gut bewaffneten Kräften über das Tal verteilt ein unabhängiges Privatheer, das die wichtigsten Zonen der Pasta-Produktion und -Vermarktung effektiv vor staatlichen Eingriffen schützen kann.

Die als DECAS[47] zusammengefaßten CDC unter Führung einer Zentrale hatten ab 1988 so de facto die politische Macht und die militärische Kontrolle des Tals in Händen. Die FFAA arrangierten sich bald mit diesem Zustand, während es mit Angehörigen der FFPP immer wieder zu Auseinandersetzungen kam.

Die korrupte und anmaßende Führung durch Profiteure aus dem Pasta-Handel wurde erst zum Zeitpunkt des Erscheinens von del Pinos Arbeit in Frage gestellt, nachdem Mitte der 90er Jahre die Coca-Preise dramatisch fielen. Ohne ihre finanzielle Grundlage konnten sie sich nicht länger an der Macht halten. Mit gesunkenen Einkommen der Bauern entfiel auch die Grundlage für die Finanzierung der Spezialkommandos, die bis dato von den Bauern bezahlt wurden. Mitte der 90er Jahre wurden daher viele dieser Kommandos aufgelöst.

Der grundsätzliche Trend zu einer Autonomie von staatlicher Macht und staatlichen Institutionen hat sich zumindest bis Mitte der 90er Jahre erhalten.

Die CDC spielten und spielen in diesem Prozeß eine zentrale Rolle, da sie in ihrem abgegrenzten Territorium politische und militärische Macht bündeln. Sie garantieren die Rahmenbedingungen für funktionierende ökonomische Austauschbeziehungen, klären Streitigkeiten und stellen mit ihrer hierarchisch gestaffelten Struktur auch eine soziale Vergesellschaftungsinstanz für alle Teile der Bevölkerung dar. Mir scheint von diesen Funktionen ausgehend die Parallele bzw. Konkurrenz zu staatlichen Organisationsformen auf der Ebene der Nation offensichtlich. Del Pino stellt schließlich aber auch wichtige Beobachtungen bezüglich der sozialen Verhältnisse innerhalb der Region dar. Denn die mit den CDC verbundene

---

[47] Comités de Defensa Civil Antisubversiva, „Zivile AntisubversionsVerteidungsKomitees"...

Entwicklung inmitten des Krieges produzierte ein historisch neues Gefüge von Klassenverhältnissen im Tal, die über die Struktur der CDC miteinander vermittelt sind.

Die alte Oberschicht im Tal, bestehend aus Großgrundbesitzern und reichen Händlern, war bereits in den ersten Kriegsjahren geflohen. Nach dem Aufschwung wurde sie sukzessive durch eine Schicht Neureicher ersetzt, die ihre Gewinne aus dem Coca- bzw. Pasta Básica-Handel bezog. Mit den Produkten der alten Haciendas, vor allem mit anderweitiger Exportproduktion, war kein Geld mehr zu verdienen. Zu den kriegsbedingten Schwierigkeiten bei Produktion und Transport addierte sich in diesem Fall auch ein dramatischer Preisverfall auf den internationalen Märkten. Die heutige Oberschicht im Tal besteht daher aus ehemaligen kleinen und mittleren Bauern und Händlern, die zunächst verarmten und ab Mitte der 80er Jahre einen enormen sozialen Aufstieg schafften. Ihre Mobilität verdankten sie zum guten Teil der Struktur der CDC, in denen sie Führungspositionen bekleiden und mit Hilfe militärischer Macht ihre Geschäftsbedingungen durchsetzen konnten. Der Reichtum hinterließ jedoch kaum sichtbare Spuren im Tal. Sei es durch direkten Kapitaltransfer oder durch den Handel mit den Regionen und Städten der Sierra[48], gelangte ein Großteil der Einnahmen in Städte wie Ayacucho, wo inmitten des Krieges prunkvolle Häuser entstanden, während am Apurímac in den Dörfern weiterhin Infrastruktur wie Strom oder Trinkwasser fehlt.

Neben denen, die die Coca reich gemacht hat, vegetiert der größte Teil der Bevölkerung des Tals als pauperisierte Kleinbauern. Extreme Armut ist in diesem Sektor, der zugleich die soziale Basis für den religiösen Fundamentalismus stellt, ebensohäufig wie Krankheiten[49] und Analphabetismus.

---

[48] Die noch funktionierende Agrarproduktion der Sierra wurde während des Coca-booms stabilisiert durch die große Nachfrage im Tal insbesondere nach Lebensmitteln, die dort nicht länger produziert wurden. In Ergänzung dazu war aber auch noch eine verstärkte Einfuhr von Importprodukten oder Produkten der Küstenbetriebe notwendig, Handelsbeziehungen, die ebenfalls stabile Gewinne zuließen. Die ökonomische Bedeutung des Apurímac für die ganze südliche Sierra-Region wurde schließlich durch das beständige Angebot von Lohnarbeit komplettiert. Durch temporäre Arbeitsmigration bezogen so viele Familien in der Sierra lebenswichtige Nebeneinkünfte, nachdem ihnen ihre materielle Grundlage in der Landwirtschaft während des Kriegs zerstört wurde.

[49] Del Pino nennt als typische Krankheiten Malaria, Typhus, Hepatitis und TBC und Mangelkrankheiten wie Anämie.

Del Pino beschreibt, wie die aktuellen Spaltungen entlang einer unterschiedlichen (Wirtschafts- und Sozial-) Geschichte verschiedener Mikroregionen im Tal verlaufen: Die neuen Reichen finden sich eher im Norden des Tals. Hier wurde die Kolonisation hauptsächlich durch Parzellenbauern bzw. Minifundisten vorgenommen, von denen viele aus dem Tal von Huanta kamen. Sie implementierten auch am Río Apurímac eine auf Individualbesitz gegründete Ökonomie und versuchten als mittlere Bauern im Kampf gegen die traditionellen großen Grundbesitzer einen freien Marktzugang für ihre Produkte zu sichern. Den Süden des Tals dagegen besiedelten „traditionelle" Comunidades aus der Sierra, die ihre Formen kollektiver sozialer Organisation beibehielten. Ihre Ökonomie war bereits vor 1980 viel stärker auf den Konsum der Comunidad konzentriert. Anstatt für freien Marktzugang zu kämpfen, richtete sich ihr Widerstand eher gegen Zwänge von außen, etwa beim Kampf gegen Abgaben oder Steuern.

Diese historischen Wurzeln bieten einerseits Erklärungsansätze für die heutige soziale Spaltung, aber auch für die unterschiedliche Entwicklung des Verhältnisses zwischen Dörfern und PCP während des Krieges. Ähnlich wie in den Punas von Huanta traf die Guerilla am Apurímac zuerst bei den relativ isolierten und armen Comunidades im Süden des Tals auf Widerstand, die über einen starken organisatorischen Zusammenhang auf der Ebene der Comunidad verfügten. Im Norden des Tals dagegen war die Ablehnung viel geringer, bzw. der erreichte Grad von Unterstützung für die PCP deutlich höher und hier konnten wie erwähnt die CDC nur nach grausamen Massakern etabliert werden.

Del Pino betont, daß den Bauern im Süden im Hinblick auf den Entschluß zu und die praktische Durchsetzung von effektivem Widerstand gegen die Guerilla insbesondere ihre Religion zu Gute gekommen sei, die sie zu kompromißlosem Kampf auf der Basis einer Ideologie befähigte, die nicht weniger geschlossen und mächtig erscheint, wie die der Kader der PCP. Heute erlaubt den evangelischen Fundamentalisten ihr apokalyptisches Weltbild hauptsächlich, ihre ökonomische Marginalisierung widerspruchslos hinzunehmen, ohne in eine defätistische Haltung zu verfallen. Ihr Glaube, der um die kurzfristig zu erwartende Rückkehr Christis kreist, bot ihnen unter

Kriegsbedingungen aber auch eine ausgezeichnete Grundlage, um praktisch in das sehr weltliche Kriegsgeschehen einzugreifen. Dazu transformierten sie ihr Engagement innerhalb der CDC des Tals in einen „heiligen Krieg" gegen die Guerilleros, die sie nach und nach mit dem Antichristen identifizierten. Ihr daraus resultierender Elan beim Kampf lieferte dann wichtige Impulse für die Entwicklung der CDC vor allem in den ersten Jahren.

Del Pino resümiert aus dieser sozialen, ökonomischen und ideologischen Spaltung, daß sich am Apurímac während des Kriegs eine dualistische Sozialstruktur herausgebildet habe, die in den CDC den einzigen gemeinsamen Raum hat. Den CDC und ihrer andauernden Existenz kommt von daher eine immense Bedeutung zu, da jenseits davon kaum ein Bereich besteht, der nicht von tiefgehenden Widersprüchen durchzogen wäre. Unter der Bedingung ihres Bestehens waren die Bewohner des Tals jedoch in der Lage, vermittelt über diese Institution einen gewissen Grad gemeinsamer Identität als „ronderos" aufzubauen, trotz ihrer völlig verschiedenen Hoffnungen bzw. Ziele: ewiges Seelenheil bzw. ökonomischer Fortschritt. Die Opposition der CDC zum Staat als ein verbindendes Element ergibt sich schließlich ebenfalls aus den jeweiligen Zielen: weder für erfolgreiche Drogengeschäfte noch für die spirituelle Rettung erwiesen sich die staatlichen Maßnahmen bisher als förderlich. Im Epilog seiner Arbeit konstatiert del Pino, daran werde sich sobald wohl auch nichts ändern, da die staatliche Aufmerksamkeit für die Provinzen der Region nach Abflauen der Kampfhandlungen deutlich nachgelassen habe und sich bestenfalls in Nahrungsmittellieferungen erschöpfe. Insbesondere mangele es an umfassenden Politiken, die eine Reduzierung der Abhängigkeit des Tals von der Konjunktur des Coca-Marktes ermöglichen würde.

Ausgehend von den beiden zentralen Entwicklungstendenzen unter Herrschaft der CDC - Herausbildung einer dualistischen Sozialstruktur und Autonomisierungsprozeß gegenüber staatlichen Institutionen - schließt del Pino mit dem Fazit, die CDC könnten ebensowenig als „denominados `nuevos movimientos sociales´", als sogenannte Neue Soziale Bewegungen eingeordnet werden, wie sie als bloße Verteidiger des Staates anzusehen seien[50].

---

[50] Del Pino 1996; S. 173

Del Pino selbst faßt die zentralen Gedanken seiner Arbeit folgendermaßen zusammen: „Con el sustento eonómico del narcotráfico, con un ejército propio y una religión capaz de `alcanzar lo imposible´, en medio de la guerra se produjo un proceso de autonominzación relativa del valle en relación al Estado. Alrededor de los CDC los habitantes construyeron sociedad, identidad y autonomía, pero con un perfil mucho más ambiguo y contradictorio del que las ciencias sociales otorgan por lo genral a los movimientos sociales."[51] Die Widersprüchlichkeit steht dabei nicht im Gegensatz zu einer Entwicklung, die sich der Autor in Zukunft durchaus positiv, in einem wertenden Sinn, vorstellen kann: „En el nuevo capítulo que se inicia una vez superada la violencia y el narcotráfico, en el valle proliferan las interrogantes, pero la experiencia acumulada durante todos estos años, puede servir a sus pobladores para enfrentar el futuro con la tenacidad de siempre y hasta con un cierto optimismo."[52].

Dieser offene aber doch tendenziell positive Schluß, den auch die anderen Autoren (des Buchs zu den CDC) teilen, verbindet Del Pinos Text mit den anderen Beiträgen. Auf der einen Seite läßt sich an seinem Text auf den ersten Blick Ähnliches kritisieren, wie an Coronels Studien zu Huanta, z.B. die willkürliche Hoffnung auf eine Entspannung der ökonomischen Probleme. Im Fall des Apurímac drückt sich das in der Kombination der Verelendung des größten Teils der Bevölkerung, der Abhängigkeit von der Kokain-Produktion bei sinkenden Preisen für die Coca und dem Ausbleiben eines grundsätzlichen Wandels der staatlichen Politik gegenüber dem Tal aus. Auf der anderen Seite nimmt auch del Pino nicht für sich in Anspruch, daß eine praktikable Perspektive für eine ökonomische Entwicklung für alle tatsächlich gegeben sei. Wie für Coronel zählt auch für del Pino als wichtigeres Kriterium (zur normativen Beurteilung[53]) der Grad, indem es Bewohnern gelang ihre

---

[51] ebda.; S. 119
[52] ebda.; S. 180
[53] Explizite Formulierungen in so eine Richtung einer eindeutig positiven Bewertung sind insbesondere bei Coronel und del Pino kaum vorhanden. Implizit scheinen sie zwischen ihren Beschreibungen hervor, indem sie bestimmte Entwicklungen begrüßen und andere bedauern. Dennoch ist es legitim, ihnen solch eine positive Bewertung zu unterstellen. Einerseits aufgrund von Beratungstätigkeit etwa für Menschenrechtsorganisationen, wo sie auf Basis ihrer in den Untersuchungen gewonnen Daten zu eindeutigeren Bewertungen kommen. Andererseits aufgrund der Tatsache, daß sie mit ihrem Material überhaupt erst die Durchführung von Projekten wie

Comunidad-internen sozialen Beziehungen friedlich zu konsolidieren und eine legitim(iert)e Führung auszubilden. Im Fall von Huanta hatte ich darauf hingewiesen, daß Coronel mit dem Paradox umgehen muß, daß die erfolgreichen Anstrengungen zur Verteidigung sogenannter ethnischer Werte oder Traditionen das verschwinden der angeblich schützenswerten Institutionen nicht nur nicht verhinderten, sondern sogar beförderten. Im Fall des Río Apurímac ist das nicht so, wenigstens soweit die evangelisch-fundamentalistische Bevölkerung betroffen ist. Del Pino kann hier anders als Coronel praktische Resultate vorweisen. Auch del Pino sieht ja im Fall der militanten Verteidigung dieser Glaubensgemeinschaft eine legitime und erfolgreiche Verteidigung eigener kultureller *Werte*. Im Gegensatz zum Varayocc-System in Huanta konnte hier eine Struktur nicht nur verteidigt, sondern sogar verstärkt werden. Folgerichtig schreibt del Pino in Bezug auf die ihm so wichtige Ausbildung von starken Identitäten im Fall der Gläubigen: „La identidad más sólida y persistente se encuentra entre las poblaciones evangélicas, quienes se fortalecieron doctrinalmente y reforzaron su identidad, construyeron relaciones comunales y consolidaron una dirigencia, legitimada por su protagonismo en estos años de guerra."[54] Insofern scheint mir del Pinos Text in Bezug auf seine Schlußfolgerungen plausibler zu sein. Allerdings kommt gerade in diesem Fall besonders schwer zu tragen, daß der Autor auf jeden Ansatz von Religionskritik verzichtet und die Folgen der Verstärkung des apokalyptischen Kults in Bezug auf die materielle Situation der Gläubigen nicht problematisiert. Ich werde im Folgenden auf die ideologischen Implikationen näher eingehen, die ein Vorgehen mit sich bringt, bei dem ein grundsätzlicher Widerspruch unter Rückgriff auf Begriffe wie Kultur, Tradition oder Ethnie zu einer Ambivalenz relativiert wird(, was entgegen der erklärten Intention der Autoren die Gestaltungschancen von Subjekten nicht befördert, sondern negiert)[55].

Arbeitstreffen oder das von Degregori herausgegebene Buch ermöglichen. Es soll dennoch erwähnt werden, daß die eindeutigeren - zum Teil euphorischen - Kommentare zur Entwicklung der CDC von den anderen Autoren (Degregori, Starn) stammen, die *nicht* über vergleichbare Erfahrungen vor Ort verfügen.

[54] Del Pino 1996; S. 180
[55] vgl. Seite 163

VIII Kontinuität und Veränderung der CDC und ihrer Einschätzung

Im Vergleich zu den Berichten über CDC aus den 80er Jahren lassen sich anhand der in VII beschriebenen Fallstudien, bzw. der Texte in Degregoris Buch zu den CDC, Veränderungen auf zwei Ebenen konstatieren. Einerseits beschreiben die Autoren *inhaltliche Veränderungen*, d.h. Veränderungen in Bedeutung, Auftreten, Stellung und Aufgaben der CDC. Auf einer zweiten Ebene hat sich im Fall der vier von mir untersuchten Autoren auch die *Form der Betrachtung* verändert, d.h. die theoretischen Bezugspunkte, die sie bemühen und vor allem die bewertende Einschätzung der Entwicklung. Während mir von den drei anderen Autoren keine Texte zu den CDC aus den 80er Jahren bekannt sind, läßt sich am Beispiel Degregoris der komplette Perspektivenwechsel klar aufzeigen, den der Autor im Verlauf der erfolgreichen Offensive von FFAA und CDC in den 90er Jahren vollzog. Noch 1989 beschrieb er die CDC als den Comunidades aufgezwungene Struktur, die die völlige Zerstörung der sozialen Zusammenhänge und der ökonomischen Lebensgrundlage in der Sierra besiegele: „Las montoneras sancionan la fragmentación del campo ayacuchano y nos enfrentan con la triste realidad de campesinos brutalmente enfrentados entre sí (...). Peor aún, sin posibilidades de desarollar sus labores agropecuarias y especialmente cultivar la tierra, las `montoneras´ degeneran en bandas paramilitares que asolan el campo o se enfrentan entre sí, según testigos muchas veces con el beneplácito o la complicidad de las fuerzas militares. Las `montoneras´ marcan así la descomposición final del campesinado ayacuchano, que tardará muchísimo en recuperarse de este verdadero cataclismo."[1] In Bezug auf die verheerenden Folgen des Krieges in Gestalt allgemeiner Verelendung (vgl. Kapitel IX1). hat Degregori seine Position beibehalten Es ist in Bezug auf die „montoneras", d.h. die CDC (die er jetzt „rondas" nennt), wo die pessimistisch-düstere Prognose einem hoffnungsvollen Ausblick gewichen ist. Die CDC „han permitido en muchas partes la

---

[1] Degregori 1989; S. 49

reconstrucción de aldeas y comunidades, el surgimiento de nuevos liderazgos, una nueva relación con los poderes locales e incluso con las FFAA. Han levantado la moral, elevado la autoestima y otorgado cierto poder al campesinado, incluyendo a la población más india (quechuahablante), más rural, más pobre. Las rondas no han eliminado por cierto las contradicciones internas, los nuevos caudillismos y las viejas discriminaciones .... Pero el balance, en el que los autores coincidimos al margen de énfasis particulares, es esperanzador."[2]

1 Veränderungen in der Praxis der CDC

Nach dem was bisher dargestellt wurde, lassen sich die Veränderungen in der Praxis der CDC auf der ersten, der empirischen Ebene wie folgt zusammenfassen:

Angesichts der Hegemonie einer ablehnenden Haltung der bäuerlichen Massen zur PCP und dem weitgehenden Rückzug der Guerilla aus weiten Teilen der Sierra, ist die militärische Bedrohung von Comunidades drastisch zurückgegangen. Damit sind auch die Feindseligkeiten zwischen Dörfern aufgrund jeweils verschiedener Positionierung innerhalb des Kriegs hinfällig geworden. Die CDC stellen eine desto größere Belastung für die Comunidades da, je stärker sie sich auf rein militärische Aufgaben beschränken. In den meisten Fällen besteht daher seitens der Bevölkerung kein Interesse an einer Beibehaltung der CDC in ihrer Funktion als Aufstandsbekämpfungsmilizen. Normalerweise läßt die ökonomische Situation der Comunidades eine Entlohnung der Angehörigen der CDC nicht zu, sondern reihum sind alle verfügbaren comuneros gezwungen, Zeit für die CDC aufzubringen. Unter den Bedingungen äußerst prekärer familialer und/oder kommunaler Ökonomien raubt die Aktivität der CDC ihren Mitgliedern somit wertvolle Arbeitszeit. Als Reaktion darauf werden die Amtsperioden von Funktionären der CDC immer weiter verkürzt, weil diese völlig unproduktiven Aufgaben immer unbeliebter werden.

Das weitere Bestehen der CDC erklärt sich indes aus den positiven Erfahrungen, die die Bauern während des Krieges innerhalb dieser

---

[2] Degregori 1996; S. 27

Struktur gemacht haben und daraus, daß die CDC zunehmend dazu übergehen, jenseits der militärischen auch andere, für die Comunidades heute nützlichere Aufgaben zu übernehmen.

In Bezug auf die Erfahrungen halten die Autoren die Herausbildung und Garantie neuer, klar definierter kommunaler Führungs- und Entscheidungsstrukturen für die wichtigste Errungenschaft angesichts der Auflösung traditioneller sozialer Verhältnisse. Damit verbunden ist der zweite Aspekt, die Ausweitung des Tätigkeitsbereichs der CDC auf „zivile" Aufgaben, wie die Unterstützung der wiedereingesetzten zivilen Autoritäten innerhalb der Comunidad, Begleitung der Vertreter des Dorfes bei Behördengängen oder die Organisierung kollektiver Arbeit der ganzen Comunidad. Während diese Aufgaben eher denen traditioneller politischer oder politisch-religiöser Ämter entsprechen[3], können sie aufgrund ihrer Bewaffnung und Durchsetzungsfähigkeit auch Aufgaben übernehmen, die vormals in den Bereich der Polizei fielen[4].

Zu der Entwicklung des Verhältnisses zwischen CDC und FFAA lassen sich ebenfalls die Autoren des von Degregori herausgegebenen Buchs heranziehen. Sie konstatieren die fortgesetzte formale Unterordnung und den andauernden Zwang zu wöchentlichen Appellen und Befehlsempfang. Insgesamt habe sich das Verhältnis aber entspannt, die FFAA gingen weniger willkürlich vor und die Autoren sehen den Raum für erweiterte Spielräume der Selbstbestimmung der CDC jenseits der Pläne der FFAA.

Diese Perspektive läßt sich mittlerweile jedoch anhand neuerer Informationen aus der Zeit nach Erscheinen des Buches überprüfen. Die konstatierte Entspannung kann nicht als die zentrale Tendenz bezeichnet werden. Berichte von Menschenrechtsorganisationen belegen eine systematische Erpressung der Bevölkerung durch die

---

[3] Diese Hilfstätigkeiten vor allem der Comandos entsprechen ungefähr den Aufgaben der unteren Ränge innerhalb der säkularen Verwaltungshierarchie in den Dörfern nach den staatlichen Gesetzen, bzw. der alfacires im Varayocc-System. Schon vor 1980 existierten beide Formen der Hierarchie parallel, zum Teil in ein und demselben Dorf, wobei es vorkam, daß einzelne Amtsinhaber eines „traditionellen" politisch-religiösen Amtes explizit auch die Aufgaben der entsprechenden säkularen Funktion mitübernahmen (vgl. Coronel 1996; S. 69 und S. 75).

[4] Vor diesem Hintergrund dürfte auch der Vorschlag Tapias zu verstehen sein, die CDC in eine lokale „Landpolizei" (policia local rural) zu transformieren (Burgos 1991; S. 49; Tapia 1993; S.

FFAA, die - organisiert über die Struktur der CDC - weiterhin Abgaben wie Brennholz[5] leisten muß. Ebenso dokumentierte Fälle vom Einsatz der CDC unter Gebrauch deren interner Hierarchien zur Durchführung von Wahlbetrug[6] weisen auf andere Felder „ziviler" Aufgaben an, mit denen die CDC auch von staatlicher Seite nach Ende von Kriegshandlungen betraut werden.

Berichte über Pläne zur Entwaffnung der CDC[7] scheinen schließlich darauf hinzudeuten, daß sich entweder innerhalb der Comunidades bzw. der CDC bereits vermehrter Widerstand gegen die Willkür der Befehle der FFAA manifestiert, oder daß die FFAA diese Entwicklung zumindest nicht mehr ausschließen. In jedem Fall besteht in Teilen der FFAA wohl kein Interesse mehr an der Existenz bewaffneter CDC, da die beschriebenen neuen Aufgaben ebensogut wenn nicht besser von unbewaffneten Hilfstruppen geleistet werden können.

2 Veränderungen in der Einschätzung

In der von mir untersuchten Literatur zu den CDC zeichnet sich ein Entwicklungsprozeß ab, den auf einem allgemeineren Niveau auch große Teile der „Mainstream"-Linken der IU aus den 80er Jahren

---

23).
  [5] „Las autoridades civiles y políticas están subordinadas a las Fuerzas Armadas. ... Aunque han ganado en autonomía, los 1.500 comités de autodefensa de la zona (Ayacucho; S.M.), son controlados por el Ejército. ... lo que muchos campesinos habían reportado a la Comisión de la CNDDHH: que se solicitaban cuotas fijas de leña, papa y carne para alimentar al personal de las bases. ... Los reiterados testimonios hablan de ese abuso y de los castigos que imponen a quienes incumplen" (Coordinadora Nacional de Derechos Humanos 1996).
  [6] „Respecto a las rondas campesinas (geimeint sind die CDC in den Notstandsgebieten; S.M.), cabe recalcar que el aspecto básico en que descansa la relación entre éstas y el Estado es una profunda desconfianza, que atenta contra su autonomía funcional y limita el apoyo logístico que ellas requieren. ... En esta línea podemos colocar los intentos de reorganización de las rondas campesinas. Como se sabe, una de sus funciones es efectivamente la lucha antisubversiva pero otra, la menos evidente, es ervir como instrumento de control social. Es probable que el deseo de reagruparlas tenga que ver con intentos de controlar y dirigir los votos en las zonas rurales." hieß es im Reporte Especial vom Januar 1998 (DESCO 1998). Im Oktober 1998 konnte nach den Kommunalwahlen dann die Existenz einer „poderosa maquinaría fraudulenta en las zonas bajo control político militar" (La República, 18.10.1998) belegt werden, die auch CDC als Organisatoren einer Abstimmung zugunsten des Kandidaten von Fujimoris „Vamos Vecino" benutzte (La República, 19.10.1998).

zwischen Mitte und Ende der Dekade vollzogen haben, die früher einige Sympathien für die Idee einer revolutionären Aufhebung des bürgerlich-parlamentarischen System hatten[8]: Die in der Form Staat organisierten Herrschaftsverhältnisse sind nicht mehr Gegenstand grundsätzlicher Kritik, statt dessen wird dem formaldemokratischen System generell unterstellt, offen für die Vertretung verschiedenster Interessen sein zu können und zivile bzw. Bürgerfreiheiten zu garantieren, kurz: wirkliche Verkörperung eines allgemeinen Interesses zu sein oder wenigstens sein zu können. Bezugnehmend auf die in B IV 2 dargestellten Positionen kann vermerkt werden, daß sich innerhalb der legalen bzw. öffentlichen Debatte die Positionen mit einer korporatistischen Tendenz gegen diejenigen durchgesetzt haben, die von einem klassenkämpferischen Standpunkt aus argumentieren.

Für die neuere Diskussion um die CDC macht sich dieser Positionswechsel auf zwei Weisen bemerkbar: Zum einen wird die Offenheit des Staats für die Vertretung ehemals Marginalisierter häufig implizit unterstellt, wenn erwähnt wird, die Bitten seitens der CDC an den Staat um Hilfe für Entwicklungsprojekte, zusammen mit einer vergrößerten Durchsetzungsfähigkeit der Bauern vermittelt über die Macht der CDC, könnten eine Perspektive wirtschaftlicher Entwicklung und verstärkter politischer Partizipation für die Bauern eröffnen. Zum anderen werden die Möglichkeiten und Grenzen staatlicher Politik im Rahmen kapitalistischer Vergesellschaftung in Peru auch deswegen nicht thematisiert, weil die CDC für sich einen bedeutenden Freiraum durchgesetzt hätten. Diese These wird explizit formuliert, als Rede von einer jetzt vergrößerten „Autonomie" oder Unabhängigkeit, oder einem Prozeß der „Autonomisierung".

Auf diesen Autonomiebegriff muß näher eingegangen werden. Unter demselben Begriff Autonomisierung, der als generelle Tendenz benannt wird[9], verbergen sich mehrere, zum Teil sehr verschiedene, Entwicklungen.

a) Autonomisierung einzelner CDC in Bezug auf Umfang und Form ihrer Unterordnung unter die FFAA, die ihnen Befehle erteilen Hier wird behauptet, trotz fortbestehenden Zwangs, die Befehle

---
[7] vgl. Coordinadora Nacional de Derechos Humanos 1996
[8] Burt 1998; S. 282

der lokalen Militärführung zu befolgen, respektierten die FFAA die CDC heute eher, der Umgang sei der Form nach weniger herablassend und das Ausmaß der Kontrolle über die CDC sowie der Umfang der von ihnen auszuführenden Aktionen habe sich reduziert. Diese Entwicklung finde im Rahmen eines allgemein verbesserten Verhältnisses zwischen FFAA und Bevölkerung statt. Als Ausdruck hierfür wird angeführt, daß z.b. viele geflohene Comunidades anläßlich ihrer Planungen zur Rückkehr in die Puna die Einrichtung von Militärposten in ihrem Dorf explizit fordern[10].

b) Autonomisierung einzelner CDC (und damit auch von Comunidades) vom Staat und von bürgerlich-staatlichen Formen politischer Artikulation

Hierbei handelt es sich um spezifische Ausprägungen einer in Peru weiter verbreiteten Krise der klassischen (Partei-)Politik, die unter der Regierung Fujimoris auch auf Seiten der Opposition zunehmend populistische Züge annimmt. Im Fall vieler CDC konstatiert Starn einen „espíritu `post-ideológico´ que deja el terreno de las políticas nacionales al autoritarismo populista de Fujimori y sus aliados militares"[11]. Coronel erwähnt im Gegensatz dazu die Kandidatur von CDC-Führern auf einer unabhängigen Liste bei den Kommunalwahlen in Huanta[12]. Wenn also auch nicht von einer prinzipiellen Abneigung gegen jede Art der Politik gesprochen werden kann, so doch zumindest von einer momentanen Krise von politischer Konkurrenz im Sinne des programmatischen Streits über Entwicklungsperspektiven der Sierra und deren Bedeutung im Rahmen einer Neuformulierung von Politik auf nationalem Niveau. Während die linken Parteien weiter in der Bedeutungslosigkeit versinken[13], scheinen die Präferenzen der CDC-Comunidades

---

[9] Starn 1996; S. 242

[10] Das Bild des „guten Verhältnisses" resultiert teilweise auch daraus, daß sich die Comunidades immer noch nicht trauen können, Übergriffe der FFAA anzuzeigen, heute zum Teil aus Angst, das Militär könnte sonst ganz abziehen (so Coordinadora Nacional de Derechos Humanos 1996). In vielen Fällen dürfte ein entscheidender Grund für solch scheinbar paradoxe derartige Forderungen die Befürchtung sein, daß die einzige Alternative zu einem Militärposten in der Wiedereröffnung von Polizeiposten besteht. Da die FFPP in besonderem Maße die Verachtung der Bevölkerung auf sich ziehen wegen ihrer traditionellen und ungebrochenen Korruptheit und Willkür ist die Rückkehr der Polizei in den Augen vieler die eindeutig schlechtere Alternative (vgl. auch CNDDHH 1996).

[11] Starn 1996; S. 250

[12] Coronel 1996; S. 63, f.

entweder bei Fujimoris autoritärem Populismus mit seinen technokratischen und korporatistischen Projekten zu liegen oder bei „Unabhängigen", die ebenfalls vorgeben, sich aus einem prinzipiellen politisch-ideologischen Richtungsstreit herauszuhalten. Dazu passen schließlich die Forderungen nach infrastrukturellen Verbesserungen, die trotz ihres Potentials für die Entwicklung weitergehenden politischen Widerstands auf der Ebene der Bitten bzw. konstruktiver Vorschläge bleiben und wie beschrieben den Anschein eines als Opposition interpretierbaren politischen Geschehens explizit zu vermeiden suchen.

c) Autonomisierung von in CDC-Strukturen organisierten Regionen von staatlichem Gewaltmonopol und Verwaltung

Das deutlichste Beispiel hierfür ist sicher das Tal des Apurímac. Aber auch in anderen Gebieten belegte die Erfahrung, daß von staatlicher Seite keine effektive Unterstützung zur Lösung der dringendsten Probleme zu erwarten war und daß die CDC im Gegensatz dazu effektive Instrumente zur Durchsetzung kurzfristiger Interessen sind. Diese Entwicklung zur Ersetzung staatlichen Handelns durch Aktivitäten der CDC läßt sich auch in den weiteren Kontext der Privatisierungs- und Liberalisierungspolitiken des Regimes einordnen, das auch an anderer Stelle die Privatisierung staatlicher Aufgaben bzw. Verantwortung vorantreibt (z.B. in den Bereichen, Sicherheit, Ernährung, Wohnen oder im Gesundheitssystem). Die CDC finden sich in den meisten Provinzen in der Rolle, einerseits staatliche Aufgaben wie die Garantie der öffentlichen Sicherheit ohne entsprechende Gegenleistung zu übernehmen, andererseits läßt diese Funktion einer Ordnungsmacht, die die Aufrechterhaltung des status quo polizeigleich absichert, auf der lokalen Ebene der Comunidades Freiräume: Die CDC sind nicht im Sinne idealtypischer Richter oder Beamten an eine gesetzliche Grundlage gefesselt und werden auch nicht sanktioniert, solange ihr Handeln nicht perspektivischen Plänen staatlicher Politik widerspricht. Die Konflikte zwischen FFAA als hauptsächlichen Vertretern des Staates in den Notstandsgebieten und den CDC dürften sich genau aus diesem vagen Verhältnis erklären: Einerseits ist die unabhängige Ausführung bestimmter Aufgaben durch die CDC für den Staat mit seiner schwachen Präsenz in den Provinzen überlebensnotwendig. Andererseits werden die in der Gesellschaft fortbestehenden Widersprüche auch immer Anlaß zu Befürchtungen staatlicherseits bieten, die eingeräumten Freiräume (dazu zählt auch die Bewaffnung von Bürgern) könnten sich im Rahmen einer veränderten politischen Konstellation zu Keimzellen grundsätzlicher und effektiver Opposition entwickeln.

Schon die - unbewaffneten - Rondas im Norden Perus mit ihrer Kompetenz zur Lösung lokaler Probleme hatten schließlich gezeigt, daß auch der peruanische Staat bzw. seine Institutionen allergisch darauf reagieren, wenn ihm seine Nutzlosigkeit demonstrativ vorgeführt wird.

Die neue Bewertung der Entwicklung der CDC erklärt sich wohl bei einem Teil der Autoren aus ihren Methoden, die sie aus der Disziplin der Anthropologie mitbringen. Hier kann nicht der Ort sein, um einen Vergleich von Forschungsmethoden der verschiedenen sozialwissenschaftlichen Disziplinen (in Peru) vorzunehmen. Dennoch scheint mir der Hinweis wichtig, daß besonders im Fall von Coronel und del Pino, die mit ihrem Feldforschungsmaterial die wesentliche Grundlage empirischer Daten zu der neuen Diskussion um die CDC beisteuerten, weitgehend die spezifische Methode für die Art der Behandlung des Datenmaterials verantwortlich sein dürfte. Dieser Umgang, wie ich ihn teilweise schon in VII kritisiert habe, ist zum einen charakterisiert durch eine Betonung bestimmter (vor allem kultureller, ideologischer, politischer) *Formen*, die oft von ihrem geschichtlichen und gesellschaftlichen Hintergrund bzw. von ihrem sozialen Inhalt isoliert untersucht werden[14]. Andererseits gerät durch eine Fokussierung auf unmittelbare empirische Fakten deren innerer Zusammenhang ebenso aus dem Blick, wie notwendige Relativierungen, die wir häufig vornehmen müssen, sobald die gewonnenen Daten mit dem Gesamtprozeß des Krieges in Zusammenhang gebracht werden[15]. Trotz dieser Mängel hat sich

---
[13] In diesem Fall bezieht sich die Aussage auf Huanta (ebda.).
[14] Das drastischste Beispiel hierfür dürfte del Pinos separate Beschreibung einerseits der evangelisch-fundamentalistischen Religion der Bauern am Apurímac, andererseits ihrer elenden Lebensbedingungen sein, deren Verhältnis zueinander er nicht versucht, in einen rationalen Zusammenhang zu setzen.
[15] Ein Indiz für solch eine notwendige Skepsis angesichts der in Interviews erhobenen Daten liefert Coronels Hinweis auf die Weigerung seiner Interviewpartner, Angaben bezüglich der Zahl

gezeigt, daß sich auch so in den Fallstudien eine Vielzahl von Daten finden, die als Rohmaterial auch in eine Analyse Eingang finden können, die zu ganz anderen Schlußfolgerungen kommt. Dies nehme ich als Indiz für die wissenschaftliche „Aufrichtigkeit" der Autoren im Rahmen ihrer Methode, wobei dem Ergebnis ihrer Arbeiten durch eben diesen methodischen Ansatz enge Grenzen gesetzt sind, insbesondere im Hinblick auf die Möglichkeit von Ergebnissen, die zu einer ausdrücklichen Kritik des Bestehenden kommen.

Daneben macht sich insbesondere bei Degregori und Starn der Einfluß von Theorien bemerkbar, die ich von der Tendenz her im weitesten Sinne als post-moderne bezeichnen würde. Praktische Ausdrücke davon sind die Betonung einer auf die Individuen zentrierten Beobachtung ihrer Alltagshandlungen, der wiederholte Hinweis auf die Durchlässigkeit von Kategorien, eine Ablehnung „ökonomistischer" Theorien sowie eine generelle Skepsis gegenüber allen Theorien, die auf Kausalität, Dichotomien oder logischen Abstraktionen basieren. Ohne dies ausdrücklich zu formulieren richten sich die Autoren damit gegen Theoriebildung in der Tradition des Marxismus. Dessen Versuche, gesellschaftliche Entwicklungen als soziale (Klassen-)Kämpfe auf Basis aufhebbarer materieller Widersprüche erkennbar und damit als Arbeitsbereich revolutionärer Praxis zugänglich zu machen, wird ersetzt durch Vorstellungen von Hybridität[16], der Betonung der Nichtvorhersagbarkeit der Zukunft[17] und einem privilegierten Bezug auf kulturelle Werte oder „Logiken" zur Erklärung von Auseinandersetzungen[18].

Obwohl sich z.B. Starn kritisch gegenüber einer Idealisierung postmoderner Beschreibungen (in dem Sinne, als wäre der neu entdeckte spielerisch-subversive Charakter sozialer Handlungen für sich bereits Zeichen des Guten oder Progressiven) wendet und die andauernde Existenz von Schmerz und Zerstörung betont[19], bleibt es so bei der

---

der Opfer durch Abgriffe der FFAA als hegemonialer Macht zu machen (Coronel 1996; S. 53).
[16] Bei Starn in Bezug auf die Kultur u.A. der Bauern der Puna (Starn 1996; S. 260).
[17] ebda.; S. 260
[18] Degregori benennt zwar bei verschiedenen Gelegenheiten materielle Motive des Handelns der Individuen, aber indem er den Konflikt zwischen PCP und Comunidades letztlich als eine Fortsetzung des Kampfes zwischen Mistis und indios interpretiert (Degregori 1996[2]; S. 218), bleibt er auf einer Ebene ethnischer Zuschreibungen, deren Grundlage in materiellen gesellschaftlichen Verhältnissen nicht mehr untersucht wird.

Verabschiedung aller Theorie, die die Möglichkeit einer bewußten und rationalen Organisierung der gesellschaftlichen Verhältnisse behauptet, oder wie die Marxsche Theorie den Anspruch erhebt, darüber hinaus auch noch in der gesellschaftsverändernden Praxis aufhebbar zu sein. Statt dessen erhält Theorie, insbesondere bei Starn, die Funktion eines beschreibenden Reflexes, einer Wirklichkeit, die so widersprüchlich ist, daß sie keine Umfassende Einordnung im Sinne einer Bewertung mehr zuläßt. Dieses Verfahren wird als politischer Akt deutlich erkennbar, wenn sich die angeblich notwendigen Relativierungen auf Basis einer dem Post-Strukturalismus entlehnten Methodik in der Kritik früherer Charakterisierungen der CDC erschöpfen, die eine negative Bewertung vorgenommen haben. Ohne die bedeutende Rolle der FFAA zum Entstehen der CDC negieren zu können, wird diese Tatsache im Zuge der Aufweichung von Kategorien wie „manipuliert" oder „aufgezwungen" zur Bedeutungslosigkeit verdammt: „La existencia misma de las rondas sugiere lo que a veces puede ser la inestabilidad de la frontera entre iniciativas `de base´ e `impuestas´, `autóctonas´ y `forzadas´, `autónomas´ y `manipuladas´, a la vez que reitera el imperativo de apertura hacia cómo el activismo de las bases puede desafiar nuestras expectativas sobre y para los desposeídos."[20] Der Aktivismus von der Basis aus, d.h. die massenhafte Beteiligung an den CDC kann allerdings auch heute nicht als „autochthon" oder „autonom" qualifiziert werden, wie die jüngsten mir zugänglichen Berichte aus Ayacucho belegen, die von einer verbreiteten Ablehnung der FFAA sprechen, deren Übergriffe die Bewohner zu erdulden und deren Befehle die CDC auszuführen haben[21]. Starn kommt daher zu seinem positiven Resümee, indem er einerseits die Freiwilligkeit zur CDC-Bildung schon in der Anfangsphase und andererseits die Widersprüchlichkeit der Entwicklung der CDC-Bewegung auch heute betont. Wenn die „Grenze" zwischen autonomer und aufgezwungener Organisierung so durchlässig ist, wie Starn suggeriert, kann weder eine eindeutige Bewertung der CDC für die 80er Jahre noch für heute vorgenommen werden. Während in der kritisierten Literatur der 80er

---

[19] Starn 1996; S. 259
[20] ebda.; S. 242

Jahre noch eine Solidarität mit den Bauern der Sierra und ihrer Hoffnung auf *Befreiung* verbunden war[22], ist diese bei Starn einer falschen Neutralität gewichen, einer Theorie, die sich sowohl ihrer Verantwortung für, als auch ihrer Beteiligung an der Herstellung der herrschenden Verhältnisse zu entledigen sucht, unter Verweis auf die Notwendigkeit vorfabrizierte Kategorien zu verabschieden, die über die Lebensrealität der Individuen hinweg produziert wurden. Wer wie er zurecht den metropolen- bzw. stadtzentrierten Blick auf die Sierra im Interesse der Verwirklichung des Rechts der Bewohner auf ihre eigene Geschichte kritisiert, kann der in Kapitel IX beschrieben Verelendung jedoch nicht glaubwürdig mit dem alleinigen Verweis auf positive Identitätsbildungsprozesse begegnen. Das Recht auf die eigene Geschichte muß an zentraler Stelle das Recht auf eine gesicherte materielle Lebensgrundlage beinhalten, wenn es nicht zu einer Floskel verkommen soll.

Wie erwähnt werden die Möglichkeiten zur Lösung grundlegender Probleme der Landbevölkerung im Rahmen der bestehenden Staatlichkeit in der neuen CDC-Literatur nicht untersucht. Daraus ergibt sich auch eine Untersuchung des Verhältnisses CDC-Staat bzw. CDC-FFAA, die nur die Unterschiede im Umgang beider Seiten miteinander zu verschiedenen Zeitpunkten vergleicht und die Perspektiven, die in der „pragmatischen Allianz" von Bauern und Repressionskräften stecken, nicht analysiert. Auch daraus erklären sich die Bewertungen der Autoren. Da sie nur eine relativ bessere und eine relativ schlechtere Situation miteinander vergleichen, kommen sie für die 90er Jahre zu ihrer positiven Bilanz. Das Kriterium dabei ist Frieden im Sinne der Abwesenheit von bewaffneten Auseinandersetzungen und der „Autonomie"-Spielraum, den

---

[21] vgl. Coordinadora Nacional de Derechos Humanos 1996

[22] Manrique z.B. hatte 1983 die Ausnutzung innerer Widersprüche der andinen Gesellschaft zur Absicherung der herrschenden Verhältnisse durch das Abschlachten von Campesinos untereinander thematisiert (vgl. die Seiten 107, 154 und 200) und die Rolle der FFAA als Protagonisten zur Herstellung dieses Kriegs zwischen Dörfern kritisiert. Die Gewaltausbrüche der Unterdrückten, die sie gegeneinander richten, hatte er mit Fanon als Ausdruck eines Potentials für Widerstand interpretiert, das in emanzipatorischen Kämpfen erschlossen werden kann. Derselbe Manrique muß sich von Starn vorhalten lassen, er sei dem Risiko erlegen, der andinen Bauernschaft eine „escencial brutalidad" zuzuschreiben, wenn er für Kriege mit vorwiegend bäuerlicher Beteiligung eine besondere Grausamkeit konstatiert (Starn 1996; S. 252). Dies ist nur ein typisches Beispiel, wie Starn unter dem Deckmantel einer Kritik an kulturalistischen Stereotypen gesellschaftskritische Theorie ad acta legt und der Verlängerung der Herrschaft des faktisch Bestehenden zuarbeitet.

Comunidades haben, um interne Strukturen aufzubauen, die einen sozialen Zusammenhalt garantieren. Die Leerstelle, die in Bezug auf gangbare Strategien der Überwindung der elementaren Probleme bei der Reproduktion der prekären Lebensgrundlage der Massen offenbleibt, wird durch allgemeine Aussagen gefüllt, die sich im Ausdruck der Hoffnung auf eine bessere Zukunft erschöpfen. Im Zusammenhang der Analyse von Geschichte und Funktion der CDC für die Comunidades wäre die Frage nach der möglichen zukünftigen Rolle der CDC bei dieser Überwindung von Armut und Elend interessant gewesen. Aufgrund ihres theoretischen Hintergrunds und ihrer Untersuchungsmethoden versäumen die Autoren, die CDC nach dieser Seite hin zu untersuchen.

Im nächsten Kapitel unternehme ich den Versuch, auf der Grundlage der bisherigen Ergebnisse meiner Arbeit in Kombination mit einigen zusätzlichen Daten zur aktuellen Entwicklung, einen alternativen Blickwinkel für die Betrachtung der CDC zu umreißen, der auf eine andere Einschätzung ihrer Rolle hinausläuft, als die von den Autoren der „neueren" Literatur zu den CDC vorgenommene.

IX "Frutos de la guerra"

Als bittere bzw. bittersüße „Früchte des Krieges" faßt Degregori allgemeine Ergebnisse der Entwicklungen im Verlauf des Krieges zusammen. Doch auch wenn die anderen Autoren sich weniger systematisch um solch einen Überblick bemühen, lassen sich z.b. aus den Fallstudien zu einzelnen Orten oder Mikroregionen wertvolle Bausteine für eine Beschreibung von allgemeinen Tendenzen gewinnen, die sich in allen Subregionen der südlichen Sierra mehr oder weniger prägnant ausdrücken. Wie erwähnt sehe ich ein zentrales Problem in den Analysen aus Degregoris Buch in der Entkoppelung der Veränderungsprozesse auf verschiedenen Ebenen, die in dem Bild der „Heterogenität" der Entwicklung beschrieben werden. Soweit mir das möglich ist, versuche ich daher, die verstreuten Informationen zu bündeln, um die scheinbar widersprüchlichen Tendenzen in einen Zusammenhang zu setzen.

1 Ayacucho

Eine der symptomatischsten Veränderungen im Verlauf des Krieges, die von allen Autoren bemerkt wird, ist der grundlegende Wandel der Siedlungsformen. Aus oftmals verstreut angeordneten kleinen Siedlungen, die häufig über verschiedene klimatische Mikroregionen verteilt angeordnet waren, wurden kompakte Dörfer, in denen in vielen Fällen sogar mehrere ehemals selbständige Comunidades gemeinsam leben. Die Entstehung dieser Siedlungen, die mit dem Aufbau gemeinsam organisierter CDC einhergingen, erklärt sich einerseits als Folge des Krieges: Die Bewohner der Comunidades gaben ihre bewährten dezentralen Siedlungen nicht freiwillig auf, sondern wurden entweder von FFAA, FFPP oder CDC (aus anderen Comunidades) dazu gezwungen, oder sie flohen aus Gebieten, die von der PCP kontrolliert wurde, wenn sie deren Kontrolle ablehnten. Andererseits hatte diese Entvölkerung weiter Gegenden wiederum auf den Verlauf des Krieges große Auswirkungen: Da FFAA und FFPP generell eher die Täler und die

PCP die Höhen beherrschte, mußten die Comunidades, die sich auf die Seite der Guerilla schlugen, in den unwirtlicheren Höhenlagen versuchen, eine funktionale Kriegsökonomie aufzubauen. Die Schwierigkeiten, die sich dabei zeigten, gipfelten vor allem ab Ende der 80er Jahre in „Desertionen" größerem Umfangs, als die bereits gegründeten CDC der „bases civiles" zusammen mit den FFAA immer neue Angriffe auf die „Volkskomitees" starteten[1]. Damit war einerseits die Reproduktionsgrundlage der Mitglieder von Guerilla und Milizen des EGP, vor allem aber der sukzessive Aufbau immer größerer Gebiete unter Kontrolle des „neuen Staats" der Maoisten als zentrales strategisches Ziel des Volkskriegs prinzipiell in Frage gestellt.

Die Bedeutung der Umsiedlungen und Wehrdörfer, die heute die ehemaligen Siedlungsformen ersetzt haben, geht aber weit über ihre Funktionalität im Rahmen der Kriegsstrategien hinaus, denn mit der Einführung der neuen Siedlungen war abermals eine dramatische Reduzierung der landwirtschaftlichen Nutzfläche in der Sierra verbunden. Noch weniger als vor 1980 ist es den Bauern daher möglich, auf der Grundlage des Ertrags der Agrarproduktion zu überleben. Del Pinos Schilderung des Elends der evangelischen Fundamentalisten am Apurímac ist sicher der dramatischste Fall, der in der Literatur beschrieben wird, Zahlen der Nationalen Menschenrechtskoordination für das Jahr 1996 belegen aber, daß die Pauperisierung ein allgemeines Phänomen in Ayacucho ist und höchstens 36 % der Bevölkerung über eine akzeptable Nahrungsgrundlage verfügen[2].

Ungefähr 35 % der Bevölkerung Ayacuchos flohen im Verlauf des Krieges, davon knapp zwei Drittel nach Lima und in andere Großstädte, während der Rest innerhalb des Departamentos Schutz suchte (vgl. auch Karte 4), die Höhenlagen verloren sogar 60 % ihrer Bewohner[3]. Angesichts der Stagnation der wirtschaftlichen Entwicklung der Region[4] ist es nicht verwunderlich, daß sich die

---

[1] vgl. Del Pino 1998
[2] Coordinadora Nacional de Derechos Humanos 1996
[3] Coronel 1996; S.106
[4] Während das Bruttoinlandsprodukt in ganz Peru zwischen 1975 und 1991 um gerade 1,78 % stieg, fiel es in Ayacucho um 13,88 % (Degregori 1996[1]; S. 16). Dieses negative Wachstum muß vor dem Hintergrund der vor 1980 schon prekären Lage gesehen werden: Auf einer 1972 (also auf

Rückkehr der Flüchtlinge ab 1994 deutlich verlangsamte und bis 1996 nur ca. 20 % diesen Schritt wagten[5]. Wie aus den Fallstudien hervorgeht, sind sowohl die Rückkehrer als auch die Bevölkerungen aus den Bases Civiles gezwungen, heute regelmäßig in den Städten oder z.B. im Apurímac-Tal Lohnarbeit zu suchen[6].

Aus den Erfahrungen mit Umsiedlung, Flucht und Arbeitsmigration ergibt sich eine dynamischere Land-Stadt-Beziehung, wenigstens was die ländliche Bevölkerung angeht, die aus schierer Not heute somit „mobiler" ist als vor dem Krieg. Trotz der ökonomischen Misere innerhalb Ayacuchos und anhaltender Unterversorgung mit elementarsten Infrastruktur- Sozial- und Bildungseinrichtungen[7] erweitert sich so der Erfahrungshorizont insbesondere derjenigen mit (temporärer) Migrationserfahrung. Schließlich trägt die Militarisierung zu dieser Entwicklung bei, indem z.B. ehemals unzugängliche Regionen wie die Puna von Huanta durch militärstrategisch geplanten Straßenbau erschlossen wurden[8].

Innerhalb der Comunidades scheinen sich auf Basis der gemeinsamen Organisierung in den CDC weitgehend wieder anerkannte zivile Autoritäten herausgebildet zu haben. Diese gehören allerdings nach den Beschreibungen der Autoren heute weitgehend einer verhältnismäßig jüngeren Generation an, die im Verlauf des Krieges bewiesen hat, daß neben der „traditionellen" Legitimität älterer Männer, die z.B. die Basis des auf Seite 213 beschriebenen Varayocc-Systems bildete, auch Anpassungsfähigkeit und Innovationsfähigkeit wichtige Fertigkeiten sein können, die geeignet sind, Autoritäten zu legitimieren. Wenn Starn auch davon ausgeht, ab den 90er Jahren sei vielerorts ein Wiederaufleben „andiner" kultureller Traditionen festzustellen, eine „Wiederverbäuerlichung"[9], die die neuen Einflüsse mit Überliefertem kombiniert. Etliche der vor 1980 etablierten kulturellen und auch religiösen Formen scheinen

---

dem Höhepunkt der wirtschaftlichen Entwicklung des Landes in den letzten Jahrzehnten; vgl. Figueroa 1995) erstellten „Armutskarte" des Landes erstellt, belegte Ayacucho vor Apurímac den vorletzten Platz (in: Degregori 1989; S. 16, f.).

[5] Coordinadora Nacional de Derechos Humanos 1996

[6] In einem permanenten „Kommen und Gehen" zwischen Stadt und Comunidad zu verharren, wie es Coronel für die Flüchtlinge aus Huanta beschreibt (Coronel 1996; S. 106).

[7] ebda.; so lag z.B. der Anteil von Analphabeten an der Bevölkerung 1996 bei 47%.

[8] Degregori 1996[1]; S. 23

[9] „una suerte de `reandinización´ y `recampesinización´ de la Sierra (Starn 1994, S. 78)

im Verlauf des Krieges aber auch verschwunden zu sein[10].
Die CDC erfüllen weiterhin ihre Aufgaben unter dem Kommando des Militärs. Angesichts der nachlassenden Guerillaaktivität besteht ihre Aufgabe neben kommunalen Ordnungs- und Organisationsaufgaben in der fortgesetzten Kontrolle der Bewegungen in ihrer Gegend. Die Beziehungen zu den FFAA, die die Autoren als „entspannter" im Verhältnis zu früher beschreiben, scheinen dennoch für die Comunidades schädlich. Den Nachteilen, die sich aus dem willkürlichen Zwang zur Belieferung der Kasernen mit landwirtschaftlichen Produkten, den Beschlagnahmungen und der sozialen Kontrolle durch die FFAA ergeben, steht lediglich der vage Vorteil gegenüber, durch die Akzeptanz des Militärs und seines Verhaltens in vielen Fällen die Rückkehr der Polizeieinheiten zu verhindern, die sich aufgrund ihres früheren Verhaltens völlig diskreditiert haben[11].

Die fortgesetzte Anwesenheit und politische Kontrolle[12] der FFAA führt dazu, daß die Spielräume zur Formulierung von Meinungen, die als oppositionell eingeschätzt werden könnten, gering bleiben. Als ein Ergebnis der Organisierung der CDC benennt so Coronel[13] die Abwesenheit organisierter politischer Positionen, die explizit gegen die Regierung gerichtet wären, da dies eine zu große Gefahr der Kriminalisierung als „subversiv" bedeuten würde. Auch Starn vermerkt einen vorherrschenden Pragmatismus bis Zynismus, der Perfekt in Fujimoris Projekt passe, jeder Art organisierter Politik jenseits des augenblicklichen Regimes die Räume zu versperren[14].

Die CDC stellen somit (neben den Religionsgemeinschaften) die einzige Organisationsform dar, die die Möglichkeit zu überlokaler Zusammenarbeit und Interessenvertretung bieten könnte. Aus ihrer Entstehungsgeschichte und dem Verlauf des Krieges heraus, ist es jedoch nahezu ausgeschlossen, daß über die CDC ein Politisierungsprozeß dieser Art ablaufen könnte. Zum einen hat gerade

---

[10] Während die katholischen Kirchen weitgehend dem Verfall anheimfielen, nahm insbesondere in den Provinzen, in denen die Gewalt im Verlauf des Krieges die schlimmsten Formen annahm, die evangelische Bevölkerung um bis zu ca. 40 % zu (Degregori 1996[1]; S. 20).
[11] Coordinadora Nacional de Derechos Humanos 1996
[12] Als politisch-militärische Oberbefehlshaber der Gebiete unter Ausnahmezustand, denen die zivilen Autoritäten untergeordnet sind.
[13] Coronel 1996; S. 110
[14] Starn 1993[1], S. 40

die Strategie der FFAA, Dorf nach Dorf als CDC zu organisieren und nach Möglichkeit zu Aktionen gegen andere Comunidades ohne CDC oder auf Seiten der Guerilla zu hetzen, selbst innerhalb kleiner Mikroregionen alte Konflikte wieder aufleben lassen und neue hinzugefügt. Außerdem hat die im Verlauf des Krieges sehr ungleichzeitige ökonomische Entwicklung neue Differenzen entstehen lassen: Während die meisten Comunidades weitgehend ihrer ökonomischen Grundlage beraubt wurden, gestattete anderen Siedlungen ihre Lage, inmitten des Kriegs sogar ihre wirtschaftliche Bedeutung auszuweiten[15].

Die Möglichkeiten der CDC werden daher wohl darauf beschränkt bleiben, klientelistische Beziehungen zu Nichtregierungsorganisationen oder staatlichen Instanzen zu organisieren.

2 Peru

Bei der parallelen Betrachtung der Veränderungen in der südlichen Sierra und im nationalen Rahmen zeigt sich, daß die CDC durch ihre Rolle im Krieg gegen die PCP maßgeblich zu einer Stabilisierung des autoritären Regimes unter Präsident Fujimori beigetragen haben, der den „Sieg über den Terrorismus" als wesentliche Errungenschaft seiner Regierung anpreist[16]. Dessen Politik der Deregulierung und Privatisierung - von staatlichen Betrieben bis zu sozialen Diensten[17] - im Namen der Strukturanpassung hat zu einer Kontrolle der Inflation beigetragen, um den Preis der Rezession, der Verallgemeinerung der Armut und der beschleunigten Ausweitung des Sektors ungesicherter informeller Beschäftigungsverhältnisse geführt. Durch die „Anpassung" in Gestalt der Umsetzung von Plänen und Vorgaben des IWF machte sich die Regierung zum Vollstrecker der Interessen des imperialistischen Kapitals, was Fujimori dazu brachte 1994 in Anspielung auf die Bedeutung dieser ausländischen Vorgaben mit

---
[15] Degregori 1996[1]; S. 17
[16] El Sol; Ausgabe fin del año 1989; S. 6
[17] Das Spektrum reicht von dem Verkauf der Telefongesellschaft an den spanischen Multi Telefónica, über Privatisierungen im Gesundheitswesen bis zur jüngsten Auflösung der Sozialversicherungsinstituts der öffentlich Beschäftigten IPSS.

dem „währungsfondistischen" Charakter seiner Regierung zu prahlen[18]. Daraus resultierte eine Verlängerung und Vertiefung der Krise weiter Teile der Gesellschaft[19], die Figueroa 1995[20] als „Verteilungskrise" (crisis distributiva) analysiert hat. Ihre Auswirkungen zeigten sich auf der einen Seite in der Verstärkung einer ausgeprägten Verteilungsungerechtigkeit zwischen der Oberschicht der „Eigentümer" auf der einen und Arbeitern, Angestellten, informellen Arbeitern und Bauern auf der anderen Seite. Einem geringen Anwachsen der gebildeten Mittelklasse stand eine Aufblähung des informellen Sektors gegenüber, in dem ein Großteil der in die Städte migrierten Landbevölkerung unterkam: deren Anteil an der Gesamtbevölkerung reduzierte sich von 53 % in 1961 auf 30 % in 1993[21]. Zwischen den Bevölkerungsteilen am unteren Ende der Einkommensskala fand eine relative Annäherung statt und ihr Gesamtanteil vergrößerte sich[22]. Die Reallöhne von privat Beschäftigten (1992) betrugen gerade einmal 35 % des Niveaus von 1981 und fielen bei den Beschäftigten des öffentlichen Sektors gar auf 10 % des Niveaus von 1982[23]. Bei anhaltend schlechten Terms of Trade für landwirtschaftliche Produkte fanden sich die genannten Sektoren mit geringem Einkommen einem „neuen Gleichgewicht" wieder, in einer verallgemeinerten Armut, die die Tendenz der „sozialen Degradierung" der Gesellschaft festschreibt[24]. Plastischer Ausdruck dieser Entwicklung ist die chronische Unterernährung, unter der 1994 selbst nach Angaben des Erziehungsministeriums 67 % der sechs bis zwölfjährigen Schulkinder auf dem Land und 35 % in den Städten litten[25]. Wenn ich auch über keine detaillierten Daten neueren Datums verfüge, muß nach Einschätzung verschiedener Kommentatoren davon ausgegangen werden, daß die Ursache der

---

[18] Cotler 1994; S. 204
[19] ebda.; S. 223; Figueroa schätzt, daß sich der Anteil der Bevölkerung unter der Armutsgrenze (nach den Kosten für einen Warenkorb mit den nötigsten Konsumgütern) bis 1994 auf 60 % erhöht haben dürfte. Die Tendenz, die sich aufgrund fehlender Daten nur schätzen läßt, belegen auch Erhebungen für Lima, die bis 1993 einen Anteil von 40% aller Haushalte unterhalb der angenommenen Armutslinie ergaben (Figueroa 1995; S. 25).
[20] Figueroa 1995
[21] ebda.; S. 19
[22] ebda.; S. 18, ff.
[23] ebda.; S. 21
[24] ebda.; S. 37
[25] ebda.; S. 32

beständig abnehmenden Unterstützung der Regierung (wie sie sich in Umfragen und in letzter Zeit auch verstärkt in Mobilisierungen vor allem in den regionalen Subzentren des Landes bemerkbar machte) wesentlich in der „schweren ökonomischen Krise, Sinken der Produktion, Abnahme der Exporte und der Beschäftigung"[26] zu sehen ist, die sich in den letzten Jahren zuspitzte. Die Versuche, gegen diese ökonomische Politik bzw. eine Verlängerung der Amtszeit des gegenwärtigen Regimes mit zivilen und demokratischen Mitteln vorzugehen, wurden durch den systematischen Abbau juristischer Mindestgarantien, wiederholte Verfassungsbrüche und die Bespitzelung und Bedrohung der Opposition durch den Geheimdienst zur Erfolglosigkeit verdammt[27].

Ehemals wichtige Massenorganisationen wie die Gewerkschaften leiden im Zuge der Informalisierung der Beschäftigungsverhältnisse unter dem Verlust von Mitgliedern und Einfluß, ebenso wie in ihrem Gefolge auch die Parteien der Reste von IU. Alternative Präsidentschaftskandidaten zu Fujimori wie Limas Bürgermeister Andrade rekrutieren ihre Basis weiterhin in der Hauptstadt, mit ähnlich populistischen und klientelistischen Methoden wie Fujimori selbst.

---

[26] La República (politica) 5.1. 1999

[27] Hier kann die Entwicklung nicht ausführlich geschildert werden. Es genüge der Hinweis auf den Putsch 1992, der Bruch mit der Verfassung der eine dritte Kandidatur Fujimoris für das Präsidentenamt ermöglichen soll und die faktische Auflösung des Verfassungsgerichts, nachdem dessen Richter mehrheitlich dagegen protestierten (1996), die Entführung und Folterung einer Geheimdienstagentin, die Informationen über Pläne zur Ermordung Oppositioneller durch den Geheimdienst und die Beteiligung von Geheimdienstmitarbeitern an der Terrorgruppe Colina an die Presse weitergeleitet haben soll, die Vertreibung des Besitzers eines Fernsehsenders, der kritisch über das Regime berichtete und nicht zuletzt die Verhinderung eines Referendums gegen eine erneute Kandidatur Fujimoris, für das zwar die verfassungsmäßig vorgesehene Anzahl von Unterschriften vorgelegt worden waren, dessen Durchführung aber verhindert wurde, nachdem die Kongreßmehrheit der Regierung sich dagegen aussprach. Vor allem das Scheitern des Referendums führte noch einmal deutlich vor, daß sich das Regime im Zweifel eher über die verfassungsmäßige Legalität hinwegsetzt (wenn diese nicht wie nach dem Putsch 1992 gleich abgeschafft wird), als der Opposition den Gebrauch rechtsstaatlicher Mittel gegen die Regierung zu ermöglichen.

3 Vorschlag einer alternativen Interpretation der CDC

Aus dieser Zusammenfassung wichtiger Entwicklungen im Verlauf und als Ergebnis des Krieges ergibt sich für mich eine Einschätzung des Wirkens der CDC, die von der Einschätzung der Autoren in dem von Degregori herausgegebenen Buch abweicht, vor allem in Bezug auf ihre Bedeutung für die Zukunft der Bauern. Der Vergleich der Veränderungen und Kontinuitäten einerseits auf der Ebene von Staat und Gesellschaft im nationalen Maßstab und andererseits in der Region der südlichen Sierra, legt für mich die Interpretation des Prozesses als eine Transformation der Form der Integration des Agrarsektors der Sierra in die weiterhin auf die Interessen des imperialistischen Kapitals und einer schmalen inländischen Oberschicht ausgerichteten nationalen Ökonomie nahe. Der Krieg hätte demnach die Rolle eines Agenten einer partiellen Modernisierung gespielt, die nicht so weit gehen konnte, die grundlegende Ausbeutungsstruktur anzutasten (da sie sich im Rahmen des kapitalistisch dominierten Akkumulationsregimes abspielte), die allerdings in der Lage war, eine Reorganisierung sozio-ökonomischer Formen der Reproduktion der andinen Bauern zu bewirken. Diese bürgt unter anderem dafür, daß kurzfristig die Gefahr eines neuerlichen Entstehens einer revolutionären Initiative unter den Pauperisierten gebannt scheint:

Die Entwicklung der CDC als Form der Reorganisation der Comunidades in ihrer Funktion als Bezugspunkt der Vergesellschaftung von Individuen stellt weniger einen erfolgversprechenden Beitrag zur Kontrolle der Menschen über ihr Leben, als das Ergebnis eines gewaltförmigen Prozesses des Angriffs auf die Reproduktionsgrundlage der bäuerlichen Ökonomien, der sich als Modernisierung der Formen subsistenzbasierter Reproduktions- und Ausbeutungsbeziehungen in einem weltmarktabhängigen Staat kennzeichnen läßt. Wie in vorhergehenden geschichtlichen Perioden ist die Revitalisierung der Form Comunidad das Ergebnis ebenso der Unterwerfung der Produzenten unter das dominierende

Akkumulationsregime wie ihrer Gegenwehr gegen deren Bedingungen. Im Gegensatz zu früheren Formen kommunaler Organisierung reduzieren die CDC dabei, durch den aus ihrer Entstehungsgeschichte und ihre Kontrolle durch die FFAA bestimmten Charakter, die Spielräume der Bewohner zur Organisierung von offenem Widerstand gegen staatliche Herrschaft.

Zur Untermauerung dieses Interpretationsvorschlags bietet sich vor allem an, die demographischen Veränderungen und die veränderte Grundlage der Reproduktion der Bauern zu untersuchen[28]. So hat die massenhafte Flucht von Teilen der Bevölkerung, die nicht wieder in die Sierra zurückkehren zu einer Reduktion der relativen „Überbevölkerung"[29] beigetragen, die unter den bestehenden Verhältnissen (insbesondere der Benachteiligung der bäuerlichen Landwirtschaft beim Verkauf ihrer Produkte in die Städte bzw. der Zwang zur Konkurrenz mit subventionierten Importen) keine gesicherte Lebensgrundlage auf Basis der Erträge des knappen Landes finden kann. Sowohl die dauerhafte wie die temporäre Migration tragen die Möglichkeit einer verschärften Ausbeutung der Bevölkerung in sich: Durch den Zwang, nunmehr zusätzlich zur Landwirtschaft entlohnte Arbeitsverhältnisse suchen zu müssen, bleibt nicht mehr nur der indirekte Weg der Wertabschöpfung auf dem Niveau der Distribution (in Form der Preise für die verkauften landwirtschaftlichen Produkte der Minifundisten), sondern die Bauern geraten in einem Prozeß der Halbproletarisierung nun auch auf der Ebene der Produktion in Arbeitsabläufe unter direkter Kontrolle des Kapitals. Dabei kommt es zu keiner formellen Subsumption der Arbeit der Bauern unter das Kapitalverhältnis, weil sie zur Reproduktion ihrer Existenz (bzw. ihrer Arbeitskraft) weiterhin auf die subsistenzförmige Landwirtschaft angewiesen bleiben. In einer Entwicklung, die Ähnlichkeiten mit der gewaltsamen Freisetzung

---

[28] Dies bleibt eine Aufgabe für die Zukunft, da ich auf der Grundlage der mir zur Verfügung stehenden Daten nur allgemeine Trends wiedergeben kann.

[29] McClintock weist darauf hin, daß mit nur einem Fünftel Hektar pflügbaren Landes pro Kopf der Bevölkerung der relative Landmangel in Peru größer ist als in jedem anderen amerikanischen Land, außer in El Salvador (McClintock 1985; S.63).

direkter Produzenten in England, die Marx als sogenannte ursprüngliche Akkumulation beschreibt, aufweist, wurden auch den Bauern der Sierra durch Flucht und Zwangsumsiedlungen ihre Produktionsmittel wenigstens soweit entzogen, daß sie sich allein auf der Grundlage ihrer Subsistenzlandwirtschaft nicht mehr am Leben erhalten können. Anders als im Fall Englands bietet die Entwicklung in Peru den Bauern jedoch nicht die Perspektive einer formellen Subsumtion in Gestalt fester Lohnarbeitsverhältnisse, in denen ihre Reproduktionskosten vom Kapital gedeckt würden. Die Bauern in Peru werden vielmehr weiterhin gezwungen sein, innerhalb von Subsistenzarbeit[30] und informellen Beschäftigungen ihre Arbeitskraft „auf eigene" Rechnung" zu erhalten, denn die Ausrichtung der peruanischen Ökonomie auf Weltmarktzwänge und die daraus folgende Agrarpolitik der von internationalen Krediten abhängigen Regierungen, werden weiterhin die historisch produzierte „Marginalität" des Agrarsektors festschreiben.

Innerhalb dieser Entwicklung muß meiner Meinung nach die Bedeutung der CDC als heute maßgeblicher Institution der Vergemeinschaftung auf dem Niveau der Comunidades gesehen werden. Ich denke in Anlehnung an die in meiner Arbeit beschriebenen vielfältigen Anpassungs- und Überformungsprozesse in der Geschichte, die eine „Comunidad-Hülle" erhielten, unter der sich historisch unterschiedliche Ausbeutungsbeziehungen der Comuneros verbargen, kann die Entwicklung der von den Autoren beschriebenen Identitäten oder des Selbstbewußtseins der Bewohner als Ausdruck der Mobilisierung und Anpassung überlieferter Formen der kommunalen Kooperation innerhalb der durch den Krieg veränderten Bedingungen interpretiert werden.

Die CDC stellen in dem Sinne „Waffen der Schwachen" dar, als sie es den Bewohnern über die Organisation auf kommunaler Ebene in gewissem Maße erleichtern können, mit den Zwängen zurechtzukommen, denen sie von Seiten der staatlichen Politik aus konfrontiert sind.

Gleichzeitig können sie allerdings auch in ihrer Funktion als Instanz

---

[30] Hier in der von Bennholdt-Thomsen beschriebenen Bedeutung der „Verausgabung von Arbeitskraft unmittelbar zu deren Reproduktion in nicht-entlohnter Form" als Bestandteil der kapitalistischen Produktionsweise" (Bennholdt-Thomsen 1979[1]; S. 70).

sozialer Kontrolle die Entwicklung radikaler Opposition durch (einzelne Gruppen von) Comuneros verhindern. Aufgrund der oben geschilderten Charakteristika der CDC, die weder eine Verselbständigung von der Kontrolle durch die FFAA noch die Potenzierung ihrer Stärke durch koordinierte Zusammenschlüsse auf überregionaler Ebene ermöglichen werden, können sie daher nur zu den beschränkten Entwicklungsmöglichkeiten auf der Ebene des einzelnen Dorfes beitragen. Dieselben CDC erweisen sich somit als Hindernis bei der Integration der Comuneros in politische Prozesse auf nationalem Niveau, ohne die eine Überwindung der Ursachen von Elend und Armut in Comunidades nicht möglich sein wird.

D
Schlußbetrachtungen

Mit meiner Arbeit sollte anhand des konkreten Beispiels der CDC eine Entwicklung nachvollzogen werden, in der Bauern einer Region, in der eine kommunistische Partei, die sich das Wohl dieser Bauern auf ihre Fahnen geschrieben hatte, zunächst bei großen Teilen der Bevölkerung auf Unterstützung stieß, diese jedoch im Verlauf eines brutalen Krieges einbüßte, an dessen Ende die Organisierung der Bauern in Milizen unter der Kontrolle der Streitkräfte stand.

Aus der Darstellung der geschichtlichen und aktuellen Entwicklung sowohl im ganzen Staat Peru als auch in der südlichen Sierra ist in den Kapiteln B und C deutlich geworden, daß die aktuellen Probleme, mit denen die Bauern konfrontiert sind, in der strukturellen Marginalisierung des Agrarsektors wurzeln. Die - für die Bauern nachteiligen - Beziehungen zwischen Landwirtschaft und anderen Sektoren der Ökonomie werden weiterhin durch die Interessen des internationalen und nationalen Kapitals bestimmt. In Kapitel CIX3 schlug ich daher abschließend vor, die Entwicklung der CDC in der Sierra als Ausdruck von Umformungsprozessen innerhalb kapitalistischer Verhältnisse zu interpretieren, bei denen (auch) in Gestalt der CDC abermals die Comunidad zur Absicherung der Reproduktion ihrer Bewohner mobilisiert wird. Diese sind unter den veränderten Bedingungen einer verstärkten Ausbeutung durch den Zwang zur Aufnahme entlohnter Arbeitsverhältnisse unterworfen. Die CDC sind wegen ihrer Funktionalität für die Comunidad *und* die Aufkäufer von Arbeitskraft und anderen dort produzierten Waren und schließlich auch unter dem Aspekt ihrer Funktionalität zur Herrschaftssicherung des bestehenden Regimes kritisch zu betrachten.

Die Ergebnisse meiner Arbeit sollen nun noch einmal unter Bezugnahme auf die Ausgangsfragen betrachtet werden, d.h. unter der Fragestellung, welchen Beitrag die Untersuchung des Verlaufs des peruanischen Bürgerkriegs zu einer Erklärung revolutionären oder konterrevolutionären Handelns von Bauern leisten kann. Dazu wende ich Thesen einiger der in Kapitel CV dargestellten Theoretiker und Theoretikerinnen auf die Verhältnisse in Peru, so wie sie sich mir darstellen, an. Auf dieser Grundlage läßt sich auch abschätzen, welches geeignete weiterführende Forschungsfragen sein könnten. Zunächst einmal kann festgehalten werden, daß in Ayacucho ein geradezu klassischer Fall einer „Koalition" zwischen Intellektuellen und gebildeten Bauern(kindern) vorliegt. Degregoris Betonung der kleinbürgerlichen Klassenherkunft wichtiger Führer der PCP ist insofern teilweise zuzustimmen[1]. Andererseits war 1980 zu Beginn des Krieges aber schon in weiten Teilen das angelegt, was ich als eine organische Verbindung von Kadern und Volksmassen bezeichnen würde, nach Skocpols Einteilung in „autonome" und direkt (von einer revolutionären Bewegung) mobilisierte Erhebungen, haben wir es also klar mit dem zweiten Fall zu tun, in dem nach Skocpol die Resultate in Bezug auf die lokalen Interessen der Bauern, deutlich besser sein können[2]. Die Empfänglichkeit der Comunidades für den revolutionären „Diskurs" der PCP erklärt sich allerdings nicht nur darüber, daß sie den Bauern eine effektive Führung und organisatorische Struktur anbot (nach Moore eine notwendige Voraussetzung[3]), sondern auch aus der Vorarbeit anderer linker und revolutionärer Organisationen in der Region[4]. Neben diesen „subjektiven" Bedingungen waren auch die „objektiven" gegeben, vor allem eine Subsistenzkrise, die nach Scott[5] zu den Grundelementen agrarischer Revolutionen zu rechnen sei. Mc Clintock geht sogar soweit, den Krieg in Ayacucho hauptsächlich aus der herrschenden Armut („a region in a Third-World country where poverty is at Fourth-World levels"[6]) und weniger aus den politischen Begleitumständen zu erklären[7]. Ich denke, auch wenn an dem Vorhandensein einer „Subsistenzkrise" kein Zweifel bestehen kann, muß die Entwicklung der 70er Jahre, sowohl was die Verschlechterung der Agrarpreisentwicklung, als auch die Enttäuschung über die ausgebliebenen Vorteile durch die Agrarreform bzw. die Wiedereinführung privaten Bodenbesitzes in unbegrenzter

---

[1] vgl. S. 181 und Fußnote 24, S. 182
[2] Skocpol 1982; S. 363
[3] Moore 1969; S.549
[4] Z.B. im Tal von Huanta: Coronel 1996; S. 90
[5] vgl. Scott 1976
[6] McClintock 1985; S. 59
[7] ebda.; S. 58

Größe im Gefolge der Verfassungsänderungen 1979[8], aber auch was die organisatorische Vorarbeit der PCP angeht, zur Erklärung herangezogen werden. Diese Faktoren trugen sicher zur Politisierung der Bauern bei, die noch dazu durch die verbesserten Bildungschancen in den 70er Jahren erleichtert wurde.

Die Comunidades der Punas von Huanta, die so schnell begannen, sich gegen die Guerilla zu organisieren, weisen im Hinblick auf die genannten Faktoren einige Besonderheiten auf: Zum einen legalisierte ihnen die Agrarreform ihren Landbesitz, so daß sie sich eher als Begünstigte fühlen konnten. Zum anderen hatte ihnen ihre starke kommunale Organisationsform mit dem Varayocc-System schon in der Vergangenheit erlaubt, wesentliche Probleme selbständig zu lösen[9].

Anhand der Punas kann auch belegt werden, daß Skocpol Recht hat, wenn sie feststellt, daß geographische Abgeschiedenheit bzw. Abwesenheit von staatlicher Kontrolle, genausowenig wie eine Subsistenzkrise oder andere Faktoren *das* Kriterium für die Realisierung revolutionärer Potentiale schlechthin darstellen[10].

Auch für zwei weitere Thesen der Autoren zu peasant revolutions finden sich schließlich Belege: Für Skocpols Betonung der Bedeutung von Machtverschiebungen auf der Ebene des Staates wie sie einerseits durch die Zeit des Umbruchs während des Wechsels von der Militärjunta zu einer zivilen Regierung vorlagen, aber auch in Form einer Krise der Herrschaft im regionalen Rahmen, da in Ayacucho die einstmals bedeutende Stellung der Großgrundbesitzerklasse nach deren Rückzug nicht gefüllt wurde. Auch die These von Migdal, daß die Auslieferung an überlokale Marktgewalten als Auswirkung der Unterwerfung „abhängiger" Ökonomien unter imperialistische Kontrolle zu einem gesteigerten Gefühl von Unsicherheit und Isolation bei den Ausgebeuteten beitrage und zu revolutionärem Handeln Anlaß geben könne, scheint eine Bestätigung im Fall der

---

[8] Daraus resultierte nur zum Teil die Rückkehr von Großgrundbesitz, nun vor allem in Händen ausländischer Unternehmen, aber vor allem auch die Wiedereröffnung eines freien Bodenmarkts, der den Verlust von Boden bei Zahlungsunfähigkeit der verschuldeten Kooperativen und selbständigen Bauern ermöglichte.

[9] So vertrieb die Comunidad in Coronels Fallstudie 1960 den Pächter der Hacienda, zu der sie bis dato gehörte (Coronel 1996; S. 67)

[10] Skocpol 1982; 364

selbständigen Kleinbauern im Tal von Huanta zu erfahren[11]. Dort führte die Auflösung der alten Besitzstruktur zur Herausbildung vieler vereinzelter Familienökonomien, die miteinander konkurrierten und in häufige Streitigkeiten untereinander verwickelt waren. Die Guerilla konnte hier als direkten Vorteil eine Schlichtung dieser Streitigkeiten voranbringen.

Für die Frage nach den Auslösern für die ursprüngliche Unterstützung der PCP ergibt sich aus diesen Stichpunkten, daß 1980 eine Vielzahl der Faktoren gegeben waren, die von den Autoren zu peasant revolutions als günstig für die erfolgreiche Organisierung einer bäuerlich getragenen revolutionären Bewegung eingeschätzt werden. In Bezug auf Skocpols Überlegung zur Bedeutung von Machtverschiebungen bzw. Krisen der Herrschaft auf der Ebene des Staats waren 1980 ebenfalls gute Bedingungen gegeben, vor allem bezogen auf die regionale Abwesenheit von staatlichen Institutionen, Polizei- oder Militärtruppen in bedeutenderer Stärke. Offensichtlich konnte die PCP vielerorts diese unterschiedliche Bedingungen jeweils zum Vorteil des Ausbaus ihrer nutzen bzw. zur raschen Erweiterung der Gebiete, in denen in den Comunidades die Formierung von comités populares als Grundbausteine des „neuen Staats" begonnen wurde.

Zur Frage, wieso sich in der Folgezeit und insbesondere Ende der 80er Jahre die FFAA mit ihren Befehlen zur Organisierung von CDC durchsetzen konnten, können Skocpols Thesen ebenfalls beitragen. Wenn ihrem Vorschlag folgend an zentraler Stelle das Vorgehen der staatlichen Repressionskräfte analysiert wird, müßte sich nach meiner Einschätzung belegen lassen, daß das Mißverhältnis zwischen den Anforderungen der Guerilla und den Gewinnen, die sie den Bauern auf kurze Sicht anbieten konnte[12], zu einem großen Teil aus der Strategie der FFAA resultierte, die systematisch versuchte zu verhindern, daß solche Gewinne entstanden.

---

[11] Coronel 1996; S. 88, ff.
[12] Neben dem zunehmend selektiver, oder weniger willkürlich repressiven Auftreten, wird eine Erhöhung der Anforderungen der Guerilla an die Comunidades (in Form von materieller Unterstützung oder Beteiligung an bewaffneten Aktionen) von den Autoren zu den CDC als wesentlicher Grund für viele Dörfer genannt, sich für die Kooperation mit den FFAA zu entscheiden. Vgl. CIV5 bzw. Coronel 1996; S. 101 zu Coronels These, zu allen Zeitpunkten müsse das Verhalten der PCP als „dynamischer Faktor" herangezogen werden, der die Antworten der Bauern bedingte.

Skocpol begründet den „Blick auf den Staat" folgendermaßen: Da im Fall der *direkten* Mobilisierung von Bauern innerhalb der revolutionären Bewegung die Anforderungen an die Bauern verhältnismäßig hoch seien (was ihre Belastung und ihre Risiken anbelangt), müsse eine revolutionäre Bewegung besonders in diesem Fall in der Lage sein, möglichst schnell konkrete Errungenschaften vorzuweisen, damit es sich für die Bevölkerung auch kurz- oder mittelfristig „lohnt", die Risiken eines Krieges einzugehen. Dann, aber nur dann werde sie bereit sein, sich organisch in die Guerilla zu integrieren. Solche kurzfristigen Errungenschaften seien aber nur in Ausnahmefällen denkbar, wenn der Staat - z.B. aufgrund eines zwischenstaatlichen Konflikts - unfähig ist, in absehbarer Zeit ausreichende Kräfte zur Niederschlagung der Bewegung zu mobilisieren.

Ein wichtiger Punkt scheint mir, daß die Abwesenheit starker Repressionskräfte in Ayacucho bis zur Intervention der FFAA dem politischen Willen der Regierung Belaúnde geschuldet war und nicht einem Mangel an verfügbaren Kräften, oder großen Niederlagen der staatlichen Truppen im Kampf gegen die Guerilla[13]. Die von Skocpol genannte Bedingung der Abwesenheit und/oder Schwächung der staatlichen Kräfte traf so zwar auf Ayacucho, aber keineswegs auf ganz Peru zu. Obwohl die PCP wenigstens in der südlichen Sierra bis 1982 die Gebiete unter ihrer militärischen Kontrolle schnell ausweiten konnte, war ihre Macht erst in diesem Jahr so konsolidiert, daß sie an die Organisierung der ersten Erntesaison unter ihrer Planung gehen konnte[14]. Noch bevor diese Ernte eingebracht werden konnte, intervenierte das Militär und verhinderte vielerorts die kollektive Nutzung der Erträge. Wie erwähnt lassen sich über das Ausmaß, in dem die Produktion unter Kontrolle der PCP möglich war - und hier müßten im Falle der Landwirtschaft an bevorzugter Stelle unmittelbare Gewinne für die Bauern spürbar werden - keine

---

[13] Unter Verweis auf Mao weist auch Tapia darauf hin, es mache einen gewaltigen Unterschied, ob der Gegner wie im Falle Chinas durch die wiederholten erfolgreichen Kampagnen der Revolutionäre geschwächt wird und dadurch viele Kräfte verliert, oder ob er wie im Fall der Guardia Civil in Ayacucho Anfang der 80er Jahre viele Positionen einfach räumt, ohne größere Verluste zu erleiden.

[14] Im Oktober 1982 wurde die erste Agrarkampagne der Partei vorbereitet (Degregori 1996[2]; S. 194).

verläßlichen Angaben machen. Del Pino erwähnt für die Base de apoyo „Sello de Oro" daß dort trotz schwieriger klimatischer Bedingungen wenigstens bis 1988 eine ausreichende Versorgung mit Nahrungsmitteln gewährt war und erst in Folge der wiederholten Zerstörung der Ernte durch gemeinsame Patrouillen aus FFAA und CDC eine Versorgungskrise auftrat, die auch dort zu einer wachsenden Ablehnung der Guerilla durch die Bewohner geführt habe[15]. In jedem Fall dürfte die Verhinderung der Einführung kollektiver Produktion und deren teilweise Abführung an die Guerilla eine wichtige Motivation zur Zwangsumsiedlung der Comunidades in die Bases Civiles gewesen sein.

Selbst in den Gegenden, in denen die PCP historisch am tiefsten verankert war und in denen bis 1982 allgemein mindestens eine „pragmatische" Akzeptanz auf Basis konkreter Vorteile vorhanden war[16], tauchten so in Bezug auf die konkreten Gewinne schnell Probleme auf. Es dürfte ab der Ausweitung des Aktionsradius der Guerilla nach der Intervention des Militärs 1983 dann um so schwerer gewesen sein, in den neu hinzukommenden Gebieten eine massive Beteiligung der Bevölkerung an den Aufgaben des Krieges durchzusetzen, da hier die jahrelange Vorarbeit und Verankerung in den Dörfern fehlte und mit steigender Intensität der Kriegshandlungen ständig weitere Comunidades organisiert werden mußten.

Es fragt sich, ob Skocpols These die Anforderungen in Bezug auf die quasi als Vorschußleistung zu erbringenden Vorteile für die Bauern unter der Macht revolutionärer Bewegungen (bevor diese zu größerem Engagement bereit sind) nicht zu hoch ansetzt. Z.B. dürfte unter einer stärker politisierten Bevölkerung die Bereitschaft Entbehrungen auf sich zu nehmen, größer sein als unter Bauern, die „nur" eine direkte Verbesserung ihrer Lage anstreben, unabhängig davon, mit wem sie sich dazu verbünden müssen. Im Rahmen meiner Arbeit genügt es, darauf hinzuweisen, daß die Bedeutung der militärischen Stärke der FFAA auf mindestens zwei Ebenen zu sehen ist: Einerseits in Bezug auf ihre Fähigkeit, sich als die mächtigere Kriegsmaschinerie zu präsentieren und so auf einer psychologischen Ebene den Eindruck zu erwecken, sie seien von den spärlich bewaffneten Milizen der

---

[15] Del Pino 1998
[16] Degregori 1996[2]; S. 193

Revolutionäre nicht zu schlagen. Andererseits und wesentlich materieller, indem sie direkt eine Verbesserung der Lebenssituation der mit der Guerilla verbundenen Comunidades zu verhindern suchten. Die staatlichen Strategien zur Aufstandbekämpfung müssen daher genauso wie die (Re)Aktionen der Guerilla und die selbstständigen Entscheidungen der Bauern als „dynamische Faktoren" untersucht werden. Auch angesichts der miserablen Lebensumstände, in denen viele Comunidades die Jahre des Krieges in den Bases Civiles fristen mußten, scheint die Begründung, die PCP hätte ihnen zuwenig kurzfristige materielle Vorteile garantieren können, als zentrale Begründung für die Beteiligung an CDC zu kurz zu greifen. Soweit es sich dabei überhaupt um freiwillige Entscheidungen zur Übersiedlung gehandelt hat, müßte meiner Meinung nach von einer längerfristigen „Rechnung" der Comunidades ausgegangen werden, die sich von einer Positionierung auf Seiten des potentiellen Kriegsgewinners Vorteile versprachen.

Die These der neueren Studien zu den CDC, daß die FFAA ihr Verhalten geändert und dadurch die Bereitschaft zur Bildung von CDC unter den Bauern vergrößert hätten, leidet ebenfalls wie dargestellt unter dem Mangel einer Betrachtung, die zu sehr auf der Ebene des *Ausdrucks* längerfristiger Strategien in einzelnen Comunidades bleibt. Wie z.B. in CVI dargestellt, waren die beschriebenen Verhaltensänderungen Ergebnis einer neuen Strategie, der die Erkenntnis zugrunde lag, daß alleine durch offene militärische Angriffe die Parteistruktur der PCP nicht zu zerschlagen war. Wie Tapia es formulierte, erwiesen sich die Massentötungen einfach als unproduktiv. In diesem Zusammenhang muß also der ganze Hintergrund der „neuen Strategie" des Staates ab 1989 mitbetrachtet werden. Da die Militärs dieselben waren wie vorher und auch ihre Ziele, der Sieg im konterrevolutionären Krieg, sich nicht geändert haben, kann festgehalten werden, daß der „Lernprozeß", den die FFAA durchgemacht haben, seine Grundlage in ihrer Suche nach geeigneten Kriegsstrategien hat. Ihnen dagegen eine nunmehr „verständnisvollere" Haltung gegenüber der Bevölkerung zu unterstellen, wie dies die Autoren in Degregoris Buch tun, bedeutet auch, auf die offizielle Propaganda hereinzufallen. Wie dargestellt, paßt dies gut in einen in der legalen peruanischen Linken weiter verbreiteten Trend, keine grundsätzliche Kritik an den zwangsläufigen Folgen kapitalistischer Vergesellschaftung mehr zu üben, sondern statt dessen eine bessere Regierung zu fordern, die demokratische Rechte der Bürger achtet. So verständlich diese Suche nach neuen Perspektiven innerhalb der bestehenden Ordnung angesichts des schwindenden Einflusses der Parteien aus dem ehemaligen Bündnis IU auch sein mag, die in den 80er Jahren auch aus ihren Reihen formulierte Notwendigkeit des Aufbaus einer sozialistischen Gesellschaft bleibt bestehen. Auf die Ebene der wissenschaftlichen Beschäftigung mit den CDC übertragen, bedeutet dies, daß die Autoren, wenn sie wie Coronel behaupten, die CDC seien eine „aus der Zivilgesellschaft entstandene" Organisation[17] oder wie Starn, sie hätten zu einer „unerwarteten Wiederauferstehung der Zivilgesellschaft" beigetragen[18], sich ernsthafter um eine Begründung bemühen müßten. Foweraker ist in Bezug auf die Möglichkeit unter autoritären Regimen mit ihren klientelistischen Formen der Herrschaft voraussetzungslos von der Existenz von etwas wie einer „Zivilgesellschaft" auszugehen, wesentlich kritischer: Um zu ermitteln, *ob* soziale Bewegungen zu ihrer Herausbildung in den Lateinamerikanischen Staaten etwas beitrügen, gelte es jeweils unter Einbeziehung von Demokratietheorien und Theorien über Zivilgesellschaft die spezifischen Bedingungen jeder Gesellschaft zu studieren[19].

Das wirft schließlich die Frage auf, was für einen Staat die Bauern in den CDC verteidigt haben und was für Veränderungen sich für sie nach Ende des Krieges ergeben. Diese Frage nicht mit in die Untersuchung einzubeziehen, halte ich für eins der größten Probleme bei den Fallstudien zu den CDC. Indem sie bei der Untersuchung auf der lokalen oder regionalen Ebene verharren, müssen die Autoren sich angesichts der prekären Lage der Bevölkerung Mitte der 90er Jahre darauf beschränken, die wünschenswerte Möglichkeit in Raum zu stellen, unter einer anderen Regierung als der von Fujimori könnte sich die Lage der Bauern verbessern. Ich folge im Gegensatz dazu

---

[17] José Coronel, zitiert in: Coordinadora Nacional de Derechos Humanos 1996
[18] Starn 1996; S. 254
[19] Foweraker 1995; S. 34

aus der dargestellten Entwicklung der speziellen Einbeziehung Perus in internationale Weltmarktzusammenhänge, daß sich unter der Beibehaltung der Abhängigkeit der dominanten ökonomischen Sektoren und auch der politisch Mächtigen vom internationalen Finanzkapital keine für die Bauern grundlegend vorteilhaftere Agrar- bzw. Wirtschaftpolitik wird durchsetzen lassen. Sowohl der Artikulation von solchen Forderungen nach einer Produktionsweise, die nicht von den Zwängen der Kapitalakkumulation bestimmt wird seitens der Bauern, wie auch ihrer organisatorischen Einbindung in kommende revolutionäre Bewegungen, die sich die Umsetzung dieser alten Hoffnung zum Ziel setzen, sind für die Bauern der südlichen Sierra durch die CDC und die Kontrolle durch die FFAA zur Zeit enge Grenzen gesetzt. Um die Comunidades in Ayacucho in den Stand zu versetzen, an der Überwindung der bestehenden Verhältnisse offensiv mitwirken zu können, müssen die CDC von dem Ballast ihrer Gründung als Aufstandsbekämpfungsmilizen befreit werden. Sonst wird sich auch in Zukunft ihr Charakter als Instrument der sozialen Kontrolle erhalten, als verlängerter Arm des Militärs[20] eines Staats, der den Bauern die Befriedigung elementarer Bedürfnisse bis heute vorenthält. Die von der Nationalen Menschenrechtskoordination erwähnten Pläne des Militärs zur Entwaffnung der CDC auf der einen Seite und die Berichte über den Einsatz von CDC zu Manipulationen anläßlich der Kommunalwahlen im letzten Jahr, deuten zwei mögliche Szenarien der weiteren Entwicklung der CDC an. Wie diese verlaufen wird - und damit sind wir wieder bei der These von der Notwendigkeit politischer Koalitionen der Bauern mit anderen Sektoren -, das wird nicht alleine von den Bauern in den Comunidades mit CDC bestimmt werden, sondern zu einem guten Teil auch von den politischen Verhältnissen im Rest des Landes. Die Ereignisse im Zuge der Präsidentschaftswahlen, die im Jahr 2000 anstehen, werden einen Eindruck von diesen Kräfteverhältnissen vermitteln.

---

[20] Obando 1998; S. 404

E
Anhang

I   Fremdsprachige Wörter und Begriffe

Ayllu	präkoloniale Sozialgruppe auf verwandtschaftlicher Basis
Base Civil	Zivilbasis
Campesino	Bauer
Comando	Befehlshaber oder Führer von CDC
Comunidad	Dorfgemeinschaft
Comunidad Indigéna	„indigene/indianische" Dorfgemeinschaft
Conquista	Eroberung der amerikanischen Gebiete als spanische Kolonien
Curaca	„ethnischer" Anführer, oberste Autorität einer Dorfgemeinschaft
Departamento	Departement (Verwaltungseinheit)
Desfile	(militärische) Parade, Aufmarsch
Dirigente	Führer
Encomendado	der Encomienda unterworfener
Encomendero	Spanischer Herr einer Encomienda
Encomienda	Abhängigkeitsverhältnis zwischen Spaniern und Kolonialisierten, bei dem die ortsansässige Bevölkerung einem Spanier „anvertraut" wird
Gamonales	(traditionelle) Großgrundbesitzer
Hacendado	Besitzer einer Hacienda
Misti	Angehöriger der dominierenden Klasse, meist spanischer Herkunft
Mita	unter den Inkas: zeitlich befristeter Frondienst von Männern in staalichen Produktionsstätten oder bei großen öffentlichen Bau- bzw. Infrastrukturprojekten
Mitmaq	Ortsfremde/zwangsumgesiedelte Bevölkerung unter den Inka
Montonera	lose formierte bewaffnete Gruppe (von „montón": Haufen)
Montonero	Angehöriger einer *Montonera*
Ronda	Streife (von „rondar": umhergehen)
Ronda Campesina	Bauernstreife
Rondero	Streifgänger

Sierra	Hochland
Takklla	Grabstock, wird ähnlich wie Hacke und Spaten gebraucht
terruco (auch *tuco*)	Verballhornung von „Terrorist"; gebraucht für PCP-Angehörige
Varayocc	Dorfautorität mit Würdeabzeichen

II Verzeichnis verwendeter Abkürzungen

AI	Amnesty International
AP	Acción Popular
APRA	Alianza Popular Revolucionaria Americana
BAS	Base Anti Subversiva
CAP	Cooperativa Agraria de Producción
CCP	Confederación Campesina del Perú
CDC	Comité de Defensa Civil
CNA	Conferación Nacional Agraria
CNDDHH	Coordinadora Nacional de Derechos Humanos
DESCO	Centro de Estudios y Promoción del Desarrollo
DINCOTE	Dirección Nacional Contra el Terrorismo
EGP	Ejército Guerrillero Popular
FFAA	Fuerzas Armadas
FFPP	Fuerzas Policiales
IEP	Instituto de Estudios Peruanos
IU	Izquierda Unida
MIR	Movimiento de Izquierda Revolucionaria
ONG	Organización No Gubernamental (NGO, bzw. NRO)
PCP	Partido Comunista del Perú
PPC	Partido Popular Christiano
PUM	Partido Unificado Mariáteguista
SAIS	Sociedad Agrícola de Interés Social
SIN	Servicio de Inteligencia Nacional
SINAMOS	Sistema nacional de apoyo a la movilización social
SMO	Servicio Militar Obligatorio, Militärdienst
UDP	Unión Democrática Popular
UNIR	Unión de Izquierda Revolucionaria
UNO	Unión Nacional Odriísta
UNSCH	Universidad Nacional San Cristóbal de Huamanga
USA	United States of America
VR	Vanguardia Revolucionaria

III Sachregister

A
Abhängigkeit 45, 51, 56, 57, 58, 59, 73, 78, 90, 91, 142, 176, 220, 221, 239, 275, 278
Abhängigkeit (der Zentralregierung) 47
Accomarca 124, 125, 159
Agrarkommunismus 38
Agrarsektor 22, 68, 75, 80, 83, 85, 91, 104, 180, 182, 199, 262, 264, 267, 294
Algerien 200, 201
Amazonastiefland 32
Amnesty International 106, 122, 135, 156, 158, 202
Anden 32
AP 145, 233, 277, 287
APRA 11, 69, 70, 73, 124, 125, 144, 151, 224, 277, 285, 287, 299
Apurímac 33, 118, 120, 124, 153, 168, 209, 225, 232, 233, 234, 235, 237, 238, 239, 240, 249, 250, 256, 257, 293
Arbeitskräftemangel 60
Arbeitskräftereservoir 48, 62
Arbeitslöhne 61
Arbeitsteilung 32, 41, 212, 213, 214, 219, 226
Archiv der PCP 19
Asiatische Produktionsweise 39
Aufstand (von Túpac Amaru II) 52
Aufstandsbekämpfung 18, 107, 119, 120, 122, 131, 155, 158, 159, 160, 161, 162, 205, 206, 217, 220, 227, 228
Ausnahmezustand 19, 33, 94, 106, 120, 131, 210, 258
Autonomie 46, 161, 176, 178, 195, 198, 227, 232, 236, 247, 253
Ayacucho 33, 34, 49, 97, 100, 107, 111, 112, 114, 115, 118, 119, 120, 121, 123, 125, 130, 135, 140, 158, 163, 164, 167, 197, 203, 209, 210, 214, 223, 224, 225, 237, 246, 252, 255, 256, 257, 268, 269, 271, 275, 291, 292, 293, 295
Ayllu 40, 41, 50, 51

B
BAS 156, 277
Base de Apoyo 118, 119, 122, 124, 165, 215, 235
Bases Civiles 233, 235, 256, 257, 272, 273
Bauernschaft 16, 97, 143, 166, 181, 253
Bewaffneter Kampf 17, 18, 91, 98, 100, 114, 115, 116, 118, 200
Bodenbesitz 38, 45, 53, 82, 268
Bourgeoisie 11, 58, 59, 60, 61, 62, 67, 69, 73, 76, 85, 90, 91, 110, 139, 140, 198
Bourgeoisie (inländische) 64
Bourgeoisie (nationale) 64
Bürgerkrieg 12, 17, 19, 41, 106, 108, 197

C
Cajamarca 137, 138, 141, 143, 146, 163, 164, 199, 294
Campesino 89, 92, 190
Cangallo 118, 119, 120, 202
CAP 80, 82, 84, 223, 277
CDC 18, 19, 22, 23, 26, 31, 33, 76, 103, 104, 105, 106, 107, 112, 113, 124, 127, 132, 151, 152, 153, 155, 156, 157, 158, 160, 161, 162, 163, 164, 165, 166, 167, 169, 170, 171, 173, 174, 184, 185, 186, 188, 190, 192, 193, 194, 197, 198, 202, 203, 204, 205, 207, 210, 212, 216, 217, 218, 221, 223, 225, 226, 227, 228, 229, 230, 232, 234, 235, 236, 237, 238, 239, 240, 241, 243, 244, 245, 246, 247, 248, 249, 250, 252, 253, 254, 255, 257, 258, 259, 262, 263, 264, 265, 267, 270, 272, 273, 274, 276, 277
Chile 59, 234
Chota 142, 143
CIA 14, 119, 291
Coca 33, 52, 232, 233, 235, 236, 237, 239, 240
Comités Populares 110, 118, 122, 124, 215, 219, 234, 270
Composiciónes 53
Comunidad 17, 32, 38, 42, 44, 50, 51, 52, 61, 62, 64, 80, 82, 86, 87, 137, 138, 140, 148, 154, 156, 157, 163, 167, 168,

169, 170, 171, 189, 193, 195, 197, 200, 202, 204, 205, 206, 210, 212, 213, 214, 215, 216, 217, 218, 219, 220, 221, 225, 229, 232, 238, 241, 243, 244, 245, 246, 248, 249, 251, 254, 255, 256, 257, 258, 259, 262, 264, 265, 267, 268, 269, 270, 272, 273, 275, 276, 299
Conquista 33, 41, 42, 45, 48, 126, 276
Contra 15, 16, 17, 156, 291, 296
Counterinsurgencypolitik 160
Cuba 35, 67, 112
Curaca 51, 52
Cusco 116, 209, 284
Cuyumalca 142, 143
Cuzco 37

D
Diktatur 67, 74, 92, 94, 96, 113, 115, 116, 175, 206, 300
DINCOTE 128
Dorfgemeinschaft. *Siehe* Comunidad

E
Edelmetalle 44
EGP 123, 126, 127, 128, 167, 171, 256
Eisenbahn 34, 59
El Frontón 125
Emanzipation 11, 31, 44, 57, 91, 147, 170, 291, 293, 296
Encomienda 44, 45, 47, , 51, 53, 62, 276
Enganche 61
Evangelische Fundamentalisten 238, 256
Exportproduktion 34, 59, 65, 237
Exportsektor 179

F
Fallstudie 163, 164, 165, 209, 230, 243, 251, 255, 257, 274
Feudalismus 40, 56
Feudalismus (Übergang zum Kapitalismus) 59
Feudalistische Praxis 50
FFAA 19, 23, 73, 90, 94, 107, 110, 112, 113, 116, 120, 121, 123, 124, 125, 127, 128, 129, 130, 131, 153, 155, 156, 158, 159, 161, 166, 167, 168, 169, 170, 171, 190, 197, 201, 202, 203, 205, 206, 207, 210, 216, 217, 218, 220, 223, 224, 225, 226, 227, 228, 229, 230, 234, 235, 236, 243, 245, 246, 247, 248, 249, 251, 252, 253, 255, 258, 259, 263, 265, 270, 271, 272, 273, 275, 277
FFPP 110, 112, 113, 116, 119, 120, 123, 125, 156, 167, 170, 190, 202, 236, 248, 255, 277
Finanzkapital 28, 275
Folter 145, 167
Friedensbriefe 130
Fuerzas Armadas.   *Siehe* FFAA

G
Gamonales 140, 199, 276
Geheimdienst 19, 126, 127, 129, 131, 204, 206, 261
Gemeineigentum 40, 62
Geschlechterverhältnis 149, 193
Geschlechterverhältnisse (Formulierungen) 26
Gewerkschaftliche Organisierung 64
Gold 44
Grabstock 39
Großgrundbesitz 48, 53, 83, 93, 140, 215, 232, 269
Großgrundbesitzer 34, 52, 53, 55, 58, 60, 61, 64, 68, 70, 75, 83, 85, 140, 141, 233, 234, 276
Grundbesitzer 53, 57, 58, 61, 69, 84, 86, 140, 238
Grundeigentum 41, 53
Grundherren 49
Grundrente 40
Guano 59, 60
Guardia Civil 116, 119, 145, 203, 271
Guatemala 17, 201
Guerilla 18, 22, 23, 74, 106, 107, 108, 112, 123, 131, 155, 159, 170, 171, 190, 193, 198, 201, 202, 203, 204, 205, 207, 210, 214, 215, 216, 219, 220, 221, 224, 225, 226, 228, 231, 233, 234, 235, 238, 244, 256, 259, 269, 270, 271, 272, 273, 289
Guerilla (von 1965) 65

H

Hacendado 56, 62, 63, 65, 70, 73, 138, 139, 140, 197, 213, 232, 233, 276
Hacienda 44, 48, 50, 53, 54, 62, 63, 65, 75, 80, 83, 86, 87, 92, 140, 141, 209, 213, 214, 223, 232, 233, 237, 269, 276, 299, 301
Handel 54, 55, 59, 236, 237
Handel (zwischen Subzentren) 34
Handelskapital 55
Handwerk 34
Hazienda. *Siehe* Hacienda
Historischer Kompromiss 44
Historischer Materialismus 19
Hochebene. *Siehe* Sierra
Hochland. *Siehe* Sierra
Huallaga 130
Huamanga 33, 34, 119, 120, 163, 277
Huancavelica 33, 107, 118, 120
Huanta 119, 120, 124, 131, 197, 202, 209, 210, 211, 212, 215, 216, 217, 221, 222, 223, 224, 225, 226, 227, 229, 232, 234, 238, 240, 248, 250, 257, 268, 269, 270, 291, 302
Huarpa 33

I

Imperialismus 28, 34, 56, 58, 59, 67, 175, 179, 296
Imperialismus (britischer) 44, 56, 58
Importsubstituierung 64
Indiengesetze 50
Indígenas 22
Industrialisierung 64, 65, 80, 90
Inkareich 37
Intellektuelle 13, 38, 101, 154, 162, 181, 182, 268
Iquicha 203
IU 88, 98, 99, 111, 154, 246, 261, 274, 277

K

Kapitalexport 28
Kapitalisierung 24, 54, 55, 65, 83
Kapitalismus 27, 28, 30, 38, 55, 75, 77, 149, 179, 296

Kirche 43, 47, 51, 234
Klassenbewußtsein 89, 140, 192
Koalitionen 181, 182, 275
Kolonialismus 44, 200
Kolonialsystem (spanisches) 43
Kommunismus 38, 77
Kommunismus (inkaischer) 38
Konkurrenz 16, 43, 55, 60, 66, 84, 100, 103, 104, 141, 145, 176, 193, 236, 248, 263
Konquistadoren 33, 43, 44, 46, 47, 139
Kooperativen 75, 79, 82, 83, 86, 87, 214, 269
Kriegsmarine 120, 121, 124, 215, 216, 221, 223, 224, 226, 228, 233
Kriegsschulen 201, 204
Krise (politische) 64
Küste 32, 34, 54, 58, 59, 60, 64, 65, 76, 80, 82, 142
Küstenhacienda 143

L

La Mar 119, 120, 202, 209, 232
Landflucht 64
Landmangel 62, 64, 82, 86, 91, 263
Latifundium 52, 60, 62, 69, 70
Leuchtender Pfad 18
Lima 30, 32, 34, 47, 59, 68, 79, 95, 98, 103, 111, 116, 123, 125, 127, 128, 130, 136, 154, 162, 164, 191, 209, 256, 260, 284, 285, 289, 290, 291, 292, 293, 294, 295, 296, 297, 298, 299, 300, 301, 302, 303
Lohnarbeit 28, 29, 30, 54, 60, 61, 64, 65, 83, 185, 237, 257
Lohnarbeitsverhältnisse 28, 51, 55, 60, 77, 264
Lokale Herrscher 58
Luisiana 233

M

Mantaro 33, 34, 165, 209
Marginalisierung 17, 22, 29, 31, 81, 85, 86, 88, 89, 191, 199, 238, 267
Marginalität 29, 149, 264, 290
Marxsche Theorie 20

Massaker 33, 107, 112, 120, 121, 124, 125, 154, 207, 210, 223, 303
Metall 56
Migration 61, 64, 142, 169, 209, 217, 222, 227, 237, 257, 263
Militärdiktatur 73, 89, 94, 116
Minen 49
Minifundium 63
Mita 40, 48, 51
Mitmaq 33
Monarchie 47, 56
Monopolkapital 66, 70, 75, 77, 90, 199
Montoneras 197, 198, 234, 243

N
Nation 52
Nicaragua 16, 17
Notstandsgebiete 161, 162
Notstandsrecht 119, 120, 122, 131, 162

O
Obrajes 55
Oligarchie 66, 69, 73, 77, 78, 80, 95, 139, 158, 198
ONG 191, 218, 230, 259, 277
Opfer 48

P
Pächter 62, 87, 138, 141, 269
Pampas 33
Paramilitärs 203
Parlament 69, 73, 129, 160
Partei 11, 96, 97, 100, 106, 110, 114, 115, 118, 123, 126, 128, 130, 154, 182, 204, 210, 215, 248, 267, 271, 298
Patria Roja 106, 143, 147, 151, 155, 285
Patrón 105, 141
PCP 18, 19, 33, 35, 76, 88, 93, 97, 98, 99, 100, 101, 106, 108, 110, 111, 112, 113, 114, 115, 116, 118, 119, 120, 121, 122, 123, 124, 126, 127, 128, 130, 151, 154, 155, 156, 157, 158, 160, 161, 162, 164, 165, 166, 167, 168, 169, 170, 171, 174, 182, 189, 190, 201, 203, 204, 205, 206, 209, 210, 214, 215, 216, 217, 219, 220, 222, 223, 224, 225, 228, 230, 233, 234, 235, 238, 244, 251, 255, 259, 268, 270, 271, 272, 273, 277, 285, 300, 301
Peruvian Corporation 59
Pichiwillca 232, 234, 235
Piura 137, 138, 141, 146, 296
Polizei. *Siehe* FFPP
Potosí 48
PPC 111
Produktionsweise 27, 28, 29, 37, 39, 40, 43, 54, 55, 59, 65, 264, 275
Produktionsweise (prä-kapitalistische) 30
Proletariat 11, 65
Proletariat (als revolutionäres Subjekt) 16
PUM 151
Punas 189, 203, 209, 210, 211, 212, 213, 214, 215, 216, 217, 220, 221, 223, 230, 238, 248, 251, 257, 269

Q
Quechua-Nation 22

R
Reducciones 33, 50, 51, 137, 197
Repartimiento 45
Reproduktionsgrundlage (des Inkareichs) 38
Reuegesetz 130
Revolution 11, 18, 30, 38, 57, 59, 67, 91, 103, 114, 173, 175, 178, 180, 181, 293, 297, 300, 303
Revolution (chinesische) 16
Revolution (maoistische) 35
Revolution (sozialistische) 13
Revolution ländlicher Produzenten 12
Revolutionäres Potential 176, 177, 180, 183
Reyes Católicos 44
Rohstoffe 59, 64, 139
Ronda Nocturna 142
Rondas 42, 137, 142, 143, 144, 145, 146, 147, 148, 149, 151, 152, 153, 162, 163, 164, 190, 250, 292, 294, 296, 302
Rondas Campesinas 144, 146, 147, 148, 151, 152, 153, 163
Rondas Independientes 144, 151, 155
Rondas Pacificas 144, 151

S

SAIS 80, 81, 82, 83, 84, 87, 214, 215, 277
Salpeter 59
Schulen 222, 227, 233
Selva 33, 209, 223, 227
Sierra 22, 23, 26, 32, 33, 44, 52, 54, 55, 61, 64, 70, 73, 75, 79, 80, 81, 83, 84, 87, 99, 103, 104, 107, 109, 112, 118, 119, 122, 127, 137, 138, 142, 146, 153, 154, 165, 166, 173, 174, 189, 194, 197, 199, 205, 207, 209, 210, 214, 222, 224, 232, 233, 235, 237, 238, 243, 244, 248, 253, 255, 256, 257, 259, 262, 263, 267, 271, 275, 277, 297, 301
Silber 48
SIN 19, 116, 129, 130, 131, 207, 277
Sinchis 107, 119, 121, 124, 215, 223
Sklavenhaltung 43
Soziale Revolution 149
Spanische Krone 43, 44, 45, 46, 47, 52, 53, 56, 57, 138, 139
Spanische Monarchie 43, 45, 53
Strategische Dörfer 201
Strategisches Gleichgewicht 126, 127, 169
Subsistenzkrise 99, 141, 146, 148, 174, 268, 269
Subsistenzproduktion 16, 28, 29, 30, 52, 54, 55, 138
Subsumtion 264
Subsumtion (formelle) 15
Surplus 56
Surplus (im Inkareich) 39

T

Tahuantinsuyu 37, 38, 39, 40
Takklla.   *Siehe* Grabstock
Terassierung 39
Theorie 20
Tiawanaku 40
Todesschwadronen 126
Tribut 50

U

Uchuraccay 107, 154, 203, 210, 215, 216, 301, 302
UNIR 144, 147, 277
UNSCH 100, 163, 164, 213, 277
US-Imperialismus 17, 59, 60, 68, 69, 119, 259
USA 17, 60, 65, 112, 201, 207

V

Vamos Vecino 131, 246
Varayocc 213, 214, 215, 217, 219, 231, 241, 245, 257, 269, 277
Verelendung 20, 24, 30, 32, 65, 75, 171, 229, 240, 243, 253
Verwaltung 46
Victor Fajardo 119, 120
Viehzucht 138, 213
Vietnam 17, 35, 175, 178, 201, 235
Vinchos 203
Vizekönig 48
Völkermord 48
Volkskrieg 11, 18, 21, 108, 118, 126, 130, 256
Volksmiliz 123
VR 96, 111, 277, 284, 286, 297

W

Wari 33, 37

Y

Yanacona 41, 49

Z

Zentralregierung 34, 58, 140, 144, 145
Zentralstaat 58
Zivile Verteidigungskomitees. *Siehe* CDC
Zivilen Verteidigungskomitees 18
Zivilgesellschaft 186, 187, 191, 194, 274
Zuckerrohr 233
Zwangsarbeit 49, 51, 52
Zwangsumsiedlung 41, 122, 156, 162, 197, 201, 202, 263, 264, 272

IV Schaubilder

Schaubild 1: Entwicklung linker Parteien (und AP und APRA) in Peru   (1944-1980)

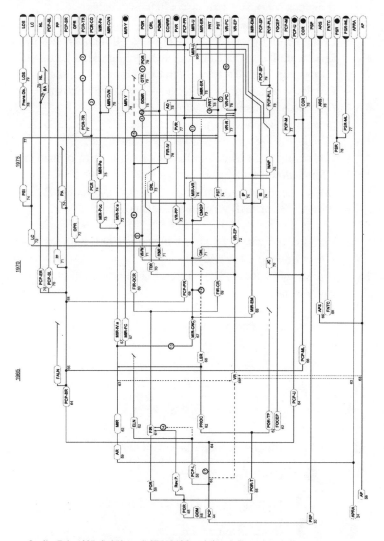

Quelle: Fuhr 1987; S. 350 (nach SINAMOS und eigener Zusammenstellung)

Anmerkungen und Legende zu Schaubild 1

1 (Tendencia Nueve de Octubre)
2 (Comité Regional de Lima)
3 (Núcleos Marxistas Leninistas Independientes)
4 (Comité Regional del Norte)
5 (Vanguardia Revolucionaria - Politico Militar, Clandestina)
6 (Frente de Izquierda Revolucionaria - Marxista - Leninista)
7 (Oposición León Trotsky + Circulos Obreros Unificados + Célula Natalia Sédova + Circulos Combate Socialista)
8 (Partido Socialista Unificado)
9 (Juventud Bolchevique)
10 (Tendencia Estudiantil Marxista Revolucionaria)
11 (Movimiento de Izquierda Revolucionaria - El Combatiente)
12 (Comando Obrero)
13 (Movimiento de Izquierda Revolucionaria - Frente del Sur, wird 1978 zur MIR - Por el Socialismo)
14 (Agrupación Pro-Unificación de la Izq. Revolucionaria + Partido Comunista Leninista + Juventud Comunista del Cusco + Movimiento 20 de Mayo)
15 (Frente de Izquierda Revolucionaria - Partido Obrero Campesino)
16 (Causa Popular)
17 (Frente de Liberación Nacional) mit kurzzeitigem Einfluß

Parteienbündnisse zu den Wahlen 1980:

- Unión de Izquierda Revolucionaria
- Unidad de Izquierda
- Trotzkistisches Parteien—Bündnis
- Unidad Democrático Popular

Abkürzungen politischer Organisationen in Schaubild 1

ORGANIZACIONES COMUNISTAS

BA	Bloque de Agosto
CCNRR	Comité Comunista Nacional de Reorganización y Reunificación
COR	Centro de Organización Revolucionaria
CRL	Comité Regional de Lima
ELN	Ejercito de Liberación Nacional
FALN	Fuerzas Armadas de Liberación Nacional
JC	Juventud Comunista
NL	Núcleos Leninistas
PA	Partido Albanés
PCP	Partido Comunista Peruano
PCP - BR	Partido Comunista Peruano - Bandera Roja
PCP - ER	Partido Comunista Peruano - Estrella Roja
PCP - L	Partido Comunista Peruano - Leninista
PCP - N	Partido Comunista Peruano - Mayoria
PCP - PLL	Partido Comunista del Perú - Puca Llacta
PCP - PR	Partido Comunista del Perú - Patria Roja
PCP - SL	Partido Comunista Peruano - Sendero Luminoso
PCP - SP	Partido Comunista del Péru - Senda Proletaria
PCP - U	Partido Comunista Peruano - Unidad
PP	Poder Popular

ORGANIZACIONES MIRISTAS

AR	APRA Rebelde
CML	Critica Marxista-Leninista (Revista)
CMOP	Circulo Marxista de Oposición Proletaria
IP	Izquierda Popular
IS	Insurgencia Socialista
MAP	Movimiento de Acción Proletaria
MIR	Movimiento de Izquierda Revolucionaria
MIR - CNC	Mov. de Izqu. Rev. - Comité Nacional de Coordinación
MIR - CVN	Mov. de Izqu. Rev. - Comité Victoria Navarro
MIR - EM	Mov. de Izqu. Rev. - El Militante

MIR - ER	Mov. de Izqu. Rev. - El Rebelde
MIR - FC	Mov. de Izqu. Rev. - Frente del Centro
MIR - Pe	Mov. de Izqu. Rev. - Peru
MIR - Puc	Mov. de Izqu. Rev. - Púcuta
MIR - U	Mov. de Izqu. Rev. - Unificado
MIR - Y	Mov. de Izqu. Rev. - Yahuarina
OPR	Organización Proletaria Revolucionaria
MIR - IV.e	Mov. de Izqu. Rev. - Cuarta Etapa (Voz Rebelde)

ORGANIZACIONES VANGUARDISTAS

PCR	Partido Comunista Revolucionario
PCR - TR	Partido Comunista Revolucionario - Trinchera Roja
PVR	Partido Vanguardia Revolucionaria
TOR	Tendencia Obrera Revolucionaria
VR	Vanguardia Revolucionaria
VR - EP	Vanguardia Revolucionaria - El Proletario
VR - PC	Vanguardia Revolucionaria - Proletario Comunista
VR - PM	Vanguardia Revolucionaria - Polltico Militar
VR - PP	Vanguardia Revolucionaria - Posición Proletaria
VR-R	Vanguardia Revolucionaria - Por La Reconstrucción

ORGANIZACIONES TROTSKISTAS

AO	Alternativa Obrera
FIR	Frente de Izquierda Revolucionaria
FIR - CR	Frente de Izqu. Rev. - Comisión Reorganizadora
FIR - OCR	Frente de Izqu. Rev. - Organización Combatiente Revolucionaria
FIR - VI.	Frente de Izqu. Rev. - Cuarta Internacional
GOM	Grupo Obrero Marxista
GOMR	Grupo Obrero Marxista Revolucionario
LC	Liga Comunista
LOS	Liga Obrera Socialista
LSR	Liga Socialista Revolucionaria

OTR	Organización Trotskista Revolucionaria
POMR	Partido Obrero Marxista Revolucionario
POR	Partido Obrero Revolucionario
POR - T	Partido Obrero Revolucionario - Trotskista
POR - TP	Partido Obrero Revolucionario - Trotskista Posadista
Prens.Ob.	Prensa Obrera
PROC	Partido Revolucionario - Obrero - Campesino
PRT	Partido Revolucionario de los Trabajadores
PSI	Partido Socialista Internacionalista
PST	Partido Socialista de los Trabajadores
Rev.P.	Grupo 'Revolución Peruana'

SONSTIGE ORGANISATIONEN

AP	Acción Popular
APRA	Allianza Popular Revolucionaria Americana
APS	Acción Popular Socialista
ARS	Acción Revolucionaria Socialista
FOCEP	Frente Obrero, Campesino, Estudiantil y Popular
FNTC	Frente Nacional de Trabajadores y Campesinos
PSP	Partido Socialista Peruano
PSR	Partido Socialista Revolucionario
PSR - ML	Partido Socialista Revolucionario - Marxista-Leninista

Schaubild 2: Ursprünge der Partido Comunista del Perú, PCP (SL)

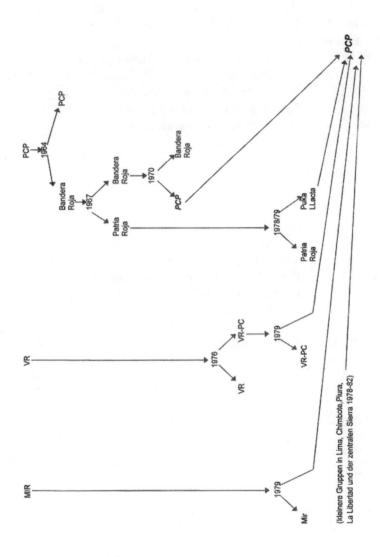

V Literaturverzeichnis

Americas Watch:
"Una nueva oportunidad para la autoridad democrática"; 1985; in: *QUEHACER 10,11/1985*; Lima; 1985; S. 62

amnesty international:
Peru. Klima des Terrors; Bonn; 1991

amnesty international:
Perú; Resumen de las preocupaciones de Amnistía Internacional 1980-1995; 1996; Internet: <http://www.derechos.net/amnesty/doc/america/peru2.html>; (21.7.1999)

APRODEH:
Informe de APRODEH sobre la situación de los DD. HH. y las Libertades Fundamentales en el Perú durante el año 1994; 1995; Internet: <http://www.derechos.net/aprodeh/informes/1994.html>; (21.7.1999)

APRODEH:
Cuadro de Acciones de Violencia (II parte); Enero 1989 – Diciembre 1997; 1999; Internet: <gopher://gopher.rcp.net.pe:70/00/otros-gopher/nacionales/aprodeh/violencia/03>; (21.7.1999)

Arce Borja, Luis (Hrsg.):
Guerra Popular en el Peru. El Pensamiento Gonzalo; Bruxelles; 1989

Arce Borja, Luis; Talavera Sánchez, Janet; u.a.:
Die Anden beben!; Frankfurt/M.; 1990

Backhaus, Annette:
Frauen in der Frauenförderung: Von der „Überlebensressource" zum Subjekt der Veränderung. Eine Untersuchung am Beispiel von Frauenprojekten in Lima; Saarbrücken; 1995

Béjar Rivera, Héctor:
Peru 1965. Aufzeichnungen eines Guerilla-Aufstands; Frankfurt/M.; 1970

Bendaña, Alejandro:
Una Tragedia Campesina. Testimonios de la Resistencia; Managua; 1991

Bennholdt-Thomsen, Veronika; Boeckh, Albrecht:
Problemas en el Analisis de Clases del Sector Agrario en Estados con Reproducción Dependiente del Mercado Mundial; Bielefeld; 1977

Bennholdt-Thomsen, Veronika; u.a. (Hrsg.) :
Lateinamerika. Analysen und Berichte 3, Berlin (West); 1979

Bennholdt-Thomsen, Veronika:
„Marginalität in Lateinamerika - Eine Theoriekritik"; 1979[1]; in: dies., u.a. (Hrsg.): *Lateinamerika. Analysen und Berichte 3*, Berlin West; 1979; S. 45 - 85

Bennholdt-Thomsen, Veronika; u.a. (Hrsg.):
Lateinamerika. Analysen und Berichte 4, Berlin (West); 1980

Bennholdt-Thomsen, Veronika; u.a. (Hrsg.) :
Lateinamerika. Analysen und Berichte 5, Berlin (West); 1981

Brecht, Bert:
Die Maßnahme; Frankfurt/M.; 1972

Brückner, Peter:
„Die neuen Sozialbewegungen"; 1981; in: ders.: *Selbstbefreiung. Provokation und soziale Bewegungen*; Berlin (West); 1983

Brückner, Peter:
Versuch, uns und anderen die Bundesrepublik zu erklären; Berlin West; 1984

Burgos, Hernando:
"Senderos de democracia/Entrevista con Carlos Tapia y Santiago Pedraglio"; 1991; in: *QUEHACER 3,4/1991*; Lima; 1991; S. 46

Burgos, Hernando:
"El mensaje escondido"; "El silencio y las bombas"; 1993; in: *QUEHACER 9,10/1993*; Lima; 1993; S. 24

Burt, Jo-Marie:
"Shining Path and the `Decisive Battle´ in Lima´s *Barriadas*: The Case of Villa El Salvador"; 1998; in: Stern, Steve J (Hrsg.): *Shining and other paths. War and Society in Peru. 1980-1995*; Durham und London; 1998; S. 267 - 306

Caballero M., Victor:
Imperialismo y Campesinado en la sierra central; Huancayo; 1981

Calvo Hernando, Declerq Katlijn:
Perú. Los senderos posibles; Tafalla; 1994

Chomsky, Noam:
„Die europäische Invasion und ihre Folgen"; 1990; in: Höfer, Bruni; Dieterich, Heinz; Meyer, Klaus (Hrsg.): *Das Fünfhundertjährige Reich. Emanzipation und lateinamerikanische Identität: 1492 - 1992*; Bonn; 1990; S. 149 - 155

CIA:
Map of South America (World Factbook); Internet: <http://www.odci.gov/cia/publications/factbook/reference/JPEG%20versions/802687.jpg>; (20.7.1999)

McClintock, Cynthia:
"Why Peasants Rebel: The Case of Peru´s Sendero Luminoso"; 1985; in: *World Politics*; Volume 37; 10/84-7/85; Princeton; 1985; S.48 - 84

Coordinadora Nacional de Derechos Humanos (Hrsg.):
Tribunal permanente de los pueblos. Contra la impunidad en América Latina. Sesión peruana. Lima 5-6-7 de julio 1990; Lima; 1990

Coordinadora Nacional de Derechos Humanos:
Derechos Humanos En Ayacucho Hoy"; 1996; Internet: <http://www.cnddhh.org.pe/misionDDayacucho.htm>; (21.7.1999)

Coordinadora Nacional de Derechos Humanos:
"Informe Anual 1995"; 1996[1]; Internet: <http://www.derechos.net/cnddhh/infanua.htm>; (21.7.1999)

Coordinadora Nacional de Derechos Humanos:
"Informe Anual 1997"; 1998; Internet: <http://www.cnddhh.org.pe/97indice.htm>; (21.7.1999)

Coordinadora Nacional de Derechos Humanos:
"Informe Anual 1998"; 1999; Internet: <http://www.cnddhh.org.pe/98_indice.htm>; (21.7.1999)

Coronel, José:
"Violencia política y respuestas campesinas en Huanta"; 1996; in: Degregori, Carlos Iván (Hrsg.): *Las rondas campesinas y La Derrota de Sendero Luminoso*; Lima; 1996; S. 29 - 116

Cotler, Julio:
clases, estado y nación en el Perú; Lima; 1992

Cotler, Julio:
Política y Sociedad en el Perú; Lima; 1994

Cotler, Julio (Hrsg.):
Peru 1964 - 1994. Economía, Sociedad y Política; Lima; 1995

Degregori, Carlos Iván:
„Entre dos fuegos"; 1985; in: *QUEHACER 10,11/1985*; Lima; 1985; S. 53

Degregori, Carlos Iván:
"Sendero Luminoso": I. Los hondos y mortales desencuentros. II. Lucha armada y utopía autoritaria; Lima; 1989; IEP Documento de Trabajo No. 4 y 6

Degregori, Carlos Iván:
„Sendas peligrosas: La guerra del Comandante Huayhuaco"; 1989[1]; in: *QUEHACER 4,5/1989*; Lima; 1989; S. 26

Degregori, Carlos Iván:
"Die letzten Kinder der Aufklärung"; 1992; in: *ila Nr. 152, Februar 1992*; S. 16 - 20

Degregori, Carlos Iván; Rivera, Carlos:
Perú 1980-1993: Fuerzas Armadas, Subversión y Democracia; Lima; 1994

Degregori, Carlos Iván (Hrsg.):
Las rondas campesinas y La Derrota de Sendero Luminoso; Lima; 1996

Degregori, Carlos Iván:
„Ayacucho, después de la violencia"; 1996[1]; in: Degregori, Carlos Iván (Hrsg.): *Las rondas campesinas y La Derrota de Sendero Luminoso*; Lima; 1996; S. 15 - 28

Degregori, Carlos Iván:
"Cosechando tempestades: Las rondas campesinas y la derrota de Sendero Luminoso en Ayacucho"; 1996[2]; in: Degregori, Carlos Iván (Hrsg.): *Las rondas campesinas y La Derrota de Sendero Luminoso*; Lima; 1996; S. 189 - 226

Degregori, Carlos Iván:
"Harvesting Storms: Peasant *Rondas* and the Defeat of Sendero Luminoso in Ayacucho"; 1998; in: Stern, Steve J (Hrsg.): *Shining and other paths. War and Society in Peru. 1980-1995*; Durham und London; 1998; S.128 - 157

De La Puente , Luis:
El Camino de la Revolucion; Lima; 1976

Del Pino, Ponciano:
"Tiempos de guerra y dioses: Ronderos, evangélicos y senderistas en el valle del río Apurímac"; 1996; in: Degregori, Carlos Iván (Hrsg.): *Las rondas campesinas y La Derrota de Sendero Luminoso*; Lima; 1996; S.117 - 188

Del Pino, Ponciano:
"Family, Culture and `Revolution´: Everyday Life with Sendero Luminoso"; 1998; in: Stern, Steve J: *Shining and other paths. War and Society in Peru. 1980-1995*; Durham und London; 1998; S. 158 - 192

DESCO Centro de Estudios y Promoción del Desarrollo:
Violencia y Seguridad en el Peru de hoy - Reporte Especial No. 81; 1998; Internet: <http://www.desco.org.pe/report/report81.pdf>; (21.7.1999)

Dieterich, Heinz:
Produktionsverhältnisse in Lateinamerika. Inkareich, hispanoamerikanische Kolonisation und kapitalistische Entwicklung. Zur Kritik der Dependenz-Theorie; Gießen; 1977

Dieterich, Heinz:
„George Orwells Schüler: `Indianer´, `Neger´ und `Eingeborene´ im Herrschaftsdiskurs des Westens"; 1990; in: Höfer, Bruni; Dieterich, Heinz; Meyer, Klaus (Hrsg.): *Das Fünfhundertjährige Reich. Emanzipation und lateinamerikanische Identität: 1492 - 1992*; Bonn; 1990

Dirmoser, Dieter; Von Oertzen, Leonore; Zoege, Monika:
„Länderbericht Peru"; 1981; in: Bennholdt-Thomsen, Veronika; u.a. (Hrsg;): *Lateinamerika. Analysen und Berichte 5*, Berlin (West); 1981; S. 336 - 351

Equipo de investigación sobre violencia política (del Area de Información de DESCO):
"¿Dónde está ahora Sendero?"; 1995; in: *QUEHACER 3, 4/1995* ; Lima; 1995; S. 71

Fanon, Frantz:
Die Verdammten dieser Erde; Frankfurt/M.; 1981

Farinelli, Fulvia; Göde, Uwe (Übersetzer):
„Garcia versinkt in der Katastrophe"; 1989; in: *blätter des iz3w, Nr. 158, Juli1989*

Figueroa, Adolfo:
„La cuestión distributiva en el Perú"; 1995; in: Cotler, Julio (Hrsg.): *Peru 1964 - 1994. Economía, Sociedad y Política*; Lima; 1995; S. 17 - 40

Fioravanti, Eduardo:
Latifundio y Sindicalismo Agrario en el Perú; Lima; 1976

Flores Galindo, Alberto:
Buscando un Inca. Identidad y Utopía en los Andes; La Habana; 1986

Flores Galindo, Alberto:
La agonía de Mariátegui; Lima; 1989

Foweraker, Joe:
Theorizing Social Movements; London und Boulder; 1995

Fuhr, Harald:
Agrarreform und Bauernbewegung in Peru; Frankfurt/New York; 1979

Fuhr, Harald:
Bauern und Parteifunktionäre. Eine Untersuchung zur politischen Dynamik des peruanischen Agrarsektors 1969-1981; Saarbrücken; Fort Lauderale; 1987

Gaitzsch, Andrea:
Die peruanische Agrarreform. Landgemeinden versus Genossenschaften; Meisenheim; 1976; Sonderheft Die Dritte Welt; 1976

Galeano, Eduardo:
Die offenen Adern Lateinamerikas. Die Geschichte eines Kontinents; Wuppertal; 1992

Gebhardt, Christina; Koschützke, Albrecht:
„Länderbericht Peru"; 1979; in: Bennholdt-Thomsen, Veronika; u.a. (Hrsg;): *Lateinamerika. Analysen und Berichte 3*, Berlin (West); 1979; S. 304 - 315

Gitlitz, John; Rojas, Telmo:
"Las Rondas Campesinas en Cajamarca - Perú"; 1985; in: *Apuntes 16*; Lima; 1985; S. 115

Goldberg, Bernd:
50 Jahre Pertido Aprista Peruano (PAP) 1930- 1980; Saarbrücken; 1983

Golte, Jürgen:
Bauern in Peru; Berlin; 1973; Indiana Beiheft 1

Gómez, Vilma u.a.:
Seminario Permanente de Investigación Agraria (SEPIA). Peru: El Problema Agrario En Debate. SEPIA I; Lima; 1986

González, Raul:
"Por los Caminos de Sendero"; 1982; in: *QUEHACER Nr. 19; 10, 1982; Lima; 1982;* S. 36

González, Raul:
"Ayacucho: La espera del Gaucho"; 1982[1]; in: *QUEHACER Nr. 20; 12, 1982*; Lima; 1982; S.46

González, Raul:
"Crónica Inconclusa: las batallas de Ayacucho"; 1983; in: *QUEHACER Nr. 21, 2,1983* ; Lima; 1983; S. 14

González, Raul:
"Ayacucho: el desfile de la violencia"; 1985; in: *QUEHACER 2/1985*; Lima; 1985; S. 34

González, Raul:
"Sendero cinco años despues"; 1985[1]; in: *QUEHACER 8,9/1985*; Lima; 1985; S. 37

González, Raul:
"Sendero: Los problemas del campo y la ciudad"; 1988; in: *QUEHACER 1,2/ 1988*; Lima 1988; S. 46

González, Raul:
"Sendero: Duro desgaste"; 1990; in: *QUEHACER 5,6/1990;* Lima; 1990; S. 8

Gonzalez de Olarte, Efraín:
"Transformación sin desarrollo"; 1995; in: Cotler, Julio (Hrsg.): *Peru 1964 - 1994. Economía, Sociedad y Política*; Lima; 1995; S. 41 - 68

Gorriti Ellenbogen, Gustavo:
Sendero. Historia de la guerra milenaria en el Perú I; Lima; 1991

Gorriti Ellenbogen, Gustavo:
The Shining Path. A History of the Millenarian War in Peru; Chapel Hill und London; 1999

Gottwald, Gaby; u.a.:
Die Contra Connection; Hamburg; 1989

Hertoghe, Alain; Labrousse, Alain:
Die Koksguerilla. Der Leuchtende Pfad in Peru; Berlin; 1990

Hinojosa, Iván:
"On Poor Relations and the Nouveau Riche: Shining Path and the Radical Peruvian Left"; 1998; in: Stern, Steve J (Hrsg.): *Shining and other paths. War and Society in Peru. 1980-1995*; Durham und London; 1998; S. 60 - 83

Höfer, Bruni; Dieterich, Heinz; Meyer, Klaus (Hrsg.):
Das Fünfhundertjährige Reich. Emanzipation und lateinamerikanische Identität: 1492 - 1992; Bonn; 1990

Huber, Ludwig:
Bauern und Staat in Peru: Die Rondas Campesinas von Piura; Saarbrücken, Fort Lauderale; 1992

Huhle, Rainer:
„Des `Kaisers´ Tanz auf dem Vulkan"; 1992; in: *ila Nr 152*; Bonn; 1992; S. 4 - 10

Huhle, Rainer:
„Menschenrechte in Peru – eine Bilanz von 5 Jahren Fujimori-Regime"; 1996; in: Peru-Komitee Essen (Hrsg.): *Peru-Informationen Nr. 17*; Essen; 1996; S. 4 - 17

Konetzke, Rainer:
Süd- und Mittelamerika I. Die Indianerkulturen Altamerikas und die spanisch-portugiesische Kolonialherrschaft; Frankfurt/M.; 1965

Lenin, Wladimir Iljitsch:
„Der Imperialismus als höchstes Stadium des Kapitalismus"; in: *Lenin Werke Band 22*; Berlin Ost; 1960

Luxemburg, Rosa:
Ökonomische Schriften; Gesammelte Werke Band 5; Berlin; 1990

Mallon, Florencia:
"Chronicle of a Path Foretold? Velasco´s Revolution, Vanguardia Revolucionaria, and `Shining Omens´in the Indigenous Communities of Andahuaylas"; 1998; in: Stern, Steve J. (Hrsg.): *Shining and other paths. War and Society in Peru. 1980-1995*; Durham und London; 1998; S. 84

Manrique, Nelson:
"Violencia y Autoritarismo en la comunidad andina"; 1983; in: *QUEHACER, 2/ 1983*; Lima; 1983; S. 28

Manrique, Nelson:
"The War for the Central Sierra"; 1998; in: Stern, Steve J.: *Shining and other paths. War and Society in Peru. 1980-1995*; Durham und London; 1998; S. 193 - 223

Mao Tse-tung:
Worte des Vorsitzenden; Peking; 1967

Mao Tse-tung:
„Über den langwierigen Krieg"; 1969; in: ders.: *Ausgewählte militärische Schriften*; Peking 1969; S. 223

Mariátegui, José Carlos:
Sieben Versuche, die peruanische Wirklichkeit zu verstehen; Berlin; 1986; mit einem Nachwort von W.F. Haug

Mariátegui, José Carlos:
„Revolution und Peruanische Wirklichkeit. Ausgewählte politische Schriften"; 1986[1]; in: Von Oertzen, Eleonore (Hrsg.); *Revolution und peruanische Wirklichkeit. José Carlos Mariátegui. Ausgewählte politische Schriften*; Frankfurt/ M.; 1986

Mariátegui, Carlos:
7 Ensayos De Interpretacion De La Realidad Peruana; OC volumen 2; Lima; 1987

Mariátegui, José Carlos:
La Escena Contemporanea; OC volumen 1; Lima; 1988

Mariátegui, José Carlos:
Defensa del Marxismo; OC volumen 5; Lima; 1988[1]

Mariátegui, José Carlos:
Ideologia y Politica; OC volumen 13; Lima; 1988[2]

Marx, Karl:
„Zur Kritik der Hegelschen Rechtsphilosophie, Einleitung"; 1988; in: Marx, Karl; Engels, Friedrich: *MEW Band 1*; Berlin (Ost); 1988; S 378 - 391

Marx, Karl:
„Zur Judenfrage"; 1988[1]; in: Marx, Karl; Engels, Friedrich: *MEW Band 1*; Berlin (Ost); 1988; S 347 - 377

Marx, Karl:
„Brief an Arnold Ruge"; 1988[2] in: Marx, Karl; Engels, Friedrich: *MEW Band 1*; Berlin (Ost); 1988; S 343 - 346

Marx, Karl:
„Kritische Randglossen zu dem Artikel eines Preußen"; 1988[3] in: Marx, Karl; Engels, Friedrich: *MEW Band 1*; Berlin (Ost); 1988; S 392 - 409

Marx, Karl:
„Das Kapital. Dritter Band"; 1988[4]; in: Marx, Karl; Engels, Friedrich: *MEW Band 25*; Berlin (Ost); 1988[1]; S. 31 - 893

Marx, Karl:
„Thesen über Feuerbach"; 1990; in: Marx, Karl; Engels, Friedrich: *MEW Band 3*; Berlin (Ost); 1990; S. 5 - 7

Marx, Karl:
„Zur Kritik der Politischen Ökonomie. Vorwort"; 1990[1]; in: Marx, Karl; Engels, Friedrich: *MEW Band 13*; Berlin (Ost); 1990[2]; S. 7

Marx, Karl; Engels, Friedrich:
MEW Band 4; Berlin (Ost); 1972

Marx, Karl; Engels, Friedrich:
„Manifest der Kommunistischen Partei"; 1972[1]; in: Marx, Karl; Engels, Friedrich: *MEW Band 4*; Berlin (Ost); 1972; S. 459 - 493

Marx, Karl; Engels, Friedrich:
MEW Band 1; Berlin (Ost); 1988

Marx, Karl; Engels, Friedrich:
MEW Band 25; Berlin (Ost); 1988[1]

Marx, Karl; Engels, Friedrich:
MEW Band 3; Berlin (Ost); 1990

Marx, Karl; Engels, Friedrich:
„Die deutsche Ideologie"; 1990[1]; in: Marx, Karl; Engels, Friedrich: *MEW Band 3*; Berlin (Ost); 1990; S. 8 - 530

Marx, Karl; Engels, Friedrich:
MEW Band 13; Berlin (Ost); 1990[2]

Matos Mar, José (Hrsg.) :
Hacienda, comunidad y campesinado en el Perú; Lima; 1976

Matos Mar, José:
„Comunidades indígenas del área andina"; 1976[1]; in: Matos Mar, José (Hrsg.): *Hacienda, comunidad y campesinado en el Perú*; Lima; 1976; S. 179 - 218

Matos Mar, José:
Yanaconaje y Reforma Agraria en el Perú; Lima; 1976[2]

Matos Mar, José; Mejía, José Manuel:
Reforma Agraria: logros y contradicciones. 1969 - 1979; Lima; 1984

Mendez S., Jose Fernando:
La Derrota de Andahuaylas 1974; Lima; 1981

Mercado, Rogger:
Los Partidos Politicos en el Peru. El APRA, el P.C.P. y Sendero Luminoso; Lima; 1985

Mercado, Rogger:
Algo más sobre SENDERO; Lima; 1987

Mercado U., Rogger:
La Realidad Politica Del Peru; Lima; 1988

Mires, Fernando:
„Die Indios und das Land. oder: Wie Mariátegui die Revolution in Peru begriff"; 1979; in: Bennholdt-Thomsen, Veronika; u.a. (Hrsg.): *Lateinamerika. Analysen und Berichte 3*, Berlin West; 1979

Montoya, Davis; Reyna, Carlos:
„Sendero Luminoso: Informe de Lima"; 1992; in: *QUEHACER 3,4/1992*; Lima; 1992; S. 34

Moore, Barrington jr.:
Soziale Ursprünge von Diktatur und Demokratie; Frankfurt /M.; 1969

Obando Arbulú, Enrique:
„Diez años de guerra antisubversiva: Una pequeña historia"; 1991; in: *QUEHACER, 7,8 1991;* Lima; 1991; S. 46 - 53

Obando, Enrique:
"Civil-Military Relations in Peru, 1980 - 1996"; 1998; in: Stern, Steve J: *Shining and other paths. War and Society in Peru. 1980-1995*; Durham und London; 1998; S. 385

PCP:
"Somos los Iniciadores"; 1989; in: Arce Borja, Luis (Hrsg.): *Guerra Popular en el Peru. El Pensamiento Gonzalo*; Bruxelles; 1989; S. 161 - 178

PCP:
"Desarrollemos la Guerra de Guerrillas"; 1989[1]; in: Arce Borja, Luis (Hrsg.): *Guerra Popular en el Peru. El Pensamiento Gonzalo*; Bruxelles; 1989; S. 179 - 204

PCP:
"Desarrollar la Guerra Popular sirviendo a la Revolucion Mundial"; 1989[2]; in: Arce Borja, Luis (Hrsg.): *Guerra Popular en el Peru. El Pensamiento Gonzalo*; Bruxelles; 1989; S. 217 - 304

PCP:
"Línea de Construcción de los Tres instrumentos de la revolución"; 1989[3]; in: Arce Borja, Luis (Hrsg.): *Guerra Popular en el Peru. El Pensamiento Gonzalo*; Bruxelles; 1989; S. 367 - 378

PCP:
Que el Equilibrio Estratégico remezca más el país! ;1991; Internet: <http://www.blythe.org/peru-pcp/docs_sp/equil0.htm>; (15.6.1999)

Prado, Jorge del:
Cuatro Facetas de La Historia del PCP; Lima; 1987

Quintanilla, Lino:
Andahuaylas. La Lucha por la Tierra; Lima; 1981

Reyna, Carlos:
"Los `paros armados´ y la racionalidad del terror: Lucanamarca en Lima"; 1992; in: *QUEHACER 7,8/1992*; Lima; 1992; S. 21

Rospigliosi, Fernando:
"Fuerzas Armadas, corporativismo y autoritarismo: ¿qué ha cambiado en tres décadas?; 1995; in: Cotler, Julio (Hrsg.): *Peru 1964 - 1994. Economía, Sociedad y Política*; Lima; 1995; S. 215 - 236

Salcedo, José Maria:
"Zona de Emergencia: El Precio de la Paz"; 1985; in: *QUEHACER 8,9/1985;* Lima; 1985; S. 70

Salcedo, José Maria:
"El caso Uchuraccay, cuatro años despues"; 1987; in: *QUEHACER 2,3/1987;* Lima; 1987; S. 14

Sanchez Z., Pablo u.a.:
La Sierra Peruana: Realidad Poblacional; Lima; 1988

Scott, James C.:
The Moral Economy of the Peasant. Rebellion and Subsistence in South East Asia; New Haven und London; 1976

Scott, James C.:
Weapons of the Weak. Everyday Forms of Peasant Resistance; New Haven und London; 1985

Scott, James C.:
"Everyday Forms of Peasant Resistance"; 1986; in: *Journal of Peasant Studies Vol. 13*, Nr. 2; 1986; S. 5-35

Siebenmann, Gustav:
Die lateinamerikanische Hacienda; St. Gallen; 1979

Skocpol, Theda:
"What Makes Peasants Revolutionary?"; 1982; in: *Comparative Politics Volume 14, Number 3;* New York; 1982; S. 351

Starn, Orin:
"Con los llanques todo barro". Reflexiones sobre Rondas Campesinas, Protesta Rural y Nuevos Movimientos Sociales; Lima; 1991

Starn, Orin (Hrsg.):
Hablan los Ronderos: La búsqueda por la paz en los Andes; Lima; 1993

Starn, Orin:
"La resistencia de Huanta"; 1993[1]; in: *QUEHACER*; 7,8/1993; Lima; 1993; S. 34

Starn, Orin:
"Uchuraccay y el retorno a los Andes"; 1994; in: *QUEHACER*; September-Oktober 1994; Lima; 1994; S. 76

Starn, Orin:
"Senderos inesperados: Las rondas campesinas de la sierra sur central"; 1996; in: Degregori, Carlos Iván (Hrsg.): *Las rondas campesinas y La Derrota de Sendero Luminoso*; Lima; 1996; S. 227 - 269

Starn, Orin:
"Villagers at Arms: War and Counterrevolution in the Central-South Andes"; 1998; in: Stern, Steve J: *Shining and other paths. War and Society in Peru. 1980-1995*; Durham und London; 1998; S.224 - 260

Statistisches Bundesamt:
Länderbericht Peru 1990; Stuttgart; 1990

Stern, Steve J.:
Shining and other paths. War and Society in Peru. 1980-1995; Durham und London; 1998

Strong, Simon:
Shining Path. The World´s Deadliest Revolutionary Force; London; 1992

Tapia, Carlos:
"La sociedad y la política se han senderizado"; 1993; in: *QUEHACER 9,10/1993*; Lima; 1993; S. 22

Tapia, Carlos:
Las Fuerzas armadas y Sendero Luminoso. Dos estrategias y un final; Lima; 1997

Toche, Eduardo:
"¿Regresa Sendero?"; 1996; in: *QUEHACER 7, 8/1996;* Lima; 1996; S. 36

Torrico Prada, Gonzalo; Kornberger, Rainer:
Noviembre Negro. Massaker und Widerstand in Bolivien; Frankfurt/M. 1980

University of Texas:
Map of Peru; Internet: <http://www.lib.utexas.edu/Libs/PCL/Map_collection/americas/Peru_pol91.jpg>; (20.7.1999)

UNO:
Human Development Report; 1999; Internet: <http://www.undp.org/hdro/99.htm>; (20.7.1999)

Von Oertzen, Eleonore; Trusch, Klaus; Wachendörfer, Ute:
"Länderbericht Peru"; 1980; in: Bennholdt-Thomsen, Veronika; u.a. (Hrsg;): *Lateinamerika. Analysen und Berichte 4*, Berlin (West); 1980; S. 323 - 336

Von Oertzen, Eleonore (Hrsg.):
Revolution und peruanische Wirklichkeit. José Carlos Mariátegui. Ausgewählte politische Schriften; Frankfurt/M.; 1986

Von Oertzen, Eleonore:
Peru; München; 1996

Wolf, Eric R.:
Peasant Wars of the Twentieth Century; London; 1971

Periodika:
Apuntes; Revista semestral del Centro de Investigación de la Universidad del Pacífico
A World To Win; London; unregelmäßige Erscheinungsweise
blätter des iz3w; Hrsg.: Informationszentrum dritte Welt; Freiburg
ila, Zeitschrift der Informationsstelle Lateinamerika; Hrsg.: Informationsstelle Lateinamerika (ila) e.V.; Bonn
La República; Tageszeitung; Lima
QUEHACER, Revista bimestral; Lima
El Peruano; Tageszeitung; Lima
el sol; Tageszeitung; Lima

Finito di stampare
con i tipi di Servizi Grafici
in Verona.
Nel mese di settembre 2002